危機に対峙する思考

平子友長　橋本直人　佐山圭司　鈴木宗徳　景井 充　編著

梓出版社

危機に対峙する思考　目次

第三部　批判的思考の生成する場

第四部　民主主義と日本社会への視座

付録　研究・教育をふり返って

危機に対峙する思考

はじめに

橋本直人

今から四年前、われわれの眼前には紛うかたなく危機の情景が広がっていた。だが、いまやこの危機は何重にも隠蔽され、忘却のふちへと追いやられようとしている。だからこそわれわれは、こうした趨勢に抗して、根源的な水準から問い返さなければならない。あの危機は何だったのか、いや、今も継続しているこの危機はいったい何なのか、と。

本書は、準備や構想の段階を含めれば足かけ四年にわたって継続されてきた共同研究の成果である。その構想段階において、われわれの念頭から離れなかったのは、言うまでもなく東日本大震災と福島第一原発事故の引き起こした危機的状況であった。

もちろん震災と原発事故そのものが、死者・行方不明者計一万八〇〇〇人以上[1]、現在も約二〇万人が避難生活を余儀なくされている[2]巨大な災害であり、しかも「想定外」の単なる「自然災害」などとは到底言えない巨大な複合的災害であることは、言うまでもない。だがそれにとどまらず、この巨大な複合災害のうちに現代日本の複合的な危機が、ひいては現代日本にまで潜在し続けた何重もの歴史的な危機が、いわば一挙に噴出していることをもまた、われわれは見てとらざるをえなかった。

たとえば、福島第一原発事故を通じて「専門家」の「科学的知見」なるものが少なからず「神話」に過ぎなかったことが露呈した経緯については、詳しく述べる必要はあるまい。だがこうした事態は、否応なしにわれわれを「いかなる認識・思考ならば信ずるに足るのか」という問いに直面させることとなっていたはずである。かつてウルリヒ・ベックは「リスク社会化」とともに知と非知の境界が流動化するという事態を指摘していた（Beck 1986＝1998）が、あの時われわれはまさに、われわれの知が根底から揺さぶられる「リスク」を体感してはいなかっただろうか。そしてその流動性は、核分裂反応や自然災害を「原理的には統御しうる」ととらえてきた「科学的知見」の根底にある「啓蒙のプログラム」（Horkheimer und Adorno［1947］1987＝2007）そのものにさえ及ぶものではなかっただろうか。だとすれば、今回の原発事故は、その直接的な被害の甚大さもさることながら、現在のわれわれの認識や思考の枠組み、そしてそれを生み出してきた思考の歴史に対してさえ深刻な危機を表面化させたと言えるだろう。

それだけではない。原発事故はまた、エネルギー大量消費を前提とする「豊かな暮らし」にわれわれがどれほどどっぷりと浸かっていたか、またその「暮らし」を「守る」ためにどれほどの他者に暴力を振るい、排除してきたかも露呈させた。原発立地をはじめ東北各地の地域社会は震災以前から深刻な危機に直面してきたが、それが都市における「豊かな暮らし」のためにエネルギー・食料・労働力の供給地として従属を強いられてきた歴史の産物であることは言うまでもあるまい（そもそも「東京」電力の発電所での事故によってなぜ「福島」県民が犠牲にならねばならないのか?-）。この収奪－従属の構造は日本の近現代史を裏から支える「背骨」として機能し続けてきたのではなかっただろうか。しかもこうした暴力による排除と収奪－従属の構造は、他者排除や経済的・社会的格差の拡大をはじめとして、「近代」資本主義社会そのものの本質に関わる問題でもあろう。だとするならば、震災と原発事故は「日本」の「近代」が潜在的に抱え続けてきたさまざまな矛盾を、危機として一挙に露呈させたとも見える。そしてこのような構造は、上記の認識・思考の枠組みとも無縁ではない。いや、むしろ陰に陽に互いを支えあってきたと言ってよいだろう。

その一方で、われわれはまた、震災と原発事故後の状況の中で、こうした状況への批判と抵抗の萌芽も見出すことができる。（自然）科学主義的二元論を批判する新たな認識と思考の探求や、暴力による排除と収奪に対抗する民主的な社会の試みを諸所に見出すことは、決して困難ではない。そしてこの両者もまた別々の動きではなく、新たな民主的連帯の中でこそ新たな思考が探求されうるし、また旧来の思考を脱して初めて暴力と支配を超える社会を構想しうるのではなかろうか。しかもこうした萌芽は決して散発的なものではなく、これまでの歴史の中で見えない水脈のように継承されてきた試みの、その一つの湧水ではないだろうか。

だが、これまでの歴史における試みが挫折したからこそかかる危機に直面している、という事実もまた忘れるべきではあるまい。しかもその試みの限界は、おそらくは危機が隠蔽され忘却へと追いやられている現状とも無縁ではない。いや、「自ら望んで」危機を隠蔽し忘却させようとする現在の趨勢をもある種の精神的な危機ととらえるならば、それはまさにこれまでの批判と抵抗の試みの限界とも関わっているはずである。だとするならば、現状のうちに批判と抵抗の萌芽を見出すためには、これまでの試みの限界をもまた深く知る必要があるだろう。

こうして、現代のわれわれの危機と根源的に対峙するためにわれわれが探求するべき思考は、否応なしに歴史的な射程のうちに展開されることとなる。その思考は現代日本の危機から発しながらもそこに限定されず、むしろ危機の根源とそれに対峙するための手がかりを、さまざまな理論的・思想史的場面のうちに見出そうとするのである。

具体的には、本書は以下のように構成される。

第一部「問題としての認識と方法」では、現代のわれわれの認識と思考の枠組みを問い直すべく、現代から十九世紀までの、主に哲学・社会学・社会思想の歴史をたどっていく。そこで焦点となるのは「真に信じるに足る知とは何か」という問いであり、その規準と科学性・合理性との関連である。続いて第二部「理性の光と影」では、さらに射程を十八世紀の啓蒙思想に伸ばし、合理的思考の両義性をその歴史から浮き彫りにしていく。

対して第三部「批判的思考の生成する場」では、ひるがえって十九世紀初頭から現代までの思想史のうちに批判の足がかりを探求する。ただし、その際には批判的思考が支配的構造へと取り込まれてしまう危険性も見逃されない。こうした探求こそが、歴史から真に批判と抵抗の萌芽を見出すこととなるだろう。そして第四部「民主主義と日本社会への視座」ではあらためて近現代日本を舞台として、危機に対峙する可能性を探求する。

以上の全体を通じて、われわれは現代の危機を根源的な水準から問い返そうとするものである。あの危機は何だったのか、いや、今も継続しているこの危機はいったい何なのか、と。この問いからつむぎ出される思考こそ、危機に対峙する思考となるはずである。

注

（1）二〇一五年九月十日付け警察庁広報資料「平成二三年（二〇一一年）東北地方太平洋沖地震の被害状況と警察措置」による。
（2）二〇一五年九月二十九日付け復興庁資料「全国の避難者等の数」による。

文献

Beck, Ulrich 1986 *Risikogesellschaft. Auf dem Weg in eine andere Moderne*, Frankfurt a. M.: Suhrkamp.（=1998 東廉・伊藤美登里訳『危険社会』法政大学出版局）

Horkheimer, Max und Theodor W. Adorno [1947]1987 *Dialektik der Aufklärung. Max Horkheimer Gesammelte Schriften Bd.5*, Frankfurt a.M.: Fischer.（=2007 徳永恂訳『啓蒙の弁証法』岩波文庫）

第一部　問題としての認識と方法

第一部「問題としての認識と方法」の概要（橋本直人）

東日本大震災と福島第一原発事故から五年近くが経過しつつある現在、「危機に対峙する思考」を掲げる論文集が認識論や科学論、方法論といった「抽象的」な内容から始まることに違和感を覚える方もおられるかもしれない。だが、お読みいただければ分かるように、第一部の各章はいずれも、明示的であれ暗黙のうちであれ、現在の危機との関わり、危機との対峙を通じて執筆された論考である。いや、むしろ現在の危機が認識論や科学論、方法論といった原理的な水準にまで及ぶ、深刻かつ根源的な危機であるからこそ、本書はこの原理的な水準から考察を始めなければならなかった、と言ってもよい。

実際、震災と原発事故との後に交わされた数多くの議論における焦点の一つは、「専門家による（自然）科学的な知のあり方に対する信頼」の問題ではなかっただろうか。それはつまり、震災と原発事故を契機として、明示的であれ暗黙のうちであれ、「（自然）科学的知識とは何か、科学的知識の信頼性とは何か、（自然）科学的知識と哲学・思想、あるいは社会認識との関係はいかなるものか」といった問題が問われていた、ということでもあろう。

一般に人間と社会を認識し分析しようとする際、そこに知のあり方に関する一定の（最も広い意味での）枠組みが前提されている。だが、トマス・クーン流に言えば平穏無事な「通常科学」の時代にはその大きな枠組みに対する懐疑が表面化することはまれであろう。だとすれば、認識論や科学論、方法論が思索と反省の主題として浮上する時代とは、この原理的な枠組みが揺らいでいる時代、その意味で最も根源的な危機の時代と言える。言いかえれば、われわれは震災と原発事故を通じ、現在の知のあり方にとっての枠組みという、最も根源的な水準の危機にも直面していたはずなのである。

にもかかわらず、震災と原発事故から五年近くが経過した今、こうした根源的な危機が忘却され始めてはいないだろうか。それは結局のところ、危機を危機としてとらえ、対峙することの回避ではなかろうか。だからこそ本書は、この認識論や科学論、方法論という最も原理的な水準から、あらためて危機と対峙することを選んだのである。

第一部「問題としての認識と方法」は、以下の九つの章による、こうした原理的な危機との対峙の試みである。

第一章　因果推論の限界についての社会学的検討（筒井淳也）

自然科学のみならず、社会科学でも実験を範にとった統計的因果推論の枠組みが優勢になりつつある。本章では、因果推論スキームと計量社会学との方向性の違いについて検討することを通じて、介入の効果に焦点を当てた因果推論スキームが必ずしも社会の理解と記述に貢献せず、この点において限界があることを明らかにする。

第二章　「中範囲の理論」以後の社会学的認識（磯直樹）

本章では、マートン流の「中範囲の理論」の受容の帰結として代表的な二つの型、すなわちグラウンデッド・セオリー・アプローチと分析社会学を取り上げ、中範囲の理論の現代的展開に見られる問題点を提起する。その上で、ブルデューによる理論と反省性の議論をそれらと対照させることで、「中範囲の理論」以後の社会学的認識の見取り図を示す。

第三章　人間の科学の諸概念に対する社会学的概念分析（前田泰樹）

遺伝学のような人間を対象とする科学は、「遺伝性疾患」という専門的概念のもとで人々の記述を可能にするとともに、「家族」といった常識的概念や「シティズンシップ」のような社会科学的概念を巻き込み、われわれが自らの経験や行為を理解するための方法を変えてきた。本章では、そこで用いられている人々の方法論について考察する。

第四章　知識の社会性と科学的認識――科学批判としての批判理論の再構築のために（大河内泰樹）

本章は一九七〇年代半ば以降の批判理論が科学批判から後退したという認識から、ハーバーマスの「真理理論」を出発点に、ブランダムの知識論を導入しながら、科学理論を言語論、とくに語用論から理解し、これを社会の中に位置づけることで、批判理論にもう一度科学批判を取り入れる一つの方向性を示すことを試みる。

第五章　フッサールと知識の哲学――明証の原理による内在主義と外在主義の接合の試み（村田憲郎）

本章では、フッサールの空虚志向の充実化による認識論を、英米系の知識の哲学の議論に引きつけるという近年のフッサール研究の動向を踏まえつつ、認識論的な内在主義と外在主義とをある仕方で橋渡しする議論として位置づける。その際、主にフッサールの「明証」概念と、フッサールが「諸原理中の原理」と呼んだ明証の原理の理論的意義に注目する。

第六章　フッサール現象学における「危機」と「哲学」（南孝典）

本章では、フッサールの『ヨーロッパ諸学の危機と超越論的現象学』の中で語られている「学問の危機」の内実と、それを克服する哲学と位置づけられている「現象学」について考察する。また、フッサールと同時期に学問の危機について語っていたハイデガーにも言及し、科学的思考では把握されない人間存在の不可思議さを思考する「哲学的人間学」として、フライブルク現象学の両巨頭に通底する部分も明らかにする。

第七章　ウェーバーはなぜ「社会学」者になったのか――危機に対峙する選択としての方法論（橋本直人）

マックス・ウェーバーは今でこそ社会学の古典として認知されている。だが当時の状況にてらせば、自らの学問を「社会学」と名づけるのはウェーバーにとってリスクをはらんだ選択であった。本章ではこの選択をテクストに即して分析し、その背後にあるウェーバーの危機意識、特に自然科学主義的一元論との対決という問題意識を明らかにする。

第八章　世俗の祈りとしての実証科学——社会における事実をめぐって（菊谷和宏）

本章は、十九世紀フランスの二人の知識人、ゾラとデュルケームの実証主義に関する言説を、第三共和制・ドレフュス事件といった時代背景と共に検討する。その結果、確固たる「事実」を見出しこれを科学的言説の基盤とすることを目指す実証主義の探究は、自らの主張を裏切って世俗における「祈り」とならざるをえないこと、しかしこの祈りこそ、社会科学を基礎付ける超越的かつ経験的な人間性としての意志の表れであることを示す。

第九章　震災と社会学——オーギュスト・コントの実証主義再考（杉本隆司）

三・一一の震災以降、科学者と社会をめぐり多くの問題が提起されたが、その一つに人々が危機的状況で信じるに足る根拠はなにかという「信の在りか」の問題がある。本章では、原発震災を手掛かりに、科学的合理性とは別な社会的合理性の発想から、科学組織と社会、科学者と市民の知識の落差、権威の所在といった問題について信頼論を軸にしながら、コントが唱えた社会学の本来的な構想を明らかにする。

以上の九章は、現代の社会学・社会理論における認識論・方法論の問題から、二〇世紀初頭の現象学、ウェーバーやデュルケームによる社会学の確立期を経てコントの実証主義にいたるまで、およそ一五〇年に及ぶ哲学・社会学・社会理論の歴史をテーマとしている。それは、知のあり方に関する枠組みという原理的な水準における危機と対峙するためには、これほどの広いスパンが必要になる、ということでもある。

以上の論考を通じ、根源的な危機との対峙という、いまや忘却されつつある課題が再び問われることを願ってやまない。

第一章　因果推論の限界についての社会学的検討

筒井淳也

1　科学の専門性と因果推論

近年私たちは、科学についての市井と専門家の理解のギャップを浮き彫りにする出来事に連続して遭遇した。福島第一原発の事故と、「STAP細胞」論文の不正疑惑事件についてである。

福島第一原発事故とそれに起因する放射性物質の放出については、特定の事象（たとえばガン）が発生することについて、確率論的に論じることを出発点とせざるをえない科学者と、「危険があるのかないのか」という二者択一的判断に引き寄せられる一般人やメディア関係者とのあいだでの深刻なディスコミュニケーションが頻発した。放射線障害やその後の当局の対応に危機感を感じた人々が、確率論的に放射線の影響を語る科学者の一部にたいして、放射性物質についてのあいまいな認識を提示することで政府や東京電力を擁護しているとして激しい非難をあびせる場面もあった。

STAP細胞にかんする一連の研究不正疑惑については、科学者コミュニティが実験の手続きの妥当性を問うたのにたいして、一般の人々や報道記者の関心はほとんどが「STAP現象があるのかないのか」にあったようだ。

多くの結論は仮説にとどまり、さらなる検証で覆されるという反証主義を採用するがゆえに、結論を導くさいの手続きの妥当性をめぐる問いにこだわる科学者と、「あるのかないのか」という問いにこだわる非専門家のあいだでの相互理解のなさが露呈したといえる。これは、正しい知識を得るための手続きという認識論の問いと、現象の実在の有無をめぐる問いのあいだでのすれ違いだったともいえる。

ともあれ自然科学者コミュニティにおいては、上記の一連の騒動によって科学の知見をいかに伝えるかという問題、すなわちサイエンス・コミュニケーションの課題が浮き彫りになったという思いを強くすることはあっても、当事者たる科学者のなかで科学的手続きの妥当性そのものが揺らいだ、という感想を抱いた者は多くはないはずだ。

社会科学においてこういった科学者と市井との対立は頻繁に起こるものだろうか。否定的に答えたくなる研究者は多いかもしれない。そもそも社会科学には確立された定理がないどころか共有された科学的手続きさえも存在せず、科学者と市井とのあいだでシンプルかつ可視的な対立が生じるよりも前に「科学者」の集団としての一致した立場がないので、自然科学の場合ほどには科学者と市井とは対立しないのだ、という考え方である。

方法論についての膨大かつ深みのある議論の蓄積を誇る社会学者ならば、こういった見方に賛同する者もある程度いるかもしれない。社会科学者は、対象（人々）の行為や意識を記述し、分析するさいに、人々がすでに採用している知識の枠組みを用いる。その意味で社会科学者と市井の区分はあいまいになりがちだ、というのである。これは、「人々が解釈しているものを再び研究者が解釈する」という、自然を対象とした科学とは異なる社会科学の特性、ギデンズのいう「二重の解釈学 double hermeneutic」（Giddens 1993）を強調する立場である。

しかしながら、素人と科学的専門家のあいだの境界線があいまいであるのは、社会科学の二重の解釈学という特性のゆえだ、と断定してしまうことにも無理がある。というのは、この境界線は自然科学においてもある程度曖昧になることがあるからだ。人々は自分、他人、そして社会についてのみならず、自然現象についても記述・説明・予測することがある（「西の空が暗いからこれから雨が降るだろう」等々）。こういった「素朴な自然科学」は、人々が自然科学の既存の成果を暗黙にでも習得している場合にはなおのこと、専門家の知識と部分的に重なるようになる。

しかしそれでも上記の事例のような素人と専門家の断絶が生じるのは、やはり自然科学の手続きの専門性と厳密性が人々にとって理解しにくく、また近寄りがたいものであるからだろう。だとすれば、自然科学と類似の方法を採用している社会科学者ならば、自然科学者と同様に、手続きについての強く共有された立場があるのだ、と考えることができる。

そして共有された手続きは、たしかに存在する。それは物事の因果関係を重視する方向性、そしてそのさいに用いる統計学である。実に多くの経済学者、心理学者、疫学者、そしてますます多くの社会学者、政治学者が、自然科学者と同様に「統計的因果推論 statistical causal inference」を研究の主軸に据えるようになっている。

因果推論は、人々が自分たちの行為や社会の動きについて記述し、理解するためのひとつの方法にすぎない。したがって、二重の解釈学たる社会科学においても、因果推論の方法が優先的に採用される理由は自明ではないはずである。というのは、あとで述べるように、因果推論の枠組みでなんらかの「答え」を出しても、それが人々の行為・社会理解を促すとは限らないからである。それにもかかわらず、なぜ因果推論は社会科学の方法において支配的な位置付けを占めるに至ったのだろうか。また、因果推論が行為や社会の説明において持つ限界について（当然それはあるはずだが）、私たちはどのように考えていけばよいのだろうか。

2 「社会科学の方法」と分野の異質性

方法や手続きの多様性というものは、社会学者にとってはお馴染みの話であり、それは社会学のテキストに主観主義的アプローチと客観主義的アプローチとして掲載されている対立図式を起点としたものだ。人々が行為に付与する主観的意味を理解することに社会科学の方法の基礎を据えたウェーバーの方法（Weber 1922＝1997）と、そういった意味から離れてデータを観察して得られる知見を重視したデュルケムの方法（Durkheim 1895＝1978）がよく知られている。もちろんウェーバーの研究成果が一貫して上記の方法によって得られたものであるかといえばそれは疑わしいし、『自殺論』以外のデュルケムの著作においても同様であろう。彼らのよく知られた社会記述のための概念、たとえば支配の類型や連帯の類型は、少なくともそれぞれの方法論に依拠したがゆえに得られたものである、という見方にはかなり無理があろう。

他方でこの対立図式は、かたちを変えつつも、現在の日本の社会学において健在である。この対立は、質的研究と量的研究の違いによく現れている。質的研究のうち、非構造化インタビューや参与観察を行うものは、その主要な目的に人々の行為の意味理解を置く。たとえば「ある人がなぜ大学に進学する決意を持ったのか」ということについて、当人の意図や動機を理解し、記述するのである。行為のコンテクストについても、当事者がそのコンテクストについて持っている理解が行為に影響しているならば、記述の対象となる。

これにたいして計量社会学者は、そういった主観的意味から離れて、対象者の行動と社会的カテゴリーとの関連性をみようとすることが多い。たとえば「親の学歴と子どもの進学行動との関係」に注目し、そこに統計学的に「偶然」とは言えないほどの関連性があるのかどうか、たとえば親が高学歴であれば子どもも進学アスピレーションをいだきやすいのか、といった問いに取り組むのである。

このような量的研究の問いの形式においては、人々の行為の主観的意味についての情報を集める必要はないが、人々がどういった社会的集団にカテゴライズされるのかについての情報は必須となる。これらはいわゆる調査票調査において「基本属性」と呼ばれているもので、具体的には性別、年齢、学歴、職業、世帯構成などである。欧米の社会学であれば、これに宗教・宗派やエスニック・バックグラウンドを加える。

もちろん、調査票調査において対象者の行為の主観的意味を聞き取ろうと試みることはできるし、実際にある程度それは行われている。しばしば意識調査、あるいは意識項目と呼ばれているが、たとえば国立社会保障・人口問題研究所が行っている「出生動向基本調査（独身者調査）」においては、調査時点で無配偶である対象者にたいして、独身でいる理由についてプリコードされた選択肢形式の回答を求めている。選択肢には、「まだ必要性を感じない」「仕事（学業）にうちこみたい」といったものが並んでおり、回答者は当てはまると感じるものをすべて選ぶことになっている。

このような意識や行動についての情報はしかし、研究の中では単独で取り扱われることはまずない。国立社会保障・人口問題研究所の報告書（国立社会保障・人口問題研究所『第十四回出生動向基本調査：結婚と出産に関する全国調査：独身者調査の概要』）では、上記の「主観的意味」について、それが性別、年齢、時代（調査時点）によってどのように異なるのかについての記述統計が掲載されている。

このようにみていくと、人々の行為を複雑な環境に置かれた当事者が実際になにを思っていたのかに焦点を当てて記述するような研究と、そういった主観的意味から「離れて」行為に「客観的に」アプローチする研究とが対立しているという図式は不正確かもしれない。多くの社会学の量的研究者が行うのは、人々の行動（進学するかしないか、結婚するかしないか等）、意識（政治的立場はリベラルか保守的か、なぜ結婚しないのか、等）、状態（配偶者の有無、年間収入等）を、基本的な社会的カテゴリーに結びつけて説明することである。このうち「状態」には社会的カテゴリーも含まれる。その場合、配偶者の有無を年齢や職業によって説明したりすることになる。

実証社会学におけるこのような対立はしかし、他の社会科学、たとえば心理学や経済学においては目立つものではない。それは、心理学や経済学における実証研究がともに因果推論を基本に据えたものであり、したがって自然科学と親和性を持ち、その意味で分野内に強い共通理解が存在しているからである。

心理学や経済学ほど方法についての共通理解が存在しない分野には、社会学の他に政治学がある。政治学では、一九九四年に出版されたある本が激しい方法論争を引き起こした。著者たち（キング、コヘイン、ヴァーバ）の名前の頭文字を取って「ＫＫＶ」と呼ばれているその本（King et al. 1994＝2003）は、量的研究で採用されている因果推論の枠組みを質的（事例）分析にも適用すべきだ、と説いたものである。政治学では少数の国の政治について詳細に記述をするという事例研究が地位を確立していたため、経済学であれば「当たり前」と受け止められると思われるこの主張がおおきなインパクトをもった。

しかし議論の経過を追うと、そこには社会学と異なる様子もみられた。ＫＫＶにたいしては様々な反論が展開されたが、ブレイディとコリアーらが主要な批判論文をまとめて出版している（Brady & Collier 2010＝2013）。そこでは、質的研究であれ量的研究であれ、因果推論には根本的な困難がつきまとうことについてＫＫＶが行っている留保が不十分であることについてのかなり周到な議論が、そして質的研究が因果推論に独自の貢献（「因果プロセス観察」と呼ばれる）を行いうるという主張が展開されている。他方で、因果推論という枠組み自体を相対化するような立場は不在なのだ。

ようするに、社会学以外の実証社会科学の世界をみわたしてみれば、方法を巡って鋭い対立が顕在化している様子はあまりなく、少なくとも科学者の通常の研究実践についてみれば、「自分たちは因果推論を行っているのだ」という共通の行為理解が広範に存在する。量的研究と質的研究が激しい論争を引き起こした政治学の分野においても、因果推論そのものを拒否するような主張は目立ったものではない。このような状況を鑑みれば、因果推論的思考、あるいはそのもととなっている「実験パラダイム」の支配的位置について論じることなしに、戦後の実証社会科学の経過を記述することはできないといえよう。

3　実験パラダイムの浸透

社会学の実証研究についてのメタ的な研究においては、戦前のシカゴ学派のルポルタージュ的参与観察の方法が衰退し、戦後のアメリカ社会学において計量研究が浸透していくプロセスに注目することが多い。その出発点はやはり、大規模社会調査における無作為抽出データの分析を研究の中心に据えるという文化を浸透させ、アメリカ社会学の現在にいたる「実証主義レジーム」を作り上げたラザーズフェルドの活躍であろう（Platt 1999）。

しかしながらこのような経緯の記述はおそらく、科学的方法を模範に据える社会・人間科学の研究者の目からすれば奇妙に映る。というのは、調査surveyから得られるのは基本的に観察データobservational dataであり、科学者の多くが目指す因果推論という目的に照らしてみればあまり役に立たないデータである、という理解があるからだ。調査観察データは、実験データを至上とする科学においてはいわば「二流市民」扱いをされるのである。

統計学にはいくつかの源流・潮流があることは認めるとしても、それが自然科学の方法に強いインパクトを持ったのは、紛れもなく因果推論の手続きを与えてくれたからである。もちろん因果推論が発見や正当化において主要な役割を持たない分野は数多くあるにせよ、それは極めて多くの科学的営みにおいて重要な位置を占めている。そして確率論的stochastic現象を取り扱う分野において、現段階でほぼ唯一の因果推定の方法として認められているのが、フィッシャーが体系化した無作為化比較実験（Randomized Controlled Trial: RCT）である（Fisher 1935）。

ＲＣＴを代表とする統計的に因果を推定する方法の哲学的な立脚点は、（反事実的）可能世界論possible world、あるいは介入理論である[1]。このことは、オリジナルの実験計画法の枠組みよりも、ＲＣＴの発想の延長線上にあり、戦後の統計学を席巻した線形モデル（回帰モデル）の地位を奪いつつある措置効果モデル[2] treatment-effect modelにおいて分かりやすく示されている。一九九〇年代に入ってさかんに参照されるようになった措置効果モデルとは、およそ以下のようなものである。

介入を受けたグループ（措置群）をT、受けなかったグループ（統制群）をCとすると、可能的世界においては以下の四種類の帰結がありうる。

	介入あり	介入なし
措置群	T_1	T_0
統制群	C_1	C_0

因果効果をσとすれば、措置群における因果効果（σ_t）は

$E[\sigma_t] = E[T_1 - T_0]$、

同じく統制群における因果効果（σ_c）は

$$E[\sigma_c]=E[C_1-C_0]$$

となる（Eは期待値を表す）。そして、このどちらも推定不可能である。なぜなら、措置群にたいして介入しなかったときの値と、統制群において介入したときの値はまさしく反事実的counterfactualなものであり、実際には観察不可能であるからだ。ホーランドは、これを「因果推論の根本問題the fundamental problem of causal inference」と呼んだ（Holland 1986）。ここで観察可能なのはあくまで措置群の介入後の値と統制群の非介入の値の差の期待値、すなわち

$$E[\sigma_{tc}]=E[T_1-C_0]$$

のみである。したがって統計的因果推論の課題は、観察可能なσ_{tc}が、σ_tとσ_cの加重平均値と一致する条件をいかにして実現するかにある。$E[\sigma_{tc}]$が$E[\sigma_t]$および$E[\sigma_c]$と異なるのは、ひとつには$E[\sigma_{tc}]$のなかに個体の異質性heterogeneityによるバイアスが紛れ込むからである。異質性は個体効果individual effectとも呼ばれ、因果推論の枠組みでは除去されるべき効果となる。$E[T_1]$と$E[C_0]$の差は、主に介入の効果と個体効果によって構成される。

個体効果を除去する方法のひとつが、同一個体について複数回の観察を行うことである。これをパネルデータという。この方法だと、T_0とT_1をそれぞれ観察できるため、観察期間中変化しない個体特性についてはその影響を除去して措置群における因果効果を推定できる。そのため、現在の計量経済学ではパネルデータ分析がなかばスタンダードになっているほどである。ただし調査観察データの場合には観察タイミングを自由に設定できないことが多く、そのために同時に変化する要因の影響を除去できない可能性、さらに逆の因果の可能性を首尾よく排除できないという欠点がある。また、パネルデータはあくまで調査観察によって生み出されるデータであり、措置の有無は人為的介入ではなく受動的に観察されるものである。そのため、措置群と統制群のあいだの個体差については（厳密には、そも

そも措置群と統制群を）判別することができない。

このような事情もあり、措置の因果効果を推定するためには措置群と統制群をランダムに割り当て、それによって両群の個体特性を均一化する、という方法、すなわちランダム化比較実験が採用されているのである。

伝統的な回帰モデルがこれを実現する条件は、次のように説明される。回帰モデルにおいては、誘導形と呼ばれる線形の数式に埋め込まれた複数のパラメータが推定される。反応変数Yに説明変数Xが与える因果効果を知りたい場合、

$$Y = \beta_0 + \beta_1 X + \beta_2 Z_1 + \cdots + \beta_k Z_l + \varepsilon$$

というモデルにおいて、観察値になんらかの基準でもっともフィットするパラメータ群（β_0〜β_k）が推定されることになる。主要な関心であるβ_1の推定値がバイアスをもたないためには、共変量（$Z_1 \cdots Z_\ell$）の各レベルにおいて（つまり共変量で統制したとき）、説明変数Xと撹乱項（ε）の相関がゼロである、という条件が必要になる。この条件が満たされるひとつの下位条件として、共変量の特定化（数式・モデルの構築）が正しいことがある。この条件を満たすことは非常に難しく、これが回帰モデルによる推定のロバストネスを失わせるひとつの要因となっているのである。

そこで措置効果モデルでは、マッチングや傾向スコア分析など、この問題を回避するいくつかの手続きが提起される。たとえば傾向スコア分析だと、まず共変量によって措置群に割り当てられる確率を推定し、その確率の逆数を傾向スコア、すなわち「措置されやすさ」として、それを統制しつつ、YをXで回帰するのである。

近年の措置効果モデルの隆盛は、一九七〇年代からしばらく続いた「回帰分析の時代 the age of regression」（Morgan 2007）において、共分散分析系の手法が因果推論を実質的に軽視してきたことへの一種の反動でもある。モーガンらは、社会科学の世界における回帰分析の支配的地位は、ブレイラック（Blalock 1964）とダンカン（Duncan

1966）によってもたらされたと述べている（Morgan 2007: 10）。とくにダンカンはパス解析を社会学に持ち込んで、それを有力な説明の道具とすることを提起し、その後の実証社会学の流れを規定した人物である。しかし、モーガンらがいみじくも指摘しているように、ダンカンが回帰分析に求めたのは因果推論ではなく社会的現象の「説明」であった。この論点は本章において重要な意味を持つため、次節において詳しく展開する。

本章の趣旨は、人々が解釈しているものを再び解釈する「二重の解釈学」という社会科学の特徴が、実証社会科学において持つ意味について論じることであった。社会科学における実証の主要な道具であり続けている計量分析が、多くの分野（とくに心理学と経済学、疫学を含めるならば疫学も）においてふたたび因果推論を強く意識した措置効果モデルに引き寄せられてきたという事実は、社会科学研究の実践においてどのような意味を与えられるのだろうか。この問いに答えるためには、因果推論そのものが人々の「解釈」のなかにどのように埋め込まれうるか、について最小限の考察を必要とするだろう。

4　社会学における因果推論の位置

統計的因果推論の考え方が哲学的には介入論に依拠すること、そして研究実践においても措置を（その言葉の本来の意味に忠実に）介入として実施することが理想とされていることは、措置効果モデルがその他の社会科学分野と違って社会学においてそれほど活用されていないこと、社会学がダンカン流のパス解析の導入以来、回帰分析などの共分散分析系の手法を重用してきたこととおそらく無関係ではない。

この対比はシエ（Xie 2007）によって詳しく論じられている。シエは、ダンカンが計量社会学に与えた影響を「名残legend」という言葉で表現しつつ、これを計量的思考における人口学的アプローチ（demographic approach to quantitative reasoning）と呼んでいるが、本章のことばでいえばそれは個体の異質性の分析を社会学的な説明とみなす立場である。シエは、攪乱項εを固定効果部分（$\beta_0+\beta_1X+\cdots+\beta_kZ_\ell$）によっては説明できない誤差errorとしてみる標準的な立場をガウス的アプローチとし、それにたいしてダンカンはゴルトン的アプローチをとった、と述べる。前者はここでいう措置効果モデルの考え方である。後者においては、観察された現象の分散は観察された集団間の多様性と、観察されない残りの多様性に分割されているとみなされる。

因果推論アプローチにおいては、ある個体Aとできるだけ均質な特性を持つA'について、片方にのみ措置を施すというデザインが追求される。同じ作業を他の個体B、C……についても行い、差の平均値を求めれば、それが平均的措置効果average treatment effectである。このプロセスにおいて、異質な個体どうしの差は積極的意味を持たない。これにたいして上記の人口学的アプローチとは、むしろ異質な個体AとBとの違いに注目し、全体としての現象のばらつきを個体の異質性あるいはその異質性の絡み合いを推定・記述することで説明していこう、という立場である。

たとえば収入についていえば、措置効果モデルであれば、大卒の資格が収入に因果効果を持つか、という問いは、その他の要因を固定した上で（＝大卒と非大卒のその他の条件を同じにした上で）、大卒と非大卒の平均収入の差をみることで答えられる。これにたいしてダンカンの考え方だと、次のようになる。収入を性別で回帰すると、性別の効果が推定される。さらにここに学歴変数を追加すると、その効果は性別ごとの学歴の効果の平均として推定される。このとき性別の効果が小さくなれば、性別による収入格差の一部は性別ごとに学歴が異なっているからだ、という説明がなされる。これら二つを投入してもまだ説明できない部分が残るだろうが、これはさらに職業や勤続年数等の変数で説明されていくことになる。

措置効果モデルでは、こういった分析のプロセスはすべて捨象される。様々な個人的異質性は、措置群と統制群が均等になるための手段として用いられるのみである。パネルデータ分析の基本的手法である固定効果モデル fixed-effects model においてもそれは同じである。固定効果モデルでは、推定されるのは観察期間中に変化しない個体特性を除去された要因のみである。

前の節で詳しく述べたが、計量社会学の基本的な問いの形式は、社会集団によって行為や意識が異なるのかどうか、にある。人びとの基本的な社会的カテゴリーの違いとは、すなわち個体の異質性である。ここで重要なのは、因果推論を志向する措置効果モデルではバイアスの源として消去されることが目指される個体の異質性こそが、社会学的説明において中心的位置を占める、ということである。

ようするに、社会学が個体の異質性、集団間の多様性に関心を持つ限り、措置効果モデルは採用されない。このことは必ずしも多くの計量社会学者が意識していることではないが、それだけに強調しておく必要がある事実である。

5　計量分析とはどういう実践か

ここで確認しておきたいことは、高度に発達した統計分析といえども、対象が人間行動や社会であるかぎり、それによって解かれる問いが、その問いにたいする答えを導く手続きと、一定の概念的結びつきを持っているはずだ、ということである。

このことを踏まえておくことは極めて重要である。そもそも以下のようなきわめて単純な事実を、私たちは忘れがちだ。すなわち、数量的に答えを出すことができない問いについては、統計学を持ち出すことはできない、ということだ。定義についての問いや、文法規則の解明などがまさにそれである。これはデータ不足といった技術的問題のゆえに不可能なのではなく、論理形式として無理なのである。人々の行為の理由や動機を理解することも、計量分析の問いではない。（もちろん社会集団ごとに特定の行為の理由の持たれやすさが異なるかどうか、は計量的な問いになりうる。）

とりわけ本章では、以下の問いが重要になる。つまり、ある要因の効果についての因果推論が有意味なものであるかどうかは、その要因が「介入」として意味を持つかどうかにかかっている、ということだ。政策を措置とみなすことは、「政策介入」という言葉があることからもわかるが、自然である。例として、「子ども手当制度が出生率を上昇させたか」という、計量経済学者が取り組む典型的な問いを挙げることができる。

これにたいして「学歴の収入に対する効果」はどうか。学歴が措置効果モデルの枠組みで持たされる意味は、たとえば大卒グループと非大卒グループで「その他の一切の諸特性」が同じであるとしたときの、大卒と非大卒の収入の差、である。困ったことに、私たちはこのような「学歴」の意味を理解することが難しい。学歴は、その概念が使われる場面に応じて、様々な他の概念、たとえば能力、スキル、経験、文化程度等との連関において意味を持つ。したがって「その他の特性をはぎとった純粋な学歴」というものを私たちは想像することさえできない。

ここで、介入というアクションそのものについては、基本的に概念の意味理解とは無関係に可能である、ということにも留意しておく必要がある。ある二つの、性別、年齢、体質等の諸特性が全く均質なグループの片方に新薬を投与し、もう片方にプラセボを投与するという実験において、「薬の投与」以外の諸特性が全く同じであるという事態を、私たちは問題なく想定できる。そして、その薬が十年前から存在したら現在どうなっていたか、についてもある程度は推計可能であろう。

同じように、高卒資格を持つ（あるいはその予定の）被験者を集め、無作為割り当てによって半数のみを大学に進学させるという実験を行うことは、倫理的には難しいものの、手続きとしては理解可能である。しかしこの因果推論の結果得られた「学歴の効果」を、私たちはこれまでその社会において学歴が持ってきた意味や機能について吟味する作業にそのまま援用することについては躊躇する。なぜなら学歴は、薬が人体に及ぼす効果と異なり、個体の特性（性別、年齢等）、時代（労働需要の質も時代効果に含まれる）、そして地域ごとにその効果が大きく異なることが容易に想像可能であるからだ。むしろ学歴の意味とは、このような状況との関連性そのものである。

個体の異質性を強調する立場からは、因果推論の帰結を（実験対象となった個体ではない）他の個体に適用する場合の適切性、すなわち外的妥当性external validityの問題がたびたび指摘されるが、ある要因を介入として理解することの上述の困難は、統計学における妥当性の問題とは異なるものだ。統計的因果推論は、措置群あるいは統制群（またはその両方）における因果効果の平均を求める手続きである。関心があるのが措置群への平均的効果（Average Treatment Effect on the Treated: ATET）であるとして、措置群のなかに含まれる個体のなかにまったく効果が認められないものが存在するかどうかは、平均的因果効果の推定において問題とはみなされない。極端に言えば、措置群の九割について全く効果がなくても、残りの一割に顕著な効果が認められれば、ＡＴＥＴが統計学的に有意なプラスとなることはありうる。因果効果の推定においては、個体の異質性は（すでに述べたように）バイアスの原因として除去されるべきものであるか、このように単なる（加重）平均の計算プロセスにおける一要素であるか、という取り扱いを受ける。

もちろん、科学一般において個体や時代、地域の異質性にたいする配慮が欠如していると言ってしまうことはできない。実験の結果を適用するさいに問題にされる外的妥当性の欠如があるとすれば、ほとんどの場合それは異質性によって引き起こされるものである。

実験において外的妥当性がそれほど問題にならない理由があるとすれば、それは多かれ少なかれ個体の均質性をあてにできるからである。薬品の効果は同じ人間であればほぼ同じであろうとか、場合によっては同じ哺乳類なら、という想定が一定程度共通理解を得られやすい。同様に経済学や心理学で想定される個体は非歴史的な「人間」であり、特定の行動傾向（たとえば「合理的」に行動するかどうか）の差が個体間にあっても、その個体差を学歴で説明するといったことには関心が向かない。

しかし、前述の「学歴」を介入として理解するさいの問題は、外的妥当性の問題だけではない。それは、特定の地域や時代（たとえば「戦後日本」）において学歴について適切に理解して記述するためには、それと概念的に関連してきた諸要素・諸環境のなかに学歴の概念が埋め込まれていることが必要になるからだ。たとえば一九八〇年代前半において女性が四年制大学に進学することが持つ意味は、一九五〇年代において男性が四年制大学に進学することの持つ意味と比較することが非常に難しい。このような文脈から切り離された学歴についてその介入効果を議論するさいには、すでにその意味は私たちが実際の生活において理解し、それをもとに行動しているときの学歴とは全く異なったものになっているはずである。

他方で、計量社会学でそうされているように、学歴を介入として捉えない場合にはそういった問題が発生しないのかというと、そういうわけではない。個体・時代・地域の異質性に焦点をあてる計量分析では、たしかに因果効果アプローチの場合よりも私たちの理解できるような概念的連関にそったかたちでの分析が可能になる。たとえば線形の共分散分析系モデルでは、「性別による年収の違いの一部は学歴が性別によって異なることによって説明できる、ただしこの傾向は時代を経るごとにちいさくなるし、地域ごとに多様性も無視できない」といった分析が可能になる。

しかしここでの「学歴」や「性別」は一旦変数化を経たものであり、そうである以上人々の持つ概念連関を適切に記述するものではないのは明らかである。

6　因果推論の限界はどこにあるのか

最初の問いに戻ろう。

自然科学のみならず社会科学の多くの分野において因果推論が支配的地位を占めつつあることの理由のひとつは、おそらくそれが介入論的枠組みに依拠しているという点に求めることができる。介入とその帰結の記述にさいして、私たちは行為における概念的連関の把握（解釈）のプロセスを首尾よく省略することができるのである。現代の統計学では、薬が効果を持つ仕組みが全く理解できていなくても（つまり薬が生理学的に効果を持つプロセスを記述することができなくても）、その因果的効果を確かめることができる。同じことが、社会的世界においてもある程度は可能なのだ。

しかし因果推論のこの極めて汎用的な力は、それができないことの裏返しでもある。因果推論は、言ってみれば「二重の解釈学」を放棄することで成立する。それは社会に介入し、それを変えていくための装置ではあっても、社会記述の手続きではない。社会学者が因果推論枠組みを採用することに消極的であったのは、社会学では社会の作動・変動を理解できるかたちで意味付けするという目的がある程度共有されており、かつ記述概念の出発点として、経済学者や心理学者が想定する均質な個体ではなく、個体の異質性を置いたからである。

均質な個体を想定すれば、「母集団の縮図」ではない個体から実験によって導かれた知見の外的妥当性はそれほど問題にしなくてもよい、という判断が一定の説得力を持つ。他方で社会学では実験がほとんど行われないが、それは因果効果の外的妥当性を問題にしているからというよりも、実験によって消去される個体の異質性（集団間の差異）を社会記述において利用したい、という思惑があるからだ。

むろん社会記述が統計学的に観察された性別、年齢、エスニシティといった社会集団カテゴリーによってどれほど適切に行われうるのかは、別途考察すべき課題である。そうはいっても、理解に基づいた記述と因果推論に基づいた「介入」という二つの異なる知的実践の区別を厳密に捉える限りでは、因果推論が社会の「理解」を志向した実践ではない、ということは強調しておく必要があるだろう。

注

（1）これらの科学哲学的立場については、Woodward（2007）や、オリジナルのDavid Lewisの諸論考を参照のこと（Lewis 1976）。また、実験と介入（介入的実在論）という視点から科学史を記述した研究として、Hacking（1983）がよく知られている。

（2）類似のモデリングの呼称には様々なものがある。ネイマン（Neyman 1935）以来の伝統を意識して「潜在アウトカムモデル potential outcome model」という呼び方をすることも多いが、モデルの体系化において主要な役割を果たしたルービンにちなんでRubin causal model、あるいはこの呼び方を提起したホーランドを加えてNeyman-Rubin-Holland modelと呼ぶこともある。ここでは措置効果モデルという言葉で総称する。ルービンの研究については、D. B. Rubin（1973）以降に書かれた数多くの論文を参照。措置効果モデルの計量経済学における位置付けについては、Cameron and Trivadi（2005）など参照。

謝辞

本章の執筆にあたり、以下の人々から大いに学ぶところがあった。ここに謝意をあらわしておきたい。立命館大学で開催した社会科学方法論についての研究会においては、様々なアプローチを実践されている若手の社会学者の方などから有用な報告をしていただき、社会学のなかでの量的アプローチの特性についての理解を深めることができた。また、大学院を出たあとに実証研究の分野に入り込むことになった筆者に、より広い人文学・社会学の世界の視野を身につけさせてくれた平子友長先生に深く感謝する。自由な雰囲気の中で行われた大学院ゼミは、なにものにも代えがたい貴重な時間であった。

本章の執筆にあたっては、立命館大学人文科学研究所の研究助成プロジェクト「人文科学方法論研究会」ならびに科研費（２５２８０２１）より助成を受けた。

文献

Blalock, H. M. 1964 *Causal Inferences in Nonexperimental Research*, Chapel Hill: University of North Carolina Press.

Brady, H. E. & D. Collier 2010 *Rethinking Social Inquiry: Diverse Tools, Shared Standards* [Second Edition], Lanham, Maryland: Rowman & Littlefield Publishers.（＝2013 泉川泰博・宮下明聡訳『社会科学の方法論争――多様な分析道具と共通の基準』勁草書房）

Cameron, A. C. & P. K. Trivedi 2005 *Microeconomics: Methods and Applications*, New York: Cambridge University Press.

Duncan, O. D. 1966 "Path Analysis: Sociological Examples," *American Journal of Sociology*, 72（1）: 1-16.

Durkheim, E. 1895 *Les règles de la méthode sociologie*, Presse Universitaires de France.（＝1978 宮島喬訳『社会学的方法の規準』岩波文庫）

Fisher, R. A. 1935 *The Design of Experiments*, Edinburgh: Oliver and Boyde.

Giddens, A. 1993 *New Rules of Sociological Method* [Second Edition], Stanford: Stanford University Press.（＝2000 松尾精文・小幡正敏・藤井達也訳『社会学の新しい方法基準――理解社会学の共感的批判』而立書房）

Hacking, I. 1983 *Representing and Intervening: Introductory Topics in the Philosophy of Natural Science*, Cambridge: Cambridge University Press.（=1986 渡辺博訳『表現と介入――ボルヘス的幻想と新ベーコン主義』産業図書）

Holland, P. W. 1986 "Statistical and Causal Inference," *Journal of the American Statistical Association*, 81: 945-70.

King, G., R. O. Keohane, & S. Verba 1994 *Designing Social Inquiry: Scientific Inference in Qualitative Research*, New Jersey: Princeton University Press.（=2003 真渕勝訳『社会科学のリサーチ・デザイン――定性的研究における科学的推論』勁草書房）

Lewis, D. 1976 "Causation," *Journal of Philosophy*, 70（17）: 556-67.

Morgan, S. L. & C. Winship 2007 *Counterfactuals and Causal Inference: Methods and Principles for Social Research*, New York: Cambridge University Press.

Neyman, J. S. 1935 "Statistical Problems in Agricultural Experimentation," *Journal of the Royal Statistical Society*, 2（2）: 107-80.

Platt, J. 1999 *A History of Sociological Research Methods in America, 1920-1960*, Cambridge: Cambridge University Press.

Rubin, D. B. 1973 "Matching to Remove Bias in Observational Studies," *Biometrika*, 29（1）: 159-83.

Weber, M. 1922 *Wirtschaft und Gesellschaft: Grundriss der Verstehenden Soziologie*, Tübingen: J. C. B. Mohr.（=1997 清水幾太郎訳『社会学の根本概念』岩波書店）

Winch, P. 1958 *The Idea of Social Science and its Relation to Philosophy*, London: Routledge.（=1977 森川真規雄訳『社会科学の理念――ウィトゲンシュタイン哲学と社会研究』新曜社）

Woodward, J. 2007 "Interventionist Theories of Causation in Psychological Perspective," A. Gopnik & L. Schulz eds., *Causal Learning: Psychology, Philosophy and Computation*, Oxford: Oxford University Press, 19-36.

Xie, Y. 2007 "Otis Dudley Duncan's Legacy: The Demographic Approach to Quantitative Reasoning in Social Science," *Research in Social Stratification & Mobility*, 25（2）: 141-56.

第二章　「中範囲の理論」以後の社会学的認識

磯　直樹

1　社会学における経験的なもの

社会学において、理論と調査の関係を取り結ぶことの意義は疑われにくい一方で、両者は別個のものとして語られ、「グランド・セオリー」と呼ばれるようなある種の理論はしばしば社会調査と対立的に語られる。社会学理論ないしは社会理論が社会調査と取り結ぶ関係は、良好であるとも対立的であるとも断定できない。それがなぜかと言えば、「経験的研究」と「理論」に関する基本的な考え方が理論家と調査家とで大きく異なる傾向にあるからであり、そもそも「理論家」と「調査家」という分類が可能な制度が成立しているからではないだろうか。しかし、理論と調査を明確に隔てるならば、社会学の思弁的な側面は哲学に、経験的な側面はジャーナリズムに取って代えられてしまうかもしれない。それゆえに、ある種の理論観とある種の調査観が親和性を保ちつつ、他の理論観と他の調査観は相容れないこともあるのである。それでは、「ある種の理論観」とは何なのだろうか。このような理論観のみで理論と調査の関係を考えれば済むのだろうか。こうした問いは、本稿の議論に入る前の出発点に位置づけられる。

本稿では、両者の関係を考える上で近年主流になっている理論観が「中範囲の理論」であることを確認した上で、このような理論観として二つの型を提示する。二つとは、グラウンデッド・セオリー・アプローチ（以下、ＧＴＡ）と分析社会学である。本稿では加えて、この両者と部分的には対立するピエール・ブルデューの展開した議論を取り上げる。彼は社会学における理論と調査の入り組んだ関係について独創的な考察を行い、社会調査の成果を通じて独自の社会学理論を構想した。フランスはもちろんのこと、アングロサクソン圏でも日本でも、現代社会学理論の概説書であれば、ブルデューは現代社会学の理論家として国際的かつ古典的な地位を与えられている。彼はまた、そのような理論家として、研究生活の開始時から晩年期に至るまで社会調査家でもあった稀有な存在でもある。このようなブルデューの理論観に依りながら、中範囲の理論とは異なる方法で理論と調査の関係を問い、理論と調査の関係に再考を促すのが本稿のねらいである。

2　現代社会学における理論と社会調査の関係をめぐる議論

はじめに、近年広く共有されている社会学観の一例として、おそらく世界で最も読まれている社会学の教科書であるギデンズの『社会学』を取り上げる。ギデンズは、「社会学者が調査研究 research studies で提起する問いのかなりの割合は、主として経験的な問い、ないし事実関係の問い factual questions である」と述べ、「社会学の研究は、かりにその研究が何らかの理論的知識に導かれなければ、おそらく啓発的な研究にはならない」と述べている（Giddens 2009: 40）。このような主張は、総論としては多くの社会学者が共有する考え方であると思われる。しかし、ここでどのような理論観をもって「経験的問い」を考えるかによって、議論は様々な方向に分岐していくことになる。

近年のアングロサクソン圏で定評のある社会調査の教科書や概論において前提とされている理論観とは、中範囲の理論である。例えば、ギルバートらの社会調査の概説書においては、第二章の始めで理論と調査の関係に関する考察が行われているが、同章の議論において「理論」とは中範囲の理論を意味すると明示的に述べられている（Gilbert 2008: 22）。

また、ブライマンの社会調査の教科書では、第二章の「理論と調査」と題された節において、調査家にとって理論は重要であることが強調されている。彼によれば、理論とは「観察された諸々の規則性」のことであり、調査家が受け容れるべき理論は「グランド・セオリー」ではなく「中範囲の理論」であるとされる（Bryman 2012: 21）。ブライマンは理論をこの二つに分けた上で、調査につなげやすい理論としてマートン流の中範囲の理論を称揚している（Bryman 2012: 22）。

以上のように、社会調査の立場で共有されている理論観とは「中範囲の理論」であることが多い。このような知的状況が生じる歴史的背景をここで詳細に論じることはできないが、二〇世紀半ばのアメリカにおける理論と調査をめぐる論争において、今日の議論にも通底する基本的な論点は提示されている。とりわけ重要なのは、パーソンズとマートンの議論である。パーソンズによれば、体系的な理論はあらゆる科学にとって根本的なものである（Parsons 1948: 157）。社会学において基本的である理論体系は、社会学という科学よりも広くなければいけない。それは、諸々の社会システムの理論でなければならない（Parsons 1948: 158）。つまり、パーソンズにとって、理論は経験的研究に深く関わるものであり、前者は諸事実の総和であってはならず、体系的に構成されなければならない。マートンは基本的にパーソンズの立場に同意するが、強調点は異なる。パーソンズのように“theories”よりも“theory”に与すべきという立場には、マートンは同意しない（Merton 1948: 165）。限定された対象から得られた理論的知見を基にして社会学を発展させていくべき、というのがマートンの立場である（Merton 1948: 166）。このような立場を展開させたのが「中範囲の理論」である（Merton [1957] 1967）。

近年の「中範囲の理論」に関する議論では、以上のような認識はある程度共有されつつも、必ずしもマートンの議論には限定されなくなっている。したがって、以下ではマートン流の「中範囲の理論」以後の社会学的認識として主要な二つの型を取り上げ、現代社会学における理論と社会調査の関係をめぐる基本的構図の提示を試みる。

3　グラウンデッド・セオリー

グラウンデッド・セオリーはパーソンズ流の「グランド・セオリー」に対するアンチテーゼとして、グレーザーとストラウスによって提唱された。前者はコロンビア大学、後者はシカゴ大学でアカデミックなトレーニングを受けている。両者によれば、コロンビア大学の伝統として、マートンの中範囲の理論とラザースフェルドの量的方法論を、一九二〇年代から五〇年代にかけての「シカゴの伝統」として「地べたをはいずりまわって行われる質的調査と、厳密というにはほど遠い方法論と、それから統合されない形でなされる理論の提示のことが連想される」という（Glaser & Strauss 1967＝1996: i）。両者は一九六〇年代当時の社会調査にもマートンの議論にも十分に納得できず、このことがＧＴＡの提唱を促している。

ＧＴＡのマニフェストとも言うべき『グランデッド・セオリーの発見』（Glaser & Strauss 1967＝1996）においては、理論の検証よりも発見（ないしは構築）の方に明確な重点が置かれている。彼らによれば、一九六〇年代当時のアメリカ社会学においては理論をどのように厳密に検証できるかということに多大な関心が向けられていたが、大事なのは「データからの理論の発見」であり、これをＧＴＡとして当時の社会学に突きつけられていた主要な課題の一つであるとしている（Glaser & Strauss 1967＝1996: 1）。彼らの関心はしたがって、理論構築にある。それでは、彼らの考える「理論」とはどのようなものなのか。彼らは基本的な二種類の理論として、「領域密着理論」と「フォーマル理論」を挙げる。両方とも「中範囲の理論」であるが、領域密着理論よりもフォーマル理論の方が抽象度は高く、前者はより応用研究や政策での活用が想定されている。彼らの考える「理論」は学術的知見への貢献と実務や政策への貢献の双方を想定したものである（Glaser & Strauss 1967＝1996: 3）。彼らは、データに基づかない理論としてパーソンズらの「社会システム」や「社会的行為」の議論を想定しているが、こういう理論のあり方は戒めている。

グレーザーとストラウスは、「データから理論を産み出すことは、仮説と概念のほとんどが、データから出てくるだけではなく、調査プロセスを通じてデータと関連づけられながら体系的に作り出されもする」と指摘し、「理論を産み出すことは調査プロセスとからみ合っている」とも述べている（Glaser & Strauss 1967＝1996: 7）。一九八〇年代までは立場を共有していた二人であったが、一九九〇年代に入ると方法をめぐって対立するようになる（木下 2014: 12）。また、グラウンデッド・セオリー論は一九九〇年代までは「客観主義」的であったが、二〇〇〇年代に入ってからチャマーズらによる社会構成主義（構築主義）的アプローチも影響力を有するようになった（木下 2014: 13）。こうして、徐々にＧＴＡの統一性は失われていく。

このような状況を踏まえてＧＴＡの独自の修正を試みている木下は「そもそも何のための研究であり理論であるのかという問い」を提起し、「研究はひとつの社会活動」、研究者「自身が社会関係にある」、「誰によってその研究が行われるのかを問う」、「ヒューマン・サービス領域での実践を支える知の生成を重視する」と主張する（木下 2014: 130–1）。木下の問題提起はしかし、ＧＴＡをめぐる議論における理論的・認識論的問題とは異なる次元で行われている。それらを同一の次元で論じることは可能だが、このことはまだ体系的な形ではＧＴＡの射程には入っていない。

後述するように、この視座はブルデューの反省性の議論においてより体系的な方法で組み込まれている。

理論という観点からのGTAの主要な問題の一つは、様々な論者によって指摘されてきた。GTAの議論でしばしば用いられる「浮上emergent」という表現は、分析上のダイナミズムを強調している。「意味合いとしては論理的関連が凝縮されてくると一種の必然性をもって『浮上』すると理解できるが、いうまでもなく、分析者の解釈によって着想されるということである。分析者が見えなくなって、しかもそのことへの自覚が感じられない『浮上』という考え方は、グレーザーの立場を象徴している」（木下 2014: 67）。すなわち、理論形成を目指しながらも、その方法については示されず、理論はあたかも天から降ってくるかのような発想に依拠しているのである。

グラウンデッド・セオリーの基本的な考え方は、データに基づきながら、一連の調査プロセスの中で理論を産出していこうとするものである。しかしながら、理論的着想がどうして生まれるかということについては、明確には何も語られない。調査をしてデータを集めることと理論的考察の深化・発展は全く別の作業であるが、GTAにおいてはこのことが等閑視されている。また、彼らの考え方では、理論は調査を進める中で出来上がって行くものだが、調査を始める以前から無自覚的に抱いている観念や思い込みが疑似理論として調査とデータ収集に反映されてしまうことは大いにある。すなわち、GTAには単なるアプローチに留まらない認識論が欠如している。調査者が純粋なデータを収集でき、そのデータは客観的である、という前提があり、その前提は十分に問われないのである。あるいは、その前提が疑われるとき、GTAの統一性は失われてしまうのである。

4　分析社会学

「分析社会学」を冠したアプローチが増えたのは二〇〇〇年代になってからである。GTAがデータを集めながら理論を産出するという発想法を採るのに対し、分析社会学は理論枠組みと方法論を厳密化した上で、出来るだけ多様で多くのデータを取り入れようとする。ヘッドストロムとビアマンによれば、分析社会学とは、社会的諸事実相互の関係とそれらを生み出すメカニズムを明らかにし、社会的世界を理解する戦略のことである（Hedström & Bearman 2009: 3-4）。分析社会学は、マートン的伝統の上に成り立っている。しかしながら、「中範囲の理論が単なる記述や経験的一般化を乗り越えるものとマートンは述べるものの、日常的な作業仮説と中範囲の理論の区分を詳細には論じていない」とヘッドストロムとウデーンは指摘する（Hedström & Udehn 2009: 27）。二人によれば、中範囲の理論は、一般性という点ではグランド・セオリーと厚い記述（クリフォード・ギアツ）の間、理論の説明範囲としては厚い記述と薄い記述（個別性の強い組）の間、またはグランド・セオリーに対してのベッカーやホーマンズ（一般性の強い組）の間に位置づけられる（Hedström & Udehn 2009: 28-9）。

マンゾはより具体的に、分析社会学を定義づけている。彼によれば、以下の七つの原則によって分析社会学は成立する（Manzo 2014: 7-8）。

（1）概念を明確化する。
（2）最良の質的・量的情報を用い、最も適切な方法で分析する。

（3）生成モデルの定式化を行った上で得られる社会的結果の分析を行う。
（4）生成モデルの定式化を行うために、ミクロとマクロの総体、検討対象とする諸活動、構造的相互依存性について、現実志向の記述を行う。
（5）生成モデルの内的一貫性と高度な説明力を担保するために、それをエージェント・ベーストのコンピュータ・モデルへと翻訳する。
（6）エージェント・ベーストのコンピュータ・モデルと経験的記述を対照させる。
（7）仮説の実証のために、できるだけたくさんの量的・質的データを採り入れる。

このように、分析社会学は経験的研究であることを前提にしているものの、データ収集以前に理論と方法の定式化を重視する。この点は、ＧＴＡとは逆の発想法である。また、調査プロセスをＧＴＡが重視するのに対し、分析社会学においては理論モデルと分析上の手続きの一貫性が重視される。前者ではいつどのように理論が出来上がるのかが明確には分からないのに対し、後者では予め大枠が提示される。いくつかの重要な差異を二つの立場に認めることができる。

分析社会学の議論で欠如しているのは、体系的な認識論である。この点はＧＴＡも同様であるが、こちらの場合にはデータをどのように収集し、どのようにコーディングするかという議論は方法論に組み込まれている。他方、分析社会学の議論においては、社会認識の材料としてのデータの正確性に対する信頼があまりにも強い傾向にある(Hedström & Udehn 2009; Manzo 2013)。データ収集の過程を含めて理論と方法を捉え直すとき、一応は体系的に見える分析社会学の前提は容易に崩れさるのではないだろうか。信頼できるデータの存在を前提にした議論である以上、このような疑念はぬぐい去れない。分析社会学はまた、経験的データを積極的に取り入れる他の量的・数理的方法とどのように差別化できるのかも明確ではなく、固有の社会科学的アプローチとして認めるのは現段階では難しい。

5　「中範囲の理論」批判

時代は遡るが、分析社会学の議論が活発化する二〇〇〇年代よりも半世紀前、アメリカにおけるこのような理論と調査をめぐる論争の状況を目の当たりにしながら、アドルノはグラウンデッド・セオリーや分析社会学に対して先駆的な批判と捉えることのできる議論を行っている。そのエッセンスとも考えられる「社会学と経験的研究」は一九五七年に公刊され、ポパーらとの「ドイツ実証主義論争」の一部を成している（Horkheimer & Adorno 1962＝2012）。アドルノの議論の特徴は、彼の想定する「理論」は社会調査（経験的な調査）と安易に結びつけてはいけないとされていることである。

アドルノによれば、「社会の総体に関する理論的思考は、経験的な調査をもってしては、これを完全に成就することができない。つまり、それは、心霊現象が似非心理学的実験装置ではつかまらないように、経験的調査ではどうしてもつかまらないのである」（Horkheimer & Adorno 1962＝2012: 273–4）。したがって、データに依存して理論を修正するという発想は、アドルノの理論観においてはあり得ない。このようなアドルノの理論観を支えるのは、もちろん「批判理論」である。「理論は絶対に批判的でなければならない。それゆえ、理論から演繹された仮説、規則的に予期される事態を予言するだけでは、必ずしも理論にとって十分ではない」（Horkheimer & Adorno 1962＝2012: 274–5）。

アドルノは理論一般に批判的なのではなく、社会調査の意義を否定するわけでもない。しかし、「一般に経験的社会研究の客観性は、方法の客観性であって、調査された事実の客観性ではない」（Horkheimer & Adorno 1962＝2012: 277–8）とも述べているとおり、抽象度の高い理論が優れていて客観的な社会調査が優れている、という発想には決して与しないのである。アドルノの理論観においては、理論が全体の把握を志向しなければいけないことが強調されている。このような理論は、データや個別の調査によって反証されることはできないし、されてはいけないのである。さらに、批判的でなければならない。アドルノは、理論と経験的研究を隔てようとしたのではない。調査によるナイーブな事実認識がイデオロギーと化す危険性に警鐘を鳴らしたのであり、安易な客観性志向の孕む恣意的な主観性を問題視したのである(1)。

本節のここまでの議論から言えるのは、中範囲の理論という理論観は社会調査と一定のつながりを持てるが、アドルノの批判理論においてはそれが一般に難しいということである。しかし、ティム・メイ（May 2001）は理論の意義は検証可能性と経験的研究における有用性だけでは測れないという立場を採り、中範囲の理論とは異なる理論観を提示している。メイの理論観においては、中範囲の理論を含むマートンの社会学理論は周辺的な位置づけにある。メイは社会理論の専門家として様々な理論に意義を見出すとともに、社会調査の専門家として理論と調査の統合も重視している。調査家にとっての理論の意義とは、メイにおいては次のように説明されている。

理論という考え方、または、データの「意味」をわからせてくれる概念枠組みのなかで、調査知見を説明し理解できることは、ある特定の現象を体系的に研究することを目的とする成熟した科学（学問）のしるしである。社会調査を行う場合、対象となる現象は、社会関係の力学、内容、文脈、構造である。そして、調査の訓練を受け、やろうとしている調査そのものを経験し、思考に方向を与えるいくつもの視角と組み合わせながら、社会的

世界の説明と理解をめざす。そこで、社会理論の展開と適用が必要になる。（May 2001＝2005: 40）

社会理論を、経験的に役立つかどうかという点だけで評価することはできない。論理の一貫性、理論から生み出される数々の問題、そこから得られる洞察からも評価できるだろう。そうした洞察や論点は、経験的研究を行う者が看過してきたものかもしれない。それだけでなく、社会理論の諸体系を構成し発展させて、他の形で立てた理論では見逃されていた論点を表現し、調査項目の一覧表をつくることも付け加えるべきである。（May 2001＝2005: 42）

メイの試みとは、中範囲の理論とは異なる理論観を提示し、アドルノの批判理論も含む様々な社会理論を社会調査に潜在的関係を積極的に見出していくことで、理論と経験的研究の関係を豊かにしていこうとするものである。このようなメイの試みは、『社会調査とリフレクシヴィティ』（May & Perry 2011）において体系的な社会調査論として示されている。彼のこの議論において、最も重要な位置づけを与えられているのがブルデューの業績である。

6　ピエール・ブルデューと反省性

一九五〇年代後半はアルジェリアにて、一九六〇年代は、パリ、リール、ベアルン地方を中心とするフランス各地で、ブルデューは継続的に調査を行った。この時代のフランス社会学において、社会調査は十分に「科学」的でも「理論」的でもなかったというのがブルデューの認識であった。それでは、当時のブルデューにおいて「科学」と「理論」とは、どのようなものだったのだろうか。一九六八年に初版が公刊された社会学的認識論の教科書『社会学者のメチエ』（Bourdieu et al. 1973）において、そのような議論が展開されている。

ブルデューが目指したのは、理論主義にも実証主義にも陥らず、理論的に基礎づけられた経験的社会学を行うことであった（Bourdieu & Krais 1991＝1994: 465）。このような社会学観に支えられた認識論の教科書を執筆するにあたって、ブルデューは自ら従事した調査の経験とフランス的「エピステモロジー」を拠り所にした。ブルデューは社会科学の現場に、「バシュラール、カンギレム、コイレによって代表されるエピステモロジーの伝統をそっくりそのまま移植しようとした。」（Bourdieu & Krais 1991＝1994: 466）。その「エピステモロジー」の一構成要素としてブルデューが重視したのは、「認識論的切断」である。

これとは、対象を認識するにあたって認識の主体と客体に線引きを行うことである。これはしかし、主客二元論とは異なる。認識論的切断のなされていない社会学を、彼らは「我流社会学」[2]と呼ぶ。彼らによれば、「我流社会学の根源そのものに、つまりは我流社会学を支える社会認識の哲学と人間行動の哲学に打撃が与えられないかぎり、概念の論理的批判、偽りの証拠の統計的試験、（仮象に関しての）精神の自由決定と方法に従った異議などのあらゆる切断の技術は無力なままである」（Bourdieu et al. 1973＝1994: 47–8）。すなわち、物事を認識する際に色眼鏡のようなものを外すことはできないのだから、どのような色眼鏡をかけているかも自覚することが、まずは必要であるということである。この議論は後に反省性として展開されていくが、この時点ではその端緒が見られるに過ぎない。

ブルデューらはまた、経験的社会学には認識論とともに理論が必要であることを強調する。彼らの理論観は、中範囲の理論とも「グランド・セオリー」とも異なる。

理論というものは本来、理論のさまざまな矛盾、不統一、欠落を説明することができる原理――この原理だけが確立された法則体系のなかに矛盾や不統一、欠落を浮かび上がらせることができる——を生み出すことによって、認識論的切断を確固としたものにする役目を果たすものなのである。(Bourdieu, Chamboredon & Passeron 1973=1994: 73)

『社会学者のメチエ』における「理論」とは認識論的切断を行うための道具でもあり、理論の理論をも志向するものとして考えられているのである。しかしながら、そのような「理論」はどうすれば実践できるのかは、明確ではない。『社会学者のメチエ』において、著者たちの理論観は示されているものの、それはどう実践されるのかは明確には論じられていない。このことは、当時のブルデューらはまだ、理論と調査の統合を試みる途上であったことを意味している。

『再生産』以後のブルデューが、独自の社会学的方法を示すには一九七二年の『プラティク[3]理論の素描』においてである。彼は「理論的知識の三形態」を分類し、対象化する主体の対象化を認識論として試みる自らの立場を明確にする。「三形態」とは、「現象学的」、「客観主義的」、「プラクセオロジー」の三つである。

現象学的認識は「社会的世界の一次的経験の真理を明確に述べる。その真理とはすなわち、親しみのある環境との親近な関係、及び社会的世界monde socialの自然界monde naturelとしての単純把握であり、定義上自明のことであるが、自らの可能条件を問う省察を行わず、その問い自体を排除してしまうのである」(Bourdieu [1972] 2000: 234)。

客観主義的と呼ぶことができる(そして、構造主義的解釈学が特徴的な例である)認識は、(例えば経済学や言語学のように)客観的な関係を構築するが、このような関係は行動及び行動の表象を構造化する。このような認識とはすなわち、一次的認識との切断と引換えに、自然界の明証性という特徴を社会的世界に付与する仮定の暗黙の前提と一体となってしまう、親しみにある世界についての一次的・実践的・暗黙の一次的認識である（Bourdieu [1972] 2000: 234）。

プラクセオロジーと呼ぶことのできる認識は、客観主義的認識の形態が構築する客観的関係のみならず、そのような客観的構造と構造化された諸々のディスポジションの弁証法的諸関係をも対象とする。ディスポジションはそれらの関係のなかに具現化し、それらの関係を再生産する傾向にある。このような認識は、外面性及び内面性の外在化の両者を内在化する二重の過程であり、客観主義的認識との切断を伴う。すなわち、可能条件を問うことによって客観的で対象化する観点の限界を問うのだが、このような問いは、現実化する運動の中に身を置きながら行動の生成原理を構築する代わりに、外側の行動を既成事実として捉えるのである（Bourdieu [1972] 2000 : 235）。

「プラクセオロジー」という言葉自体は七〇年代後半から用いられなくなるが、反省性の実践は続けられる。このような実践の一つの到達点であるとブルデュー自身が述べているのが、『ホモ・アカデミクス』（Bourdieu 1984）である（Bourdieu & Wacquant 1992＝2007: 100）。ブルデューは、アルジェリアで行った調査で用いた手法を自身にとって身近な世界、つまりベアルン地方の社会やパリの知識人の世界に対しても適用しようと試みた。研究対象についても、研究主体の研究対象に対する関係についても、完全な社会学的客観化を行おうとしたのであった。そして実際にそれを実践した結果として提示された研究が、『ホモ・アカデミクス』である。注意しなければならないのは、ブルデューの知と権力の関係を顕在化させて科学を相対化させたいのではない。その逆であり、彼が目指していたのは認識の前進と科学的方法の発展である。

それでは、『ホモ・アカデミクス』以降のブルデューにおいて、「理論」とはどのように考えられているのだろうか。まず強調されるのは、理論と調査は隔てられてはいけないということである。

カントを敷衍して、理論なき調査は盲目であり、調査なき理論は空虚であるといえるでしょう。不幸なことに社会学のなかで優位に立っているモデルは、今でもまだ、理論なき経験的研究と純粋理論家による対象なき理論をきっぱり区別し、学問活動としても切り離そうとしてしまうことで成り立っています。理論なき経験的研究ということで私がとくに念頭に置いているのは、世論調査が見本になっているような学者のいない科学と、「方法論」と呼ばれる学問的ナンセンスです。（Bourdieu & Wacquant 1992＝2007: 209–10）

ブルデューにおいて、理論は具体的な事例に関する経験的研究においてのみ意味を持つ。したがって、まずは様々な理論の背景にある文脈を抜きにして、各々の論理構造だけ取り出す立場に対し、彼は批判的である（Bourdieu & Wacquant 1992＝2007: 209）。こうしてブルデューは、独自の理論的概念を「開かれた概念」として用いている。

私は時おり、理論が欠けている、単純すぎると非難されるのですが、それらの空白や不足の多くは、自覚的に拒否したもの、ならびに十分に考えた末にあえてそうしたものであるということを、それらの原理から理解していただけるでしょう。たとえば、開かれた概念ということは、実証主義を断ち切るやり方なのです。ただ、こういう言い方はすでに使い古されていますね。もっと正確にいえば、開かれた概念というものは、概念には体系的定義以外にいかなる定義もないこと、概念は体系的な仕方で経験的に活用されるように構想されていることをたえず思い起こさせておくやり方なのです。ハビトゥス、資本、界のような概念は、孤立した状態ではなく、それらがつくりあげる理論体系の内部でのみ定義できるのです。（Bourdieu & Wacquant 1992＝2007: 129–30）

ブルデューのハビトゥス概念や界概念などの主要な理論的概念は、漠とした意味で用いられているように見えるかもしれない。しかし、これらの概念を理念型ないしは中範囲の理論のように捉えずに、『ディスタンクシオン』以降のブルデューが具体的な記述の中に理論的考察を忍ばせていることを読み取るならば、ハビトゥス概念や資本概念は体系的に定義されつつ具体的な記述に活用されていることが分かるだろう。概念のこのような用い方は、ブルデューにおいては反省性と深く結びついている（Bourdieu 1987＝1991: 69–70）。

7　理論と反省性

これまで述べてきたブルデューの理論観は、ホルクハイマーが「伝統的理論と批判的理論」（Horkheimer 1988＝1998）で論じたこととも共通するところがある。例えば、科学が特定の社会的条件によってのみ成立し得るのだということを強調する点である（Horkheimer 1988＝1998: 179, 187）。理論的思考と事実との関係の「相対性は市民的科学に内在的なものであるが、しかし理論の概念をさらに発展させ得るのは、こうした相対性の指摘ではなく、科学者のみならず認識する個人一般に関する検討なのである」（Horkheimer 1988＝1998: 182）と述べられているとおり、二人の立場は科学の相対化が主な目的でないことも共通している。

それでは、両者の違いは何なのか。最も大きな差異は、『ホモ・アカデミクス』に見られるように、ブルデューに反省性を実践する理論と方法があり、経験的研究の成果として反省性を実践したことである。ホルクハイマーにおいては、批判的理論と現実との関わりは重視されるものの、経験的研究を通じての社会認識の方法は曖昧にしか提示されていない。また、ホルクハイマーにおいては厳しく批判された「伝統的理論」はブルデューも同様に批判するであろうが、後者の場合、「伝統的理論」をより科学的にするために「反省性」を求めるはずである。ブルデューにおいて「批判的理論」に近いものは、諸々の経験的研究の中にも数々の政治的発言にも見出すことができる。しかし、それは「批判的理論」ではないだろう。それでは何なのかという議論は、一九九〇年代の諸論考、とりわけ『パスカル的省察』(Bourdieu 1997)、『科学の科学と反省性』(Bourdieu 2001)、『自己分析のための素描』(Bourdieu 2004) などと共に行われなければならない。

本稿ではひとまず、ブルデューの「理論」が個別具体的な経験的研究に支えられ、反省性の実践を通じて科学的な方法が探究されていることを確認するに留める。なぜなら、理論と社会調査の関係をめぐるブルデューの議論は『リフレクシヴ・ソシオロジーへの招待』(Bourdieu & Wacquant 1992) までで一段落しており、それ以降は哲学と政治に関する議論との関連がより深くなっていくからである。

8　結論

グラウンデッド・セオリーも分析社会学も、理論の構築ないしは検証を調査とデータ収集を通じて行おうとする点において「中範囲の理論」として共通している。このような理論観はしかし、アドルノによっては「実証主義」として支持されない。第三の道は、ブルデューによって示されている。ブルデューは、理論的思考が調査プロセスにどのような影響を与えるかを問題にする。また、科学的方法を可能にするのは理論と調査を切り離してデータ収集に努めるのではなく、対象化する主体自体の対象化によってであると彼は考える。

いずれの立場でも問題になるのが、理論はどこからやってくるかということである。理論に比べ、データはどのように得られるかが分かりやすい。理論はたしかに、テクストとして書かれているかもしれない。しかし、アドルノやブルデューが求めている水準の理論は、そのまま書き写しできる代物ではない。むしろ、調査から得られたデータと一致しないとして、ＧＴＡの立場に与する論者も多いはずである。その意味で、理論がどこからやってきてどういう仕組みになっているかということは、分析社会学の方が分かりやすい。議論を教科書的に整理しやすく、基本的な学説史を辿れば理論的発展の経緯を知ることも難しくないからである。しかし、分析社会学は特定の理論を所与の前提にするアプローチではない。

社会調査から理論形成へ向かうにしても、理論をデータによって検証するにしても、理論はどこからやってくるのかという問いを外すことはできない。また、得られたデータを無批判に用いることはできないし、何らかの理論的前提なしにデータを得ることはできない。マートンもその他の「中範囲の理論」論者も、この問題を十分には検討できていない。唯一の正解の類ではないにしても、ブルデューの議論がそれに対して相対的に真摯な応答を示していると私は考える。理論は調査とデータ収集のあらゆる過程に介在するし、理論に対する反省性を欠くことはできないからである。

注

（1）パーソンズやマートンの議論の背景にはラザースフェルドの存在があり、理論と調査の関係をめぐる議論においては彼にも言及するべきである。しかしながら、本稿では理論観に関する基本的な論点を提示するに留めているため、彼に関する言及は控えた。アドルノの議論とも関連させつつラザースフェルドの業績を検討した研究として、奥村（2013）等を参照されたい。

（2）フランス語では、“sociologie spontanée”である。この語は、邦訳では「自生社会学」と訳されることが多いが、これでは何のことだか分からないため、ここでは意訳した。

（3）フランス語の pratique には、あまり特別な意味を込めず、文脈に応じて「行為」や「実践」の意味で用いればよいというのが私の立場である。ここでは、複数の訳語を尊重する立場から、冗長さを避けるために片仮名で「プラティク」と表記することにした。

文献

Bourdieu, Pierre 1979 *La Distinction: critique sociale du jugement*, Paris: Éditions de Minuit.（＝1990 石井洋二郎訳『ディスタンクシオン――社会的判断力批判』(I-II) 藤原書店）

――1984 *Homo academicus*, Paris: Éditions de Minuit.（＝1997 石崎晴己他訳『ホモ・アカデミクス』藤原書店）

――1987 *Choses dites*, Paris: Éditions de Minuit.（＝1991 石崎晴己訳『構造と実践――ブルデュー自身によるブルデュー』藤原書店）

――1997 *Méditations pascaliennes*, Paris: Éditions du Seuil.（＝2009 加藤晴久訳『パスカル的省察』藤原書店）

――[1972] 2000 *Esquisse d'une théorie de la pratique, précédé de trois études d'ethnologie kabyle*, Paris: Éditions du Seuil.

――2001 *Science de la science et réflexivité: cours du Collège de France, 2000–2001*, Paris: Raisons d'agir.（＝2010 加藤晴久訳『科学の科学――コレージュ・ド・フランス最終講義』藤原書店

――2004 *Esquisse pour une auto-analyse*, Paris: Raisons d'Agir.（＝2011 加藤晴久訳『自己分析』藤原書店）

Bourdieu, Pierre & B. Krais 1991 "Meanwhile, I have come to know all the diseases of sociological understanding", *The Craft of Sociology*, 247–59.（＝1994 水島和則訳『社会学者のメチエ』藤原書店：463–83）

Bourdieu, Pierre & Loïc Wacquant 1992 *An Invitation to Reflexive Sociology*, Chicago: University of Chicago Press.（＝2007 水島和則訳『リフレクシヴ・ソシオロジーへの招待――ブルデュー、社会学を語る』藤原書店）

Bourdieu, Pierre, J.-C. Chamboredon & J.-C. Passeron 1973 *Le Métier de sociologue*, Paris: Mouton-Bordas.（=1994 田原音和他訳『社会学者のメチエ——認識論上の前提条件』藤原書店）

Bourdieu, Pierre & Jean-Claude Passeron 1970 *La Reproduction: éléments pour une théorie du système d'enseignement*, Paris: Éditions de Minuit.（=1990 宮島喬他訳『再生産——教育・社会・文化』藤原書店）

Bryman, Alan 2012 *Social Research Methods*, 4th ed., Oxford: Oxford University Press.

Giddens, Anthony 2009 *Sociology*, revised and updated with Philip W. Sutton, Cambridge: Polity Press.

Gilbert, Nigel ed. 2008 *Researching Social Life*, 3rd ed., Los Angeles: Sage.

Glaser, Barney G. & Anselm L. Strauss 1967 The Discovery of Grounded Theory: Strategies for Qualitative Research, Chicago: Aldine Pub. Co.（=1996 後藤隆他訳『データ対話型理論の発見——調査からいかに理論をうみだすか』新曜社）

Hedström, Peter & Peter Bearman 2009 "What is Analytical Sociology All About? An Introductory Essay", *The Oxford Handbook of Analytical Sociology*, Oxford: Oxford University Press, 3–24.

Hedström, Peter & Lars Udehn 2009 "Analytical Sociology and theories of the middle range", *The Oxford Handbook of Analytical Sociology*, Oxford: Oxford University Press, 25–49.

Horkheimer, Max 1988 "Traditionelle und Kritische Theorie", *Schriften 1936–1941*, edited by Alfred Schmidt, Frankfurt am Main: S. Fischer.（=1998 角忍・森田数実訳「伝統的理論と批判的理論」『批判的理論の論理学——非完結的弁証法の探求』恒星社厚生閣：169–229）

Horkheimer, Max & Theodor W. Adorno 1962 *Sociologica*, Frankfurt am Main: Europäische Verlagsanstalt.（=2012 三光長治ほか訳『ゾチオロギカ——フランクフルト学派の社会学論集』平凡社）

木下康仁 2014『グラウンデッド・セオリー論』弘文堂

Manzo, Gianluca 2014 "Data, Generative Models, and Mechanisims: More on the Principles of Analytical Sociology", *Analytical Sociology: Actions and Networks*, Hoboken, N.J.: Wiley.

May, Tim 2001 *Social Research: issues, methods and process*, 3rd ed., Buckingham: Open University Press.（=2005 中野正大監訳『社会調査の考え方——論点と方法』世界思想社）

May, Tim & Beth Perry 2011 *Social Research & Reflexivity : Content, Consequences and Context*, London : SAGE.

Merton, Robert K. 1948 “Discussion”, *American Sociological Review*, 13（2）, 164–8.

——— [1957] 1967 “On Sociological Theories of the Middle Range”, *On theoretical sociology: five essays, old and new*, New York: The Free Press, 39–72.（＝1969 森東吾他訳『社会理論と機能分析』青木書店）

奥村隆 2013「亡命者たちの社会学――ラザースフェルドのアメリカ／アドルノのアメリカ」『応用社会学研究』第55号, 59–78.

Parsons, Talcott 1948 “The Position of Sociological Theory”, *American Sociological Review*, 13（2）, 156–64.

第三章　人間の科学の諸概念に対する社会学的概念分析

前田泰樹

1　常識的概念と専門的概念

三・一一の東日本大震災以降の状況は、新しく生活の中に入り込んでくる専門性の高い科学的知識とどのように折り合いをつけていくかという問題を、市民に突きつけることになった。とりわけ、人間を対象とする科学における専門的概念が、私たちの健康や病いにかかわるとき、こうした問題は、鋭い緊張をもたらすものとして経験される。本稿で考察する遺伝学にかかわる医療の領域においても、遺伝性疾患という専門的概念は、家族のような常識的概念に依拠しつつ、その概念のもとでの経験や行為の理解の仕方を変更しながら、私たちの生活の中に定着してきている。私たちは、こうした問題を、つねに新しい問題として経験することになるわけだが、その存在自体は、科学技術社会論やU・ベックによるリスク社会論（Beck 1986＝1998）の文脈で、繰り返し指摘されてきたものである。

そもそも、こうした専門的概念と常識的概念との関係は、人間を対象とする社会科学にとって、その存立基盤にかかわる問題であった。社会科学における方法論的議論においては、その対象となる人間の側が自己記述を行っているということが、繰り返し指摘されてきた。社会科学方法論における行為者自身による理解をめぐる問題の源泉は、客観的な整合合理性から区別して主観的な目的合理的行為を定式化したM・ウェーバーの行為論（Weber 1988＝1990）まで遡ることもできる。行為者自身の理解をめぐる問題は、A・シュッツやP・ウィンチといった、哲学と社会科学の関係について思考した研究者によって継承されてきた。シュッツ（Schütz 1962＝1983/1985）は、社会科学方法論における概念を二次的構成概念と考え、日常生活世界における自然的態度の解明を重要視するにいたったのだし、ウィンチ（Winch 1958＝1977）は、行為の理解可能性が概念の使用にもとづいていることを強調し、社会科学の課題を、哲学的な概念分析へと位置づけなおしたのである。

このような系譜において、社会科学における専門的概念と常識的概念との関係をめぐる問題を最も鋭く定式化したのは、H・サックス（Sacks [1963] 1990）だろう。その問題提起は、次のようなものだ。社会学の古典であるE・デュルケムの『自殺論』においては、自殺率を社会的要因から説明する研究がなされている。そのためには、「自殺」を病死や、事故死、他殺と区別して数え上げることができなくてはならない。研究を遂行するためには、あらかじめ定義してしまう、というやり方もある。しかし、「自殺」という言葉は、私たちもふだんから使っている自然言語の概念である。だとしたら、定義を行うことによって問題を解消する方針では、「社会生活の科学」には、たどり着かない。むしろ、私たちが「自殺」という概念のもとで分類を行う手続きそれ自体を記述するべきなのではないか。そして、この問題提起は、次の方針にまとめられている。「私たちが主題として取り上げたものは、それがなんであれ記述されなければならない。なんであれ、それ自身がすでに記述されているのでなければ、私たちの記述装置の一部となることはありえない」（Sacks [1963] 1990: 85）。

たしかに、私たちは、「自殺」を「病死」や「事故死」といった他の死に方と区別して理解している。たとえば、治療を受ければ助かったかもしれない人が、ぎりぎりまで病院に行こうとせず、亡くなられたとき、「病死した」と記述するか、「自殺した」と記述するかでは、まったく違うことをしている。「病死した」と記述される場合、まずその「原因」が問われるだろうが、「自殺した」と記述される場合、その人がなぜ当の行為にいたったのか、「理由」の方が強く問われるだろう。逆に、理由を問うことをさけたい場合には、私たちはその記述をさけることもある。「自殺した」という記述を用いる人も、避ける人も、その記述が他の死に方の記述と区別して用いられることを、あらかじめ知っている。だとするならば、そこで用いられている手続きそれ自体を、つまり、私たちが日常的に用いている概念の用法を記述していくことから始めることができるはずだ。

しかし、この方針は、専門的概念を使用せずに、日常的に用いられている常識的概念のみに着目すればよい、ということを意味しない。一方で、人間を対象とする科学が用いる専門的概念は、その理解可能性を日常的に用いられている常識的概念に依拠しているわけであるが、他方で、それらの新しい専門的概念は、私たちの経験や行為の理解の仕方を変えてしまうことがある。科学哲学者のI・ハッキングはこうした現象に照準するために、「ループ効果looping effect」（Hacking 1996: 370）という言葉を用いている。ハッキングがこの言葉を用いるのは、人間科学の概念と、その概念によって記述される人々との間で相互作用がおこることに目を引こうとしているからだ。その相互作用は、人々を記述したり分類したりする新しい方法や理論のもとで、記述された人々の経験や行為の理解の仕方を変化させ、さらにその変化が分類や理論の改訂を要求するようになる、といった過程で進んでいくものである。

H・ガーフィンケル（Garfinkel 1967）が記述したアグネスの事例を思い出してみよう。現在ならばトランスジェンダーと呼ばれる可能性があるアグネスは、自らが望む性別のもとでの理解をパスしていく「実践的方法論者」として描かれている。この研究に触発された「性別を行う」実践をめぐる研究は、北米においても、日本においても、現在に至るまで多数あるが(1)、そうした研究が示しているのは、多様な概念が性別を理解するために使用できるようになっていく過程であると同時に、性別を二つに区別して見るという規範が根強く使用されているということでもあった。その文脈に置かれた場合には、たとえば、性別が二つでは十分ではないと述べる性科学者の主張（Fausto-Sterling 1993）も、私たちが実際に性別を（しばしば二つに）分けて理解しているという事実を足場としつつ、その区別に新しい性科学的知識を結びつけることで、常識的概念の方を動かしていこうとするフェミニズムの指し手の一つとしても理解できることになる。

こうした観点からするならば、新しい専門的概念がどのように私たちの日常の実践において用いられ、私たちの経験や行為の理解の仕方を変えていくのかが、注目すべき現象となる。本稿では、人間を対象とする科学ということで、新しい遺伝学的知識が、そのもとでの人びとの経験や行為の理解の仕方をどのように変えてきたかについて、多発性囊胞腎という疾患を生きる人びとへの調査によって得られたデータを引用しつつ、一つの見取りを示したい。この調査は、二〇〇三年にグループインタビューをする機会を得たのをはじめとして、二〇一五年現在まで継続されているものである。(2) 遺伝性疾患という新しい概念は、そのもとでの人々の記述を可能にするとともに、「家族」といった常識的な概念や「シティズンシップ」のような社会科学的概念をも巻き込む形で、私たちが自らの経験や行為を理解するための方法を変えてきた。本稿では、そこで用いられている「人々の方法（論）」（Garfinkel 1967）について考察するための方針を提示したい。

2　遺伝性疾患と家族

常染色体優性多発性囊胞腎（Autosomal Dominant Polycystic Kidney Disease: 以下ADPKD）という単一遺伝子疾患

がある。[3] 腎臓に多くの嚢胞ができることによって、腎臓の機能が次第に低下していく、という症状が特徴的であり、多くは成人を過ぎて発症する病いである。常染色体優性遺伝の形式をもち、一九八〇年代から九〇年代にかけて、遺伝子解析がすすみ、原因遺伝子が特定された。原因遺伝子の特定後も根治療法が確立されてこなかったが、二〇一四年、トルバプタンという症状の進行を抑制する治療薬が日本において承認（適応拡大）されたばかりである。九〇年代以前の臨床においては、多くの腎疾患の一つとして認識されていた傾向が強く、遺伝性疾患でもあることが持つ特徴について、病いを生きる当事者にも、必ずしも十分には伝えられていなかった。

それに対して、九〇年代半ばにおける遺伝子解析研究の進展は、ＰＫＤを腎臓疾患の一つとしてだけではなく、遺伝性疾患の一つとしても位置づけることになった。ＰＫＤ遺伝子は第一六番染色体上に位置すると発表されたのが一九八五年であり、その後一九九四年にＰＫＤ１遺伝子が同定された。また、一九九三年には、ＰＫＤ２遺伝子が第四番染色体上に局在することが報告され、一九九六年には、ＰＫＤ２遺伝子が同定された。それでは、更新されていく新しい知識は、どのようにその疾患を生きる人々に伝えられたのだろうか。ＰＫＤの当事者を参加者としてなされたグループインタビューにおいて、Ａさんは、最初に医療者に説明を受けた際の経験を、「四〇までで透析入るよーって言われて」「母が透析入って二年で死んでるんで、え、私の人生四二歳で終わりっていう、妙な足し算をしてしまって」「やっぱり遺伝病治らない、透析入ったら二年、っていう私の中では固定観念が強かったんで」と語っていた（Ａさん：二〇〇三）。

ここで「四〇までで透析入る」という医師による説明は、「原因は遺伝」「根治療法がない」という時系列に沿ってなされる説明の一つの実例として提示されている。しかし、Ａさんの語りからは、この説明が、「母が透析入って二年で」という過去の経験と結びつけられることによって、「私の人生四二歳で終わり」と理解されていることがわかる。この事例においては、「遺伝性疾患としてのＰＫＤ」という新しい概念のもとで、母親を看取った過去の経験と医師からつげられた説明とが結びつけられて理解されている。Ａさんの母親は、自らが遺伝性の疾患であることを知らなかったという意味においては、Ａさんと同じように「遺伝性疾患」を経験したわけではない。むしろ、Ａさんの母親の人生は、遺伝学的知識のもとで遡及的に再記述されることで、現在のＡさんの人生へと結びつけられているのである。なお、Ａさんのこのような理解は、その後も維持されていたわけではない。Ａさんの理解は、患者会に参加し同じ経験をしている人の話を聴くことや、信頼できる医療者から嚢胞の炎症から生ずる痛みの原因や対症療法について適切な説明を受けることによって、変化していくことになる。

　このように、新しい知識が使用可能になっていくことは、それをどのように伝えていくかという問題を生み出すことになる。九〇年代の半ばに組織され始めた患者会の活動は、その当初から「自分たちの子どもの世代」に向けて知識を伝えていく、という動機にもとづいていた。同時に、一つの家族、つまり「親」と「子」の間においても、同じ病いを生きているという理解のもとで、さまざまな経験や行為が可能になっていく。二〇〇三年のグループインタビューの中でも、実際に、子どもも同じ病いを生きているＡさんは、自分の主治医と子どもの主治医との間で「両方繋がっててもらわないと」と考えて、「先生、この先生知ってますか?」とたずね、「先生同士」の繋がりを作っていったことを語っていた。「遺伝性疾患」という専門的概念の理解のもとで、自らの経験を理解しなおしていくとき、「繋がり」をつくり知識を「伝えていく」ということが、重要な意味を帯びてくる。

　さらにＡさんは、自分の子どもに処方する前に、自分の薬を変えたエピソードについて、「まず私がブロプレスに降圧剤を替え、で、何カ月か飲んでからＢ（Ａさんの子ども）への処方っていう」と、語っていた（Ａさん：二〇一三）。Ａさんは、新しい知識を手にすることができるようになった現在において、自らの身体に起きていることを、自らの子どもに伝えていくことを行っている。もちろん、常識的概念としての「家族」というカテゴリー集合のもとだけでも、「親から子へ伝える」という行為は、理解可能である。しかし、ここでの「伝える」という活動は、同じ遺伝性疾患を生きる人びとのカテゴリーとも、結びついている。だからこそ、自らの身体に生じた具体的なトラブルとその対処といった経験を語り直すことは、自らの子どもに同様な対処が必要になった場合に役に立つかもしれない情報を「伝えていく」ことでもある。この両者において、「伝える」という表現自体は同じでも、その概念的な位置づけは、重ね書きされる形で少し動いている。このような意味で「伝えていく」ことは、「遺伝性疾患」にかかわる知識と、「同じ病いの経験をしている」という積み重ねの中で培われた理解との双方が重なって、可能になったことである。

他方で、子どもの側から考えれば、親の生きる姿を見ること自体が、重要な知識を得る機会になることもある。早くからAさんに連れられて患者会に参加していた娘のBさんは、最初は、「ほんとに何かもう子どもだったんで」「病気のことを考えるとかは別にしてなくて」ということだった。それに対して、母親のAさんがADPKDの合併症の一つであるくも膜下出血を患ったさいの経験について、「こう命にかかわることとっていうのがあってから、やっぱり患者会に行っても」「一緒にちゃんと話を聞くように」なったと語っていた（Bさん：二〇一三）。こうした語りにおいては、親の経験に立ち会ったという出来事が、自らのその後のあり方と結びつけられており、単なる知識の伝達を超えて、経験したからこそ語ることのできる権限を分かち合う形で語られている（Sacks 1992）。このような理解は、「遺伝性疾患」にかかわる新しい知識と、「同じ病いの経験をしている」という積み重ねの中で培われた理解との双方が重なって、可能になったものなのである。

注意しておきたいのは、「同じ病い」という理解を可能にした新しい知識は、同時にそれぞれの経験の差異をも見えるようにしていく、ということだ。「遺伝性疾患」にかかわる知識は、私たちの用いる常識的概念としての一つの家族においても、発症をした人、発症のリスクがある人、発症のリスクがない人の差異を見えるようにする。一つの家族は、それぞれの異なった経験を含み込みながら、生活を営むことになるし、それに応じたサポートが必要になってくる（額賀 2007）。それに加えて、ＰＫＤの場合には、家族間での生体腎移植が主要な治療法の一つであることが、さらに多様な経験を生じさせることになる。ここでは詳論できないが、腎臓を提供される発症者に対して、発症リスクのない家族のメンバーが腎族提供するという行為がなされるとき、この一つの家族において、生体腎移植という一つの出来事を、それぞれの立場から経験し、分かち合うことになる(4)。

また、患者会において中心的な役割を担うようになっていったＣさんは、「相談の年代が低年齢化している」こと、「早くに診断されている」ことについても語っていた。さらに、新しい治療薬の承認は、人々の行為の選択の機会を増やすことになるだろう。総体としては、「次の世代に知識を伝えていく」という動機を維持しながら、そのもとで、では具体的に、いつ、何を、どのようにそれぞれの子どもに伝えていくのか、という問いが、それぞれの親にとって、それぞれの家族の経験の多様性を帯びた形で見えるようになってくる。

遺伝学に結びついたさまざまな新しい知識は、常識的概念としての「家族」概念の用法に依存しつつ、専門的概念のもとでの新しい経験と行為の機会を可能にするものである。そもそも「遺伝性疾患」という専門的概念が、その適用範囲を示していくとき、「親／子」という常識的概念に言及しないですむということはない。その新しい知識が働く場所は、現実に家族が生活している場所なのであり、また、家族の関係の作り方にとって、遺伝性疾患をめぐる専門的概念は重要なリソースにもなる。常識的概念としての「家族」そのものは維持されつつも、家族のそれぞれのカテゴリーに結びついた活動（Sacks 1972）は、新しい専門的概念のもとで再記述される。「自分の身に起きたことを伝える」ことは、単に知識を伝えることである以上に、「同じ病いの経験をしている」という理解のもとで「繋がり」を作ることでもある。「家族」をふくむさまざまな概念の連関は、拡張されてきているのである。

3　遺伝学的シティズンシップ

遺伝子解析研究の進展は、ＰＫＤを腎臓疾患の一つとしてだけではなく、遺伝性疾患の一つとしても位置づけることになった。同じ九〇年代半ばに「次の世代に知識を伝えていく」という動機のもとで組織されはじめた日本の患者会の活動は、こうした位置づけに対応する一つの動きであった。「同じ病いの経験」をするという理解と、その経験を次の世代に伝えていくという動機が、その活動を支えていた。二〇〇三年のグループインタビューの中でも、参加者の１人Ｄさんは、治験などの研究に関して、個人で参加するよりも、「組織だってしてもらった方が」「たくさんの症例があった方が」「先が、どういうのかがみえてくる」と、一歩踏み込んで協力していく姿勢を語っていた（Ｄさん：二〇〇三）。

こうした患者自身が何らかの形で決定にかかわりリスクと向き合っていく志向の醸成は、現実に治験等の研究協力を可能にする条件の一つを準備することになった。この二〇〇三年には、新しい知識と向かいあう機会が増えていく現状に合わせるように、日本遺伝カウンセリング学会など十の学会・研究会によって、「遺伝学的検査に関するガイドライン」が発表されている。そして、ＡＤＰＫＤの患者会にとって、より重要だったのは、この二〇〇三年に、バソプレッシン受容体拮抗薬（トルバプタン）がＰＫＤ進行の抑制に効果があるとする動物研究の成果が発表されたことである（Gattone et al. 2003）。Nature Medicine電子版に報告されたこの成果は、米国の患者会だけでなく日本の患者会にも、すぐに大きなニュースとして伝えられた。患者会において中心的な役割を果たしていたCさんは、当時の状況を、「トルバプタンが効果がある」という論文が発表されてから、「遺伝の話というより治療薬の相談のことがどんどん変わってきた」と、語っている。「二〇〇五年にはもう治験がほぼ始まるよというのが」「わかっていた」ので、「患者会の役割も」「治験参加をすすめるわけじゃないんですけど、関心がある方はどうぞということで」「ご自身で」「問い合わせてくださいというふうになって」いったということである（Cさん：二〇一四）。このように患者会は、患者やその家族からの治療に関する質問や相談を受けつつ、治験や研究成果に関する情報を発信する機能も果たしていくことになる。二〇一四年に症状の進行を抑制する治療薬が、日本の製薬会社との協働のもと、世界に先立って日本で適応拡大されることになったのは、こうした一連の活動の結果でもあり、患者にとって、新しい行為選択が可能になる条件を生み出すことになった。

こうした経緯は、D・ヒースらが「遺伝学的シティズンシップ genetic citizenship」という概念のもとで論じた活動のあり方の一つと考えることができる。ヒースらによれば、「遺伝学的シティズンシップ」とは、「権利、承認、責任をめぐる議論を遺伝学的アイデンティティ、差異をともなう身体化、そしてケアの倫理についての親密で基本的な関心へと、結びつける」（Heath et al. 2004: 157＝2007: 198）概念である。ヒースらは、遺伝性疾患をもつ人々や家族たちの多様な運動が、立法政策や研究推進へと結びついていくあり方を紹介した上で、「私たちすべてにとっての遺伝学的シティズンシップ genetic citizenship の先駆者の役割を果たすのである」（Heath et al. 2004: 165–6＝2007: 214）とまとめている。ヒースらは、DEBRA（ジストロフィー型表皮水疱症研究協会）のメンバーである親たちが、議会に働きかけ、組織サンプルの登録を可能にしていくなど、自らの子どもたちにかかわってシティズンシップを請求していった経緯を描いている。また、2人の子どもが「弾性繊維性仮性黄色腫（PXE）」の診断を受けたテリー夫妻の事例を挙げて、ＰＸＥインターナショナルを設立し、組織サンプルを直接統制した上で、研究者と連携してＰＸＥ遺伝子の発見に貢献していく過程を説明している。このような治療を受けることのできる環境を整備していくための患者側からの働きかけを、シティズンシップの請求という観点から記述されているわけである。

ＰＫＤの患者会の活動に関しても、同様の意味でのシティズンシップの請求と考えていくこともできる。原因遺伝子の特定という遺伝学的概念による再記述と同時期に活動を開始した日本の患者会にとって、バソプレッシン受容体拮抗薬の可能性の報告、治験のための情報発信、日本の製薬会社による治療薬の適応拡大といった一連の経過は、活動の一つの結果であると同時に、その都度の局面において活動を進めていくためのリソースにもなっている。患者会において中心的な役割を果たしていたＣさんは、先に挙げた二〇〇三年から二〇〇五年にいたる状況を、治療薬に関する議論がなされるようになり、「希望がもてる」ものだったと述べている。また、同じ二〇一四年に、治療薬の承認と前後して、「難病の患者に対する医療等に関する法律」に関する案が、厚生労働省において議論されていたことも重要な意義を持っていた。ここで「多発性嚢胞腎」が指定難病に位置づけられるかどうか、そのもとで医療費助成が受けられるかどうかは、薬価の高い治療薬を安定的に使用するための一つの条件を提供するものだったからである。その過程において、患者会は、行政の動向と個々の患者との間を媒介する機能も、果たしていくことになる。そして、指定難病に位置づけられたことは、治療薬の実際の使用も含めて、今後の患者の行為の可能性を条件づけるものでもある。(5)

他方で、こうした行為の可能性を拡張していく活動は、新しい区別を産出するものとして進行する。ＰＫＤの原因遺伝子の特定は、それまで「幼児型」と呼ばれることもあった常染色体劣性多発性嚢胞腎（ＡＲＰＫＤ）が、ＡＤＰＫＤとは、異なった病態を示すことを見えるようにした。あるいは、トルバプタンも、腎臓の嚢胞には効果があるが、ＰＫＤの主要な症状の一つである肝臓の嚢胞には、効果がみられないものだった。新しい法のもとで医療費助成を受けるための重症度分類も、その基準において腎臓の機能や容積を参照しているが、肝臓の嚢胞については、言及がない。また、治験自体は、医療者、製薬会社、患者会を中心に国民国家の枠組を超えてなされるが(6)、治療薬の承認やその実際の使用を可能にする福祉制度の実現などは、現状のそれぞれの国家の枠組に準拠してすすむことになる。

シティズンシップという概念そのものについて、それがメンバーシップにもとづくものであるがゆえの限界も指摘されてきた（Turner 1993）。遺伝学とシティズンシップを結びつけて考える動向に対しては，こうした動向が，能動的にリテラシーを高め政策決定などへと参加していく、アクティブ・シティズンシップの考え方にもとづいており（Petersen 2002）、市民の権利として語られたことがらが，義務や責任へと転化してしまう可能性が指摘されてきた（Kerr 2003a, 2003b）。ここにはたしかに，折り合いをどうつけていくのか、という問題があるのだろうが、それ自体が、参加者たちの一つの実践でもある。これらの活動は、一つひとつの差異を明らかにしつつ、そのもとでの連帯を見いだす方向ですすんでいくという形態をとらざるをえない。こうした活動の結果の一つが、シティズンシップという社会科学的概念の再記述のための条件となっている。

社会科学的概念の再記述の一つの指し手として、「遺伝学的シティズンシップ」を含むものとして「生物学的シティズンシップ」という概念を用いたＮ・ローズ（Rose 2007: 137）は、一人ひとりの生命と身体とを保護する普遍的な人権についての思考をうながすために、「シティズンシップ」概念に、法的権利、政治的権利、社会的権利に加えて、「生物学的」という概念を結びつけている（Rose 2001: 21）。あるいは、「親密性のシティズンシップ」について論じたＫ・プラマーは、法律、政治、福祉に加えて第四の領域として「親密性」を挙げ、親密性の領域にかかわる新しいストーリーが、身体、生殖能力、関係性、子育て方法、感情、表象、アイデンティティ、ジェンダー、セクシャリティにかかわって形成されつつある、と述べている（Plummer 1995＝1998: 322-3）。

ここでは、T・H・マーシャル（Marshall [1950] 1992＝1993）による古典的な分類である、市民的、政治的、社会的権利に加えて、「遺伝学的」「生物学的」「親密性」という概念が位置づけられている。ここでなされているのは、疾患についての研究協力、制度を巡っての議会への働きかけ、治療の可能性の探究といったさまざまなことがらを社会権の延長上に理解できる権利として位置づけることである。シティズンシップ概念の拡張を例証する資料（ドキュメント）として一つひとつの活動が配置されると同時に、一つひとつの活動がシティズンシップの請求という文脈のもとで理解できるものになっていく。一つひとつの活動が文脈を例証するドキュメントとして用いられると同時に、そのドキュメントがそこで用いられている文脈のもとで理解されるという意味で、ここでは、「解釈のドキュメンタリーメソッド」（Garfinkel 1967: 78）が用いられているのである。患者会の活動が、私たちすべてにとっての遺伝学的シティズンシップの先駆者としての役割を果たすとすれば、シティズンシップ概念の拡張の試みが、私たちがたえずメンバーシップをめぐる実践にかかわっていることを想起させるからであり、その上で、私たちが歴史的に獲得してきた平等にかかわる問題を想起させるからなのである。

4　概念分析としての社会学へ向けて

人間を対象とする科学が用いる専門的概念は、その理解可能性を日常的に用いられている常識的概念に依拠しているわけであるが、他方で、それらの新しい専門的概念は、私たちの経験や行為の理解の仕方を変えてしまうことがある。本稿では、遺伝学のもとでの新しい専門的概念がどのように私たちの経験や行為の理解の仕方を変えていくのか、一つの見取りを示してきた。

「遺伝性疾患」という概念のもとでの人びとの経験や行為の記述は、一方で、「家族」といった常識的概念の理解可能性に依拠している。他方で、「家族」に属するカテゴリーに結びついた活動は、新しい概念のもとで再記述されてきている。「子ども」たちの世代へ知識を伝えていくという動機のもとで組織された患者会の活動は、では具体的に、いつ、何を、どのようにそれぞれの子どもに伝えていくのか、という問いを、それぞれの親にとって、それぞれの家族の経験の多様性を帯びた形で見えるようにしてきた。

また、こうした患者会の活動の一つひとつは、シティズンシップの請求という観点から論じられることがあるが、そうした定式化自体が、「シティズンシップ」のような社会科学的概念を拡張していく指し手でもあった。「遺伝性疾患」といった、人間を対象とする科学における新しい概念が用いられる実践は、「家族」という最も基本的な常識的概念が用いられる日常生活から、「シティズンシップ」概念が想起させる、普遍的であるべき私たちの基本的権利の請求にまでいたるものなのである。

もちろん、「家族」や「シティズンシップ」といった概念を用いてなされる実践は多岐にわたり、それらの解明は、すでに問われ続けてきたものである。社会学的概念分析は、このような概念が私たちの実践においてどのように用いられているか、そこから出発する。ただし、現象の側において、「遺伝性疾患」のような新しい専門的概念が用いられ、それまでの概念の連関に影響を及ぼそうとしているのであれば、社会学的概念分析は、その実践の編成に即して、そこで用いられている概念の連関に即して、遂行されることになる。このような作業は、ある意味で、方法論的な一つの拡張にみえるかもしれないが、その妥当性を、現象の側から受け取っている点にかわりはないのである。

注

（1）こうした研究として、West and Zimmerman（1987）、Schilt and Westbrook（2009）、鶴田幸恵（2009）を参照。

（2）二〇〇三年の調査は、科学技術振興調整費「臨床コミュニケーションモデルの開発と実践」［代表者：鷲田清一］の助成を受けて溝口満子、守田美奈子、西村ユミとともに行われた。この成果をもとに、遺伝学的知識に関する社会学的概念分析が、前田（2009）において展開されている。この方向性を継承する調査が、科学研究費補助金基盤研究（C）「遺伝学的知識と病いの語りに関する概念分析的研究」（研究課題番号25380700）［代表者：前田泰樹］として継続的に行われており、本稿は、その成果の一部である。また、本稿では概略的にしか扱えなかったインタビューデータの一部に関しては、前田（2015）でも分析したので、そちらも参照して欲しい。

（3）多発性囊胞腎には、ＡＤＰＫＤと、常染色体劣性の遺伝形式を持つＡＲＰＫＤ（Autosomal Recessive Polycystic Kidney Disease）とがある。それらについての基本的な情報は、東原英二監修（2006）を参照。

（4）生体腎移植をめぐる家族の経験については、別稿を期したい。

（5）「難病の患者に対する医療等に関する法律」における多発性囊胞腎の位置づけについては、別稿を期したい。指定難病一覧および「概要、診断基準等」については、厚生労働省のウェブサイト（http://www.mhlw.go.jp/stf/seisakunitsuite/bunya/0000062437.html）にて閲覧できる（二〇一五年一〇月一〇日閲覧）。

（6）二〇〇七年から二〇〇九年にかけて、世界一二九カ所で一四〇〇人以上を対象として行われた、国際共同第Ⅲ相治験の結果が、Torres et al.（2012）としてまとめられている。

謝辞

一人ひとりお名前をあげることはできませんが、本稿のもとになった調査にご協力してくださったみなさまに、心より感謝申し上げます。

文献

Beck, U. 1986 *Risikogesellchaft: Auf dem Weg in eine andere Moderne*, Frankfurt am Main: Suhrkamp.（=1998 東廉・伊藤美登里訳『危険社会――新しい近代への道』法政大学出版局）

Fausto-Sterling, A. 1993 "The Five Sexes," *The Sciences*, 33（2）: 20–4.

Garfinkel, H. 1967 *Studies in Ethnomethodology*, Englewood Cliffs, NJ: Prentice-Hall.

Gattone, V. H., X. Wang, P. C. Harris, and V. E. Torres 2003 "Inhibition of Renal Cystic Disease Development and Progression by a Vasopressin V2 Receptor Antagonist," *Nature Medicine*, 9（10）: 1323–6.

Hacking, I. 1996 "The Looping Effects of Human Kinds," D. Sperber, D. Premack, and A. J. Premack（eds.）, *Causal Cognition*, Oxford: Oxford University Press, 351–83.

Heath, D., R. Rapp and K. Taussig 2004 "Genetic Citizenship," D. Nugent and J. Vincent（eds.）, *A Companion to the Anthropology of Politics*, Malden: Blackwell Publishing, 152–67.（=2007 仙波由加里訳「遺伝学的市民とは何か」山中浩司・額賀淑郎編『遺伝子研究と社会――生命倫理の実証的アプローチ』昭和堂: 189–216）

東原英二監修 2006『多発性嚢胞腎の全て』インターメディカ

Kerr, A. 2003a "Rights and Responsibilities in the New Gentetics Era," *Critical Social Policy*, 23（2）: 208–26.

―――― 2003b "Genetics and Citizenship," *Society*, 40（6）: 44–50.

前田泰樹 2009「遺伝学的知識と病いの語り――メンバーシップ・カテゴリー化の実践」酒井泰斗・浦野茂・前田泰樹・中村和生編『概念分析の社会学――社会的経験と人間の科学』ナカニシヤ出版: 41–69

―――― 2015「物語を語り直す――遺伝子疾患としての多発性嚢胞腎」『N：ナラティヴとケア』6: 84–91

Marshall, T. H. [1950] 1992 "Citizenship and Social Class," T. H. Marshall and Tom Bottomore *Citizenship and Social Class*, London: Pluto Press, 1–51.（=1993岩崎信彦・中村健吾訳『シティズンシップと社会的階級――近現代を総括するマニフェスト』法律文化社）

日本遺伝カウンセリング学会ほか 2003「遺伝学的検査に関するガイドライン」

額賀淑郎 2007「北米と日本における『新医療複合体』」山中浩司・額賀淑郎編『遺伝子研究と社会――生命倫理の実証的アプローチ』昭和堂：217–41

Petersen, A. 2002 "The New Geneitc Citizens," A. Petersen and R. Bunton, *The New Genetics and The Public's Health*, London: Routledge, 180–207.

Plummer, K. 1995 *Telling Sexual Stories: Power, Change and Social Worlds*, London: Routledge.（＝1998 桜井厚・好井裕明・小林多寿子訳『セクシュアル・ストーリーの時代――語りのポリティクス』新曜社）

Rose, N. 2001 "The Politics of Life Itself," *Theory, Culture and Society*, 18（6）：1–30.

――― 2007 *The Politics of Life Itself*, Oxford: Princeton University Press.

Sacks, H. [1963] 1990 "Sociological Description," Coulter, J.,（ed.）1990 *Ethnomethodological Sociology*, Brookfield: Edward Elgar: 85–95.

――― 1972 "On the Analyzability of Stories by Children," J. J. Gumperz and D. Hymes（eds.）, *Directions in Sociolinguistics: The Ethnography of Communication*, New York: Holt, Reinhart & Winston, 329–45.

――― 1992 *Lectures on Conversation 1&2: edited by Gail Jefferson: with Introductions by Emanuel A. Schegloff*, Oxford: Basil Blackwell.

Schilt, K. and L. Westbrook 2009 "Doing Gender, Doing Heteronormativity 'Gender Normals,' Transgender People, and the Social Maintenance of Heterosexuality," *Gender & Society*, 23（4）, 440–64.

Schütz, A. 1962 *Collected Papers I: The Problem of Social Reality*, Martinus Nijihoff.（＝1983 渡辺光・那須壽・西原和久訳『アルフレッド・シュッツ著作集第一巻 社会的現実の問題［Ｉ］』マルジュ社／1985渡辺光・那須壽・西原和久訳『アルフレッド・シュッツ著作集第二巻 社会的現実の問題［Ⅱ］』マルジュ社）

Torres, V. E., Chapman, A. B., Devuyst, O. et al. 2012 "Tolvaptan in Patients with Autosomal Dominant Polycystic Kidney Disease." *New England Journal of Medicine*, 367（25）：2407–18.

Turner, B. S. 1993 "Outline of a Theory of Human Rights," *Sociology*, 27（3）：489–512.

鶴田幸恵 2009『性同一性障害のエスノグラフィ――性現象の現象学』ハーヴェスト社

Weber, M. [1922] 1988 *Gesammelte Aufsätze zur Wissenschaftslehre*, 7.Aufl., Tübingen, J.C.B.Mohr.（=1990 中野敏男・海老原明夫訳『理解社会学のカテゴリー』未來社）
West, C. and D. H. Zimmerman 1987 "Doing gender," *Gender & Society*, 1（2）: 125-51.
Winch, P. 1958 *The Idea of a Social Science and its Relation to Philosophy*, London: Routledge & Kegan Paul.（=1977 森川真規雄訳『社会科学の理念――ウィトゲンシュタイン哲学と社会研究』新曜社）

第四章　知識の社会性と科学的認識
——科学批判としての批判理論の再構築のために

大河内泰樹

1　出発点としての批判理論

マックス・ホルクハイマーは、フランクフルト学派の綱領とも呼ぶべき記念碑的論文「伝統的理論と批判的理論」(Horkheimer [1937] 1988＝1998) の冒頭で、従来「理論」と呼ばれてきたものの特徴を以下のようにまとめている。つまり、それによれば理論とは「少数の命題から残りの命題が導き出されているように相互に結合されているような命題の総括」であり、そこでは「最高原理の数が帰結と比べて少ないほど完全である」と見なされる。そしてその妥当性は、「原理から導き出された命題が実際の出来事に合致する」かどうかによって測られ、「経験と理論との間に矛盾が現れたとき、理論または経験のいずれかに修正が加えられなければならない」(Horkheimer [1937] 1988: 162＝1998: 171)。そうして理論は数学を範型とした「諸命題が無矛盾に結合しあった完結した体系」を目指すのである。

ホルクハイマーはさらに同論文でマックス・ウェーバーとエドゥアルト・マイヤーの論争を取り上げながら、こうした理論の修正(改訂)が何に依拠しているのかを論じている (Horkheimer [1937] 1988: 167–8＝1998: 175–7)。論争のきっかけはいわゆる「歴史におけるif」の問題であった。つまり歴史学者が歴史においてある出来事Aを別の出来事Bの原因であると主張する場合、その出来事Aがなかったとしたら出来事Bは起こらなかったというべきかどうかを問うものである。マイヤーの解答はそうした想定は無意味であるというものであった。しかし、ウェーバーは、マイヤーのそうした主張が正しければ、歴史の説明そのものが不可能になってしまうという。歴史学者が因果性を歴史のなかに見出し、AがBの原因であると主張するときには、AがなければBが生じなかったということを論理的に含意しているはずである。歴史家は多様な現実のなかでそのすべてを枚挙的に示すことを仕事としているわけではない。そうしたことは不可能だろう。歴史家は現実のなかから因果的説明にとって有意な現実をくくりだし、それによって歴史を説明するのである。

つまり、ホルクハイマーによれば理論がおこなうのは「いくつかの仮言命題を用いる操作」であり、a、b、c、dという条件が存在する場合には、出来事qが期待されるが、そのうちdがなければsが期待されることにならなければならない。これは歴史学のみならず、自然科学にも共通する営みである。しかし、ホルクハイマーが注目するのはウェーバーのこの見解そのものではない。むしろ、ここである出来事を他の出来事の原因として主張する理論の妥当性がどこに見出されるのかである。そして、ホルクハイマーによれば、こうした判断は、理論内在的に決定されるものではなく、歴史家／科学者の「経験則」にしか根拠を持たない。そしてその経験則は、彼がおかれている社会的環境（たとえば科学者集団）のなかで形成されるものであり、そうした環境はさらにその時代の歴史的／社会経済的状況に規定されている。ホルクハイマーによれば、観察と理論がどんな矛盾に陥ったとしても、「理論全体の変更を回避できるような補助仮説は、いつでも考え出すことができる。」（Horkheimer [1937] 1988: 168-9＝1998: 177）そこで理論にどのような変更を加えることが「適切」であるのかは、理論内在的な問題ではない。新たな理論が支配的になったとしてもそれは「その理論の論理的特性だけによってではない」（Horkheimer [1937] 1988: 169＝1998: 178）のである。

ホルクハイマーがこのように理論の内在的決定不可能性を主張するのは、マルクス主義的立場から、理論というものが経済的関係によって規定された歴史的状況に依拠していることを明らかにするためであり、批判理論が「全体の優位」を主張するのも、理論全体が改訂の対象となるというクワインのホーリズムの意味においてではなく、「社会全体」についての認識が科学の理解の前提となることを主張するためであった。しかし、ホルクハイマーが当時の科学理論にたいして行った、理論は理論内在的に決定されるものではないという主張が、のちのホーリズムやパラダイム転換につながる発想の萌芽を含んでいたにもかかわらず、イデオロギー的理由から科学哲学の側からかえりみられなかったことは、不幸なことであったといわざるをえない。

ホルクハイマーがこの論文で提起する「批判的理論」がヘーゲル－マルクス主義の伝統を継承しようとするものであることはいうまでもないが、そこでこうしたホーリスティックな理論観が提起されているということはじつは驚くべきことではない。たとえばヘーゲルの『大論理学』概念論にはつぎのような「経験科学 Erfahrungswissenschaften」批判が見られる。

定理にもたらされた具体的なもののいわゆる説明と証明は、一方では同語反復であることが、他方では真の関係を混乱させるものであることが示され、［さらに］もう一方では、この混乱が認識の欺瞞を隠すことに寄与していることが示される。この認識は、経験を一面的に取り上げ、それによってのみその単純な定義や原則を獲得することができ、経験を具体的な全体性においてではなく、例として、しかも仮説と理論に用いられうる側面から取り出し妥当させることによって、経験からの反駁を除去するのである。具体的経験をこのように前提された諸規定の下に従属させることにおいて、理論の基礎は眩まされ、理論にかなっている面からしか示されなくなる（Hegel [1816] 1981: 227）。

科学者の用いる概念は経験の多様性を汲み尽くすことはできない。そのとき、科学者は（ウェーバーが歴史家について指摘していたように）あらかじめ持っている前提に基づいて現実を切り取る。経験を原理とするはずの経験科学自体が、経験を原理にしてはいないのである。しかしヘーゲルはこの批判で、経験に完全に忠実であることを求めているのではない。そのようなことはそもそも不可能である。ホーリスティックな科学観における科学者の営みは、自分自身の尺度で自分自身の認識を評価しようとする『精神現象学』の意識の営みに比すことができよう。まさにそれが、ホルクハイマーの伝統的理論にたいする批判が依拠したものであった。

重要なのは、科学という理論的な営みそのものをその言語的な側面からより厳密にとらえ直し、これを社会批判と結びつけることであるように思われる。私見では以下で簡単に述べるように、ある時期のハーバーマスの言語哲学的論考はこうした展開への可能性を持つものであったが、ハーバーマスの関心は「実践的討議」へと向かい、ホネットにおいて科学批判はまったく批判理論の扱うべき対象とはならなくなってしまった(1)。以下では、七〇年代ハーバーマスの真理論の「理論哲学的」射程を引き出しながら、それを批判理論の伝統とは別の伝統に属するロバート・ブランダムの知識論を用いて修正の方向性を示すことで、批判理論に科学批判を取り戻させる一つの方向性を検討してみたい。

2　批判理論の科学批判からの撤退

ホネットが、『啓蒙の弁証法』のホルクハイマー／アドルノ、そしてとくに美学研究へ傾倒したアドルノに「社会的なものの抑圧」を見出した（Honneth 1985）のにたいし、七〇年代後半以降の批判理論には「(自然) 科学的なものの抑圧」あるいは「科学批判からの撤退」が見られる。ハーバーマスを批判理論の継承者として印象づけることになった『認識と関心』（Habermas [1968]1994）では、まだ科学批判が意識されていた。そこでは科学／学問を生活世界における「関心」によって基礎づけることがこころみられ、自然支配を目指す「技術的関心」から「経験的・分析的科学」が、相互主観的了解を目指す「実践的関心」から「歴史的・解釈学的学問」が、最後に「解放的関心」から「批判的学問／科学」が基礎づけられると主張されていた。それは一方で科学の基礎を道具的理性に見出す『啓蒙の弁証法』および『道具的理性批判』を継承しながら、他方で同時にその全面的理性批判を回避し、オルタナティヴとなる「批判理論」を目指すものであった。

七〇年代になりハーバーマスは『認識と関心』がいまだにドイツ観念論的な意識論の枠内にあり、ここで示された批判理論の基礎付けは不十分であると考えるようになった。そうして認識論的な批判理論の基礎付けは放棄され、言語論からの基礎付けが試みられることになる。のちに『コミュニケーション行為の理論』（Habermas [1981] 1995a, 1995b）に結晶することとなる七〇年代の一連の論文（Habermas [1984]1995c）、とくにそのなかで練り上げられた普遍／形式語用論は討議の一般理論としては理論的討議を含むものであったが、その後は討議倫理学をはじめとする実践的討議に研究の重点がおかれることになる。ようやく一九九九年に『真理と正当化』（Habermas 1999）においてハーバーマスは、「理論哲学的」問題に取りくむことになるが、そこで彼は七〇年代の仕事を近年の分析哲学の議論のなかに位置づけ直しているにすぎず、実際にはそこに目立った理論的発展は見られない。ホネットになるとより顕著に、科学は社会哲学の扱うべき対象からのぞかれてしまっている。たしかに最近は彼独自の承認論から、その認識論的射程について語り始めているが、それも示唆にとどまる（Honneth 2004）。

そこでまず七〇年代前半のハーバーマスに帰って、彼の展開する言語論の科学認識論としての射程と問題点を確認することとしよう。

3　ハーバーマスにおける「理論的討議」と理論の相対性

クワインが「経験主義の二つのドグマ」において主張したのは、ある信念体系と整合しない経験が与えられた場合、その信念体系のどの部分が改訂されなければならないかは、その信念体系や経験そのものによっては決定されないこと、したがって経験への「近さ／遠さ」にかかわらず、その信念体系の全体が改訂の対象となりうるということであった。こうしたホーリズムの主張からは以下のことが帰結するはずである。（1）現実を説明する複数の理論（信念体系）が可能であること、（2）経験はその理論間の優劣を決定しないこと、したがって（3）科学理論とそれ以外の信念体系の間にも優劣は存在しないこと、である。クワインが当該論文ではまさにこの信念体系の改訂の決定にかんして「プラグマティック」な態度を取っていたことを確認しておこう。つまり、①信念体系のなかでどの部分が改訂されるのか、そしてまた②ひとがどの信念体系を採用するのかには内在的な理由はなく、プラグマティックな理由によるのである。たとえば①にかんしていえば、我々はすでに受け入れている信念体系を改訂しようとする際に、大幅な改訂よりも小幅な改訂をより好むであろう（保守主義）し、（ホルクハイマーも指摘していたとおり）複雑な理論よりも単純な理論を望ましいと考えるだろう。あるいは、ある科学者は他の科学者からも受け入れられやすいと思われる改訂を提案することだろうが、そのためにもやはり、より「経験に近い」部分を改訂する「保守的」な態度がより有利だろう。②にかんしていえば、たとえば我々にとって、我々の先祖や、教師たちから継承された信念体系を受け入れた方がより容易である（というよりも少なくともいったんは受け入れざるをえないだろう）。しかし、それはその信念体系が他のものよりも正しいからではない（Quine [1953] 1980）。

クワイン自身はのちに物理主義を採用することになるが、これはホーリズムそのものから帰結するものではなく、その上で選択可能な立場の一つであるにすぎない（野家 1992）。そして、とくに科学理論についていえば、理論の内在的非決定性と、そこにおいてプラグマティックな根拠が改訂を決定するということを主張するときには、理論のあり方自体が社会的に規定されているという認識にも導かれえたのだが、それは科学哲学者クワインの考察対象ではなかったのだろう。

ハーバーマスは、すでに指摘したように、科学認識論へと展開できるような、コミュニケーション理論、討議理論を展開していたのだが、それを十分に展開することはなかった。妥当要求そのものについては主題化されない「コミュニケーション行為」とそれが主題化される「討議」とを分ける独自の議論によって、一方で通常のコミュニケーション行為においては実在論的立場が適切であるとされ、他方で妥当要求そのものが検証の対象となる「討議」においては、真理は合意の問題とされるという独自の理論構成をとることによって、理論と経験の関係のとらえ方は曖昧にさせられている。一方で、真理合意説は実在論を放棄しているように見えるが、ハーバーマスは『真理と正当化』で実在論的想定を弱めるもののあくまで、（討議と区別される）コミュニケーション行為の主体が外部としての「客観的世界」を参照しているという枠組みを保持している（Habermas 1999: 40-8）。

しかし、ここで私はハーバーマスの「真理理論」（一九七二年）をこうした彼自身が設定する理論的文脈から切り離して、理論の相対性についてのより洗練された理論として理解することを試みたい。ハーバーマスはそのなかでトゥールミンが『議論の使用』のなかで用いた図式を採用して、みずからの討議理論を説明している。それによれば理論はつぎのような内的構造を持つものとして理解される。

ある「主張＝結論（C：conclusion）」は、その根拠となる「データ（D：data）」から推論される。しかし、あるデータが何らかの主張への根拠となるためには、その推論を可能にする「論拠（W：warrant）」が必要である。具体的なデータから結論を導き出すにあたって、より一般的な理論や原則が必要とされるのである。しかし、この論拠自体を我々が受け入れるのは、さらにこれを背後から支える別の根拠が存在するからであろう（「裏付け」B：backing）。（それは理論や原則であっても、具体的データであってもよい）。トゥールミンはこれを図表1のようにしめす（Toulmin 1958＝2011: 182；Habermas 1984: 164）。

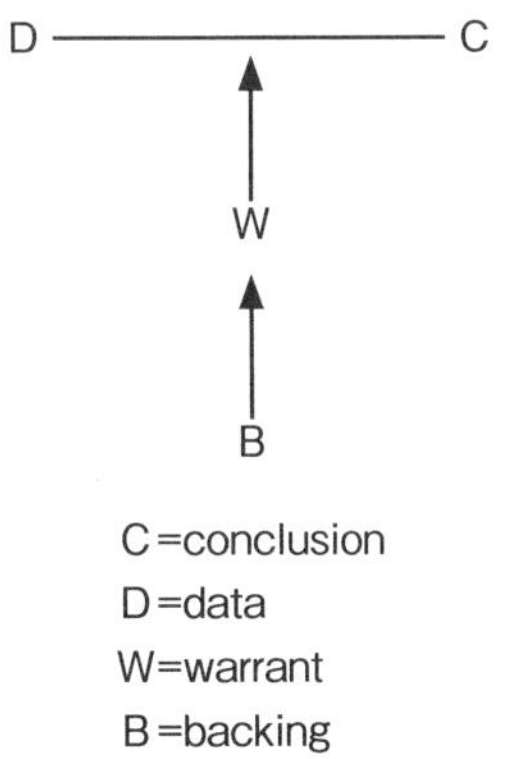

図表1

ハーバーマスはこの図式をみずからの討議理論に応用し、「真理理論」ではとくに真理性についての妥当要求が問題となる理論的討議と、正当性が問題となる実践的討議とに当てはめる。ハーバーマスが「説明を要求する主張」すなわち理論的討議において主題となる言明としてあげるのが

C：「この鍋のなかの水は膨張している」

である。これにたいしてデータ・論拠・裏付けとされるのはそれぞれ、

D：「この水は加熱されている」
W：熱力学の法則
B：この仮説（熱力学の法則）を指示する証拠事例

（Habermas 1995c: 165）

である。

ハーバーマスがこのトゥールミンの理論を評価するのは、そこで問題になっているのが命題間の関係ではなく、言語行為間の関係と考えられている点である。また、ハーバーマスはこの理論の強みを論理的な様相論とは異なった様相論が展開されうることに見ているが、これについてはここでは扱わない（Habermas 1995c: 164）。重要なのはハー

バーマスがこの図式にかんして、「よい論証」の全ての部分は、同一の言語（あるいはボキャブラリー）に属していなければならないとしている点である。そしてまさに、そこでどのようなボキャブラリーが採用されているかに従って、論拠から裏付けへの移行を可能とする原理が決定されているのである。たとえば直前に例を示した理論的討議においては、BからWへの移行は「帰納原理」によって可能となっているとされ、それにたいして実践的討議においては「普遍化可能性原理」がその役目を負うことになる。ここでハーバーマスが主張していることを次の四点にまとめることができるだろう（Habermas 1995c: 168）。

まず第一に、原理の選択はボキャブラリーの選択に依存しており、BからWへの移行を可能とする、ある原理を選択することが、その論証における語彙の選択を決定しているということである。第二に、ここで問題となっているのは言明間の関係であり、データもまたそれがどのようにして獲得されたかにかかわらず言明として語られたものである。その限りで、ハーバーマスが討議における合意によって説明しようとする真理は、経験や外的対象との関係によって成立するものではなく、言語使用の領域のなかで確保されうるものである。第三に、この言語システムは生活世界における学習プロセスのなかで獲得されると考えられていることである。ハーバーマス自身がここで、「認識の発達」について語るとき、ピアジェが論じていたような言語使用能力そのものの習得を問題にしているように見える。しかしこれは、演繹の原則や普遍化の原則といった社会的文化的生活における一定の領域に関わる言語システムの習得と考えなくては、上記の議論と整合しない。第四にこの論証構造は、結論自身をつぎの議論の論拠や裏付けにしたり、あるいは論拠や裏付けを結論とする議論を考えたりすることもできることから、同じ語彙で行われる膨大な論証の連鎖の一部と見なすことができる。そこで、同じ語彙で行われる論証の全体が理論と呼ばれてもよいだろう。しかし、そこで採用される語彙と原則が異なっているとき、それぞれの理論は通約性を持たないことになる。

ハーバーマスが討議の例としてあげているのは上記の理論的討議と実践的討議の二つだけであるが、この二つの妥当要求を超えて、それぞれ異なったボキャブラリーと原理に基づく議論も可能なはずである。しかし、ハーバーマスは「理由を与え、理由を求めるgiving and asking for reasonsゲーム」を、コミュニケーション行為から区別された意味での「討議」に限定してしまったため、彼の分類する三つの妥当要求を超えたパターンを考えることはできなかった(2)。

4　知識の社会性と真理余剰説

ハーバーマスは「コミュニケーション行為」と「討議」を区別する理由として、ある言語システムにおいて論証を行うにあたってはその言語システムと経験とを調整する学習プロセスを経ていなければならないという上記の主張をあげている（Habermas 1995c: 170）。しかし、そうした学習プロセスが生活世界におけるコミュニケーションを通じて行われるのだとしても、この「コミュニケーション行為」では、彼のいうように妥当要求が暗黙のうちに前提されて情報が伝達されるのにすぎないのであれば（Habermas 1995c: 130）、むしろなぜそれによって討議における論証を行いうるような語彙を身につけうるのかが不明である。むしろ我々はその都度理由を問いながらある言語システムにおける語彙を習得しているのではないだろうか(3)。

ハーバーマス同様に語用論を規範理論の基礎に置きながら、しかしむしろ我々が行うコミュニケーション一般を「理由を与え、理由を求めるゲーム」とみなしているのがブランダムである。討議において根拠としてデータを示す場合も、そこにあるものについて何らかの報告をする場合にも、どちらも同じように世界を参照しながら、同じように言語によって行われているはずである。以下ではまずブランダムの真理論および知識論から、そこで事実がどのように「理由の空間」のなかに位置づけられているのかを確認する。つぎに、彼が提示している、言語ゲームないしボキャブラリーの相対性とその乗り越えに関する主張を検討する。

「なぜ哲学において真理が重要ではないのか」と題された論文（Brandom 2009: 156–76）においてブランダムは、みずからの真理論を知識論と関連づけて論じている。彼は知識の伝統的な定義「正当化された真なる信念Justified True Belief（JTB）」を基本的に認めながら、そこで「真であること」（Brandom 2009: 157）が知識の重要な要素であることを認める。しかし、これを信念が「真である」という「ある形而上学的に重要な特性」を信念が所有することと考えてはならないとし、彼の規範的語用論から知識を理解することを試みる。(4)

ブランダムは、話者によって正当化され得なくとも、知識と呼ぶことのできる信念があることを指摘した点について信頼性主義Reliabilismを評価しながら、他方で、「正当化されない」ということを、推論に訴えることなく知識の内容を理解することができると考えた点において信頼性主義は誤っていたという（「概念的盲点Conceptual Blindspot」）（Brandom 2003: 97–110）。ブランダムによれば、我々の主張は、それがその条件（前提）とその帰結（結論）のなかにおかれていることによって意味を持っている（推論的／意味論的ホーリズム）。そして私がある主張を行うとき、それはその主張が示している命題内容に私がコミットしていることを示すものである。このコミットメントはつぎにどんな主張にコミットする権限が私に与えられることになるかを左右している。たとえば、私が「このテーブルは青い」という主張を行ったとしたら、私が「このテーブルは色を持たない」という主張にコミットする権限は失われていると見なされうる。しかも、このコミットメントやエンタイトルメントを私に帰属させるのは、この言語共同体における他の行為者である。こうして我々は、ある主張を行うことによって、規範的な態度をとり、それに従って他のものたちはその主張に従って「スコア・キープ」を行うのである。

知識論はこうした「理由を与え、理由を求めるゲーム」のなかで「ひとが他のひとに知識を帰属させるときにそのひとが何を行っているのか」（Brandom 2009: 157）という問いに答えるものである。ブランダムによれば、誰か（B）に知識を帰属させているひと（A）はつぎの三つの規範的態度をとっている。つまり、Bが知識を持っているとAが見なしているとき、第一にAはBにある主張へのコミットメントを帰属させている（信念：B）。たとえば、それが正しいか否かにかかわらず「この教会の建築様式はゴシックである」という主張をBが支持しているとAは考えている。第二に、AはBにそのコミットメントへのエンタイトルメント（権限）を帰属させている。つまり、Bがその主張にコミットすることができると認めている。たとえばBが以前「この建築物はロマネスク様式である」と主張していたならば、このような主張を行う権限は（これを取り消さないかぎりは）与えられない。これがさしあたり「正当化」（J）に取って代わる。[5] そして、最後の「真であること」に代わるものとして、Aは自分自身で同じコミットメントを引き受けている undertaking（真：T）。つまり、理由はともあれ（A自身がそのことを知っているからであろうと、Bが専門家として信頼できるからという理由であろうと）A自身も「この教会建築様式はゴシックである」と考えている。

重要なのは、ここで「真」の代わりに導入されているコミットメントの「引き受け」は、命題の内容に何かを付け加えているわけではないということである。その限りで内容に関する真理余剰説は正しい。この「引き受け」つまり「他者のコミットしている内容へのコミットメント」は、コミットメント、エンタイトルメントと並んで、他者によって帰属させられる一つの「規範的地位」なのである。その限りで「真理」ないしは「……は真である」という表現は、内容について「説明的役割」を果たすものではない。むしろそれは、そう言うことsayingによってその語り手が行っていることdoingを明示的に示す「表出的役割」を果たすものなのである（Brandom 2009: 158）。

われわれにとって重要なのは、まさにこの知識論から、ブランダムがローティーに見出す、因果的世界と言語的規範の世界の二元論を批判し、そこで事実の言語内在性を主張している点である。(6) 彼によればローティーが意味論的表象主義を批判するのは、因果的作用の支配する世界における事実は、我々のボキャブラリーとは無関係であるがゆえに、我々のボキャブラリーのなかで規範的な意味を持つことができないとみなしていたからである。それにたいしてブランダムはつぎのように述べる。

〔上記の知識論のような〕そのようなストーリーはボキャブラリーの適用――知識の候補となる表現であるところの主張――およびそれにかんしてこの適用が真であるか偽であるところの事実とのあいだに存在する規範的関係の検証を保証している。しかしそれは、規範に関するプラグマティズムの主張に反しはしないのである。物事がどのように存在するのかが、誰かが言うことや誰かが信念を持つことの正しさにとって規範的な意味を持つことがゆるされるのは、物事がどのようであるのかということにたいする誰か他のひとの態度という文脈においてのみである。つまり知識要求the knowledge-claimを検証するひとが真であると見なすことを通じてフィルターにかけられることによってのみである。事実は知識を帰属させるひとによって裏付けられるということによって社会的実践に巻き込まれている。だからこの描像のなかには、概念化されていない裸の実在と、誰かの概念適用との間の接点というものは存在しないのである。(Brandom 2011: 130)

したがってそこにあるのは、ボキャブラリーの適用とボキャブラリーの適用との比較、つまり知識を持っていると見なされる（かもしれない）ひと（「知識保持候補者candidate knower」）の言語使用と、その人が知識を持っているのかを検証するひとの言語使用の比較であって、その意味で事実はすでに言語的規範の空間、「理由の空間」のなかに位置づけられているのである。

5　ボキャブラリーの相対性と歴史

前節で見てきたように、ブランダムによれば事実は、その事実について知識を持つというひと（「知識保持候補者」）の知識要求という形で、一つの規範的態度として扱われ、その限りでこれを検証する相互主観的な規範の空間のなかに位置づけられている。(7) これは、その時点で反証されないもの、あるいは合意されているものが真であるという真理合意説を意味するものではなく、むしろ真理であるかどうかは、コミットメントの引き受けという規範的語用論があきらかにする言語的実践の一部として理解されている。その限りで「真理は哲学において重要ではない」のである。したがって知識においては、「理由の空間」の外にある「法則の領域」（マクダウェル）との関係は問題にならない。事実はすでに規範の空間のなかにあるのである。

同様のことはハーバーマスにおいて、知識そのものの帰属の問題としてではなく、知識保持候補者の主張の問題として扱われ、その主張が持つ真理性要求について討議において検討され、合意されたものが真であると見なされることになるだろう。こうしたハーバーマスの議論にたいする上記のブランダムの議論の利点はつぎの点にあると考えられる。まず第一に、すでに述べたようにコミュニケーション行為と討議という不自然な区分を我々が生活世界で行うコミュニケーションに導入する必要がないということである。ハーバーマスもまた「理由」が力を持つということを合理性の基準としているにもかかわらず、通常のコミュニケーションにおいて理由が問題とならないと考えることは、合理化された近代の生活世界にたいするハーバーマスの理解そのものにたいしても不整合であると考えられる。ブランダムにおいてはコミュニケーション行為と討議との区別は必要とされない。いやむしろこうした区分は無限後退を引き起こすものとして否定されるであろう。理由はいつもそこで力を持っている（べきな）のであり、違いがあるとすれば理由の持つ規範性が明示的explicitであるのか暗黙裏implicitであるのかの違いである。したがってさらにブランダムにおいては、理想的発話状況は必要とされない。我々はつねにすでに日常のコミュニケーションのなかで相互に相手の発話にたいして妥当性を検証しあっているのであり、我々の日常的な言語ゲームの外に、規範が存在しているのではない。

もう一つの利点は、規範性の地位に関わる。ハーバーマスにおいても彼が形式語用論で示す規範理論は近代の生活世界の規範を再構成したものとされている。しかしいったん再構成された規範は、形式的な普遍性を持って適用されうるものと考えられ、「擬似-超越論的」な地位を持つものと理解されている。この規範性は個々のコミュニケーションにたいしては普遍的な地位を確保し、それによって個々のコミュニケーションが判断される。それにたいしてブランダムは、この規範自体を言語使用者自身の解釈に委ねることによって、規範を文脈化してとらえ、そのことによって合理性を社会的なものとして理解する。右で知識にかんしてみてきたが、知識も、その構成要素としての真理も、言語使用者の間の規範的地位の相互帰属の問題として扱われる(8)。

ブランダムにおいて合理性がこのように社会的なものとして理解されていることは、同時に合理性の歴史性をも含意することになる（大河内 2012）。我々が言語使用において従う規範が取り出されるのは、その解釈された規範にしたがって行われたと考えられる過去の言語使用である。そこではその規範について明示的に語られているかもしれないが、多くの場合は暗黙裏にとどまっているだろう。いずれにせよ過去の規範解釈の蓄積が、我々に規範的判断の基準を与えることになる。そして我々の行う言語使用において、我々もまたその都度その規範について解釈を与えており、そうして我々が行う判断と、それに伴う言語行為がまた規範性を日々あらたに上書きしているのである[9]。ブランダムの言葉によれば「概念規範を適用することとそれを変容させることとは一枚のコインの両面である」(Brandom 2011: 150)[10]。

この点において、ハーバーマスの「カント的プラグマティズム」にたいしてブランダムがヘーゲル主義を標榜する意味が理解できよう。ローティーが述べるように「ブランダムにとっての全体は、ヘーゲルのそれ同様、人類の進行し続ける会話であり、有限の存在を苦しめる偶然の出来事に絶えずさらされている会話である」(Rorty 2007: 17＝2011: 26)。

結論――科学批判としての批判理論の再構築のために

さて我々は、ハーバーマスの討議理論を科学認識論として理解することから出発し、これを修正するためにブランダムの知識論と、これと密接に関わる語用論を検討してきた。もちろんブランダムが語用論で扱っているのは我々の言語使用一般であって、科学者による科学的ボキャブラリーの使用そのものを対象としているわけではない。しかし、上で見た知識の帰属の問題を科学者コミュニティにおける科学者の営みを説明するものとして理解することも可能である。ある科学者のある主張の真理（という妥当）要求を他の科学者は規範の領域において理解し、さまざまな理由からこれを肯定したり、否定したりする。つまり、最初の科学者に知識を帰属させたりさせなかったりする。しかしまたそれぞれの主張において科学者たちは既存の言葉を用い、あるいは新たな用語を導入しながら、自分たちの用いているボキャブラリーの規範性に依拠し、規範を用いると同時に、日々これを改変してもいる。十八世紀の科学者が水と呼んでいたものと現代の科学者が水と呼んでいるものは異なる。その間この言葉の規範性は、それが用いられているなかで変容したのである。そうした営みの蓄積が科学であるといってもよいだろう。

しかし、このことは「何でもあり」を意味するわけではない。それぞれの言語使用は、過去の言語使用の蓄積とそこで解釈されてきた規範を前にして、その正当な解釈に基づいたものとして正当化され、相互主観的に認められなければならない。それまでの理論を覆すような新たな実験結果もまた、それが「事実」として認められるためには、科学者が用いるボキャブラリーのなかで理解可能であり、また共有されている正しい手続きという規範に則って獲得された結果であるということが、他の科学者によって認められなければならない。したがってその実験結果もまた、共有された規範としてその科学者が解釈した規範に則って提示され（たものとして理解され）なければならない。科学という営みは我々の日常的言語使用同様、そうした解釈学的かつ帰属的な営みなのである。その限りにおいてもまた、（ブランダムの言う社会を超えて）科学を含めた我々の言語活動を、社会のより広い文脈のなかでとらえかえし、批判の対象とするという、ホルクハイマーの「批判理論」のプログラムを再生する可能性も開かれてくるだろう。

注

（1）このことと、最近の批判理論が「批判的社会理論」を標榜することとは無関係ではないだろう。

（2）理論的討議が真理性という、実践的討議が正当性という妥当要求にそれぞれ関わる限りにおいて、誠実性に関わる討議（「美的討議」）を想定することは自然である。しかしそれが実際に上記のトゥールミンの図式が当てはまるものとなるかどうかは検討を要する。誠実性は、内的世界を参照する限りにおいて特種な問題を含んでいる。

（3）この点についてここではそうした日常的な直観に訴えることしかできない。

（4）ハーバーマスとブランダムの真理論については拙稿（大河内 2015b）参照。

（5）信頼性主義の利点は、実際にBが自分の主張を正当化することができなくても、AはBに知識を帰属させることができることを示した点にあった。ブランダムはこれを信頼性主義の「創設的洞察Founding Insight」と呼ぶ（Brandom 2003: 97)。

（6）ここではブランダムのローティー解釈の正しさは問わない。

（7）このことは、知覚の概念性を主張するマクダウェルの論点と関わっており、ブランダムヴァージョンの所与性の神話批判であるが、この点についてはここではこれ以上は扱えない（McDowell 1994; Brandom 2011: 128)。

（8）本稿では扱っていないが、文や、文部分的subsentential要素の意味もまた、推論的関係のなかで、社会的に決定されるものと見なされる。

（9）この点については大河内（2015a）において論じた。

（10）ブランダムはここにヘーゲルの「概念の休みなき否定性」を見出している（Brandom 2011: 150)。

文献

Brandom, Robert B. 1998 *Making It Explicit*, Cambridge, Mass./London: Harvard University Press.

―――― 2003 *Articulating Reasons. An Introduction to Inferentialism*, Cambridge, Mass./London: Harvard University Press.

―――― 2009 *Reason in Philosophy. Animating Ideas,* Cambridge, Cambridge, Mass./London: The Belknap Press of Harvard University Press

―――― 2011 *Perspectives on Pragmatism. Classical, Recent, and Contemporary*, Cambridge, Mass./London: Harvard University Press.

Habermas, Jürgen [1968] 1994 *Erkenntnis und Interesse*, Frankfurt am Main: Suhrkamp.

―――― [1981] 1995a *Theorie des kommunikativen Handelns, Bd. 1. Handlungsrationalität und gesellschaftliche Rationalisierung*, Frankfurt am Main: Suhrkamp.

―――― [1981] 1995b *Theorie des kommunikativen Handelns, Bd. 2. Zur Kritik der funktionalistischen Vernunft*, Frankfurt am Main: Suhrkamp.

——— [1984] 1995c *Vorstudien und Ergänzungen zur Theorie des kommunikativen Handelns*, Frankfurt am Main: Suhrkamp.
——— 1999 *Wahrheit und Rechtfertigung. Philosophische Aufsätze*, Frankfurt am Main: Suhrkamp.
Hegel, Georg Wilhelm Friedrich [1816] 1981 *Wissenschaft der Logik. Zweiter Band. Die Subjektive Logik (1816), Georg Wilhelm Friedrich Hegel Gesammelte Werke*, in Verbindung mit der Deutschen Forschungsgemeinschaft herausgegeben von der Rheinisch-Westfälischen Akademie der Wissenschaften, Hamburg: Felix Meiner.
Honneth, Axel 1985 *Kritik der Macht. Reflexionsstufen einer kritischen Gesellschaftstheorie*, Frankfurt am Main: Suhrkamp.
——— 2004 *Verdinglichung. Eine anerkennungstheoretische Studie*, Frankfurt am Main: Suhrkamp.
Horkheimer, Max [1937] 1988 “Traditionelle und kritische Theorie,” Alfred Schmidt (ed.), *Max Horkheimer Gesammelte Schriften. Bd. 4: Schriften 1936–41*, Frankfurt am Main: Fischer: 162–225.（=1998「伝統的理論と批判的理論」角忍・森田数実訳『批判理論の論理学——非完結的弁証法の探求』恒星社厚生閣：169–229）
野家啓一 1992「全体主義の誘惑に抗して」『科学哲学』25：53–68
McDowell, John 1994, *Mind and World*, Cambridge, Mass./London: Harvard University Press.（=2012 神崎繁他訳『心と世界』勁草書房）
大河内泰樹 2012「合理性の階梯—— R・ブランダムにおけるヘーゲル主義への一視角」『一橋社会科学』4巻：1–12
——— 2015a「政治としての発話行為——規範性の文脈化と脱文脈化」『一橋社会科学』第7巻別冊〈特集：「脱／文脈化」を思考する〉：151–65
——— 2015b「真理と規範——カント的プラグマティズムからヘーゲル的プラグマティズムへ」『現代思想』第四三巻第一一号：208–23
Quine, Willard van Orman [1953] 1980 “Two Dogmas of Empiricism,” *From a Logical Point of View*. Cambridge Mass./London: Harvard University Press, 1980: 20–46.
Rorty, Richard 2007 *Philosophy as Cultural Politics. Philosophical Papers, vol. 4*, Cambridge: Cambridge University Press.（=2011 冨田恭彦・戸田剛文訳『文化政治としての哲学』岩波書店）
Toulmin, Stephen E. 1958 *The Uses of Argument*, Cambridge: Cambridge University Press.（=2011 戸田山和久・福澤一吉訳『議論

の技法――トゥールミンモデルの原点』東京図書）

第五章　フッサールと知識の哲学
――明証の原理による内在主義と外在主義の接合の試み

村田憲郎

1　知識の哲学とフッサール

三・一一後、知っているとは何か、本当の知識とは何か、といったことがあらためて問われているように思われる。震災そのものの被害規模や今後の危機の見通し、各地域の放射線量、緊急の諸問題に対する政府や電力会社の対応など、さまざまな水準で正しい情報が強く求められ、その確かさが疑われつつも、それだけにかえって大量の情報が流された。過度に危険性を煽るような情報、また反対に真実を隠蔽し虚偽の安全性を強調するような情報に対して警戒が呼びかけられ、虚偽の情報の中には、確証がもてないながらも善意から流布されたもの、逆に虚偽と知りつつ発信者の悪戯心や怨恨から流されたものもあるなどと注意が促された。そうした状況の中で、ある情報についてそれが正しいとされる根拠は何か、私が知りうるものはどれほどの範囲に及ぶのか、等々といった問いがかつてないほど切実にまた繰り返し浮かび上がってきたのは、筆者だけではなかろう。

さて、「知識の哲学」あるいは「認識論」と呼ばれる哲学的議論があるが、これはその名の通り「知識knowledge」

（認識Erkenntnis）とは何か、どのような条件が充たされた場合に何かを「知っている」と言えるか、を問うものである。そこでは主に「知識の古典的定義」、つまり（1）pについての信念を持っており、（2）pが真であり、（3）そのpという信念が正当化されている、という三つの条件が満たされているときに、その誰かはpを「知っている」とする定義から始まり、これは適切な定義なのか、とりわけここで言われている正当化とはどのようなものかをめぐって、いくつかの理論的立場がある。

まず基礎づけ主義と整合主義という対立がある。基礎づけ主義foundationalismとは、あらゆる知識は直接的・非推論的に正当化された基礎的な知識と、前者の知識によって間接的に正当化された知識とのいずれかに分類でき、前者は後者から独立に正当化されていると考える立場である。この立場に対しては、他の諸知識の推論的なネットワークから独立に、直接的に正当化された知識というものは不可能であり、ある信念が正当化されるのは、十分に包括的な、他の複数の信念からなる整合的な信念集合と矛盾なく結びついていることにおいてであるとする、整合主義coherentismと呼ばれる立場が対立している。またこの対立と交差する形で内在主義と外在主義の対立がある。自身の信念を正当化するものに対しては主体自身が一人称的にアクセスできるという考え方が内在主義internalismと呼ばれ、他方で信念をもつ主体自身が、自身の信念と外界との関係の正しさを判定する必要はなく、むしろ外部から観察可能なそうした関係を、知識が成立する基準とする、という立場は外在主義externalismと呼ばれる。[1]

このような諸理論の見取り図の中で、フッサールの哲学はどこに位置づけられ、どのような貢献をなしうるだろうか。本論では一つの試み[2]として、フッサールの認識論的議論を「状態の外在主義」を排除しない「理由の内在主義」と位置づけるウォルター・ホップの議論を検討する。彼は現象学を最小限の理論的諸条件へと縮約する「プレーン現象学」を提唱し[3]、基本的には知覚による充実化によって信念が正当化されるという古典的な基礎づけ主義の立場をとりながらも、フッサールの議論が一見そう見えるほど融通の利かないものではなく、十分に柔軟で考慮に値する一つの理論的選択肢となりうることを示そうとしている。

以下ではまずホップの立論を紹介し、次にこの議論にフッサールの立場から二点、批判的修正を加えたい。一点目は明証の位置づけをめぐって、二点目は「諸原理中の原理」をめぐってである。

2　理由の内在主義と状態の外在主義

2-1　ファマトンの見知りの理論

フッサールの哲学は「理由の内在主義Reason Internalism」（以下ＲＩ）であって、この立場は「状態の外在主義State Externalism」（以下ＳＥ）と矛盾なく両立しうる（Hopp 2013: 333）、というホップの論点は、古典的基礎づけ主義者ファマトンの問題点の指摘に続いて導入される。ホップによれば、ロバート・ファマトンの「見知りの理論theory of acquaintance」はフッサールの「充実化」による正当化の理論と非常に似ている（Hopp 2013: 336）。そこでまずはファマトンの見知りの理論を簡単に見ておこう（Fumerton 1995: 73f）。

信念を正当化する「見知りacquaintance」とは、知覚などにおいて成立する、認識主体の或るものに対する無媒介的な関係である。ここで何点か注記すると、まず第一に、見知りは同じ関係概念でもフッサールの志向性のような、われわれの意識が定位して記述的に解明することができる具体的概念ではなく、正当化を定義するために導入された抽象的な説明概念である。

第二に、ファマトンは見知りを強い意味での関係概念、「実在的real関係」「純然たるgenuin関係」（Fumerton 1995:

165）として捉えている。つまり見知りは関係である以上、関係項として、見知られる或るものの現実存在を前提する。そしてこの第二の点から帰結することであるが、錯覚や幻覚をわれわれは真正の知覚と区別することができないのだから、知覚において成就する見知りという直接的関係は錯覚や幻覚においても成就していなければならず、したがって後者の場合にも見知られる或るものを要求する。[4] こうして第三に、ファマトンはセンスデータ説のような立場をとることになる。[5] つまり、見知られる或るものとは物理的対象ではなく、心に属する存在者であり、この存在者との見知りの関係であれば、錯覚や幻覚の場合であろうと知覚の場合であろうと成就していることになる。こうして、ファマトンはかなり古典的な内在主義的基礎づけ主義の立場をとることになる。

他方で、真理の担い手truth-bearerとしての信念は、真にするものtruth-makerとしての事実と対応することによって真となるのだが、この対応関係は見知りの関係と区別されるべきだろう。この関係を導入して、ファマトンは最終的に、信念の非推論的正当化の条件を以下のように定式化している（Fumerton 1995: 75, 2001: 14）。

ある人が信念pについて非推論的に正当化されるのは、
そのある人が、思想pを持ち、かつ、
事実p、思想p、思想pが事実pに対応しているという関係、〈という三つのこと〉について見知っている場合
である。

彼によれば、この定式化が優れている点は、正当化の源泉が真にするものtruthmakerと別のものではない、という点にある（Fumerton 1995: 76）。思想が対応づけられてそれを真とする事実pと、見知りが直接的に関係する事実p

とは、同じものである。つまりある信念pが正当化されるために、別の信念を参照する必要はない。さもなければ、pを正当化する別の信念p^*がまた正当化される必要があり、p^*がさらにp^{**}によって正当化される必要があり、……という無限遡行が生じてしまうことになろう。

しかしこのようなファマトンの立論に対して、ホップが異議を唱えるのは、正当化の源泉となるこの「見知り」を関係として捉えることを強調し、非関係的な心的状態として捉えることを強く拒否する点である（Hopp 2013: 330）。

ファマトンが強調するのは、もし非関係的な状態ないし事実が正当化の源泉であるならば、事実さえ成立していれば、その事実に対する私の信念もあなたの信念も同じく正当化されるはずであるが、実際はそうはならない、という点である。「私が痛みを持つとあなたが信じるとき、私の痛みはあなたが『私〈＝ファマトン〉が痛みを持つ』ことを信じることを正当化しはしない。それゆえ私の痛みに対する私の関係については、正当化を構成するようなものの説明に入ってくるような何か異なるものが存在しなければならない。あなたが推論に頼らなければならない一方で、私の信念を非推論的に正当化するものは、あなたが持つことのない私の痛みへのある種のアクセスを私が持つ、という事実なのである」（Fumerton 1995: 72）。

まずこの議論は、ファマトンにとっての「私は痛みを持つ」のような、ある特定の主体しか一人称的にアクセスできない内面的な事実だけではなく、「庭に花が咲いている」のような外界の事実であっても同様に成り立つことに注意しよう。さらに言えば、「痛み」についてもファマトンは、会話に没頭して背中の痛みを忘れるという事例を挙げ、このとき端的に痛みは消えているのではなく、その間も痛みはずっと存続しており、ただわずかな間それに気づいていないだけだ、と述べており、この「私は痛みを持つ」は心から独立に成立する事実の例であることがわかる。

さて、正当化の源泉は主体から独立な事実ではなく、主体がその事実に対してもつ関係だとするこの主張に対し、ホップは以下のように批判する。実際、「ファマトンが痛みを持つ」というファマトンの信念は、ファマトンの痛みに対する（見知りの）関係Rによって正当化されるかもしれない。しかし「ファマトンが痛みを持つ」という私〈＝ホップないし読者〉の信念は、依然として、Rによっても正当化されないままである。そこでファマトンの論法によれば、この違いを説明する特別な関係R^{*}がファマトンとRとの間にあることになり、さらに同様にR^{*}とファマトンとの間に関係R^{**}が要求され、以下無限に進むことになる（Hopp 2013: 331）。

2-2　明証と正当化の源泉との区別

このようなファマトンの関係概念がもつ困難を解消するため、ホップは、正当化の源泉と明証との区別を導入する。「Sのpという信念Bは、Mによって正当化される」といわれる場合、

（a）Mはそれを基盤としてSがpを信じるところの明証である

ということが言われている場合と、

（b）MはそれによってSのpという信念Bが正当化されるところの幾つかの要因のうちの一つである

ということが言われている場合とがある（Hopp 2013: 331）。（a）の場合、Mは明証であり、正当化されるのは信念の内容、つまり命題pである。これに対して（b）の場合、正当化の源泉Mは信念Bに関わる何らかの事実や事実的特

色であり、正当化されるものは信念Bという、個人Sがもつ個別的な作用ないし心的状態である。

ここでこの区別についてより詳しく考えてみよう。（1）まずこの区別は、見られるように概念的構造を持つ命題に対応する普遍者としての信念と、個々人がそのつど持つ信念作用、いわゆるタイプとトークンの違いに対応する。私とあなたがピタゴラスの定理を証明し、この定理についての正当化された信念をもつとしよう。その場合、普遍者ないしタイプとして私とあなたは同じピタゴラスの定理をもつが、この世界には個別者ないしトークンとして私とあなたの二つの信念があることになる。前者に関わるのが明証であり、後者に関わるのが正当化の源泉ということになる。

これは、「ピタゴラスの定理」のような普遍命題だけではなく、「二〇一五年三月一日の東京は雨だった」のような特定の場所や時間に関わる個別事実について述べた命題でも同様である。違う主体や違う時間においてこの同じ命題が考えられた場合、心的状態としての信念はさまざまであるが、命題そのものは同じであり、対応する事実に応じて、真か偽のいずれかに決まる。しかし個々人の信念に関しては、東京を離れていた人や家から出なかった人の信念がそうであるように、正当化されなかったり、間違った信念を持ったりする場合もあることになる。

これをふまえて先のファマトンの例を振り返ると、「ファマトンは痛みを持つ」という事実はこの命題の明証であり、私の信念もまた同じこの事実に向かうことによって真となり、確証される。これに対して痛みに対するファマトン自身の関係は、ファマトン個人の信念を正当化する源泉にすぎないので、当然私の信念を正当化することができない、ということが明らかになる。

（2）また次に、こうして正当化の源泉から区別された明証を見るとき、主体は反省を含まずまっすぐに眼前の事実へと向かうのに対し、正当化の源泉を問題にするときは、心的状態がどのような条件を充たしているかを反省的に確かめることが必要になる。したがって、前者の場合には信念を真にするものがそのまま命題を正当化するものとなるのに対し、後者の場合には主体は事実や対象を見ることをやめ、別の方向に眼差しを向けなおすことになる。つまり信念の正当化を後者の意味でとるならば、正当化された正しい信念を持っているという意味で「ｐについて知っている」と言えるためには、ｐから目をそらさなければならない。

ちなみに、（１）と（２）から、明証が問題となる場合と正当化の源泉が問題となる場合の違いを、論理的推論の系列を動くことと、心理学的な動機づけや連合・体験の相互継起などをたどることとの相違と見なしたくなるかもしれないが、必ずしもそうではない。別のところではホップは、心的状態が概念的内容をもち、推論の前提あるいは結論として役立つものでなければならないとするビル・ブリュワーの推論主義的な議論に対しても、これは後者を問題にしているものだとして批判的に論じている（Hopp 2011: 94f）。

（３）さらに最後に、明証に向かう際に問題になっているのは、私がどのようなことを信じているのかwhat I believe、つまり信念の内実であるのに対して、正当化の源泉を見極める際に問題にしているのは、私の信念そのもの、私が信じているという心的状態がもつ（正当化されているか否かという）認識的epistemicステイタスである。

ホップはこのように両者を区別した上で、明証への一人称的アクセスが可能だとする立場を「理由の内在主義」（ＲＩ）と呼び、これに対して正当化の源泉への一人称的アクセスが可能だとする立場を「状態の内在主義State Internalism」（ＳＩ）と呼ぶのであるが、堅持しうるのはＲＩのみで、ＳＩは支持できないと主張する（Hopp 2011: 95）。ＳＩが支持できない主な理由は、われわれはｐを見るとき、自身の心的状態を反省する前にすでにｐを知っていると言ってよいからである。もしＳＩを支持するならば、ｐを見る私はまだｐを知っておらず、ｐを見る私を反省してはじめて信念ｐが正当化され、ｐを知ったことになるが、これは問題の多い構えとなる。

まずこれは「知識」に強い条件を課すことになるし、また（2）の観点からして「pを見ること」と「pを見る作用を反省すること」が別のことであれば、反省を行いながら依然としてpそのものをつぶさに見続けるという作業ができるのかは定かではない。そして「pを見る作用を反省すること」がpを正当化するのであれば、すでにファマトンが危惧したように、pを真とするもの（pという事実）とは別のものとしてpを正当化するもの（pを見る作用を反省すること）を想定することになり、これは正当化するものを正当化するためにさらに別のものを引き合いに出さなければならないという無限遡行を生じさせる。これらの問題を考慮すると、こうした心的状態に対する反省が仮に可能だとしても、排他的に一人称的アクセスしか許容しないとは思われず、むしろSがpを実際に見ているかどうかを同時的に居合わせた第三者が判断することの方が容易だと思われるだろう。

実際こうしたホップの論点は、幾つかの点でフッサール自身のものであることも確かである。まず第一に、知識作用そのものについて知ることを知識の必要条件としない、緩やかな知識の定義に関して。ホップが引用するように、フッサールがそのことをうかがわせる叙述をしている。「私がこの直観的対象を『時計』と呼ぶとき、私はその命名に際して一つの思考作用と知る作用と遂行しているのであるが、しかし私が知るのはその時計であって、知る作用ではない」（Husserl 1984: 735）。また第二に、意識の志向性はファマトンの言う「見知り」のようなセンスデータとの関係ではなく、まさしく対象、事実、事態を直接に目指す関係であり、この関係は卓越した意味でわれわれが「知る」「認識する」と言う場合には、実際に成就しているのである。

こうしてSIが退けられ、RIが受け入れられるが、ただしRIの優位が堅持される限りでは、「状態の外在主義」（SE）が認められてよいとホップは主張する（Hopp 2013: 333）。つまり命題の確証ではなく、個々の認識主体がもつ心的状態としての信念が正当化されているかどうかに関しては、すでに見たように一人称的アクセスの優位は特にないのだから、外在主義を受け入れてよい。ここで言われている外在主義はもちろん、正当化への源泉への一人称的アクセスが原理的に認められず、彼の信念の認識的評価は常に別の主体によって行われなければならないという強い意味での外在主義ではなく、自分の信念の正当化に一人称的にアクセスできないわけではないが、別の主体も同じかそれ以上に彼の正当化に関わることができる、という意味での緩い外在主義であろう。

以上がホップの主張するSEを排除しないRIという立場である。振り返ると、この立場を支えているのは明証と正当化の源泉との区別であったが、それは（1）普遍と個別（タイプとトークン）、（2）直線的に事実に向かうことと反省的に心的状態に向かうこと、（3）信念の内容と信念そのもの、との三つの側面をもっていた。本論は大筋においてホップの立場を積極的に擁護したいが、ただし二点ほど批判的コメントを加える。一点目は明証という語の位置づけに関してであり、そこでは特に（2）の区別を問題にする。二点目は認識原理に関してであり、（2）および（3）を問題にする。以下ではフッサールの議論を適宜参照しながら、ホップの議論にさらに立ち入りつつ検討する。

3　真理の体験としての明証

まず「明証evidence」という語の位置づけについて取り上げよう。上で見たように、明証を事実そのものと見なす点に、ホップの立論の眼目があった。このことによって、命題の形をとる思想が、個々人がもつ信念を越えて、命題という普遍者それ自体として真偽が決定されうることが示された。しかしこの捉え方は、まずフッサールの語法からすれば誤りである。すでに多くの論者たちが指摘しているように(7)、フッサールにおける明証Evidenzという語は志向的意識が向かう対象の側にある事実ではなく、作用の側にある体験を指している。

フッサールにおける「明証」は実際、正当化された信念を特徴づける認識特性であると見なしても誤りではない。フッサールにおいて信念に当たるのは、意味志向ないし空虚志向と呼ばれ、ある対象や事態について、それを目の前にもつことなく概念的に思考することがそれにあたる。例えば室内に居るときに自分の目で確かめることなく「雨が降っている」と思うような場合である。この信念が確かめられ、正当化されるのは、実際に「雨が降っている」ということを知覚し、自分の目で確かめたときであるが、このとき空虚志向は「充実化される fulfiled, erfüllt」と言われる。そして明証とは、空虚志向がこのように知覚作用と合致し、充実化される際のその合致体験のことを指している。ちなみにこの充実化は、対象ないし事態がどれほどそれ自体として現れているかに応じて程度差を持つことになる。例えば同じ「雨が降っている」という事態を知覚するのでも、遠くから座ったまま窓を眺める際には充実化の度合いは低いが、窓辺に行ってはっきりと雨が降っていることを確認した際にはより充実化の度合いは高くなる。この程度差には、たとえ実際には不可能であっても、理論上理念的極限が想定されうる。つまり、対象それ自体がそのものとして私に対して完全に現れていると言える状態がそれであり、このとき強い意味において明証は「真理の体験」であると言われる。このとき対象ないし事実は私に対する主観的な現れという性格を失い、対象それ自体が、あるいは事実が事態そのものとして、目の前に与えられている。とはいえ、より広い意味では、知覚においては一般に多かれ少なかれ対象がそれ自体与えられていると言いうるのであり、したがってより緩やかな意味で明証的である（第六研究三八節）（Husserl 1984: 650f）。ホップが言う明証は、フッサールの語法ではこうした明証的知覚において、対象の側に与えられている事実ないし事態に当たるが、しかしこの対象の側面ではなく、作用の側面を表すのが本来のフッサールが言う明証である。

ではこの捉え方の単なる文献上の正しさだけではなく、理論的な意義を検討していこう。まず先の論点（1）に関して、明証を体験の側に位置づけることで、本来ならば命題という普遍者に帰属させるべき真や偽といった特性を、ある命題pがある人にとっては真であるが他の人にとっては偽であるといった具合に、個々人の体験のレベルに還元してしまい、ホップが明証と正当化の源泉とを区別することで確保しようとした命題の水準を台無しにしてしまうのでは、という疑念が浮かぶかもしれない。しかし上のように規定された「真理の体験」としての明証を言葉通り受け取るならば、疑念は解消する。そうした真理が体験されると言われているとき、まさしく対象それ自体、事実それ自体が与えられているのであり、いわばわれわれは客観性に触れているのであって、単に対象についての主観的な現れが与えられているのではないということが、フッサールが明証における「自体所与性 Selbstgegebenheit」ということで言おうとしていることである。したがって例えば

・ある主体xがAを明証的に肯定するならば、別の主体yがAを明証的でなく肯定しても、yは正しい。(8)
・誰かがpの明証を体験するならば、他の者がその同じpの背理〈＝明証的に偽であること〉を体験することはできない。(9)

……

のような明証にもとづいた公理も、論理学的法則に準ずるものとして可能となるのである。このことを忘れなければ、個々人の信念に還元されない命題の水準をホップと同様維持することができる。

次に（2）および（3）に関して、明証がここで「真理の体験」として心的作用の側に置き直されるのであれば、

それはホップが懸念したように知識を内在主義的に定義することはできないではないか、という疑念が浮かぶかもしれない。「pを見ること」と、「pを見る作用を反省すること」とが別のことであるとすると、体験の明証的な性格に後者によってしかアクセスできないならば、先に見たような諸困難が生じることになる。

しかし自分がいま体験している見る作用が明証的であることを確認するのに、必ずしもそれを明示的に反省する必要はない。この点に現象学的な議論の重要な特色があるのだが[10]、志向的意識が体験Erlebnisとして特徴づけられる場合、それを外的な事実や対象と同じレベルで、確認するためにはそれに反省的に眼差しを向け、志向的対象としなければならないと考えないことが重要である。AがBについての志向的体験であると言われるとき、「対象Bに向かう」ということと、「体験Aを生きる」ということとが、同時に起こっている。つまり両者は別のことではなく、AとBに対する二つの関係が同時に成就しているのである。両者の関係はもちろん区別可能であるが、それは抽象化によるものであって、具体的に生きられた体験である限りでは両者は同じ一つの出来事に属する。しかもAは盲目的に生きられているのではなく、生きられながら気づかれているのであり、志向的にではないにせよはじめから意識されているのである。

むろん、「p」という主張と「pは明証的である」という主張は異なるが、後者の場合には明示的な反省が起こっており、生きられたpについての体験はすでに対象化されて述定されている。後者は明証的に「pを見ること」とははっきりと別のことである。しかしこの明示的な反省にもまた、その根拠として反省以前に生きられることが先行していたのである。反省以前に生きられ気づかれているゆえに、明証的性格はあとから反省作用によって対象に帰属させられたものではないかという懐疑が生じることはない。もし懐疑が生じるのであれば、一人称的な反省そのものの意義もまた疑われることになろう。

こうして「真理の体験」としての明証は、それが生きられているまさにそのときに、明証として体験されるのであり、あらためて反省され対象化される必要はない。つまり事実pを疑いなく眼前に見るときに、pを信じることにおいて私は正当化されているのであり、したがってこの時点で私は「p」を知っているのである。このとき私はことさら正当化するものに一人称的にアクセスするために、目の前の事実から目をそらす必要はないし、そこから正当化するものの正当化へと無限に遡行していくこともないのである。

4　認識原理としての「諸原理中の原理」

こうしてみると、フッサールに立ち返って明証を「真理の体験」として捉え直したとしても、RＩは堅持されうることがわかる。とはいえ、同じ意義をもつ理論としてホップの立論と比べたとき、後者の方がより簡明であるのは明らかなので、フッサール研究者以外の哲学者がことさらにフッサールの議論を選択する理由はないと思われよう。そこで本論は、後者を選択する積極的な利点として、ＳＥとの関連が見えやすくなるという点を挙げる。その論点は、ホップが簡単な言及にとどめている現象学の「諸原理中の原理」の評価に関わる。

「諸原理中の原理」（ＰＯＰ）とは、『イデーンⅠ』でフッサールが挙げた次の原理である。

一切の諸原理の中でもとりわけ肝心要の原理というものがある。すなわち、すべての原的に与える働きをする直観こそは、知識の正当性の源泉であるということ、つまり、われわれに対し「直観」のうちで原的に、（いわばその生身のありありとした現実性において）呈示されてくるすべてのものは、それが自分を与えてくる通りの

ままに、……端的に受け取られねばならないということ、これである。（Husserl 1976: 51）

よく知られたこの原理は、上で述べたような「真理の体験」としての明証があらゆる認識の源泉であるということを定式化しているとみなすことができよう。

ホップのこの原理に対する解釈の問題は、この原理を彼の意味での明証、したがってＲＩに関わるものではなく、正当化の源泉、したがってＳＥに関わるものだとする点にある（Hopp 2013: 332）。このように捉えると、明証に基盤を置くＲＩとこの原理との関わりが見えなくなり、なにゆえ「諸原理中の原理」とされるのか理解できなくなる。以下ではこの点について検討しつつ、筆者なりの見解を示したい。

ホップの論点は、ＲＩにおいてはこの原理を認識原理として採用し、前提した上で、この原理に照らしてわれわれは自分が正当化されているかどうかを判断するのではない、という点にある。認識原理epistemic principleとは、知識の基準を示すような原理であり、一般に

ある信念Ｂが特性ϕを備えているならば、Ｂは正当化されている

と定式化される（Hopp 2011: 95; Bonjour 1985: 31）。この原理が前提され、かつ私がいま持っている信念が特性ϕを持っているならば、その信念は正当化されることになる。しかしこのϕは、対象となる事実の特性ではなく、私個人の心的状態としての信念の特性である。したがってそのためには、これも上のホップの論点（２）に関わるが、信念ｐに対応する事実ｐを見るのではなく、ｐを見る作用を反省する必要があり、ここでｐそのものを知ることとは別のス

テップに移行することになる。したがってすでに見たことと同じ理由で、ＰＯＰもまた認識原理である以上、ＲＩには無関係であり、せいぜいＳＥを支える原理にすぎないとする。

フッサールの言う「真理の体験」としての明証において、ＰＯＰが定式化された形で認識原理として意識される必要がないのは本当であろう。しかしだからといって、ＲＩにおいてはＰＯＰはまったく妥当しない、ということになるだろうか。むしろＰＯＰはＲＩにおいても、結果的につねに妥当していると考えるべきではないだろうか。ホップは認識原理について、それが他のあらゆる信念の認識的ステイタスを判定する基準である以上、それ自身最も認識ステイタスが高い命題でなければならないと考えている（*ibid.*）。しかし命題そのものがもつ確かさの程度と、私が顕在的に確信を持ってその命題を心に抱いているということは区別される。それゆえ、認識するたびごとに何よりもまずこの認識原理について反省し、顕在的にその正しさを確認しなければならない、というわけではなかろう。それは数学の公式がいったん理解されれば、あとは機械的に当てはめても正解が出せるのと同様であろう。

むしろ、現に生きられている体験としての明証を、概念的な定式化にもたらしたものがＰＯＰであって、ＰＯＰは「真理の体験」としての明証の所産であると考えるべきであろう。そしてこのＰＯＰが今度はＳＥを支える原理となる。この事情は、ＰＯＰの二義性を指摘することによって説明される。つまり、ＰＯＰには以下の二つのものが含まれていると言える。

（ＰＯＰ１）：私の信念Ｂが正当化されるのは、私が事態Ｂを明証的に見るときである。

（ＰＯＰ２）：主体Ｓの信念Ｂが正当化されるのは、主体Ｓが事態Ｂを明証的に見るときである。

ＰＯＰ１は、ＲＩを支える明証体験を定式化したものであり、明証が体験される際に私はこの原理を意識しているわけではないが、結果的に私はこの原理に従っているのであり、そのことは反省的にいつでも確認されうる。その意味ではＰＯＰ１はＰＯＰ２より原初的である。ＰＯＰ２は、主体Ｓが誰であれ主体である以上「私」であるという意味で、ＰＯＰ１から派生したものなのである。ＰＯＰ２は、他人が私という主体に、また私が他の主体に、適用することができる原理でもあり、これがＳＥの根本原理になるのである。

もちろん、ＰＯＰ２は私が私自身に適応してもよく、そうするとＰＯＰ１と同じ原理が得られる。実際、一見するとＰＯＰ１はＰＯＰ２の特殊化に見える。しかしこの原理を顧慮して自身の信念が正当化されているかどうかを評価するとき、私はＳＥの水準を動いており、体験としての明証を現に生きてはいないと言えよう。ＰＯＰ１は参照されるものではなく、現に生きられるものであり、ＲＩがＳＥに先行することができるのはこの水準である。

こうして一貫してＲＩの優位性が確認されたが、ではどのような場合にＳＥが要求されるだろうか。一つには、対話者に対して弁明する場合である。私が「ｐ」と主張し、相手は、なぜ私が「ｐ」と知っているのか、その根拠を示すように要求する。そこで私は、ｐを見る作用を反省しつつ、「なぜなら私はｐを見るからだ」と答えるだろう。ここで私はＲＩの水準から一歩踏み出して、ホップの意味での正当化の源泉を提示し、相手を説得しようと試みる。内在主義に特有の論点であるが、私がｐを知っていると言えることと、懐疑主義者に私がｐを知っていることを納得させることは別のことである。説得において私はＰＯＰ２に訴えることができるし、ＰＯＰ２の妥当性を彼が疑うのであれば、逆にＰＯＰ２以外のどのような根拠に則って彼は自身の主張を正当化するのかを問い返すことができる。

また、当の事実が過去のものや遠い場所での出来事である場合では、私自身が見るという道ははじめから閉ざされているのだから、私はそれを伝え述べる人の主張が彼の正しい知識であるのかどうかを、ＰＯＰ２を基準として判断することになる。このように、ＰＯＰ２を認識原理とするＳＥが有効になる場面をいくつか考えることができる。

こうしてＰＯＰがなにゆえ「諸原理中の原理」として卓越した地位をもつのかも、二通りの意味で解される。第一には「真理の体験」としての明証の重要性を表現する、ＰＯＰ１の原初性において。第二には、誰でも何事かを自身の知識として主張する以上は踏まえているとみなされるＰＯＰ２の普遍妥当性においてである。

5　まとめと諸課題

本論が示したことを振り返ってみよう。まずホップのＳＥを排除しないＲＩという立場は、ファマトンの批判を通じて明証を事実の側に位置づけ、正当化の源泉と区別することによって可能となったことを見たが、これに対しまず第一にフッサールのように明証を作用の側に位置づけても、ホップの立論は維持しうることを示し、第二にそうすることでフッサールの「諸原理中の原理」を軸としてＲＩとＳＥという二つの問題系の関連が見やすくなることを示した。

なお本論は、基礎づけ主義そのものが他の立場から投げかけられる批判に立ち入って応えるものではなく、その限りで本論の主張は、もし基礎づけ主義がなお有効な理論的立場であるとしたら、という条件法的主張にとどまる。これが端的な主張になりうるか否かはもう一つの課題であるが、それでも個人の経験を尊重しそれを知識の第一の尺度とするという、人が基礎づけ主義に向ける要求に応えてくれるようなエッセンスは保持されていると言えよう。繰り返すと、その核心となるのは、「真理の体験」としての明証とそれにもとづく「諸原理中の原理」であった。

注

（1）これらの議論については、戸田山（2002）、Bonjour & Sosa（2003＝2006）、Chisholm（1989＝2003）の訳者解説、等を参照。むろんこうした諸対立は整理のためのごく便宜的なもので、個々の立論としては対立を見るよりも、問題系の諸位相を明確化することで両陣営の利点を活かした折衷案が可能だとする立場もよく見られる。本論もそうした試みの一つである。

（2）現象学的な認識論を本論とは別の立場から構想するものとしては、門脇（2002）など。

（3）Hopp（2011: 3-4）。plain phenomenology の着想は Charles Siewert による。

（4）錯覚論法ないし幻覚論法と呼ばれる議論。Fish（2010＝2014: 18f）。

（5）ただしこの構えをとるのは懐疑論に対する防御を考慮した「規範的認識論」においてであって、さらに包括的な「メタ認識論」の観点ではセンスデータに制限する必要はないと言われる。

（6）この定義は、見知りの関係のような非概念的な関係はそれ自身で認識的正当化の役割を果たすことはできないという「セラーズのジレンマ」にも配慮したものである。セラーズのジレンマについては、Fumerton（1995: 74-5）、Bonjour & Sosa（2003: 60-1＝2006: 76）参照。

（7）例えば Sokolowski（2000: 159-62）、Ströker（1978）、田口（2010: 57-70）など。

（8）正確にはこれはフッサールの師ブレンターノの公理である（cf. Parsons 2004: 188f）。

（9）Husserl（1984: 656）。

（10）この点ではすでにフッサールの師ブレンターノの「内的知覚」がこうした性格を持っていた。フッサールではザハヴィが展開した自己覚知 self-awareness の問題系を参照（Zahavi 1999）。

文献

Bonjour, Laurence 1985 *The Structure of Empirical Knowledge*, Cambridge: Harvard University Press.
Bonjour, Laurence & Ernest Sosa 2003 *Epistemic Justification: Internalism vs. Externalism, Foundations vs. Virtues*, Oxford:

Blackwell.（＝2006 上枝美典訳『認識的正当化——内在主義対外在主義、基礎づけ対徳』産業図書）

Chisholm, Roderick 1989 *Theory of Knowledge*, 3rd edition, New Jersey: Prentice-Hall.（＝2003 上枝美典訳『知識の理論』世界思想社）

Fish, William 2010 *Philosophy of Perception: A Contemporary Introduction*, Oxford: Routledge.（＝2014 山田圭一監訳『知覚の哲学入門』勁草書房）

Fumerton, Richard 1995 *Metaepistemology and skepticism*, Boston: Rowman & Littlefield.

——— 2001 "Classical foudationalism," M. R. DePaul ed., *Resurrecting Old-Fashioned Foundationalism*, Boston: Rowman & Littlefield, 3-20.

Husserl, Edmund 1975 *Logische Untersuchungen* I, Husserliana Band XVIII, Den Haag: Martinus Nijhoff.

——— 1976 *Ideen zu einer reinen Phänomenologie und phänomenologischen Philosophie. Erstes Buch: Allgemeine Einführung in die reine Phänomenologie*, Husserliana Band III-1, hrsg. Karl Schumann, Den Haag: Martinus Nijhoff.

——— 1984 *Logische Untersuchungen* II-1/2, Husserliana Band XIX/1, 2, Den Haag: Martinus Nijhoff.

Hopp, Walter 2011 *Perception and Knowledge: A Phenomenological Account*, Cambridge: Cambridge University Press.

——— 2013 "The（many）foundations of knowledge," ed. D. Zahavi, *The Oxford Handbook of Contemporary Phenomenology*, Oxford: Oxford University Press, 328-48.

門脇俊介 2002『理由の空間の現象学——表象的志向性批判』創文社

Parsons, Charles 2004 "Brentano on judgment and truth," D. Jacquette ed., *Cambridge Companion to Brentano*, Cambridge: Cambridge University Press, 168-96.

Sokolowski, Robert 2000 *Introduction to Phenomenology*, Cambridge: Cambridge University Press.

Ströker, Elisabeth 1978 "Husserls Evidenzprinzip. Sinn und Grenzen einer methodischen Norm der Phänomenologie als Wissenschaft," *Zeitschrift für Philosophische Forschung*, 32: 3-30.

田口茂 2010『フッサールにおける〈原自我〉の問題——自己の自明な〈近さ〉への問い』法政大学出版局

戸田山和久 2002『知識の哲学』産業図書

Zahavi, Dan 1999 *Self-awareness and Alterity: A Phenomenological Investigation*, Evanston: Northwestern Press.

第六章　フッサール現象学における「危機」と「哲学」

南　孝典

1　学問の危機？

現象学者のE・フッサールがその晩年厳しい境遇に置かれていたことは広く知られている。彼はユダヤ系の出自であったことから、一九三三年を境に学内の自由な立ち入りが禁じられるなど研究活動が制限され、そうした増大していく危険を敏感に察知した彼の子供たちは、早い段階で家族を連れてアメリカへ亡命していた。じつはフッサール自身にも南カリフォルニア大学の教授職への要請があったのだが、彼は悩んだ末に研究を続けてきた地で死ぬことを希望し、その話を断ってしまった。歴史にもしもは禁句だが、もしもフッサールがその要請を受けていたら、計画していた重要な仕事――すなわち助手のE・フィンクとの共同作業による独語版『デカルト的省察』、「現象学的哲学の体系」と題された著作の構想、そして本章で考察することになる未完に終わった最後の著作――のいずれか一つは完成していたかもしれない。

そのフッサールは、教授資格を正式に剥奪される（一九三六年一月）前年の十一月にプラハで生前最後の講演を行っている。このプラハでの講演は合計四回行われたが、フッサールは「危機」をテーマとした講演で次のように話をはじめている。

私は、この講演のタイトル「学問の危機における心理学」が異様な感じを与え、また反論を呼び起こすことを覚悟しなければならない。学問の危機、正真正銘の学問の危機などと真剣に語ることができるのだろうか。……学問全般の危機に関して、それゆえ実証科学、数学、精密自然科学、具体的精神科学――われわれがたしかに十分な理由によって厳密で高次の成功をおさめた学問性の模範として賞賛しているこれらの学問――の危機に関して、どのように語ることができようか。（Husserl 1993: 103）（傍点は引用者）

フッサールはプラハから帰国した後、この講演原稿に大幅な加筆をして、ちょうどその頃ベオグラードで発刊されたばかりの雑誌『フィロソフィア』で最初の部分を一九三七年一月に発表している。ちなみに右に引用した冒頭の段落は、ほとんどそのままのかたちで最後の著作に引き継がれている。そしてその最後の著作にフッサールが与えたタイトルは『ヨーロッパ諸学の危機と超越論的現象学』である。

『危機』書とも呼ばれているこの著作の「危機」の意味については、フッサールの晩年の境遇を考えると、彼の実存的な困難がベースになっていると考えるのが自然であろう。だがそれについて彼ははっきりと学問の危機であると指摘している。しかも特定の学問ではなく学問全般の危機と主張し、その表現が反論を呼ぶことも十分に承知している。実際、同時代の理論物理学の大きな発展を考えれば、学問全般の危機など当然納得できることではない。けれども『ヨーロッパ諸学の危機と超越論的現象学』という表題からもわかるように、フッサールは時代の危機を「ヨーロッパ諸学の危機」として理解し、その危機を彼の哲学である「超越論的現象学」によって突破しようと考えていたのだが、これはいったいどういうことなのだろうか。

現象学研究者のE・W・オルトは、フッサールの「危機」について、P・ヴァレリーの一九一九年のエッセイ「精神の危機」との親近性を指摘しつつ、最終的にはフッサールの考える「超越論的なもの」そのものに「危機」が備わっていると結論づけている（Orth 1999: 145-64）。このようにオルトがフッサールの「超越論的問題」を軽視せずに「危機」を論じている点は評価できるが、次の点について明確に答えていないという問題が残されている。それは『危機』書が成立するにあたってタイトルが変更された点をどのように整合的に理解するのかという問題である。じつは『危機』書のもとになった「プラハ講演」の題目は「ヨーロッパの学の危機における心理学」であるが、最終的な著作では『ヨーロッパ諸学の危機と超越論的現象学』に変更されている。講演原稿に加筆をして仕上げられた『危機』書が「プラハ講演」の内容的な変更ではないとすれば、フッサールの語る「危機」・「心理学」・「超越論的現象学」の三つはいったいどのような関係にあるのだろうか。この点についての理解が獲得されたならば、フッサールの「危機」の射程と、それを克服する思考としての「超越論的現象学」も理解できるにちがいない。

それゆえタイトルの問題に着目してすすめられる本章の考察は、『危機』書を理解するための手助けとなるものを提示するだろう。だがそれだけでなく、『危機』書執筆の頃に絶縁状態にあったM・ハイデガーへのフッサールの批判についても確認した上で、フライブルク現象学の両巨頭に通底する部分を最後に指摘して、「危機」を思考する現象学的哲学のこれからの課題も指し示すことにしたい。

2　二つの「危機」と『危機』書の関係

『危機』書の「危機」をきちんと理解するためには、まず『危機』書以前にフッサールが語っていた二つの「危機」に注意する必要がある。それは「基礎づけ危機」と「ヨーロッパ的人間性の危機」である。

まず「基礎づけ危機」に関しては、一九二七年、イギリスの『ブリタニカ百科事典』に「現象学」の項目がはじめて掲載される際に書かれた「ブリタニカ論考」にその指摘がある。この「現象学」の項目を作成するにあたってフッサールは、後継者と目していたハイデガーに協力を依頼したのだが、はじめは二人で議論しつつ作業を進めていたものの、その過程でもともと二人の間にあった現象学理解の隔たりが顕著になってきたため、最終的な論考はフッサール一人の手で書き上げられている。

この「ブリタニカ論考」の第十二節「現象学と精密科学の基礎づけ危機」の中でフッサールは、「最近では基礎づけ危機があって、すべての実証科学や経験的およびアプリオリな諸学がこの危機に陥ってしまったし、『パラドクス』をめぐる闘争や、算術や時間論などの伝統的な根本概念および根本命題の真正な明証性と仮象的な明証性をめぐる闘争が、あらゆる実証科学の不完全さを露呈してしまった」（Husserl 1962: 252）と指摘し、「近代科学は、この我慢ならない状況からただ現象学的な改革によってのみ解放されえる」（*ibid.*）と述べている。また翌年アムステルダムで行われた講演でも、自身の現象学の登場が「『精密』自然科学を理論化することのさしせまった地盤喪失に対する反動の中にいたマッハやヘリングのような人々においていた」（*ibid.*: 302）と主張されている。

この発言からもわかるように、フッサールは、十九世紀後半の非ユークリッド幾何学の登場やニュートン物理学にたいする批判が自然科学などの実証科学を支えていたアプリオリな学の危機であると真剣に受けとめていた。もともと数学者を志していた若きフッサールは、この「数学の危機」とも称された事態を前にして、はじめは「算術を、論理学的および心理学的に究極的に解明された基盤に基づいてラディカルに厳密に構築することの可能性を考えていた」（Husserl 1989: 245）[(1)]のだが、後にそのような心理主義的な基礎づけを自己批判して自身の現象学を確立していったのである。

もう一つの「危機」である「ヨーロッパ的人間性の危機」については、「プラハ講演」の半年前にウィーンで行われた講演「ヨーロッパ的人間性の危機と哲学」の中にその言及がある。ただしそこでは「ヨーロッパ的人間性の危機」それ自体についての詳しい説明はない。彼は冒頭「ヨーロッパの諸国家は病んでいる、ヨーロッパ自体が危機に陥っているといわれている」（Husserl 1954: 314）と述べて、この「危機」を「ヨーロッパの危機という非常に頻繁に論じられているテーマ」（*ibid.*: 315）として位置づけている。そして「ウィーン講演」では、このような共通認識としての「危機」にたいして提起された様々な「素朴ではあるが熱狂的な改革の提案」（*ibid.*）とは距離をとって、次のような問いをかかげて考察が進められている。通常の病気には「自然科学的な治療」（*ibid.*: 314）が存在するのに、「ヨーロッパの危機」という疾病状態にたいして「なぜ豊かに発展を遂げた精神科学は、自然科学が自分の領域で見事に果たしてきたような貢献を果たさないのだろうか」（*ibid.*: 315）。こうした問題設定のもとで進められる「ウィーン講演」の議論は、既存の精神科学の成果を批判するものではなく、そこで「精神」というものがどのように理解されているのかを吟味して、それが自然主義的に解釈されていることを暴き出し、この「精神」をそれそのものとして考察できるのが自身の現象学であることを示そうと試みている。

この「ウィーン講演」の重要なポイントは、「ヨーロッパ」が地理的意味ではなく、「ヨーロッパという精神的形態」(*ibid.*: 319) として捉えられている点である。そしてフッサールは、この精神的統一体を担うものが「ヨーロッパ(精神的ヨーロッパ)という歴史に内在する哲学的理念」(*ibid.*) であると考えていた。フライブルク大学で教鞭を執っていたころ、日本人も含めてたくさんの留学生が哲学を学びに彼のもとを訪れていたので、おそらく彼は、普遍的なものの探求が言語や文化の違いを越えて実践されていると強く感じていたに違いない。この普遍的なものの探求という営み(哲学)は、まさしく地理的境界を踏み越えていくものなのだ。それゆえ彼にとって哲学が軽視されている事態とは、「ヨーロッパ」という精神的統一体の紐帯が軽視されている危機的状況でもあるのだ。

ここまでフッサールの語る二つの「危機」ついて確認してきた。これら二つの「危機」を切り離して考えるべきだという指摘もあるが(谷 1998: 207–11)、『危機』書の「危機」を理解するためには、二つの「危機」の連関に注意する必要がある。この問いも念頭におきつつ、『危機』書の「危機」について確認しておこう。

じつはフッサールは、学問全般の危機を指摘していた「プラハ講演」(それゆえ『危機』書)の冒頭部分で、哲学の危機というのであれば同意が得られるだろうと述べている(Husserl 1993: 103, 1954: 1)。たしかに思弁的な形而上学はとっくの昔から危機に陥っているし、もはや哲学は学の基礎などではなく、「結局世間において学問という概念は実証科学と同じになっている」(Husserl 1993: 105) からである。

このような学問観の根底にあるのは、「即自的なものは客観的と同じような意味であり、少なくとも精密科学においては客観的なものは単なる主観的なものに対置され、主観的なものは客観的なものをたんに指示するものか、あるいはそこにおいて客観的なものが現出するところとされている、つまり主観的なものは客観的なものの単なる現象である」(Husserl 1954: 271) という考えだろう。この見解は誰もが納得するにちがいない。だがそうしたあらゆる学問が重視している「客観性」の意味は、どこに向かって問えばいいのだろうか。「客観性」や「実証性」を重要なものとして成り立たせているのはいったい何なのだろうか。フッサールはそれを次のように述べている。

事実学とは、まさしく哲学との不可分な統一の中で事実学の関係意味を、すなわち存在者の単なる領域の真理としての事実学の意味を、保持していたのであった。認識する理性が、存在者が何であるかを規定するのに、理性と存在者を分けることができるだろうか。(*ibid.*: 9)(強調は原文)

「客観性」や「実証性」を重要なものとして成り立たせているのは「認識する理性」であり、それゆえ実証科学が重視する客観的対象(存在者)の「客観性」は「認識する理性」と切り離して論じてはならないし、この「認識する理性」への問いを決しておろそかにしてはならない。フッサールはそのように考えている。とはいえ彼は「客観性」や「実証性」を軽視しているのではない。また個々の学問の内容や成果を問題にして、学問全般の危機を訴えているのでもない。学問において「客観性」や「実証性」がことさら重視される一方で哲学が軽視されている状況、それはたんに哲学の危機に留まるものではなく、それ自体が学問の危機だというのである。

ではなぜ哲学を軽視することが学問の危機だといえるのだろうか。そもそも「客観性」を思考の尺度として使用し、それに依拠して考察をすすめていく学問の中では「客観性」それ自体を問題にすることができない。フッサールは、何ものも依拠せずラディカルに究極の基礎を求めて思考する哲学のみが「客観性」の成立を考察できると考えている。そして学問全般が哲学を軽視してしまっている状況は、自分たちの基礎への問いかけも一緒に軽視してしまっているという意味で、危機的状態に陥っていることになる。「客観性」を重視するのであれば、それと同じかそれ以上に、その意味を担う「認識する理性」への問いも重視されねばならないというのだ。

ここまで『危機』書における「危機」について確認してきた。この点と先に確認した二つの危機、「基礎づけ危機」と「ヨーロッパ的人間性の危機」とを重ねて考えるならば、フッサールが「危機」ということで一貫した問題意識を持っていたことを理解することができる。『危機』書における学問全般の危機には数学や自然科学も含まれていた。「基礎づけ危機」それ自身は「数学の危機」などといった実証科学を支えるアプリオリな学の危機のことを指していたが、フッサールはそうしたアプリオリな学も「認識する理性」に支えられていると考えていたので、この「認識する理性」を真に問うことができる自分の現象学が「基礎づけ危機」を克服すると考えていた。そしてこのような問題設定は『危機』書にそのまま貫かれている。さらに「ヨーロッパ的人間性の危機」については、それが「ヨーロッパ」という精神的統一体の紐帯である哲学の危機を意味していたことから、『危機』書における「哲学の危機＝ヨーロッパ諸学の危機」という理解と類似していることが確認できるだろう。つまりフッサールの考える「危機」は一貫して哲学の危機なのである。

ここで次の考察に繋がる論点を二つ指摘しておきたい。一つ目は、そもそも「認識する理性」への問いは決して軽視されてなどなく「心理学」がそれを担っていたのではないかという点である。この問題から、まさしく「プラハ講演」の「ヨーロッパの学における危機と心理学」という表題の意味を検討する必要が出てくる。二つ目は、この「認識する理性」への問いを問題にした哲学が、同時代に限っても、決してフッサール現象学だけではないとされている点である。フッサールは、「生の困窮」（Husserl 1954: 4）という問題にどの学問も答えていないという疑問から生じた人間の具体的な生への問いというかたちで、おそらくハイデガー、M・シェーラー、G・ミッシュらを念頭において「若い世代」（*ibid.*）がそのような問いを展開していると『危機』書で指摘している。だがフッサールは、そうした「実存主義」、「哲学的人間学」、「生の哲学」などと問題意識を共有しつつも、そこから自分の哲学をはっきりと区別している。この「哲学的人間学」などとの批判的関係という二つ目の論点については最終節で言及することになるだろう。その前に、『危機』書における「危機」の意味が把握されたので、そのタイトルにある三つの言葉――「危機」・「心理学」・「超越論的現象学」――の連関を明らかにしなければならない。そのための理解の鍵となるのは、「プラハ講演」や『危機』書で示された「歴史的省察」という方法である。

3　フッサールの「歴史的省察」と主観性の問題

『危機』書の淵源をめぐっては幾つかの見解がある。(2) ここではその問題に踏み込めないが、『危機』書の関連論考に共通するのは、いずれも哲学史の「歴史的省察」が行われているという点である。フッサールは「超越論的現象学」を確立してから、少なくとも一九二〇年代に入ってからは、積極的に哲学史について語るようになり、哲学史における自分の現象学の位置やその登場した意義を示そうと試みている。その点に関して、一九三〇年に英訳版『純粋現象学と現象学的哲学のための諸構想』第一巻（以下『イデーンI』）の序文として書いたものをドイツ語圏読者のために更に加筆して発表した「あとがき」論文では次のように述べられている。

私は哲学という概念において、その最も根源的な理念を再生する。哲学の最も根源的な理念とは、プラトンによるその最初の確固たる定式化以来、われわれの西洋の哲学や学問の基礎をなして、それらにたいする失われることのない課題を示している。私は哲学とは、理念にしたがって判断されるならば、普遍的で、ラディカルな意味で『厳密な』学であると考えている。そのようなものとして哲学は究極的な基礎づけにもとづく学であり、あるいは同じことだが、究極的な自己責任にもとづく学であり、それゆえこのような学では、不問な認識地盤としての述定的あるいは前述定的な自明性は何の役割も果たしていないのである。(Husserl 1971: 139)

フッサールは自分の哲学が、プラトン以来の哲学の根源的な理念を再生するものだと強調している。そして彼は哲学史を「外的な歴史学者の立場から見れば、……一つの文化形象でしかない」(Husserl 1954: 273) が、内在的に見れば「精神的共同体において生きており、また生き続けている哲学者の諸世代の苦闘」(*ibid.*) の歴史として理解する。ならば哲学は何を求めて苦闘してきたのか。それは「超越論的なもの」ないし「超越論的主観性」である (*ibid.*: 100-1)。ハイデガーの簡潔な説明を借りれば、「この純粋主観性において、主観にとってさまざまな仕方で経験可能なもののあらゆる存在が、つまり最広義の超越的なものが構成されるので、超越論的主観性と呼ばれる」(Husserl 1962: 257) (強調は原文) のであり、それは存在者として構成される主観性ではなく究極的な意味で存在者を構成する主観性である。フッサールにとって哲学史とはこの「超越論的主観性」を把握しようとしつつもできずにいた苦闘の歴史なのであり、自身の現象学がこれをはじめて把握するに至ったと考えているのである。じつはハイデガーが、先に言及した「ブリタニカ論考」の共同作業の過程で書いた「第二草稿」において、こうしたフッサール現象学の哲学史上の位置づけを次のようにわかりやすく説明している。

哲学は、存在者の思考を省察するというようにして、存在を解明しようとした (パルメニデス)。プラトンのイデアの露呈は、心が自己を相手にする自己対話 (ロゴス) の中に位置づけられていた。アリストテレスのカテゴリーは、理性が言表しつつ認識することに着目することによって生じた。デカルトは、第一哲学をはっきりと思考するもの（res cogitans）に基づけた。カントの超越論的な問題設定は意識という場を動いていた。このように眼差しが存在者から意識へと転換したことは偶然なのだろうか、……。意識への遡行の必然性を根本的に解明すること、この遡行の道程と法則を徹底的かつ明確に規定すること、またこの遡行の途上で開示される純粋主観性の場を原理的に限定し体系的に研究しぬくこと、これが現象学である。（Husserl 1962: 256）（強調は原文）

右の説明が示すように、哲学史は存在者の存在を可能にしている究極の基礎を求めて、絶えず意識や主観へと立ち返ってきた。そしてこの究極の基礎を「超越論的主観性」としてはじめて把握したと考えるフッサールは、哲学史の「歴史的省察」において次のような課題を立てて考察を進めていく。すなわち哲学において主観性への遡行がたびたび試みられ、しかも主観性の学としての「心理学」が存在していたにもかかわらず、なぜ哲学史において「超越論的主観性」（純粋主観性）は把握されえなかったのだろうか、と。

ここに至って「ヨーロッパの学における危機と心理学」（「プラハ講演」）から『ヨーロッパ諸学の危機と超越論的現象学』へと表題を変更する中でも貫かれているもの、すなわち「危機」・「心理学」・「超越論的現象学」の連関について理解することができる。二つの表題を比べると、「学」が単数形と複数形で使われていることに気づくが、「プラハ講演」の「ヨーロッパの学」とは「ヨーロッパ」という精神的統一体の統一理念のことを、すなわち哲学を意味している。そして諸学において「認識する理性」（主観性）への問いがないがしろにされているという哲学の危機を感じたフッサールは、「プラハ講演」や『危機』書において、主観性へと遡行する哲学や主観性の学としての「心理学」があったにもかかわらずなぜ哲学の危機が引き起こされたのかを「歴史的省察」でもって探り出し、そして自身の「超越論的現象学」によって実際に「超越論的主観性」にたどり着く方法を示して、この危機を克服する方途を明らかにしてみせるのである。このように「危機」・「心理学」・「超越論的現象学」という三つのことばは、まさしく「認識する理性」としての主観性の問題をめぐって連関しているのである。

ではフッサールは「歴史的省察」を行うことで「超越論的主観性」が把握されずにきた理由をどのように理解したのだろうか。その理由として二点指摘することができる。一つ目は、主観それ自体が意識作用と意識対象の志向的な相関関係として把握されず、客観の単なる対立項として捉えられてしまったからである。これに関わる考察は『危機』書第九節「ガリレイの自然の数学化」で行われている。[3] この「ガリレイ」節のガリレイは、自然科学の扱う客観的自然の発見者として登場する。「ガリレイ」節では、この発見について史実的に検討するのではなく、私たち自身がガリレイになってその発見の再構成を試みるのである。つまり手もとには理念的な学問としての「幾何学」と実践的な「測定術」があり、そして目の前には自分たちがそこで生きている具体的な「生世界」が広がっている状況から、誰にとっても同じものとしての客観的自然がどのように発見されたのかを再構成するのである。

ここではその具体的な内容に踏み込むことはできないが、「ガリレイ」節をつうじてフッサールが私たちに気づかせようとしていることは、客観的自然が私たちの「生世界」から主観的なものを捨象して獲得されているということである。つまりほんらい存在論的に先行しているのは「生世界」の方なのだ。にもかかわらず、私たちはまず客観的自然が存在していて、それを主観的にあとから観取していると考えている。その後の自然科学の進歩に目を奪われて、客観的自然が所与のものとされ、しかも主観的なものの捨象という作業もすっかり失念されてしまったのだ。それゆえフッサールはガリレイを「発見する天才であると同時に隠蔽する天才でもある」（*ibid.*: 53）というのである。

また、客観的自然が「生世界」から発見されたということが忘れられることで、私たちの具体的な世界が客観的自然と主観的精神とで成り立っているという考えが自明のものとなる。しかも自然科学が客観的自然のうちに様々な法則を発見していくことで、残りの主観的精神の方も同じように客観的に考察できるのではないかという期待も生じてくる。そうして登場したのが近代心理学である（*ibid.*: 61）。ただしフッサールは近代心理学の不幸を、自然科学の方法を模倣した点よりも、具体的世界を構成する二項（精神と自然や主観と客観）のうちの一項を考察対象とみなしたことにみている。なぜなら主観とは、客観や自然の単なる対立項ではないからである。

ならば、客観的自然の根底に「生世界」があることが忘却されていなかったら、どのような貢献を果たすというのだろうか。知覚された世界として考察される「生世界」は「主観的で相関的なもの」（*ibid.*: 128）とも言われているが、それは私の生と不可分に関係づけられた世界、それゆえそれ自体が相関関係なのである。もし近代心理学がこの「生世界」という相関関係から自分の課題領域を獲得していたならば、客観の対立項としての主観ではなく、意識対象に関係づけられた主観を発見していたはずであり、「超越論的主観性」の把握にも重要な貢献を果たしたに違いない。フッサールはそのように考えるのである。

さて「超越論的主観性」が哲学史において把握されずにいたもう一つの理由は、それが「心的主観性」と取り違えられてきたからである。フッサールはこの取り違えをした象徴的な人物としてデカルトの名前をあげている。デカルトがラディカルな懐疑をへて到達する「われ思う」とは、「私にとって考えられうるあらゆる存在者とその存在領域に原理的に先行している存在領域」（*ibid.*: 79-80）（強調は原文）であり、また具体的に「われ思う」とは「われは思考されるものを思考されるものとして思考する」（*ibid.*: 79）、すなわち思考作用だけでなく思考対象も含んだ志向的関係であった。だがデカルトはそれを世界の中の一存在者である心とみなしてしまったという（*ibid.*: 81）。一人称で語られるような世界である「生世界」の相関関係は、主観的ではあるが実在性を帯びているのにたいして、[4]心理学が扱うべき心の志向的関係は、その生世界的事物の存在信念をエポケー（判断中止）して、それを純粋に意識に関係づけられた対象として捉えることで把握される。というのも純粋な心の中には実在性など含まれていないからである。だが心それ自体は、たとえ目に見えず触れることができなくても、世界の中に存在する身体に付随して存在する内世界的なものである。それゆえ心は、「世界をあらかじめ与える主観性」（*ibid.*: 150）である「超越論的主観性」ではない。なぜなら、それだと世界の中の一存在者（心）が世界を構成することになってしまうからである。主観性を心ではなく「超越論的主観性」として把握するためには、生世界的対象の存在信念のエポケーだけでなく、心もそこに含まれている生世界そのものの存在信念を一挙にエポケーしなければならないのだ。前者のエポケーが「現象学的心理学的エポケー」と呼ばれ、後者は「超越論的エポケー」と呼ばれるが、後者のエポケーを遂行することで、生世界的な実在性を帯びた相関関係が、心的な志向的関係としてではなく「超越論的な相関関係」（*ibid.*: 154）として、すなわち「超越論的主観性」として把握されるのである。

フッサールはこのように「内世界的主観性（人間）から『超越論的主観性』へと上昇すること」（Husserl 1971: 140）を「超越論的還元」と呼んでいる。つまり「超越論的還元」とは、「心的主観性」と「超越論的主観性」とを取り違えないようにすることなのである。そして彼はこのようなエポケーと還元の方法を確立したことによって、つまり「超越論的現象学」が登場したことによって、「認識する理性」（主観性）が哲学史上においてはじめて「超越論的主観性」として把握され、この「認識する理性」への問いが軽視されるという哲学の危機も克服されうると考えたのである。

4　主観の二重性の問題と「哲学的人間学」批判

フッサールの考える「危機」、それは学問全般が「認識する理性」への問いを軽視しているという哲学の危機を意味し、その歴史的な要因は、主観が関係性として把握されてこなかったことと、この主観が世界の中に存在する心や人間としてしか理解されてこなかったことが原因にあると考えられていた。特に後者の点に関して彼がこだわる理由は、哲学が何かによって基礎づけられた思考の営みであっては不十分で、究極的な意味での基礎づけるものを求める、それ自体が基礎づける営みでなければならないと考えているからである。

このような観点でフッサールは同時代の「実存主義」、「生の哲学」、「哲学的人間学」などの思想も批判している。たとえば一九三一年六月に行った講演「現象学と人間学」では、シェーラーの名前と「古い形而上学への回帰」(Husserl 1989: 180) といった表現でハイデガーのことを引き合いにだして、弟子であった彼らの哲学を批判している。そこでの批判は心理学批判とポイントは同じで、彼らが生や人間存在といった世界の中の一存在者を問題にしている限り彼らの哲学は決してラディカルなものではない、といった内容である。フッサールからすれば「哲学的人間学」は、どれほど「人間」を根本的に問題にしていても、それ自体世界の中の構成された存在者を考察対象としており、世界を構成する主観性（超越論的主観性）にまでたどり着いていないというのである。

だが、フッサールとハイデガーの関係に関して言えば、この関係をどのように理解すべきなのかという問題は、たとえ互いの著作で相手を批判しあってはいても、なかなか難しい問題である。なぜならハイデガーは、「ブリタニカ論考」の共同作業後の一九二八年冬学期の講義「哲学入門」の中で学問の危機について言及しているし、フッサールのようにばっさりと切り捨ててはいないが一九二九年の『カントと形而上学の問題』（以下『カント』書）の中で「哲学的人間学」を批判しており、さらには世界の「超越論的構成」の問題や心的と超越論的という二つの主観性の取り違えの問題についても実は重要な問いであると指摘しているからである。ただしハイデガーは学問の危機をフッサールのようにそのまま哲学の危機とは考えていないので、ここでは残りの二点についてのみ触れることにしたい。

ハイデガーは『カント』書の中で、「〔カントが論理学講義で示した四つの問い「私は何を知りうるのか」、「私は何をなすべきか」、「私は何を望んでよいのか」、「人間とは何であるか」の〕第四の問いを人間学的問いとして捉えて、形而上学の基礎づけを哲学的人間学にゆだねるのは早計であろう。この人間学は人間学であるという理由ですでに形而上学を基礎づけるものではない」（Heidegger 1991: 213）と指摘している。たとえカントの示す四つの問いのはじめの三つがすべて第四の問いに関係するとしても、単純に人間についての学が本来的な哲学になるとは言えないというのだ。しかも彼はこうした発言をとおして間接的なかたちで、『存在と時間』における人間存在の存在の仕方を考察した「基礎的存在論」も「哲学的人間学」ではないということを理解させようとしているのである。(5)

さらにハイデガーは「ブリタニカ論考」の作業の途中でフッサールにあてた手紙の中で、「あなたが『世界』と呼んでいる存在者の超越論的構成は、同じ存在の仕方をする存在者へ立ち返っても解明されない、その点については二人の意見の合致がみられました」（Husserl 1962: 601）と指摘している。このようにハイデガーも世界の「超越論的構成」の問題や二つの主観性の区別の重要性には同意を示している。ただ彼は「超越論的構成は事実的な自己の実存の中心的可能性なのです」（*ibid.*）と述べて、人間存在の存在の仕方（実存）こそが、世界を構成しつつその世界の中に存在者として存在するという主観の二重性――フッサールはこれを「主観性の謎」（Husserl 1954: 3）や「世界の謎」（*ibid.*）とも呼んでいる――の源泉であると考えているのである。

これにたいしてフッサールはあくまでも「超越論的主観性」に優位を与えて、この「超越論的主観性」が把握されて具体的に考察されることではじめて、「内世界的主観性」（心や人間）が実はこの「超越論的主観性」の「自己客観化」（*ibid.*: 156）された存在であるとして理解可能になると強調している。つまり主観の二重性の源泉はフッサールの場合、あくまでも「超越論的主観性」におかれているのである。

　このように主観の二重性は人間存在の「実存」に由来するのか、それとも「超越論的主観性」の「自己客観化」に由来するのかは、たしかに軽視できない相違点である。またハイデガーの場合には後期の思索との異同も考えなければならないだろう。

　だが、たとえその源泉の理解に相違があっても、フライブルク現象学の両巨頭が、人間存在に関わる根本的な二重性の問題をともに重要なものとみなしていたことはまぎれもない事実である。それに両者の思索は、その違いよりも近さを考える方がより意義があるように思われる。そして「超越論的主観性」にではなく、「内世界的主観性」と「超越論的主観性」の二重性に強調点をおくとき、「哲学的人間学」への批判も、ばっさりと切り捨てたフッサールのそれとは違うことが指摘できるであろう。ここでそのことを指摘する理由は、たしかにフッサールは「哲学的人間学」を批判したが、それは既存の「哲学的人間学」のことであって、「超越論的現象学」が——もちろんハイデガーの「基礎的存在論」も——ほんとうに「哲学的人間学」でないのかどうかは未解決な問題だからである。

　では、フッサールとハイデガーの両者がともに哲学的問題とみなしていた主観や人間存在の二重性の問題から批判的に把握されるならば、「哲学的人間学」とはどのようなものといえるのだろうか。それは、現実を構成する超現実的なものや普遍的なものの追求だけに没頭した「哲学的人間学」でもなければ、ひたすら現実の問題のみにコミットすることで安堵している「哲学的人間学」でもない、人間存在が抱える解消し得ない二重性を忘却せずにそこに踏みとどまって思索し続ける「哲学的人間学」だということができるだろう。そしてこのような意味での「哲学的人間学」であれば、フッサールとハイデガーの両哲学にも通底していると指摘できるのではないだろうか。

昨今のフライブルク現象学とは何かが問われている状況の中で、この人間存在の二重性の観点から二人の哲学を検討するという作業は、紙幅の都合上今後の課題とせざるをえない。だが本章の最後に、フッサールとハイデガーのもとで学び、二人の相違だけでなくその近さを感じとっていたフィンクの言葉を引用し、フッサール現象学が「超越論的主観性」の哲学というよりも、人間存在の二重性を明らかにする哲学であったことを指摘して考察を閉じることにしたい。じつは『危機』書のもとになった「プラハ講演」の最後の結論部分は、当時フッサールの助手であったフィンクが執筆したのだが、その結論部分で彼は、フッサール現象学に関してつぎのような整理を与えている。

> 現象学的哲学とは、人間の謎めいた二義的な本性——すなわち、あらゆる客体にとって主体的に能作する生でありながら、また他方ではそれ自体諸々の客体の中の一つの客体でもある、そのような人間の本性——を理解するのである。（Husserl 1993: 139）

注

（1）これは一九三七年のW・ツィーゲンフス編集による『哲学者事典』に掲載された紹介文である。フッサールも関わっているものの、ほぼフィンクが書いたとされるこの文章では、フッサールが「もともと数学者および自然科学者として研究していた」（Husserl 1989: 245）と説明されている。

（2）『フッサール全集』第二十七巻の編者T・ネノンとH・R・ゼップは、「プラハ論文」が『危機』書の先頭を切るものだと指摘している（Husserl 1989: xxviii）。この「プラハ論文」とは、一九三四年にプラハで第八回哲学国際会議が開かれるにあたって、会議の代表者から「哲学の現代的課題」について文書で意見表明を求められた際に書かれた論考である（ちなみにフッサールはその課題として「現代の哲学は一つの統一体だろうか」（*ibid.*: 184）という問いを提起している）。これにたいして全集第二十九巻の編者R・N・スミートは、『イデーンⅢ』に関わる一九一二年の草稿にも『危機』書のテーマに関わる問題意識が示されていること、また少なくとも二十年代半ばに日本の『改造』誌に発表された「『改造』論文」までさかのぼって検討する必要があることを指摘している（Husserl 1993: xii-xiii）。なお当時フライブルクに留学していた田辺元が翻訳に関わっていたとされる「『改造』論文」では、「『西洋の没落』」（Husserl 1989: 4）という表現も登場している。

（3）　全集第二十九巻編者のスミートは、その編者の序文で「ガリレイ」節の成立について説明している。そもそも全集第六巻では三部構成になっている未完の『危機』書は、一九三五年十一月に「プラハ講演」から戻った後、翌年一月に第一部と第二部が出版社に送付され、三月には第三部が完成していたと推定されている。そしてこの第三部も一度は出版社に送付されたが、フッサールが内容や構成に不満を感じ、六月に一度すべての原稿を引き戻させている。そして彼は第三部の出版をあきらめて、もともと数頁だった「ガリレイ」節をあらたな拡張と細かい修正を行った上で、第一部と第二部を出版社へ送り直し、翌年一月の『フィロソフィア』の掲載にいたっている。なおこの「ガリレイ」節は、J・デリダが長大な解説をつけた仏訳を発表したことで知られる「幾何学の起源」（フッサールの原稿は全集第六巻の補論三に収録）とセットで書かれたとされている。

（4）　フッサールは『イデーンⅠ』で「自然的態度の世界」をはじめに一人称で語ることのできる世界として特徴づけているが（第二十七節）、その「自然的態度の世界」と「生世界」の関係については『危機』書の関連草稿で次のように述べている。「『イデーン』では『自然的世界概念』の道が出発点であった。それは『自然的態度』の世界『概念』であり、あるいはいま私はもっと正確にいえるが、前学問的で学問外的な生世界であり、われわれのあらゆる自然的－実践的な関心生においてわれわれの諸関心の、われわれの諸目的の、またわれわれの諸行為の恒常的な領野であるところの世界、あるいはいつもすでに存在していたしかつ存在するであろう、そのような世界である。」（Husserl 1993: 425）

（5）　この点に関してデリダは「人間の目的＝終わり」（一九六八年）の中で、戦後のフランスにおけるフッサール現象学やハイデガー存在論の人間学的な受容や解釈が全て誤読であったと指摘し（Derrida 1972: 139）、さらにハイデガーの実存論的分析は哲学的人間学の地平をはみ出していたと説明している（*ibid*.: 148）。

文献

Derrida, Jacques 1972 *Marges de la philosophie*, Les Editions de Minuit.

Heidegger, Martin 1991 *Kant und das Problem der Metaphysik*, Gesamtausgabe Band 3, Frankfurt a. M.: Vittorio Klostermann.

Husserl, Edmund 1971 *Ideen zu einer reinen Phänomenologie und phänomenologischen Philosphie: Die Phänomenologie und die Fundamente der Wissenschaften*, Husserliana Band V, hrsg. Marly Biemel, Den Haag: Martinus Nijhoff.

——— 1954 *Die Krisis der europäischen Wissenschaften und die transzendentale Phänomenologie*, Husserliana Band VI, hrsg. Walter Biemel, Den Haag: Martinus Nijhoff.

——— 1962 *Phänomenologische Psychologie*, Husserliana Band IX, hrsg. Walter Biemel, Den Haag: Martinus Nijhoff.

——— 1989 *Aufsätz und Vorträge (1922–1937)*, Husserliana Band XXVII, hrsg. Thomas Nenon und Hans Reiner Sepp, Dordrecht/Boston/Londonen: Kluwer Academic Publishers.

——— 1993 *Die Krisis der europäischen Wissenschaften und die transzendentale Phänomenologie: Ergänzungsband Text aus dem Nachlass 1934–1937*, Husserliana Band XXIX, hrsg. Reinhold N. Smid, Dordrecht/Boston/Londonen: Kluwer Academic Publishers.

Orth, Ernst Wolfgang 1999 *Edmund Husserls "Krisis der europäischen Wissenschaften und die transzendentale Phänomenologie": Vernunft und Kultur*, Darmstadt: Wissenschaftliche Buchgesellschaft.

谷徹 1998『意識の自然』勁草書房

第七章　ウェーバーはなぜ「社会学」者になったのか
——危機に対峙する選択としての方法論

橋本直人

1　リスキーな選択としての「社会学」

昨年（二〇一四年）に生誕一五〇周年を迎えたマックス・ウェーバーは、ドイツ社会学の古典として今も読み継がれ、議論が交わされ続けている。だが、現代においてこそ、われわれはごく当然のようにウェーバーを「社会学者」と認知しているが、当のウェーバーにとって、自らの理論を「社会学」と名づけ、「社会学」という学問領域に関与していくのは、かなりリスクをはらんだ選択だったのではなかろうか。

ウェーバーのキャリアが法学・経済学・歴史学からスタートしたことは、妻マリアンネの伝記（Marianne Weber 1984＝1987）などからも周知のことであろう。ウェーバーは大学で法学や経済学、歴史学などを学び、その後もベルリンから始まりフライブルク、ハイデルベルクと、ウェーバーのキャリアはいずれも法学や国民経済学の教授職を経ることとなった。ウェーバーが「社会学」と制度的に関わるのは、一九〇九年にドイツ社会学会の設立に加わって以降のことである。実際、後述するように、それ以前のウェーバーのテクストは、むしろ「社会学」に対して距離をとる記述の方が多かったといってよい。

その一方、当時のドイツにおける社会学が、多種多様な潮流の入り乱れた混沌たる状況であったこともしばしば指摘されている(1)。たとえば、ドイツ社会学会は一九〇九年に結成され、翌一〇年にフランクフルトで第一回大会を開催するのだが、そこでの参加者は、今でも「古典」として知られるジンメルやテンニースなどの哲学的なアプローチ、第一回大会でウェーバーと対立するプレッツの社会生物学、そしてウェーバーの国民経済学・歴史学的アプローチなど、およそ内容やアプローチ、問題関心などで合致の見られない様相を呈していた。何より、この第一回大会で会計担当役員として登壇したウェーバー自身、「『社会学』という概念の内容もはっきり定まっていない」（Weber [1910a] 1988: 431＝1982: 209）と指摘している。しかも一九一二年に開催される第二回大会を機に、ウェーバーは学会の中心メンバーと決定的に対立して学会を脱退するのである。

こうした状況下で、なぜウェーバーは「社会学」という言葉を選んだのだろうか。考えてみれば、これは不思議なことである。自らの研究をどの学問分野に位置づけ、どのようなアプローチによって進めるかは、一つの理論的な選択の問題であろう。だとすれば、この時点のウェーバーにとっては、「社会政策学」や「国民経済学」という周知の名称で引き続き自らの研究を位置づけるという選択肢も残されていたはずである。にもかかわらず、当時のドイツでの一般的理解からすれば正体不明な「社会学」として自らの研究を位置づけるのは、かなりリスキーな選択だったのではなかろうか。だとすると、なぜウェーバーはあえてこのような選択をしたのだろうか。

もちろんウェーバーであれ他の誰であれ、自らの研究における理論的選択の理由を一つに特定することなどできないだろうし、その意味ではウェーバーのこの選択についてもさまざまな契機や背景が考えられよう（注（5）参照）。また場合によっては当の思想家自身、選択の原因や意義を意識化していないこともありえよう。それでも、その思想家のテクストには、意識的か否かを問わず、さまざまな形で選択の痕跡が残されているはずである。

そこで以下では、まずウェーバーのテクストの中で「社会学」という概念がどのように扱われているか、特に社会学会設立の頃までの変化をたどることから検討を始めたい。こうした検討は、一見すると、テクスト内でのある単語の使用の有無という瑣末な問題に見えるかもしれない。だがその検討を通じ、ウェーバーがなぜ「社会学」を選択したのか、その一端がうかがえるであろう。そしてそこから、彼が抱いていたある種の危機意識も見えてくるのではないか——これがこの小論のねらいである。

2　「選択」はいつなされたか

先に触れたように、今でこそわれわれはウェーバーを自明のように「社会学者」として扱うし、またウェーバーの主要な著作である『世界宗教の経済倫理』や、いわゆる『経済と社会』草稿群では、自らの理論を明確に「社会学」と位置づけている。だが、これらの著作がいずれも一九〇九年のドイツ社会学会設立以降、つまりウェーバーが実際に「社会学」に関与し始めて以降に書かれていることに注意すべきであろう(2)。つまり、われわれがウェーバーを「社会学者」と理解する主な拠り所は、先述の言い方で言うなら、彼の「選択」の後に成立したテクスト群なのである。そして確かに、これらの著作から遡行的にそれまでのウェーバーのテクストを読み返すならば、ウェーバーはいわば「然るべくして」社会学に到達したかのように見えるであろう。だが、こうした遡行的な理解は、むしろウェーバーの「選択」を見えにくくする恐れがあるのではなかろうか。

たとえば、現在のわれわれにとってウェーバー「宗教社会学」の代表的著作と目される『プロテスタンティズムの倫理と資本主義の精神』（一九二〇年版）を見ても、「社会学」の語は一個所、それもトレルチの研究に言及した個所にしかない。しかもこの個所は一九〇五年に『社会学・社会政策アルヒーフ』に掲載された原論文にはなく、一九二〇年に『宗教社会学論集』第一巻に収録される際に加筆修正された個所なのである。[3] 念のため、煩をいとわず両方の個所を引用しておこう。

> 主要な神学文献に通じている人々にとって、以上の叙述が「新しいこと」を含んでいるとするなら、それは当然ながらすべてがわれわれにとって重要な観点に即しているという限りでのことでしかない。この観点からすればまさに決定的に重要ないくつかの点――たとえば禁欲の合理的な性格と近代的「生活態度」に対するその意義など――も、当然ながら神学的な叙述者たちからは縁遠いものである。この問題におけるこうした側面、またおよそ社会学的な側面については、この論文が発表された後に、すでに引用したE・トレルチの著作……によって体系的に論じられている。（Weber [1920a] 1988 : 87 = 1994 : 173、強調は引用者）

> ……（同上）……。この観点からすればまさに決定的に重要ないくつかの点――たとえば禁欲の合理的な性格と近代的「生活態度」に対するその意義など――も、当然ながら神学的な叙述者たちからは縁遠いものである。この他のいくつかの観点……についてはここでもそれ自身としては示唆する程度にしか扱わない。というのも、これらの事柄についてはおそらくはE・トレルチがその論文……の中で立ち入って論じるであろうし、当然ながら私が最善を尽くすよりも専門家としてはるかによく扱われるであろうからである。（Weber [1905] 2014: 245-6 = 1994: 173、強調は引用者）

ここで重要なのは、この脚注の付されている個所が教義と社会的生活実践との関連、それも「生活実践に対する教義の心理的起動力」という、後のウェーバー宗教社会学に特徴的なテーマに関する記述だということである。だとすれば、少なくとも一九〇五年段階で、ウェーバーは後の宗教「社会学」にとって重要なテーマの一つをすでに見出していながら、それを「社会学」ととらえてはいなかった、と考えられよう。

同様の個所は一九二〇年の『教派』論文（Weber [1920b] 1988: 234-5）と、その原型となった一九〇六年のエッセイ「北アメリカにおける『教会』と『教派』」（Weber [1906] 2014: 444）の間にも見出すことができるが、さらにウェーバーのテクストにおける「社会学」の用例を見ていくと、あることに気づく。それは、一九〇九年以前のウェーバーが、単に「社会学」という用語を用いないだけでなく、むしろ「社会学」に対してかなり冷淡だということである。たとえば以下の二個所を比べてみれば、この対比は明らかであろう。

> 歴史学にとって専門心理学の知見は、ちょうど天文学、社会学、化学、法教義学、神学、機械工学、人類学等々のそれとまったく同じ意味において、必要な折にそのつど考慮に入れられるのである。（Weber [1908a] 2014: 512、強調は引用者）

> 私はかつて、あるドイツの組合学生が、特殊な「借用能力」とともにこうして形成された信用力を有すること……と、同じように特殊な、中世の聖職者たちの信用力（なぜなら彼らの頭上には教会からの破門という強制手段が掲げられているから）とを比較したし、懲戒を頭上に掲げられている近代の若い将校が有する、しばしばあ

やしげな信用力もその一つである。とはいえ、社会学的にきわめて本質的な差異は以下の点にある。すなわち、これらすべての事例においては、教派のように（それにふさわしい教育［の有無・程度］に基づく受け入れ時の選抜によって）人格の主観的資質として信用力が育成されたのではなく、単に貸し手にとっての客観的保証が高められているに過ぎない、ということである。（Weber [1910b] 2014: 719-20、強調および［ ］内は引用者）

この二個所は、いずれも『倫理』論文発表後に起きた論争におけるウェーバーの反批判からの引用である。両者を比べると、まず前者において、社会学は天文学や化学、機械工学（！）と同レベルの、「必要な折にそのつどgelegentlich」参照されるに過ぎないものと位置づけられていることがわかる。一九〇八年時点のウェーバーにとっての社会学は、たとえば歴史上の疫病流行の意義を検討するために一定の衛生学的知識が必要とされる、というのと同質の「外的」な存在であったことがここからも確認されよう。(4) ところが、それからわずか二年後、後者の引用個所では、「組織の有する強制手段が個々人のうちにいかなる人格的資質を育成するか」という、『教派』論文の中心的な論点の一つが「社会学的にきわめて本質的」な点として位置づけられているのである。

つまり、ウェーバーは一九〇八年から一九一〇年までの二年間で、「社会学」という学問分野に対する自らの関係を、「そのつど」参照する「外的な」ものから自らの研究の核心に関わるものへと、ほぼ逆転させたことになる。そしてこの間の一九〇九年にはドイツ社会学会の設立に積極的に関与し（米沢 1991: 17-54）、さらに一九一〇年には、後のウェーバー「社会学」の主要な著作となる「経済と社会」草稿群の執筆に取りかかっている。

これほどの急速な転換のうちに、先に述べた意味でウェーバーの「選択」を見出すことはさほど困難ではあるまい。だとすれば、ウェーバーのこの選択はどのような要因によって生じたかが次の問題となろう。

もちろん、上述のように、これほど重大な「選択」がただ一つのきっかけで生じることはおよそありえまい。おそらく現実には、理論内在的な要因も外的・制度的要因もふくめ多種多様な要因がからみあってはじめてこうした「選択」が生じたのであろう。(5) とはいえ、むろんこの小論でその複雑なからみあいの全貌を論じることはできない。そこで、以下では一九〇八年から一九一〇年というウェーバーの「選択」の時期に焦点を当てて彼のテクストをたどることから、こうした要因の一つと思われるものを取り出してみたい。

3　「自然主義的ドグマ」との対決から社会学へ

ウェーバーが「社会学」へと転換した時期を一九〇八年から一九一〇年の間ととらえた上で、あらためてウェーバーのテクストをたどると、ある特異なテクストが存在することに気づく。それはヴィルヘルム・オストヴァルトの著書『文化科学のエネルギー論的基礎づけ』(Ostwald 1909) に対する書評論文 (Weber [1909] 1988＝1984) なのだが、ここでウェーバーは (ジンメルに関する未完の未公刊草稿 (Weber [1908b] 1991) を除けば) ほぼ唯一と言ってよいほど、自分以外の「社会学」に対してまとまった分析と批判を行なっているのである。(6) だとすると、このテクストのうちに、ウェーバーが「社会学」へと転換するにいたった要因の手がかりを見出せるのではなかろうか。

だが、ウェーバーがなぜこの書評論文でオストヴァルトおよび関連の理論家たちを厳しく批判したのか、現在のわれわれには少々理解しにくい部分もある。そこでまずはこの書評論文が書かれた背景を概観しておこう。

ヴィルヘルム・オストヴァルトは触媒作用をはじめ化学反応に関する重要な発見で知られる著名な化学者であり、ちょうどこの書評論文が書かれた一九〇九年にノーベル化学賞を受賞している。だがその一方で、オストヴァルトは物理化学分野で大きな成果を上げた自らの方法を他の分野に対しても応用することを考え、自然科学全体、さらには社会・文化を含めた統一的な哲学を構想するようになる（Braune 2009: 33-5）。

こうした構想を掲げたオストヴァルトは、「盟友」とも評される（竹中 2004: 250）生物学者エルンスト・ヘッケルが主導して一九〇六年に結成された「ドイツ一元論同盟 Deutscher Monistenbund」に参加して中心メンバーとして活動する。この一元論同盟は、ヘッケルやオストヴァルトの他に物理学者のエルンスト・マッハ、精神医学のオーギュスト・フォレルらも参加しており、当時の自然科学の急速な発展を背景として既存のキリスト教や形而上学的な世界観を批判し、自然科学的な方法によって世界を統一的に把握することを提唱した団体であった（Heiko Weber 2000: 14-6）。

こうした動向を背景に、オストヴァルトは上記『基礎づけ』の序文でこう述べている。

> 私は、当初自分の専門分野である化学・物理学でのみ貫徹しようとしてきたエネルギー論的考察方法を、まずは生理学と心理学に適用して同じように明白簡明な成果を得ることができたし、またついには文化問題に関してもその考察や整序をする上で多面的に役立つことができた。それは事柄そのものへの関心ゆえに、ディレッタントとしてさらに他の領域へと立ち入ることへの恐怖を私に克服させるほどのものであった。本書の内容はこうしたことから得られたものである。（Ostwald 1909: v）

そして、この「エネルギー論的」方法を用いて、オストヴァルトは『基礎づけ』の中で労働や言語から法、国家、そして学問まで「統一的に」論じていくのだが、ウェーバーの書評論文はまさにこの「方法論的一元論」を正面から批判するのである。

オストヴァルトは、彼の精神的近親者であるマッハと同様、とりわけ以下のような誤りに陥ろうとしている。（1）一方で――論理的な観点では――特定の自然科学的抽象形式を科学的思考全般の基準へと絶対化しており、（2）また彼はそれに対応して、他の学問分野での問題設定において（マッハの言葉で言えば）「思考の経済」が要求する異質な思考形式を、不完全さや遅れだと受けとめている……。（3）他方で――内容的な観点では――およそ生起するあらゆる事象全般を、最大限可能な限り「エネルギー論的」諸関係の特殊事例へと無理やり押し込めている……。（Weber [1909] 1988: 400–1＝1984: 164–5）

さて、この批判の観点そのものは、実は一九〇四年の『「客観性」』論文における「観点の一面性」の擁護という論点（Weber [1904] 1988: 170＝1998: 72）と本質的には同じものと言ってよい。また以下の引用からは、ウェーバーが特にオストヴァルト的な自然科学主義的一元論に対してもすでに一九〇四年時点で批判していたことが確認できる。

特に「精神的」契機の作用に関する限り、「法則」概念の広狭いかなるとらえ方であっても合理的行為の規則の定立は排除されないし、とりわけ次のような見解は、今日なお完全には消滅していない。すなわち、個々の「精神科学」に対して数学に相当する役割を果たすことがまさに心理学の課題であり、心理学は社会生活の複雑な諸現象をその心的な条件と結果とに分解し、それらをできる限り単純な心的諸要因に還元し、……それらの機能的連関を探求しなければならない、という見解である。（Weber [1904] 1988: 173＝1998: 79）

……一方で生物学的研究の力強い発展と、他方でヘーゲル流の汎論理主義の影響とによって、国民経済学は、概念と実在との関係を余すところなく明瞭に認識することができなかった。その結果、……フィヒテ以来のドイツ観念論哲学、ドイツ歴史法学派の業績、そしてドイツ歴史学派経済学の研究が、自然主義的ドグマの侵入に対して強大な堤防を築き上げたにもかかわらず、というよりも部分的にはむしろまさにこの研究のゆえに、自然主義的観点は、決定的な個所で、今なお克服されていない。(Weber [1904] 1988: 186-7 = 1998: 105)

さらにウェーバーはこの書評の末尾で、オストヴァルトが自然科学的法則の適用に際して自分の実践的価値判断を混入させている、と批判しているが、この批判はそれこそよく知られた「事実認識と実践的価値判断の区別」の要請に他ならない。こうした概観の限りでは、オストヴァルト批判の論点そのものは『「客観性」』論文から本質的に変化していないように見える。だとすると、ウェーバーの「社会学」への転換を呼び起こした要因の手がかりはこの論文には見出せない、ということになるのだろうか。

だが、この論文にはもう一点目を引く個所がある。それは論文冒頭、ウェーバーがオストヴァルトの著書の理論的支柱であるエルネスト・ソルヴェと彼が設立した研究所の研究成果を批判する個所である。

エルネスト・ソルヴェはベルギーの化学者・技術者だが、社会現象の分析に統計を導入して社会統計学を確立した「近代統計学の父」アドルフ・ケトレの影響を受けて「社会物理学としての社会学」を構想し[7]、自らの特許により成した財でブリュッセルに「社会学研究所」を設立した。オストヴァルトはこのソルヴェの影響を強く受けており、『基礎づけ』の献辞もソルヴェに宛てられている。

このソルヴェと「社会学研究所」による研究成果に対し、ウェーバーは次のような手厳しい批判を加えているのである。

純自然科学的な教育を受けた技術者たちが「社会学」を陵辱した場合、どんなひどい子どもが生まれるかは、この種の研究業績、特にソルヴェ自身の研究業績のどれでもいいから一つに目を通せば明らかである。（Weber [1909] 1988: 402＝1984: 166）

この後さらにウェーバーは原著で五ページにわたってソルヴェと研究協力者たちの「研究成果」を詳細に批判する。そしてこの批判が目を引くのは、ソルヴェたちの研究に対する同種の批判が、同時期の大規模な研究『工業労働の精神物理学について』（Weber [1908-9] 1995＝1975）末尾にも見られるからである。

この研究は、ウェーバーが実際に親族の工場に入って労働者の調査を行ない、一方で工場での労働効率に対する個々の労働者の資質や生活史の影響を、他方で工場労働が個々の労働者にどのような影響を与えるかを明らかにしようとするものであった(8)。その調査に際し、ウェーバーは実験心理学ほか複数の研究分野の「共同作業」の必要性を訴え、また実際に労働者の疲労と回復や注意力の程度、習熟・学習効率などの分析にクレペリンはじめ実験心理学の成果を多く参照している。その点で、ウェーバーは問題領域次第では自然科学的・実証主義的アプローチを否定しているわけではない(9)。

だが、同時にウェーバーは『工業労働』の末尾で、たとえば「遺伝と環境」との関係に関する「社会学者たちの間でしばしば支配的な見解」に反対して「われわれの目的にとってのその意義は極めて乏しい」（Weber [1908-9] 1995: 377＝1975: 320）と批判し、さらに「ソルヴェ研究所による……その他の研究」は「我々の目的にとって考慮すべき点はわずかしかない」（Weber [1908–9] 1995: 380＝1975: 324）と切って捨てている。

これらに加え、ブレンターノが経済学の限界効用説の理論的基礎を実験心理学におけるウェーバー＝フェヒナーの法則に求めたことを批判した短文『限界効用学説と精神物理学的基礎法則』（Weber [1908c] 1988＝1925）をあわせて検討するならば、この時期のウェーバーが（先に引用した『「客観性」』の言葉を使うと）「自然主義的ドグマ」との全面的な対決を行なっていたことがうかがえよう。だとすれば、この時期のウェーバーが「自然主義的ドグマ」を「今なお克服されていない」「完全には消滅していない」残存物などではなく、むしろ「精神科学」に対する差し迫った脅威ととらえていたと見ても不自然ではなかろう。

そしてもし以上のような解釈が妥当ならば、ここから一九〇八―一〇年時点でのウェーバーの危機意識と、それが「社会学」への転換にとって有する意義も推測できるだろう。すなわち、一方には個人の意義を飲み込み回収しつくす旧来の観念論的な全体論、他方には個人を生理・化学的プロセスへと解体する自然科学主義的一元論、この双方からの脅威に対峙することがウェーバーの課題だったのではなかろうか。そしてこの双方の脅威に対抗するべく、「行為者の主観的意味」を基点とすることで独自の領域を構想したのが、ウェーバーの「社会学」だったのではないだろうか。(10)もしそうだとするなら、ウェーバーによる「社会学」の選択もまた、危機に対する一つの対峙の仕方だったのである。

4　ウェーバーの危機意識とわれわれ

一九一〇年のドイツ社会学会第一回大会、一九一二年第二回大会の二回にわたり、ウェーバーは進化論の発展を背景とする人種理論的社会学を厳しく批判した。特に第一回大会でのプレッツ批判は激烈なものだったが、そこに上記のようなウェーバーの危機意識を見て取ることも不可能ではないだろう。あるいは、観念論の築いた「堤防」がかえって「自然主義的ドグマ」の侵入を許す、という『「客観性」』での指摘を踏まえれば、ウェーバーにとって最悪の事態は、一方の観念論的全体論と、他方の自然科学主義的一元論とが、「人種」や「民族」といった不分明な概念を媒介として癒合し、ある種のグロテスクなイデオロギーと化すことだったのかもしれない。もしそうだとすれば、人種理論に基づく全体主義国家など、ウェーバーにとってはまさに悪夢の実現だったとも言えそうである。(11)

いや、悪夢はまだ終わっていないのではないか。自然科学的な事実認識の衣をかぶって全体論的な価値判断の強制が降りかかってくる事例は、現代でも決して少なくない。ハーバーマスは現代の生命医学という場面でこうした事態が生じていることを指摘した（Habermas 2001: 36-7＝2004: 35-6）が、もちろん問題は生命医学や遺伝子工学の分野に限定されているわけでもない。それどころか、福島第一原発事故以降のわれわれは、まさに自然科学的な事実判断の衣をかぶった全体論的な価値判断の圧力に、日々さらされてはいないだろうか。しかもわれわれがその圧力に十分対抗しえているとは言いがたい状況にある。

ウェーバーの危機意識と対峙のあり方は、われわれの危機とも無縁ではないのである。

注

（1）たとえばKäsler（1984）、米沢（1991）、ヴァイス（茨木編 2012: 81-104）参照。

（2）各テクストの成立時期について、『儒教と道教』はSchmidt-Glintzer und Kolonko（1989: 34）、『経済と社会』草稿群はSchluchter（2009: 51-64）参照。

（3）この『倫理』論文の加筆・修正については安藤（1968）参照。

（4）この時期のウェーバーのスタンスについては折原（2007: 88–9）が指摘している。

（5）実際、ウェーバーの「社会学」への転換についてはすでに数多くの研究がなされており、その中ではウェーバーの理論的転換はそれほど急激ではないとする研究も少なくない。たとえばヴィンケルマンは、ウェーバーの理論的転換をディルタイの影響との関連で論じつつ「おそらくドイツ社会学会の設立がうまくいった一九〇九年に『社会学』という名称を最終的に受け入れたに過ぎない」（Winckelmann 1952: 16）と主張する。また折原は、ウェーバーがすでに『倫理』論文で「歴史的個体の個性把握」のための「法則的知識」の必要性に気づいていたが、「やがて」法則的知識を定式化し体系的に編成しておこうと「し始め」た（折原 2007: 107）と述べている。

　他方、ウェーバーの転換についてしばしば指摘されるのは社会政策学会における「価値自由」論争との関連である。たとえば中村は、ウェーバーが社会政策学会の「実践的＝政治的討議」を補完するものとして社会学会での「事実問題」を構想したととらえている（中村 1999: 384–9）。米沢も、ウェーバーが社会学会に求めたのは「いかなる価値判断にも……とらわれない自由な討論の場の保証」であったと述べている（米沢 1991: 34–6）。また、村上はウェーバーがドイツ社会学会第一回の「会務報告」（Weber [1910a] 1988＝1982）で新聞や工場労働に関する実証調査を提案していることを指摘し、社会政策学会ではできなかった統計学者・心理学者等との「共同調査」の実現を期して社会学会に関与した、としている（村上 2005: 214–26）。

　さらに、当然ながらジンメルをはじめ先行の社会学からの影響も数多く論じられている。詳しくはMommsen und Schwentker Hg.（1988）、茨木編（2012）参照。

　上記の諸要因に対して、この小論が示す要因もおよそ無縁ではなく、むしろ実際は相互にからみあいながらウェーバーの「選択」に関わっていたと考えるべきだろう。

（6）ただし、ウェーバー全集において方法論に関する巻がまだ刊行されておらず、そこに未公刊のテクストが収録される可能性はある。その限りでは、この小論は現時点での中間報告的なものにとどまらざるを得ない。

（7）「社会物理学physique sociale」はケトレの著書『人間について』の副題である。

（8）『工業労働』そのものについて、詳しくは鼓（1971）、村上（2005）を参照。

（9）ただし、オストヴァルト批判の末尾での以下の一節には留意すべきだろう。「化学者や工学者に対してどのような方法や観点を適用すべきかを指図しようなどと思い上がったことは、今の歴史学者や国民経済学者……の誰も思いつかない。自然科学の諸分野の代表者たちも同じような謙虚さを少しずつ学ぶこと――これが実り多い共同研究の前提である……」(Weber [1909] 1988: 425＝1984: 230)。

（10）ウェーバーが『カテゴリー』（Weber [1913] 1988＝1990）において、「個人を分解する」心理学と「国家を主体ととらえる」法教義学とに対して「社会学」の独自性を主張していることを、こうした関連から理解することもできるだろう。

（11）社会学会におけるウェーバーとプレッツ、および社会生物学との関連については市野川（2007）参照。

文献

マックス・ウェーバーの著作に関しては、『マックス・ウェーバー全集 Max-Weber-Gesamtausgabe（MWG）』既刊部分に収録されているものはできる限り全集版を参照し、参照できないものに関してのみ旧論集版を参照する。

また、引用に際して訳文は適宜変更している。

安藤英治 1968「M・ウェーバーの宗教社会学改訂について（第一部）」『成蹊大学政治経済論集　終刊記念論文集』（下）:15-87

Braune, Andreas 2009 *Fortschritt als Ideologie. Wilhelm Ostwald und der Monismus*, Leipzig: Leipziger Universitätsverlag.

Habermas, Jürgen 2001 *Die Zukunft der menschlichen Natur. Auf dem Weg zu einer liberalen Eugenik ?*, Frankfurt a. M.: Suhrkamp.（＝2004 三島憲一訳『人間の将来とバイオエシックス』法政大学出版局）

茨木竹二編 2012『ドイツ社会学とマックス・ヴェーバー――草創期ドイツ社会学の固有性と現代的意義』時潮社

市野川容孝「社会学と生物学」『現代思想　総特集　マックス・ウェーバー』二〇〇七年十一月臨時増刊: 157-73

Käsler, Dirk 1984 *Die frühe deutsche Soziologie 1909 bis 1934 und ihre Entstehungs-Milieus. Eine wissenschaftssoziologische Untersuchung*, Opladen: Westdeutscher Verlag.

Mommsen, Wolfgang J. und Wolfgang Schwentker（Hg.）1988 *Max Weber und seine Zeitgenossen*, Göttingen: Vandenhoeck & Ruprecht.（＝1994 鈴木広ほか監訳『マックス・ヴェーバーとその同時代人群像』ミネルヴァ書房）

村上文司 2005『近代ドイツ社会調査史研究』ミネルヴァ書房
中村貞二 1999『増補 マックス・ヴェーバー研究』未來社（初版 1972）
折原浩 2007『マックス・ヴェーバーにとって社会学とは何か』勁草書房
Ostwald, Wilhelm 1909 *Energetische Grundlagen der Kulturwissenschaft*, Leipzig: Klinkhardt.
Schluchter, Wolfgang 2009 „Entstehungsgeschichte,“ *MWG I/24. Wirtschaft und Gesellschaft. Entstehungsgeschichte und Dokumente*, Tübingen: J. C. B. Mohr, 1–131.
Schmidt-Glintzer, Helwig und Petra Kolonko 1989 „Editorischer Bericht,“ *MWG I/19. Die Wirtschaftsethik der Weltreligion. Konfuzianismus und Taoismus*, Tübingen: J. C. B. Mohr, 31–73.
竹中亨 2004『帰依する世紀末――ドイツ近代の原理主義者群像』ミネルヴァ書房
鼓肇雄 1971『マックス・ヴェーバーと労働問題』御茶の水書房
Weber, Heiko 2000 *Monistische und antimonistische Weltanschauung. Eine Auswahlbibliographie*, Berlin: VWB.
Weber, Marianne 1984 *Max Weber. Ein Lebensbild*, 3. Aufl.（1. Aufl. 1926）, Tübingen: J. C. B. Mohr.（=1987 大久保和郎訳『マックス・ウェーバー』（新装版）みすず書房）
Weber, Max [1904] 1988 „Die ‚Objektivität‘ sozialwissenschaftlicher und sozialpolitischer Erkenntnisse,“ *Gesammelte Aufsätze zur Wissenschaftslehre*, 7. Aufl., Tübingen: J. C. B. Mohr, 146–214.（=1998 富永祐治・立野保男訳・折原浩補訳『社会科学と社会政策にかかわる認識の「客観性」』岩波書店）
Weber, Max [1905] 2014 „Die protestantische Ethik und der ‚Geist‘ des Kapitalismus II. Die Berufsidee des asketischen Protestantismus,“ *MWG I/9. Asketischer Protestantismus und Kapitalismus*, Tübingen: J. C. B. Mohr, 242–425.（=1994 梶山力訳・安藤英治編『プロテスタンティズムの倫理と資本主義の《精神》』未來社）
――― [1906] 2014 „‚Kirchen‘ und ‚Sekten‘ im Nordamerika,“ *MWG I/9*, Tübingen: J. C. B. Mohr, 435–62.（=1966 安藤英治訳「アメリカ合衆国における〝教会〟と〝セクト〟」『成蹊大学政治経済論叢』16–3: 126–51）
――― [1908a] „Bemerkungen zu der vorstehenden ‚Replik‘,“ *MWG I/9*, Tübingen: J. C. B. Mohr, 498–514.
――― [1908b] 1991 „Georg Simmel als Soziologe und Theoretiker der Geldwirtschaft,“ *Simmel Newsletter* 1–1: 9–13.（=2000 小

島定・高城和義訳「社会学者および貨幣経済の理論家としてのゲオルク・ジンメル」『思想』二〇〇〇年四月号: 56–62）

――― [1908c] 1988 „Die Grenznutzlehre und das ‚psychophysiche Grundgesetz',“ *Gesammelte Aufsätze zur Wissenschaftslehre*, 7. Aufl., Tübingen: J. C. B. Mohr, 384–99.（=1925 鬼頭仁三郎訳「限界効用学説と精神物理学的基礎法則」東京商科大学『商学研究』5-1: 215–36）

――― [1908–9] 1995 „Zur Psychophysik der industriellen Arbeit,“ *MWG I/11. Zur Psychophysik der industriellen Arbeit*, Tübingen: J. C. B. Mohr, 162–380.（=1975 鼓肇雄訳『工業労働調査論』日本労働協会）

――― [1909] 1988 „Energetische Kulturtheorien,“ *Gesammelte Aufsätze zur Wissenschaftslehre*, 7. Aufl., Tübingen: J. C. B. Mohr, 400–26.（=1984 松井秀親・樋口徹訳「『エネルギー論』的文化理論」（一）（二）福島大学経済学会『商学論集』53-1: 164–79, 53-2: 213–31）

――― [1910a] 1988 „Rede auf dem ersten Deutschen Soziologentage in Frankfurt 1910,“ *Gesammelte Aufsätze zur Soziologie und Sozialpolitik*, 2. Aufl., Tübingen: J. C. B. Mohr, 431–49.（=1982 中村貞二訳「ドイツ社会学会の立場と課題」出口勇蔵ほか訳『完訳・世界の大思想 ウェーバー 社会科学論集』河出書房新社）

――― [1910b] 2014 „Antikritisches Schlußwort zum ‚Geist' des Kapitalismus,“ *MWG I/9*, Tübingen: J. C. B. Mohr, 665–740.

――― [1913] 1988 „Über einige Kategorien der verstehenden Soziologie,“ *Gesammelte Aufsätze zur Wissenschaftslehre*, 7. Aufl., Tübingen: J. C. B. Mohr, 427–74（=1990 海老原明夫・中野敏男訳『理解社会学のカテゴリー』未來社）

――― [1920a] 1988 „Die protestantische Ethik und der Geist des Kapitalismus,“ *Gesammelte Aufsätze zur Religionssoziologie I*, 9. Aufl., Tübingen: J. C. B. Mohr, 17–206.（=1994 梶山力訳・安藤英治編『プロテスタンティズムの倫理と資本主義の《精神》』未來社）

――― [1920b] 1988 „Die protestantische Sekten und der Geist des Kapitalismus,“ *Gesammelte Aufsätze zur Religionssoziologie I*, 9. Aufl., Tübingen: J. C. B. Mohr, 207–36.（=1968 中村貞二訳「プロテスタンティズムの教派と資本主義の精神」安藤英治ほか訳『世界の大思想 II-7 ウェーバー 宗教・社会論集』河出書房）

Winckelman, Johannes 1952 *Legitimität und Legalität in Max Webers Herrschaftssoziologie*, Tübingen: J. C. B. Mohr.

米沢和彦 1991『ドイツ社会学史研究』恒星社厚生閣

第八章　世俗の祈りとしての実証科学

――社会における事実をめぐって

菊谷和宏

0　根底

もし我々が人間社会の全体を、事実ありのまま具体的に捉えることができたなら、社会科学を完成させることさえできるだろう。しかしそのためには、社会を超えて、社会の外から諸事実を俯瞰する位置に存在しなければならないだろう。そしてそのような存在はもはや、（狭義の）人間ではないだろう。

1　問題設定

いまさら言うまでもなく、社会における事実・真実はいかなる水準においても確定しがたいものだ。そんなことは、専門研究者ならば皆骨身に染みている。しかし、いわゆる三・一一危機では、市井に生きる一般の人々さえもが、各自の生活・生命に直に関わる問題としてこの不確定性に直面させられた。

そもそも、社会における事実とは何か。社会生活（社会的生）にとっての事実とは何か。一体その事実は科学的客観的に確定可能なものなのか。

本稿はこの問いを、十九世紀末フランスの二人の知識人、自然主義作家エミール・ゾラおよび実証社会学者エミール・デュルケームと共に検討し、「出来事を語る営み」としての人間科学・社会科学の姿を描き出す。

無論この短い論考でそのような大胆な企図が完全に達成されようはずはない。本稿でできることはただ、問題を素描し答えの核心を捉えることだけだろう。しかし、そうだとしてもこの苦闘の果てには、「世俗の祈り」という人間科学の本質が現れてくることだろう。

2　ゾラと自然主義文学(1)

「科学の世紀」、十九世紀。フランスに一人の知識人がいた。科学と文芸を峻別する現代ではむしろ作家として評価され、科学の領域ではまず検討されないエミール・ゾラだ。

一八四〇年イタリア人の土木技師を父としてパリに生まれた彼は、幼少年期を南仏エクス＝アン＝プロヴァンスで過ごした（同郷の画家ポール・セザンヌは中学時代の友人である）。しかし七歳にして父が急死。残された母と共に貧困に喘ぎ、パリに出て学業を志すもののバカロレアに失敗、パリの裏町を放浪した末なんとか出版社アシェットに職を得、以後作家・批評家・ジャーナリストとして活躍した。つまり、人間社会の貧しさ・悲惨さを身をもって経験し成長したなかなかの苦労人だ。

この生い立ち故にか、彼はその生涯を社会における人間の「事実」「真実」の探究に献げた。矛盾に喘ぐ人間の生の現実をつぶさに観察し、客観的にこれを写実し、もって真実を明るみに出すいわゆる「自然主義」を打ち立てたのだ。

自然主義とは、ゾラ自身の言によれば、

> 分析的で実験的な方法、事実と人間に関する資料に基づいた近代的な調査（Zola [1879] 1968: 1401＝2002: 124）

だ。そして彼は自然主義文学者としての自らを

> 分析家、解剖家、人間に関する資料の収集家、事実の権威しか認めない学者（*ibid.*: 1380＝2002: 114）

と規定し、その上で言う。

> 我々［自然主義作家］にとっては事実だけが科学的な確実性を有している。我々は事実だけしか信用しない。というのも、あらゆる近代科学は、ただ事実だけに立脚して発達したからだ。人間についての資料こそが我々の堅固な基盤なのだ。（*ibid.*: 1394＝2002: 120–1）（強調および［　］内は引用者）

ロマン主義は疑いもなく理神論的である。ヴィクトル・ユゴーはカトリック教育を受け、そこからきっぱりと抜け出すことは決してできなかった。……彼の詩句の最後には、かならず神が現れる。……次に自然主義に移っ

> て欲しい。たちまち実証主義の地盤の上にいると感じられるだろう。これは事実だけを信じる科学の世紀の文学に他ならない。……自然主義作家は神の問題について見解を述べる必要はないと考える。……自然主義作家は自然の研究を最初から、分析の段階からやり直す。その作業は化学者や物理学者のそれと同じである。（*ibid*.: 1395＝2002: 121–2）（強調は引用者）

つまり、ゾラの自然主義はそれ以前の文学的諸潮流と異なって、かつて真理・真実を最終的に担っていた神ときっぱり絶縁し、世俗世界の中にありそこでこそ分析可能な事実のみを資料（データ）として、人間が生きる現実を科学的に明らかにしようとするものだ。

だからこそ、彼は次のようにまで主張する。

> 我々の世紀［十九世紀］の実証科学はすべてそこ［自然主義］に由来する。（*ibid*.: 1395＝2002: 121）（［　］内は引用者）
>
> 科学に賛同する者は誰でも、我々自然主義作家に賛同しなければならない。（*ibid*.: 1396＝2002: 123）

実際、このような実証科学としての自然主義に基づいて、ゾラは『居酒屋』『ナナ』『ボヌール・デ・ダム百貨店』他、通常目を背けたくなるしかしこの世の現実・事実を直視し、その惨めで卑しい実態を暴き出す作品をいくつも生み出した。確かにこれらの作品は物語すなわちフィクションであり、後で見る社会学者デュルケームの著作のような狭義の研究書ではない。しかしながらこれらは確かに人間社会の事実を明らかにする言説であり、両者の著作は等しく社会科学の書と言いうるものである。

のみならずゾラは、いわば自然主義社会科学者の社会的実践として、ドレフュス事件に深くコミットした。次節で見てみよう。

3　ゾラとドレフュス事件

フランス軍における一大冤罪スパイ事件いわゆるドレフュス事件に際して、ゾラが決定的な役割を演じたことはよく知られている。この事件におけるフランス国軍の腐敗を赤裸々に記し真犯人を指摘した歴史的文章「私は告発する！（J'Accuse...!）」の公表を分水嶺として、それまで「ドレフュス有罪」一色だった世論が「無罪、すなわち冤罪濃厚」へと激変したのだ。では、自然主義者ゾラはこの文章でどのようにその主義を発揮したのか。

> 一人の不幸な人間、「汚らわしきユダヤ人［ドレフュス大尉］」が人身御供にされた……。……人間の権利と単純素朴な誠実さが敗れ去り、ごろつき連中が破廉恥にも勝ち誇ることとなってしまった。……人権の国、自由にして偉大なるフランスも、この反ユダヤ主義の病から回復しない限り余命は長くないであろう。憎しみの業に愛国心を利用することは犯罪である。最後に、人間科学全体が、真実と正義の間近な完成を目指して努力を重ねている時に、サーベルを近代の神に見立てようとすることは、明らかな犯罪なのである。
>
> （Zola [1898a] 1970: 928-9＝2002: 265）（強調および［　］内は引用者）

調査［＝ピカール中佐（新任情報局局長）によるドレフュス事件の再調査］は一八九六年の五月から九月にかけておこなわれた。そして、ここではっきりと確認しておかねばならないことは、この時点でゴンス将軍がエステラジー［少佐］の犯罪に確信を抱き、ボワデッフル将軍とビヨー将軍も［ドレフュスが書いたとされ彼の有罪の証拠とされていた］明細書がエステラジーの筆跡によるものであるという点に疑問を抱いていなかった、という事実だ。ピカール中佐による調査は、この牢固とした確認事項にまで到達していたのである。しかし、それにともなう動揺もまた甚大であった。他でもない、エステラジーの有罪には不可避的にドレフュスの再審がともなうからである。それこそは、参謀本部がなんとしても避けたかった事態なのである。

……こんなことがあってよいものだろうか！　ここ一年来、ビヨー将軍、さらにはボワデッフル、ゴンス両将軍は、ドレフュスが無実であることを知りながら、この恐るべき事実を彼らだけの胸にしまい込んできたのだ！

（*ibid*.: 925–6＝2002: 258–9）（強調および［　］内は引用者）

つまり、証拠物件の筆跡という、真犯人がフランス軍少佐エステラジーである確証＝ドレフュス大尉が無罪である確証を得ながら、フランス国軍はこの不名誉な事実を隠蔽し、ドレフュスを罪に陥れたのだ。のみならずフランス国軍は、ドレフュス有罪の証拠として公開不可の機密文書の存在を捏造さえした。

今日、有罪判決を正当化するために決定的証拠なる機密文書の存在を言い立てる人々の絶望的なまでの執拗さもよく理解できようというものだ。この文書は、公表することはできないが、しかしすべてを合法化するものであると言う。それを前にした我々は、ひたすらひれ伏すしかない。まさに不可視、不可知の神のような存在！

私は、そのような文書の存在を否定する。あらん限りの力をこめて、その存在を否定する。……国防に直接関わり、公表の翌日には即開戦という事態も招来しかねない文書など、断じて、断じて存在しなかったのだ！　すべては嘘である！（*ibid.*: 924＝2002: 256-7）

以上の通り、ゾラは「私は告発する！」の中で、根拠のない権威に屈せず、あくまで証拠に基づいて、事実それ自体を描き暴き出そうとしたのだ。それが人間科学全体の要請、近代という時代の要請であると信じて。

この告発の結果、軍に対する名誉棄損の廉でゾラは裁判に掛けられる。この裁判の中で彼は陪審員に対する演説をおこない、証拠に基づき自ら信ずる事実を高らかに宣言する。

> ドレフュスは無実であると、私は誓って申し上げます。そこに私は、私の命、私の名誉を賭けております。今この荘厳なる瞬間、人間の正義を代表するこの法廷を前にして、国民の顕現そのものである陪審員の皆さま、あなた方を前にして、そして全フランス、全世界を前にして、私はドレフュスの無実を誓う。そして、私の作家としての四十年の経歴、その経歴を通じて私にもたらされた権威に賭けて、私はドレフュスの無実を誓う。私がこれまで獲得したものすべて、私が築き上げた名声、フランス文芸の普及発展に寄与した私の数々の作品に賭けて、私はドレフュスの無実を誓う。私の持つすべてのものは崩れ去るがよい。私の作品のすべては朽ち滅びるがよい、もしもドレフュスが無実でなかったならば！　しかし、彼は無実である。
>
> 今、ありとあらゆるものが私の敵に回っているように思われます。上院も下院も、文民権力も軍権力も、巨大発行部数を誇る数々の新聞も、そしてそれらの新聞に毒されてしまった世論も。私の味方として残っているのは、

もっぱら思想であり、真実と正義の理想である。今、私は極めて穏やかな心境にある。私は勝つであろう。私は自分の国が虚偽と不正義の中にとどまり続けることを望まなかった。この場で私に懲罰を加えるのは自由である。しかし他日フランスは、その名誉の救いに手を貸した者として、私に感謝することであろう。（Zola [1898b] 1970: 939＝2002: 297）（強調は引用者）

この通り、フランス社会にあって敵に囲まれ、なにより自身が被告として今まさに裁かれているという現実に直面しながら、それでもなおゾラは事実の力を深く信じている。確かに彼は筋金入りの自然主義者、実証主義者だ。ただそれは、ゾラ自身の言葉にある通り誓いであり、そう信じているということすなわち一種の信仰であることを見過ごしてはならないだろう。なんとなれば、彼の主張が立脚している諸事実を神ならぬゾラが完全に把握しているなどということはありえないからだ。のみならず、ゾラが賭けている「未来」すなわち「未だ現実化していないもの」は、実証可能な現実・事実ではないのだから。実証主義者が事実でないものに立脚して何かを主張することは自己矛盾だ。にもかかわらず眼前の現実を裏切るような「予言」を信じるとすれば、それは「祈り」と呼ぶ他なかろう。この意味においてこそ、自然主義者ゾラのあの有名な台詞は真に理解可能なものとなる。

真実は前進し、なにものもその歩みを止めることはできないであろう（la vérité est en marche et rien ne l'arrêtera）。（Zola [1898a] 1970: 930＝2002: 267）

つまるところ、この自然主義文学者の、この実証主義社会科学者のこの力強い言葉は、事実に対する信仰の告白である。実際のところこの台詞は、虚偽に囲まれた四面楚歌の社会的現実の中で、「真実が前進して欲しい・そうであるはずだ」との狂おしい祈りなのだ。

4　デュルケームと実証主義社会学②

ゾラの生きたこの同じ時代のフランスに、もう一人の知識人が生きていた。先にもその名を挙げておいた、近代社会学の創始者として名高いエミール・デュルケームだ。ゾラの自然主義文学は、デュルケームの実証主義社会学と本質を共有している。

デュルケームは自らの社会学を定式化した『社会学的方法の規準』の中でまず、先駆者コントとスペンサーのいわゆる実証主義的社会学を「実証主義的形而上学」（Durkheim [1895] 1999: IX＝1978: 20）と痛烈に批判し、自らの社会学との混同を厳しく諌める。さらに、あらゆる神秘主義を「一切の科学の否定者」（*ibid.*: 33＝1978: 99）であると断じ、「社会学者は科学者であって神秘家ではない」（*ibid.*: 139＝1978: 261）として、「社会的なものの本質についての教義的な意味［付け］」（*ibid.*）を、明確に拒否する。またさらに、初版出版後寄せられた批判に応えた第二版の序文では「筆者の立てた規準は、いかなる形而上学的な見方も、存在の本質についての思弁も含んではいない」（*ibid.*: XIV＝1978: 27）と言い切りさえする。

つまり、デュルケーム社会学の根本前提は、あらゆる形而上学・神秘主義の拒否、諸物と諸現象の超越的な理解・解釈の全面的な排除にあるのだ。これは無論、正しく実証主義、実証科学の構えである。

この前提の上でデュルケームは、社会的事実fait socialを措定し、その「客観的な実在性」を主張（*ibid.*: 3–4＝1978:

51-2）する。そしてあの有名な規準を打ち立てるのだ。

第一の、そして最も基本的な規準は、社会的事実を物 *choses* のように考察することである。（*ibid*.: 15＝1978: 71）（強調は原著者）

彼は言う。

社会的事実とは……個人に外的な拘束を及ぼすことができ……その個人的な表明からは独立しているあらゆる行為様式のことである。（*ibid*.: 14＝1978: 69）（強調は原著者）

社会現象は物であり、物のように取り扱われねばならない。……実際、物とは、観察に与えられるものすべて、観察に供される、というよりはむしろ観察に強制されるものすべてである。諸現象を物のように取り扱うこと、それは、科学の出発点を成す資料 *data* としてそれらを取り扱うことに他ならない。（*ibid*.: 27＝1978: 90-1）（強調は引用者。ただし「資料」の強調のみ原著者）

したがって、

社会諸現象は、それらを表象する意識主体から切り離して、それ自体として考察されなければならない。すな

わち、外在する物として、外部から研究されねばならない。(*ibid.*: 28＝1978: 91)(強調は引用者)

社会的事実は、単に方法論上の仮定として個人に外在して個人を拘束し独自の実在性を持つのではなく、もっと本質的な意味で、いわば自然物と同様の「物」として、それを表象する意識主体とは独立に、外的に観察可能な、まさに人間が実際に生きる世俗社会の中に「実在」する「事実」なのである。

こうして以降、超越性を排した世俗世界＝社会における、いわば「目に見える真理」である社会的事実に立脚して、世俗世界の解釈枠組としての「客観的な科学」たる近代実証主義社会学がデュルケームによって展開される。社会的事実は、まさしく他ではありえぬ「事実」となる。一言で言って、社会的事実とは「物質的な物と同じ資格 titre における物」(*ibid.*: XII＝1978: 23-4)なのだ。

さらにデュルケームもまた、いわば実証主義社会学者の社会的実践として、ゾラと同じくドレフュス事件で事実を求め活躍したことは今日知られている通りである(3)。

5　社会的事実の遡及構築性：chose déjà faite

しかし、だ。ゾラやデュルケームによる力強い実証科学の宣言とその実践にもかかわらず、事はそう単純ではない。実際、およそ当たり前のことだが、ゾラが熱弁するドレフュスの無罪は、事後に構築されたものでしかありえない。つまり社会的事実は、確定した(とされる)過去への遡及であり、現存する物事を「証拠」と見做して・後付けとして構築されるものでしかありえない。

それは、社会が人間の生の現実である以上、そこでの現実の様態が常に変化しているその変化そのものだからだ。そこでの確定した事実とは過去に遡って組み立てられたものでしかありえない。デュルケームが「物 chose」と規定した社会的事実がこれだ。しかり、社会的事実 un fait social とは、文字通り fait（= faire の過去分詞）、つまり「既になされたもの・作られたもの」であり、この意味でまさしく une chose déjà faite なのだ。要するに、社会的なもの、社会的な事実・真実とは常に「出来事」なのだ。

これに対して自然物は過去を持たない。物質は記憶を持たない。それは事態を顧みうる意識を持たないのだから、自然物たる物質は常に現在にある。それは現在の構成としてある。それが物質のごく当たり前の存在様態だ。そして言うまでもなく自然物たる物質は「（人に）作られたもの」つまり「人工物」ではない。こうした意味において、社会的事実は決して「物質的な物と同じ資格における物」ではない。

実際のところ、ゾラにしてもデュルケームにしても、ドレフュスが「スパイ行為を働いていないこと」を、または「エステラジーがスパイ行為を働いたその瞬間」を目撃したわけではないのだ。直接に事実を確認したわけではない。社会的な事実に対してそのようなことはおよそ不可能だ。社会的な事実とは「既に起きたこと」なのだから。「過ぎ去ったもの」つまり「現には存在しないもの」を、「現に存在する（別の）もの」を「証拠」と見做して手繰り寄せ、意識的につなぎ合わせてはじめて「存在させる」ものなのだから。

故に、過去遡及的に構成された「出来事」を「客観的事実」と呼ぶのであれば、そしてその認識構成枠組を単なる「作業仮説」と呼ぶことなく「真実」としてこれを語るのであれば、それは実のところ語られた出来事が事実・真実であって欲しいとの「願望」だ。そしてその事実が原理的に物のようには根拠付けられない以上、それはある種の祈りなのではなかろうか。

このことは、今日の我々自身の社会的生を振り返れば一層了解されよう。我々に与えられている様々な過去および現在の社会的な事実とされるもののうち、その事実の事実性を直接に経験し確認したものがどれほどあるだろう。ほとんどは、伝聞や資料に基づき差し当たり自分の経験と矛盾をきたさないように感じられるものを事実と見做しているだけではなかろうか。

無論その事実は、好き勝手に空想できるという意味での主観的なものではない。それは資料に基づき、論理的に矛盾せず、さらに各人の社会的生に無矛盾でなければならない。この意味でそれはまったく主観的なものではなく、むしろ客観的なものたりうる。

しかしその客観性は、石や星のような自然物の客観性（客体性、対象性：objectivité）と同じものではない。意識的存在である我々人間がその中で生きている社会の事実の客観性とは、ドレフュス事件に現れた通り、あくまで意識によって過去に遡及され意識的な構築過程を経てはじめて作り出される、そのような客観性でしかありえないのだ。故に、この客観的事実を「物のように」見做すとすれば、その「見做し」自体が祈りの一種たらざるをえないのだ。

6　歴史的背景　教権主義と共和主義(4)

ゾラの自然主義文学およびデュルケームの実証主義社会学として現れたこのような社会認識の立場には、これを生み出し支えた共通の歴史的背景、歴史的要請がある。

彼らが活躍した第三共和制初期（一八七〇〜一八八〇年代）とは、第二共和制に続いた第二帝制が普仏戦争敗戦にともない惨めに瓦解した後、残された二大勢力である王党派と共和派が壮絶な抗争を展開した時代であった。それは単なる国家の覇権、そして政治体制に関する闘争にとどまるものではなく、その背後にある思想としての教権主義（カトリシズム）と共和主義との原理的な対立でもあった。

このことはとりわけ、ジュール・フェリー内閣によって主導され反教権主義に貫かれたいわゆる「フェリー時代」の内政に、なかでも教育行政にはっきりと見ることができる。

フェリー法と呼ばれる一八八一年から一八八二年にかけて制定された一連の法律により、初等教育は完全に無償とされると共に義務化され、さらには宗教教育の完全な排除が規定され、ここに公教育の「無償・義務・世俗性」の原則が確立された。さらに一八八六年には教育者の世俗化が決定された。

普仏戦争敗戦の遠因を秘蹟や神秘を重視したカトリックの教育にあると考えた共和制は、これを一掃する学校教育、すなわち世俗的な公教育を打ち立てようとしたのだ。「教会がキリスト教の教義を教えこみ、良き臣従を作るのを目的としたのに対して、世俗的学校は読み書き計算と市民的道徳を教え、自由な精神と良き市民を育成することを目指した」（渡辺ほか 1997: 21）のである。その結果、「学校は今や中世の教会と同じように、村落の中心、世俗的共和主義という新しい信仰の新しい寺院とな」（*ibid.*）り、「学校教師はいわば共和主義的信仰の布教者として立ち現れた」（*ibid.*）。

つまり、この対立は、国民の政治的統合をめぐってのものであると同時に、その統合を基礎付ける信仰・教義上の闘争でもあった。ただしこの闘争は、宗教間の超自然的で超越的な信仰・教義同士の伝統的なものではない。それは、カトリシズムの教権主義として歴史の中に現れた形而上の超自然的・超越的世界観と、同じく共和主義として現れた形而下の世俗的な世界観の闘争という、いわば「近代的な」対立であった。

デュルケームによる近代社会学の創始は、このような歴史的背景の要請でもあった。当時高等教育局長の職にあった共和主義者ルイ・リアールの手配によって、一八八七年デュルケームはボルドー大学文学部社会科学講座および教育学講座の講師に任ぜられる。これは教権主義に対抗し、共和主義の、すなわち事実に基づく世俗的な社会秩序を打ち立てうる言説、つまり社会学をデュルケームに構築させるためである。

実際、社会科学講座はデュルケームのためにわざわざ新設されたものであり、講座開講の辞で彼は次のように宣言している。

［人間の自由意思と自然の法則性との矛盾のような］問題が論じられるのは形而上学においてであり、実証科学はそれに無関心でありうるし、またそうでなければならない。(Durkheim [1887] 1987: 83 = 1970: 66–7)（強調および［　］内は引用者）

要するに、デュルケームが社会に関する一科学を打ち立てるということは、カトリシズムの教義・世界観・世界解釈に取って代わりうる共和制の世界観・世界解釈＝世俗な世界解釈枠組を打ち立てることを意味していた。つまりそれは、超越性無しで、つまり神無くしていかにすれば世俗世界たる「社会」を「それ自体として」安定的に捉えられるのか、我々人間が共に生きる社会の「真実・真理」を超越的な信仰無しで、形而下で、「事実から」「事実として」どのように見出し確定できるのかという、いわば近代社会の根本問題に対する挑戦であり、それがデュルケームに与えられた——そして同じ時代の同じ場所で、ただし別の分野でゾラに与えられた——歴史的課題、歴史的要請だったのだ。

7　世俗の祈りたる科学

そもそも科学の本質とは何か。事実・現実を正しく捉え、これを説明し、これを理解することだ。これこそが、分野を問わずおよそ科学と呼びうる営為の本質であり、実証主義社会学と自然主義文学はこの意味でまったき科学であると言いえよう。

しかし先に論じた通り、そこで事実の直視によって暴き出される当の「事実」は、その直視によってこそ、過去に遡るその視線によってこそはじめて現れる、否、むしろはじめて作られる「出来事」だった。

とすれば、その事実の事実性の根拠付けは、自己を参照し論は循環していることになる。社会科学が人間科学であるが故に、自己自身が主体であると同時に対象であることを免れないからだ。そしてこの人間とは、常に質的に変化する存在すなわち生命であるだけでなく、自己意識を持つ生命、「自らを変化させる自ら」であるところの生命だからだ。[5] この限りで社会科学の言説は——かなりの遠路を辿っての——自己参照とならざるをえない。

この自己参照による循環構造を避ける伝統的な方策は、超越性の導入とこれによる事実の根拠付けだ。つまり、世俗的で観察可能な客観的事実が事実そのようにあることの存在性の根拠を世俗世界すなわち社会の外部に置くこと、つまり社会的事実を、人間以外の何か（通常は神か自然）によって人に「与えられたもの」として措定することだ。

しかし、この伝統的な立場を初めからきっぱりと放棄することこそ、ゾラとデュルケームに課せられた時代の要請であった。この策はとれない。にもかかわらず、自然主義・実証主義として彼らは真実を、事実を、現実を求めた。では、その営みは、世俗内に事実を見出すという科学なる営みは、とどのつまり同義反復に帰着するのか。それともそれ以上の何かでありうるのか。

率直に言って、このような人間的事実の探究は、神を、正確には超越性を視野の外に置いた時点でそれ自身実を結びえないのだ。このことはむしろ、神秘や非合理に惑わされない実証的・合理的精神にとってこそ明らかなはずだ。というのも、このような人間の社会的生に対する実証主義的探究とは、「形あるものによって形のないものを」「固化したものによって自発的に変容するものを」説明し切ろうという試み、そしてあわよくば前者に後者を還元しようという試みだからだ。しかし、両立しえない正反対の性質を持つものを一元的に説明すること（＝両立させること）は、そもそもまったくの非合理なのだ――神秘的な結合を認めないのならば。

それでも、ゾラもデュルケームも事実の力を堅く信じ、社会における事実を追い求めた。その言説は、同義反復であると同時にそれ以上のもの、宣言であり、誓いであり、賭けであった。一言で言ってそれは「人間社会への祈り」、いわば「世俗の祈り」だったのだ。このことは、抑制の効いた科学者デュルケームの言葉からではわかりづらいとしても、文豪ゾラの率直な叫びを思い起こせば誰しも腑に落ちるのではなかろうか。

この「祈り」は、したがって、社会科学が人間科学である限り避けられない。これを近代社会科学の弱点と見ることもできようし、科学に内在する宗教性と呼ぶこともできよう。確かに、この点を意識化していなければいわゆる「宗教」に足をすくわれ、社会科学は再びいわゆる「宗教」に取り込まれかねない。

しかし他方、社会的人間的事実を捉えるということは、こういうことなのだ。それは科学の宗教性と言うよりも宗教の科学性だ。またはむしろ、宗教や科学、また文学といった人間活動を諸領域に分化させて捉える以前の、人間の生そのものが持つ事実性なのだ。

おそらく人は、宗教的な形であれ非宗教的な形であれ「祈」らなければ、この不条理で残酷な生――社会関係の不条理はもちろんのこと、そもそも身体が物質であることによる、精神には如何ともしがたい不条理、すなわち老いと病、そして死――を生き抜くことはできないだろう。とすれば、人間の生が常に質的に変化する創造的なものである限り、（死せる）物質に対する科学の流儀を社会現象に適用するということ自体、「見做し」つまり「例え」や「（物）語り」でしか本来的にありえないのかもしれない。

ここが、社会における事実の、実証人間科学の、広くは「本当のこと」を明らかにする営為としての学問というものの、到達限界なのだろう。社会的な「物自体」には達しえない。と同時に、この限界において得られる「事実」「真実」こそが、根底的かつ現実的な意味での「社会的事実」なのだろう。

しかし、我々が辿り着いたこの理解は決して「諦め」ではない。というのも「世俗の祈り」とは、人間の最も強烈な意志的行為だからだ。つまり、実証主義を究めた果てに人間科学は、神ならぬ人間の、事実に賭ける意志に基礎付けられるのだ。そしてこの自由意志という直接経験において、人間性は俗世たる社会を超越しているのだ。

注

（1）本節および次節の内容についてより詳しくは拙著菊谷（2015）第一章第二節を参照されたい。
（2）本節の内容についてより詳しくは拙著菊谷（2005）第二章第二節および同（2011）第二章第一節を参照されたい。
（3）デュルケームとドレフュス事件については拙著菊谷（2005）第二章第四節および同（2011）第二章第三節を参照されたい。
（4）本節の内容についてより詳しくは拙著菊谷（2005）第二章第一節および同（2011）第二章第二節を参照されたい。
（5）この議論について詳しくは拙著菊谷（2011）第三章および終章を参照されたい。

文献（本文または注で参照したもののみ。引用文の訳は適宜変更した）

Durkheim, Émile [1887] 1987 "Cours de science sociale," J.-C. Filloux ed., *La science sociale et l'action*, Paris: PUF, 77–110.（=1988 佐々木交賢・中嶋明勲訳「社会科学講義」同訳『社会科学と行動』恒星社厚生閣：62–89）

——— [1895] 1999 *Les règles de la méthode sociologique*, Paris: PUF.（=1978 宮島喬訳『社会学的方法の規準』岩波書店（岩波文庫））

菊谷和宏 2005『トクヴィルとデュルケーム――社会学的人間観と生の意味』東信堂

——— 2011『「社会」の誕生――トクヴィル、デュルケーム、ベルクソンの社会思想史』講談社（講談社選書メチエ）

——— 2015『「社　会《コンヴィヴィアリテ》」のない国、日本――ドレフュス事件・大逆事件と荷風の悲嘆』講談社（講談社選書メチエ）

渡辺和行・南充彦・森本哲郎 1997『現代フランス政治史』ナカニシヤ出版

Zola, Émile [1879] 1968 "La République et La Littérature," *Œuvres complètes*, Tome 10, Paris: Cercle du Livre Précieux, 1379–1401.（=2002 小倉孝誠訳「共和国と文学」小倉孝誠・菅野賢治編訳『ゾラ・セレクション第10巻　時代を読む1870–1900』藤原書店: 112–24）

——— [1898a] 1970 "Lettre à M. Félix Faure (J'Accuse...!)," *Œuvres complètes*, Tome 14, Paris: Cercle du Livre Précieux, 921–31.（=2002 菅野賢治訳「共和国大統領フェリックス・フォール氏への手紙」小倉孝誠・菅野賢治編訳『ゾラ・セレクション第10巻　時代を読む1870–1900』藤原書店: 246–81）

——— [1898b] 1970 "Déclaration au Jury," *Œuvres complètes*, Tome 14, Paris: Cercle du Livre Précieux, 933–9.（=2002 菅野賢治訳「陪審団への宣言」小倉孝誠・菅野賢治編訳『ゾラ・セレクション第10巻　時代を読む1870–1900』藤原書店: 282–99）

第九章　震災と社会学
――オーギュスト・コントの実証主義再考

杉本隆司

「一片の流言はよく国を傾けることができる」
清水幾太郎『流言蜚語』（昭和十二年）

1　震災後の社会を手掛かりに

東日本大震災による福島第一原発事故の影響はいまも社会に不安を与えている。事故当初、政府は国民のパニックを恐れて被害予測を過小に評価し、マスコミも専門家を連日メディアに登場させて国民の不安を解消しようとした。最初はアカデミズムの権威の言葉に耳を傾けていた一般市民も、産業界と学界の多岐の利害関係が明らかになるにつれ、若い世代を中心にいわゆる〝御用学者〟への不信が広がった。他方で利害とは無縁な〝反原発学者〟や海外の研究者の意見に注目が集まり、三・一一以降日本は「本当のこと」を求めて世論の全国的な分裂状態に陥った。この事故は科学（者）と社会をめぐる従来の知識社会学的な問いを改めて提起させたが、特に問い直されるべきは社会全体が正確に何を信じてよいのかわからない危機的な状況での社会的な「信頼の在りか」の問題である（中村 2013）。震災以降、科学者が少なからぬ市民の信用を失った事実は科学者倫理の枠を超え、「信頼」を軸とした社会構造の根幹にまで及ぶ問いの広がりを有している。

原子力問題に限らず、知識の専門化が進行した現代ではあらゆる場面で市民がその判断を求められる状況が増えている。六〇年代の公害問題を皮切りに、地球温暖化、ＢＳＥ、遺伝子組み換え等、科学技術の問題がその恩恵に伴うリスクとして日常生活にまで入り込む「科学化する日常」（西山 2013）と呼ばれる状況が出現した。他方で冷戦の終結以降、市場のグローバル化を背景に政治・経済レベルでの過度の自由化が進行し、「自己責任」論に象徴されるように倫理的にもあらゆる問題を個人の自助努力で解決すべきだとする社会風潮が強まっている。端的にいえば近代の合理的人間観が求める自律した個人の理想とは裏腹に、個人では対応できない高度な知識が要求される問題の前に市民が立たされることになったのである。実際には個人で専門知識を身につけて個々の問題に対処するのはまず不可能であり、専門家＝他者にますます判断を仰がざるを得ない状況――情報の氾濫する現代では知識の外注化《アウトソーシング》はグルメから医療、選挙まで多岐に及ぶ――にある。

一般に市民がある問題の判断を下す根拠は、それまでの教育環境やマスコミ報道であり、最終的にはそれらの背後にある科学者共同体の権威にある。この権威はレフェリー制度を基盤とした科学者相互の審査を経た知識の科学的合理性に由来する（藤垣 2003）。だがその小さな共同体を一歩出れば、科学的知識を自ら検証してその正誤を判断しているわけではない市民が科学者の見解を信用する（権威を認める）理由は、科学者や科学組織が一致してその見解を認めているというこの事実自体にある。それゆえ科学の権威とは、厳密にいえば知識自体というより、さしあたりその見解を述べる学者や組織に対する人々の信頼から生まれている（中谷内 2008）。逆にいえば学者や組織に何らかの疑念（例えば産業との癒着）が生じた場合、彼らが提示するいかなる科学的見解も市民は信用しない。

これらが示唆しているのは、市民が科学者の見解を信じないのは素人＝市民に専門知識が欠けているがゆえにそれを疑ったり、パニックに陥る（いわゆる〝欠如モデル〟）というより、むしろ科学やその組織自体に対する人々の不信に主たる要因があるという点である。周知のように近年では、科学と社会の問題を一方的な知識の「提供－受容」関係からではなく、科学的合理性を超えた《トランス・サイエンス的》領域で社会的合理性を形成するための幅広い社会的ファクター（信頼、感情、コンセンサス、コミュニケーション等）から論じる「リスク社会論」や「科学技術社会論」（ＳＴＳ）に関心が集まっている（ベック1998、小林2007ほか）。

こうした議論に共通しているのは、合理性の基準を専門科学だけに求めるのではなく、その恩恵とリスクを被る生活者を含めた幅広い社会的観点も合理性の枠内に組み込もうとするその姿勢にあるといえる。これらの研究は、当然にもおおむね先ほど挙げた理系の諸問題を題材に科学と社会の関係を論じてきたが、ここではそのような信頼関係の在り方を広く政治の領域から社会秩序の次元にまで昇華させようとした古典的試みとしてオーギュスト・コント（一七九八－一八五七）が提唱した社会学の構想を再検討してみたい。

2　十九世紀実証主義への批判

一般にコントの名はsociologieという言葉の創始者、実証哲学の祖として知られるが、彼の社会学はフランス革命といういわば〝人災〟を契機として生まれている。革命のような社会的大事件と科学技術に伴う災害は出来事の性質が異なるとはいえ、昨日まで自明であった日常を全面的に崩壊させ、人々に精神的な危機を引き起こす点で被災者の側からすれば両者は別物ではない。コントが活躍した十九世紀前半のフランス社会は革命とナポレオン戦争を経て、カトリックと王権が否定され、社会の権威の在り方が政治的・宗教的に大きく転換した時代にあたる。そこに社会の再組織を掲げて登場したのがコントやその師サン＝シモン（一七六〇－一八二五）を起源とする実証主義思想である。よく指摘されるようにコントやサン＝シモン主義者の多くはパリの理工科学校の出身であり、社会研究に実証的方法を提唱した始祖として学説史上まず彼らの名が挙がる。その古典的社会学の一般的なイメージはキリスト教や王権と手を切り、産業家と手を組んだ「科学技術を習得した専門家が人工物の設計による自然の制御と相似の発想で社会の設計」（松本［2002］2012: 224）に携わり、合理的な社会秩序の構築を目指した先駆的学問といったものだろう。この点で彼らが思想史上肯定的に捉えられることもあるが、他方でその批判も伝統的に根強いものがある。二〇世紀初頭のマルクス主義からの「ブルジョワ社会学」という伝統的な批判を除けば、実証主義批判はおおむね次の二点にまとめられよう。

まずその社会科学の方法論の疑似科学的性格に対する批判である（科学主義批判）。例えば人類史を神学状態から形而上学状態を経て実証状態へ至る進歩の過程と捉えるコントの「三状態の法則」は、自然科学の法則を社会科学に無批判的に持ち込んだ、存在と当為を混同した目的論的な疑似科学にすぎない（ポパー、ベニシュー）。またこうした科学法則は人間の社会変革の志向を抑止し（マルクーゼ）、同時代の前近代社会の「野蛮人」や人間の情念に関わる信仰の問題を軽視させたともいわれる（コリングウッド）。

次にコントの実証主義は科学に名を借りた宗教的権威主義だとする批判である（権威主義批判）。コントは前期の主著『実証哲学講義』で神学から実証科学への社会研究の移行を唱えたにもかかわらず、晩年には自らがその大司祭を任じる「人類教」を宣言するに至った。宗教権威による社会の統治というそこでの主張を、J・S・ミルや弟子のE・リトレらは知的反動としてコントの生前からすでに厳しく批判していた。ロシア革命以降は、科学による人民の支配を正当化する二〇世紀の全体主義の起源だとする批判も現れ（イッガース、ハイエク）、知識人論の文脈でも実証主義からマルクス主義に至るテクノクラート思想はキリスト教的メシアニズムの再来として論難されてきた（1）。もとよりこうした権威主義批判は一点目の批判と不可分であり、コントに先行してサン＝シモン主義者らもサン＝シモン教の創設に乗り出したように、実証科学からのこうした宗教的「変節」自体が逆説的に彼らの科学論の「疑似科学性」を示す証左と見なされてきたからである。

だがこうした批判の一方で、「権威」の問題は単に全体主義や盲信的科学主義の告発に収まらない、近代社会の個人と共同性の在り方を巡る西欧社会学の起源から問われてきた伝統的なテーマの一つでもある（Nisbet 1966）。日常では権威はネガティブなイメージを帯びるが、信じる基盤が崩れた非常時の場合、それは不安を安心に変える信頼の源となることも確かである。非常時でなくとも、先述の通り多くの知識を外注に頼る現代社会では他者への信頼なしには我々の生活も立ちいかない。知識や職能の現代の専門分化の起源をたどれば、産業革命に起因する分業や階級の問題を扱った十九世紀のフランス社会学（ル・プレー、デュルケム）や大衆社会論（ル・ボン、タルド）、あるいはトクヴィルやプルードンらが程度の差はあれ権威の問題に関心を払ってきたのは偶然ではない（ルークス 1989）。

近代以前ではそうした権威＝信頼を社会にもたらす役目は洋の東西を問わず宗教であった。だが十九世紀の科学の進歩と産業社会の世俗化の流れの中で、その役割の多くは事実上、宗教から科学へと移行した。かつての宗教的権威の源泉が神や教会だったとすれば、近代社会の権威は誰が担い、何によって保証されるのか。コントの社会学も広くいえばこうした問題関心から生まれている。以下では彼の社会学の創設を、民衆（社会）と科学者（知識人）をめぐる十九世紀の新たな信頼関係の構築の試みとしてとらえ直したい。

3　実証哲学と社会学

コントは実質的なデビュー論文「社会再組織のための科学的研究プラン」（一八二二年）で「三状態の法則 la loi des trois états」を初めて打ち出し、社会を再組織する政治学の実証科学化（＝社会学）[2]を主張した。だがその八年後に今度は、十二年の歳月を費やして社会学を含む自然科学全般を考察の対象とした主著『実証哲学講義』（全六巻、一八三〇‐四二年、以下『講義』）を出版し、実証哲学を宣言する哲学者として登場する。ここでは社会学と実証哲学の関係について、コント思想全体の基本構造をまず押さえておきたい。彼はその第一巻冒頭で、最初に自らの「実証哲学」に次のような定義を与えている。

> 古代人、特にアリストテレスは人間の観念の一般体系を表現するために哲学という言葉を用いたが、私も同じ意味で使うつもりである。だがそこに実証の語を添えて私が主張したいのは、どんな観念の次元の理論でもそれを検討する固有の思考様式は、観察された諸事実の整合的な秩序づけにあると考える点にある。これは……第一の神学状態、第二の形而上学状態に続く、第三の最後の一般哲学の状態を指している。（Comte [1830] 1968: xiv）

このようにコントはアリストテレスに倣い、まず各状態を支配する「人間の一般観念の体系」を広い意味で「哲学」と呼ぶ。「人間の一般観念」とは人間が現在の世界を説明し、生活するうえで必要な自然現象から社会現象にわたる知識の総体であり、哲学とはその世界全体を認識する際の各時代の思考様式にあたる。具体的には、神学哲学は超自然的存在（神）という世界の第一原因から想像力によって、形而上学哲学は神の代わりに擬人化された実体（自然）という抽象概念によって、そして実証哲学は神や実体といった第一原因の探究を断念し、「観察された諸事実の整合的な秩序づけ」、つまり現象間の法則を通じて、それぞれ世界を説明する。三状態の法則とはこうした知性の発展に応じた各時代の世界観を根底から規定する人々の認識＝知識の一般的な観念体系の相対的な変遷過程を示している。

確かに三つの哲学は知性の状態に応じてその内容を異にするが、コントによればどの時代の知性も一様に世界の秩序を説明したいという人間の知的欲求に起因している。例えば神学哲学は事物に生命が宿っている、造物主が世界を遍く支配している等の考えを創出したことで、天文現象から物理、化学、生物、社会現象まで世界や歴史をトータルに説明することに成功した。確かに現代の実証科学からすればこの説明は観察ではなく想像に基づいてはいる。だが「現象を説明する」とは結局のところ諸現象の関係付けであり、その一貫した関係を表現したものが法則だとすれば、実証科学による世界の説明づけも、その動機の点では違いはない。つまり、混沌たる世界と歴史に整合的な秩序を与えたいという人間の根本的欲求がそれである（Comte [1830] 1968: 52）。

神学的哲学がこの欲求を満たせなくなる時、つまり世界秩序をトータルに説明できなくなる時、この理論体系は崩壊する。コントによれば、自然研究の領域に実証科学が姿を現した中世末期に始まったのがこれであった。十一世紀のアラビアの観察科学の西欧への流入から宗教改革までの一連の運動とその後の数々の科学的発見により、政治的には教皇制に基づくヨーロッパ普遍主義が解体し、知識の面では聖職者の精神的権威も失墜した。そして既存の知識への懐疑は同時に社会秩序に決定的な打撃を与え、最終的にはフランス革命という破局を迎えることになる。三状態の法則でいえば、約七世紀に及ぶこの時代が「形而上学状態」にあたる。それゆえ秩序を回復させるためには、人間の知的進歩の欲求に見合った「実証的な観念体系」を再び構築する必要があるが、コントによれば、神学と実証科学の折衷から生まれた形而上学哲学（プロテスタンティズム、理神論、啓蒙思想）はいわば神学体系の解体を専門とする批判哲学であり、この任に堪えることはできない。そこで十九世紀以降の実証状態の観念体系、すなわち実証哲学を創始することがコントの課題となる。

実証状態においては、全現象の法則の確立を引き受けるのは当然科学である。「実証的観念体系」とは、数学、天文学、物理学、化学、生物学の諸科学の総体であり、我々が生活する現実は、複雑で重層的に織りなされた諸現象がそれらを観察対象とする諸科学を介して（模写ではなく）近似的に表象された世界にすぎない。言い換えれば、外界に生起する全現象は結局は諸科学が定立する法則で説明され、そのどのような説明も知識の全体が収容されたこれらの科学のどれかに属する現象について語っていることを意味する（安孫子 2007: 152）。もとより人間は時空のカオスの中では生活できず、世界に秩序を見出す欲求が科学を生み出したとすれば、自然研究は「自然を前にした人間の行動の真の合理的基礎」、つまり「予見」を人々に提供することにその本来の目的がある――「予見は科学から導かれ、予見から行動が導かれる」（Comte [1830] 1968: 52）。それゆえ法則から得られる予見の可能性は、コントにおいて産業や技術の便益以前に、世界秩序に対する人間の精神的な足場を築く役割を担っているのである（Grange 1996: 68）。だが彼によれば、数学から生物学までは実証化されているにもかかわらず、現在までまだ取り残されている研究領域がある。それこそ社会・政治現象であり、実証哲学は自然現象だけでなく「社会現象の研究を含めた、人間精神が働きかけるあらゆる対象に適用可能な一様の推論法」（Comte [1830] 1968: xiv）を示すことがその課題とされるのである。いうまでもなくこの課題こそ社会学の創始であり、端的にいえば実証的観念体系を構成する六科学の最後のピースを埋めるこの社会学の創始がそのまま実証哲学の完成を意味するのである。

4　社会の再組織と社会学

以上、コントにとって社会学の創始は、単に社会現象を対象とする一実証科学の創設に留まらず、十九世紀以降のいわば知のパラダイムともいうべき実証哲学の完成という壮大な事業の一環をなしていた。しかしコントの究極的な目的を再度確認しておけば、それは社会学や実証哲学の創始自体というより、フランス革命とナポレオン戦争後の混乱からフランス、ヨーロッパをいかに救い出すかという社会の再組織の問題である。

彼が活躍した十九世紀前半のフランス社会は、大革命から第一共和制、ナポレオン帝政、百日天下、王政復古、七月王政、そして四八年の二月革命まで激しく政体が変遷する一方、共和派、リベラル派、ネオ・カトリック派、復古王党派、中庸派といった多種多様な思想的・政治的立場が乱立していた時代にあたる。コントによれば、現在の社会的混乱の原因は、大局的にはかつての神学体系に依拠する神学的政治学（退歩派＝カトリック、王党派）と十八世紀啓蒙思想に依拠する形而上学的政治学（革命派＝共和派、リベラル派）が互いに意見を戦わせ、人々の政治的見解の一致が不可能となっている点にある。

ところで各状態の一般観念体系（哲学）はその時代の知識の総体に基づいた人々の生活基盤を提供する一つの世界観であった。逆にいえばその体系が解体する時、人々が信じるべき生活の基盤は崩れ、そのまま社会秩序全体の崩壊へとつながっていく。特に社会的・政治的領域で観念体系を操作する知識人の見識が疑われ始めると人々は彼らの言うことを信じなくなり、まさに革命後の社会のように政治的意見の氾濫から社会秩序の危機を招くことになる。それゆえ一般観念の体系とは、正確にいえば知の担い手の語る言葉＝意見の総体であり、現実にはそうした意見の信用の可否が社会秩序の直接の成否を握っている。

観念《イデー》は世界を支配し、転覆もさせる。言い換えれば社会構造の全体は最終的に意見《オピニオン》に基づいている……。現代社会の途方もない政治的・精神的危機の原因は結局は知的アナーキーにある。実際、原則的な方針を固めることが真の社会秩序の第一条件なのに、我々の最大の害悪はどんな方針にも現在すべての才人たちの間で意見の一致が一切見られない点にある。個々の知性が完全な同意のもと、共通の社会学説を生み出すある程度の一般的諸観念に従わない限り、諸国民の現状はどんな政治的弥縫策が採用されようと、どこまでも革命的なものに留まり、一時的な制度にしかならないのはごまかしようがない。だが同じく確かなことだが、もし原則の一致に対して才人たちの賛同が一度得られれば、深刻な動揺もなく適切な制度がそこから生まれ、最大の無秩序はそれだけで一掃されよう。（Comte [1830] 1968: 40）

コントが「知的アナーキー」と呼ぶのは政治的意見の不一致、つまり神学的・形而上学的な異質な精神の政治学が現在の社会研究を支配していることを指しており、それを克服するためにコントが青年期から一貫して主張するのが、政治学の実証科学化（＝社会学）という課題なのである。それゆえ各党派がそれぞれ多様な政治的意見を唱えているのは、文明の状態を無視した彼らの非見識だけでなく、そもそも政治学自体が人々からあまねく同意を取りつける実証科学（「共通の社会学説」）になっていない点に原因がある。逆にいえば天文学や医学が信頼されるのはそれが実証科学化しているからであり、どのような学問も観察と推論に依拠しない限り、もはや人々から信頼を得られないとコントは考える。

政治学が実証科学になった暁には、公衆は自分たちが天文学において天文学者に、医学において医者に今日寄せているのと同様の信頼《コンフィアンス》を政治学において……政治理論家に認めるべきであり、また間違いなく認められていくことだろう。こうした信頼は、政治学が曖昧模糊として神秘的かつ判断不能、要するに神学的であった限り重大な欠陥を抱えていたわけだが、政治学が実証科学、つまり観察科学になった暁には、我々が日頃当たり前のように医者に寄せている信頼……と少なくとも同程度のものにはなるであろう。(Comte [(1819) 1854] 1970: 3 = 2013a: 20)

コントは生涯を通じて政治学の実証科学化を繰り返し主張し、実証政治学、社会物理学、そして社会学へと概念を洗練させていくが、このように社会学の創設という彼のプロジェクトは、それを根拠づけている学問と学者への人々の「信頼」が社会の再組織の基礎にあるという原理的な認識に由来していた点をまず押さえておきたい。それでは十九世紀の産業社会を組織するために、科学と社会の新たな信頼関係は具体的にどのように構築され、担保されるのか、次にこの点についてみていこう。

5　合理的論証と「信」の根拠

すでに見たようにコントにとって形而上学的体系は批判哲学であり、秩序の原理とはなりえなかった。形而上学的政治学（彼が念頭に置くのはルソーやモンテスキューのそれ）は個人という抽象的実体（コギト）から社会を演繹するアトミズムにすぎず、そうした人間は生物学的「個体」だとはいえても「社会的諸関係の総体」（マルクス）として織り上げられる「人間」ではない。現実の「人間の発達はどこから見てもすべて社会に負っている」（Comte [1844] 1970: 74＝1970: 206）とすれば、コントが実証状態の社会－人間モデルとして考察の対象に据えるのが個人を社会全体の中に有機的に包摂していた中世社会であり、その社会を根底から支えていたカトリック教会という精神的権力（＝霊的権威）である。(3)

中世では民衆から信頼を受ける知識人は教会の司祭であった。彼らが神と民衆の媒介役となり、洗礼から埋葬まで日常の生活全般を取り仕切るとともに、知識の面でも神学体系を根拠に地震や津波、火山の噴火、疫病や飢饉から日食、彗星の飛来、戦争・革命の原因まで、神の加護によって得られる強い安心感から民衆が常に伺いをたてる先として権威を体現していたのが教会組織であった。要するに制度と知識の両面で司祭や教会に対する民衆の全幅の信頼が社会秩序の要だったのである。

ところでコントが着目するのは、決して民衆は天災や社会的事件の神学的解釈やラテン語聖書を自ら理解して司祭の言葉を受け入れてきたわけではない点である。その大多数はキリスト教の伝統的権威、つまり教会が古来から同意してきた見解を信頼しているがゆえに受け入れてきたにすぎない。逆にいえば、民衆が司祭の言葉を信じなくなった理由もこれと同じ理屈によるとコントは考える。

例えば約百年前から民衆は天動説を誰も信じなくなり、こぞって近代天文学を受け入れ、かつての宗教的信仰に彼らが与えていた確かさを今では天文学に認めている。民衆の見解がかくも変化した原因は何だろうか？　民衆が地動説の論証に精通するようになったからだろうか？　もちろんそうではない。こんな論証はフランスの全人口のうち三千人にもおそらく理解されていないからである。ではなぜ民衆はこの論証を信頼するかと言えば、

> それはこの学説に関する学者たちの見解がすべて一致していると彼らが認めたからに他ならない。（Comte [（1820）1854] 1970: 40＝2013 a: 78–9）

つまり、民衆は決して実証科学的な論証に精通したから神学的教義を信じなくなったのではない。「実際には、事実は論証抜きで承認されている。その理由は単純で、その真実性を証明する〔学者の〕論証は難しくてとてもついてゆけない」（Comte [（1820）1854] 1970: 41＝2013 a: 80）からである。それゆえ民衆が神学的教義を信じなくなったのは、その誤りや神の不在を論証したからではなく、単に科学的論証を一致して認める科学者組織の権威のほうを信じるようになったからにすぎない、ということになる。

だがその一方で、コントが「全人口の三千人」と呼ぶ科学者は地動説ならその学説の合理的論証を行い、新たな証拠が発見された場合の「厳しい反論の権利」も科学者同士には常に担保されている。それゆえ彼らの間の信頼は「どこまでも暫定的」にすぎず、「論証を理解できる人であれば盲信も、信頼さえも必要ない」とすらコントは述べる（Comte [（1820）1854] 1970: 8＝2013a: 29）。つまり科学者共同体の内部では啓示はもちろん、実証的能力が有する「真の論証が生み出す圧倒的な力」の前では、原理的には「信じること《クロワイヤンス》」（＝信頼、信仰。英語beliefに相当）はもはや不要となるのである。

他方、この「実証的論証の力」は科学者共同体の外部＝民衆との関係でいえば既述の理由により、信頼《ビリーフ》＝信仰の次元をなおも必要とする。[4] この事態を民衆側から見た時に科学者共同体がもつこの「論証の力」、「論理の一貫性」こそ科学の権威として現れる。確かに論証の力さえ民衆が認めなければ、当然科学に対する信頼は生まれない。さらにはのちにデュルケムが述べたように「民衆が科学に信仰をもたなかったら、あらゆる科学的論証は人々に対して何の影響も及ぼさない」（Durkheim [1912] 1991: 368＝1975: 376）であろう。

それゆえ科学への信頼を得るには事物の論理や合理性に関する知識をある程度民衆に教育しておく必要がある。コントは一八三一年から十五年以上、パリの区役所で民衆向けの無料の天文学講座（その序論が一八四四年の『実証精神論』である）を開講し続けたが、彼が民衆教育として数学でも社会学でもなく、誰でも身近にその「論理の効力」を実感できる天文学を選んだ理由がここにある（Comte [1844] 1970: 106＝1970: 231）。

だが知識の与え手と受け手には乗り越えられない最後の一線が必ず残るとコントは考える。「というのも大衆の教育レベルがどこまで上昇したとしても、常識となるべき一般観念の大半は信頼によってのみ大衆に受け入れられるのであって、決して論証によってではないのは明白だからである」（Comte [(1822) 1854] 1970: 53＝2013a: 100）。彼の基本的な発想は民衆－司祭（科学者）の信頼関係に基づくカトリックの主従関係をモデルとしており、そこにはプロテスタンティズムのような万人司祭主義の発想は全く見られない。コントが能力の点で対等な人間関係（＝平等）を認めない理由も、万民が知識の点で科学者と対等になることはありえないという、この認識が前提となっているのである（Comte [1839] 1969: 50）。

6　近代神学としての社会学

このようにコントにとって「信頼」とは知識内容にかかわらず、いつの時代も人々の間にある知識の落差から生じる権威と表裏一体のものとして理解されていた。それは革命後の精神的不安を克服するための、民衆と知識人を媒介する紐帯原理であると同時に、現実の社会秩序を支える民衆教育の前提をなすものであった。では「信頼」が社会の紐帯原理だとするなら、社会学という学問は実証状態ではどのような役割を担うのか。それは、確かに学者に対しては「三状態の法則」等の社会学法則を論証する学説《ドクトリン》であるには違いない。あくまで科学の権威は論証の力に基づいており、ここには信頼も信仰も必要ない。だが科学者共同体の外部の民衆に対しては、社会学それ自体が必然的にかつての教会神学に代わる社会全体の信頼＝信仰の対象となるべき教義《ドクトリン》として現れるほかはない。

天文学や物理学、化学や生理学では、権威ある人々が証明した原理を信用しないのは誰が見ても愚かなのだから、その意味でこれらの学問に信仰の自由はない。政治学の場合、事情が異なるとすれば、それは古い原理が失墜したのにいまだ新しい原理が定まっておらず、端的に言えばこの過渡期には証明された原理がないだけである。
（Comte [(1822) 1854] 1970: 53＝2013a: 100‒1）

確かにコントの主張は極端に映る。だが日々の生活で天体の運行から気象予報、医者の診断、食品衛生、建築・自動車の設計に至るまで、もし専門家の意見を一切信用しないなら、ルーマンの言葉を借りれば「人は朝に寝床を離れることさえできない」だろう。人間の生活がまず行動なしには成立せず、その行動指針の決定も個人の能力の限界を超えているとすれば、専門家が定める原理や法則は、日常生活を生きる我々にとって社会全体の信頼関係の複雑性をいわば縮減させ、予見がもたらす行動の可能性を人々に保証してくれるものだからである（ルーマン 1990）。

もちろんコントが唱えた社会学法則も、学者の一致した同意が得られなければ信頼も得られないだろう。先述したようにこれまで彼の歴史法則やその疑似科学的性格に対して多くの批判が寄せられてきた。コント自身も社会学が現象の複雑さの異なる自然科学と同じレベルの厳密性《プレシジヨン》を獲得できるとは考えていない。だが彼によれば、各現象の複雑さのレベルに応じた確実性《セルティチュード》（＝実証性）はどの科学にも存在する（Comte [1830] 1968: 84-5）。例えば生物学は物理学よりも厳密性は劣るが、生物学が不確実な学問とはいえない。社会学にも同様の確実性のレベルがあり、彼の意図を換言すれば、自然科学の合理性とは別に社会的な合理性というものが存在するのである。

そうであれば、自然現象に対峙する時と同様に人間が（無）意識的に求める法則や合理性の秩序《オーダー》を社会現象の領域から排除すべき理由はない。すでに明らかなようにコントが「社会学」という名で追求しようとしたのは、方法や理論の厳密性というより、科学とその制度に人々が寄せる信頼をどのように社会内に担保することができるのかという民衆と（科）学者の信頼関係（＝社会秩序）の問題であった。もし社会現象を扱う科学が信頼を得られなければ、民衆は知識の専門分化が進行する日常生活で信じるべき指針を失わざるをえないだろう。そうなれば信仰から政治的意見まで意見の一致は不可能となり、形而上学的「自我」を唯一の拠り所とする利己的個人へと社会全体が解体していくよりほかないというのがコントの近代社会の診断であった。

> 不断の専門分化から、各個人や各国民が日頃からますます視野の狭い観点に立てばたつほど、それだけ私的な利害に突き動かされることが結果的にどうしても起こってくる。……これにより一個人であれ、一国民であれ、個々の活動が並行してますます複雑化していく社会活動の全体とどのように関係しているのかが自分自身の能力ではだんだん把握できなくなっているのである。（Comte [(1826) 1854] 1970: 199＝2013 b: 113-4）

コントに社会学の到来の必然性を語らせたのは、政治的混乱と功利主義の支配、そして科学を含む分業の弊害が露呈し始めた十九世紀の産業社会の現実であった。周知のようにその後の社会学は社会問題の価値判断を放棄し、一つの「職業」へと姿を変え、厳密な学としての社会学の確立へと向かうが、革命後の時代を生きたコントにとって、社会学者は未来の「あるべき姿」、つまり将来への精神的不安を取り除く社会の進歩を人々に示すいわば近代の聖職者の役割を引き受けねばならなかった。というのも人々が信じるべき共通の指針や科学に対する信頼を失うことは、そのまま社会自体の解体へと直結するからである。その意味でコントが構想した社会学《ソシオロジー》とは、皮肉抜きでかつての神学《テオロジー》の社会的役割を実証状態で引き受けるいわば近代の神学だったのである（Comte [1844] 1970: 71 = 1970: 203）。

7　おわりに——人類教へ

フランスの啓蒙思想家フォントネルは『世界の複数性についての対話』（一六八六年）で月に住む人間の可能性を主人公に語らせている。もし地球と同様に人間が住む惑星がほかにもあるなら、アダムとイヴの末裔はどうやってそこに行ったのか。彼はキリスト教を皮肉ってこの本を書いたが、当時は地球から見えない月の裏側に住む月星人の存在を信じる者は少なくなかった。だが二〇世紀にロケットが飛び、月全体の正確な知識が知られると、それを信じる者はいなくなった。物事はその全体が知られれば信じようがないが、一部だけが知られている中間的な状態の時に人は未知のものを信じる。キリスト教徒も「神の痕跡」（啓示や預言、奇跡）がなければ神の存在自体を信じる手立てもなかっただろう。

例えば社会的な結合力としてジンメルが信頼について語る時も、この知識と無知の「中間状態」が念頭に置かれている。「信頼は、実際の行動の基礎となるほど十分に確実な将来の行動の仮説として、まさに仮説として人間についての知識と無知との間の中間状態なのである。完全に知っている者は信頼する必要はないであろうし、完全に知らない者は合理的には決して信頼することができない」（ジンメル 1994: 359）。ここでのジンメルは他者一般に対する信頼について語っているのだが、コントの場合、とりわけそれは科学者（知識）と民衆（無知）の中間状態としての信頼であったといえる。

しかし、コントが主張するように民衆は「論証の力」に裏打ちされた科学者たちの見解の一致に信を置くとしても、仮に科学者やその組織が政府・産業といった世俗の権力と利害関係がある場合、彼らが意見の一致をいくら力説したところで、そうした科学者の意見を民衆は信用することはないだろう（例えば原発事故以降の市民と科学者の関係を想起されたい）。この点でいえば、コントは『講義』第四巻（一八三九年）で、社会の再組織への協力を科学者に期待していたこれまでの自分の態度を「素朴な幻想」（Comte [1839] 1969: 169）であったと認め、これ以降、狭隘な専門化に徹する既存の科学者組織の政治的無関心や物質的腐敗の厳しい批判へと転じていく。科学の専門分化はその応用として社会全体の分業関係とパラレルだとすれば、社会関係は単に経済的なつながりだけでなく、能力はもちろん道徳的な「誠実さ」によっても維持されているからである。

この関係は単に実務的な従属だけでなく、それまで普遍的であった機能を今後独占する特殊機関の能力なり、誠実さなりに対する一定の信頼も必要とする……。私たちの一人ひとりは毎日、現代の分業の結果として、多くの点で自己の生命の維持すらも、ほとんど無名の無数の行為者の能力や道徳性に自ずと依存している。もしこれらの行為者が無能であったり、不誠実であったりしたら、多くの場合、かなりの数の大衆が重大な被害を受けるだろう。（Comte [1839] 1969: 488 = 1970: 274）

こうした認識から腐敗した既存の学者集団やアカデミーに見切りをつけ、それとは無縁な若い科学者や社会の一般的観点に立つ知識人、つまりコント自身を筆頭とする「実証学派」が科学者共同体の外部に宣言される（Comte [1839] 1969: 28）。彼らの役割は専門分化により民衆から乖離した科学的知識を引き戻し、彼らに教育することにあるのだが、これはすでに見たように、たとえ民衆が皆科学者になる必要はなくとも、科学の論理を知らなければ決して社会組織の土台とはなりえないというコントの根本的な認識に由来している。(5)

このコントの認識の転換は七月王政以降の大ブルジョワの登場と共に、産業の利益や功利主義の論理に呑み込まれていく科学者組織に対する失望の表れであった。『講義』から五年後に人類教 la religion de l'Humanité を宣言し、その大司祭を自任するその後の彼の実践的軌跡は、知性に基づく「論証の力」以上に、人類を代表してその言葉を語る哲学者自身の道徳性が民衆の最終的な信頼の拠り所なのだとする倫理の問題が彼のなかで大きな比重を占めていったことを示している。ここにおいて科学者から哲学者へ、そして哲学者から本物の「人類の司祭」（Comte [1851] 1969: 332）へと昇格するに至る。

コントの社会科学論は科学を信じる民衆を常に想定している点で、科学の権威＝信頼の問題を科学者共同体の外部（民衆）との関係から一貫して考えようとした思想であった。彼自身は社会学、さらには晩年の実践的宗教の創設を通じて秩序自体が人々に自明となるような平和な世界を目指したが、そのユートピア的な外観にもかかわらず、人々の精神的支柱が失われた危機の時代にこそその真価が問われる思想であったといえよう。

注

（1）例えば桜井哲夫によれば、初期社会主義者たちのメシアニズムは「社会に受け入れられざる、社会的評価の低い『学者＝

専門家階層』の社会的地位の上昇を望む心情」、要するにルサンチマンの産物だったとされる（桜井 1997: 23–4）。

（2）コントがsociologieを使用するのは『実証哲学講義』第四巻（一八三九年）からだが、若きコントが実証政治学や社会物理学と呼ぶものも便宜上社会学と総称する。

（3）精神的権力をめぐる以下二節の詳細については、杉本（2014）を参照願いたい。

（4）信頼＝信仰の社会的役割に関する古典文献としては、関東大震災と二・二六事件の体験から生まれた清水幾太郎の『流言蜚語』（清水 1937）を挙げたい。ただ、コント研究から出発した清水が本書では一度もコントに触れず、その生涯にわたるコント研究でも、歴史的方法と啓蒙思想批判にその関心を特化させたせいか、信頼や信仰の問題から論じる視点をほとんどもたなかったのはむしろ奇妙にさえ見える。

（5）コントの教育思想が十九世紀後半の公教育制度の立役者J・フェリーやライシテ思想に与えたその後の影響については伊達（2010）を参照。ただ伊達も指摘するように、フェリーの教育論もデュルケムの社会学も、カトリック教会に比肩すべき実証主義の国際主義《インターナショナリズム》の側面は削がれ、ナショナルなものに改編された形で受容されていく。

文献

安孫子信 2007「A・コント」伊藤邦武編『哲学の歴史8 社会の哲学』中央公論新社: 111–66

ベック、ウルリッヒ 1998 東廉・伊藤美登里訳『危険社会――新しい近代への道』法政大学出版局

Comte, Auguste [1830] 1968 *Cours de philosophie positive t. 1*, in *Œuvres d'Auguste Comte*, Paris: Éditions Anthropos, t.1.

――― [1839] 1969 *Cours de philosophie positive t. 4*, in *Œuvres*, t.4.（=1970 霧生和夫訳「社会静学と社会動学」清水幾太郎編『コント、スペンサー』中央公論社: 235–333。抄訳のため訳文がある場合だけ頁数を本文に示す）

――― [1844] 1970 *Discours sur l'esprit positif*, in *Œuvres*, t.11.（=1970 霧生和夫訳「実証精神論」清水幾太郎編『コント、スペンサー』中央公論社: 141–233）

――― [1851] 1969 *Système de politique positive, t.1*, in *Œuvres*, t.7.

——— [1854] 1970 *Appendice général du Système de Politique Positive, contenant tous les opuscules primitifs de l'auteur sur la philosophie sociale*, in *Œuvres*, t.10.（=2013 a 杉本隆司訳『ソシオロジーの起源へ』、2013b 同訳『科学＝宗教という地平』白水社。論集のため各論文の初出年を［］内に（）で示す）

伊達聖伸 2010『ライシテ、道徳、宗教学——もうひとつの十九世紀フランス宗教史』勁草書房

Durkheim, Émile [1912] 1991 *Les formes élémentaires de la vie religieuse*, Paris : Générale Française.（=1975 古野清人訳『宗教生活の原初形態』岩波書店、上巻）

藤垣裕子 2003『専門知と公共性——科学技術社会論の構築へ向けて』東京大学出版会

Grange, Juliette 1996 *La philosophie d'Auguste Comte*, Paris: P.U.F.

Nisbet, Robert 1966 *The sociological tradition*, New York: Basic Books.（=1975 中久郎監訳『社会学的発想の系譜Ⅰ-Ⅱ』アカデミア出版会）

小林傳司 2007『トランス・サイエンスの時代——科学技術と社会をつなぐ』ＮＴＴ出版

ルークス、スティーヴン 1989 伊藤公雄訳『権力と権威』アカデミア出版会

ルーマン、ニクラス 1990 大庭健・正村俊之訳『信頼——社会的な複雑性の縮減メカニズム』勁草書房

松本三和夫 [2002] 2012『知の失敗と社会——科学技術はなぜ社会にとって問題か』岩波書店

中村征樹編 2013『ポスト３・11の科学と政治』ナカニシヤ出版

中谷内一也 2008『安全。でも安心できない…——信頼をめぐる心理学』筑摩書房

西山哲郎編 2013『科学化する日常の社会学』世界思想社

桜井哲夫 [1991] 1997『社会主義の終焉』講談社

清水幾太郎 [1937] 2011『流言蜚語』筑摩書房

ジンメル、ゲオルク 1994 居安正訳『社会学』上巻、白水社

杉本隆司 2014「権威と信頼の政治学——Ａ・コントの初期論集を読む」日本社会学史学会『社会学史研究』36: 91-106

第二部　理性の光と影——啓蒙主義とその批判

第二部「理性の光と影――啓蒙主義とその批判」の概要（佐山圭司）

日本における近代化は、欧米諸国に追いつき、追い越すことを第一の目標としていた。学問の世界も同様で、人文・社会科学においては、西欧文明を支える精神、すなわち合理主義の解明と受容を大きな課題としていた。伝統や因習、あるいは先入観にとらわれず、自らの理性を用いて自由に思考し判断すること――西欧的合理精神のこうした特徴は、十八世紀に「啓蒙思想家」によって定式化され、やがて人々の間に定着するようになった。カントは、啓蒙を「人間が自らに責がある未成熟状態から抜け出すこと」と定義し、「自分自身の悟性を使用する勇気をもて！」と鼓舞した。

第二部の以下の五章では、ルソー、レッシング、メンデルスゾーン、カント、ガルヴェ、ヤコービ、シラーといった思想家にそくして、啓蒙思想の射程とその限界を見定める。啓蒙思想の再検討を通じて私たちは、合理的思考が、いまなお危機に立ち向かう際の最大の武器でありながら、行き過ぎた合理主義や科学的合理性の過信が逆に大きな危険をもたらすことを再認識できる。

第一章　政治体とルソー的〈中間〉（田中秀生）

ルソーは人間の幸福や理想社会に関する記述のなかで、相反する二つの状態から善きもののみを抽出し両立させた状態を〈中間〉として描いている。ほんらい不可能なこの理想的状態には、ルソーという思想家のさまざまな本質が映し出されている。本章は、この〈中間〉の内容と意味を考察し、ルソーの政治思想の一側面を明らかにする。

第二章　十八世紀ドイツの寛容論にみる理性への信頼（上杉敬子）

十八世紀ドイツの啓蒙主義者たちは「理性」を信頼し、理性に希望を託していた。かれらは、適切な理性使用は、誤謬や不当な社会的抑圧から人びとを解放し、人間を自律に導くという確信を有していたのである。そして、この確信にもとづく思想は宗教的寛容にも適用された。本章では宗教的寛容論から啓蒙の理性を考察する。

第三章　クリスティアン・ガルヴェと観察の論理（小谷英生）

本章は、ドイツ後期啓蒙主義の代表的な哲学者クリスティアン・ガルヴェを取り上げ、彼にかんするシュライエルマッハーの否定的評価、フォーヴィンケルの肯定的評価をそれぞれ批判的に検討する。そのうえで、彼の「自己観察」と「関心」概念を分析することによって、まったく新しい、かつアクチュアルなガルヴェ像の再構築を試みる。

第四章「信」への「死の跳躍」――「時代の精神形成の転回点」としてのフリードリヒ・ヤコービ（佐山圭司）

「反啓蒙」の思想家として知られるフリードリヒ・ヤコービが目指していたのは、合理性一般の否定ではなく、すべてを合理的に論証・説明しようとする「体系哲学」の批判であった。本章では、「死の跳躍」というキーワードを手がかりにヤコービの思想を検討しながら、彼の問題提起が後世に与えた影響を概観する。

第五章　近代における公共性の原理――シラーにおける「理性からの距離化」と「美的主観性」（中村美智太郎）

書簡体形式で発表されたシラーの美的教育思想は、近代における国家及び公教育に対抗しうる原理としてコーヒーハウスやサロン等で育まれた市民社会的「公共性」の原型とみなすことができる。本章は、ボーラーの「美的主観性」の視点を援用しながら、近代郵便制度を背景に発展した新しいメディアとしての「書簡」によって生まれる新たな主体の形成を、シラーがいかに構想していたかを考察する。

第一章　政治体とルソー的〈中間〉

田中秀生

1　〈中間〉の主題とその内容

『不平等起源論』「第二部」は、ルソーが社会の形成過程を事実性の観点から具体的に推測した記述からその多くがなるが、そこに含まれるよく知られた一節。

純粋の自然状態にふさわしい善は、もはや生まれつつある社会（la Société naissante）にはふさわしくない。……人間の能力の発達のこの時期は、原初の状態ののんきさと、われわれの自尊心の手に負えない活動とのちょうど中間（milieu）を占めていて、もっとも幸福でもっとも永続的な時期だったに違いなかった。このことを考えれば考えるほど、この状態はもっとも革命が起こりにくい、人間にとって最良の状態であり、共通の利益のためにはけっして起こってはならなかったなにか不幸な偶然によってのみ、人間はこの状態から離れなければならなかったということがわかるのである。この点で発見されたほとんどすべての未開人の例は、人類が永久にその状態にとどまるようにつくられており、この状態は世界の真の青年期（la véritable jeunesse du Monde）であること、それ以後のすべての進歩は、外見は個体の完成へと向かいながらも、じつは種の老衰へと向かって歩んだということを確認しているように思われる。(1)（OC Ⅲ : 170–1 = 四 : 239）

ここで「生まれつつある社会」という表現によって意味させられているものはなにか。それは、「自然状態」からも「社会」からも区別されるひとつの固有の状態、変化を促す「不幸な偶然」がないならば「永続」する「幸福」な「最良の状態」、というものである。もはや完全な〈自然〉ではないが、いまだ完全な〈社会〉でもないところの、ある〈中間〉(2)。「世界の真の青年期」と呼ばれるこの〈中間〉の善さは、どこからもたらされるのであろうか。単にルソーが〈自然〉の賛美者・〈社会〉の断罪者であって、自然状態から社会状態へと時が経過するにしたがって、世界の在りようの善さも漸次減少していき、この〈中間〉状態というものが存在するとしても、自然状態よりもその善性は劣っている、と考えられているのならば理解は容易である。しかしながら、この〈中間〉は自然状態の善性をなんらかの意味で上まわる「最良の状態」とされる。

この引用箇所およびこの箇所に関するルソーによる原注においても「未開人の例」が出されており、当時のいわゆる〈高貴な野蛮人〉の実例報告が、ルソーにこうした人類史の推測をさせていることは確かだが、それでもやはり『不平等起源論』のなかに、この疑問にたいする明確な論理は語られてはいない。ルソーの作品においては、さまざまの領域で、対象や状態をなんらかの基準に照らして段階的変化をつけつつ三分し、その中間項に重要性をもたせる、という傾向が観察されるが、そこにある共通性は、その前後の項がいずれもそれぞれ異なる正の要素と負の要素を含みもっており、中間項はそのそれぞれの正の要素のみを抽出かつ合成して形成されるなにものかとして提出されている、という点である。

これをルソー的〈中間〉と呼称しておくとすれば、『エミール』にもそれに相当するものが見いだされる。それは「第二篇」末尾から「第三篇」冒頭にかけて集中的に描写されているところの「できあがった子ども」と名づけられている形象である。「人生のそれぞれの時期、それぞれの状態には、それに適合した完成があり、それに固有の成熟がある。私たちはしばしば、できあがった人間について語られるのを聞くが、できあがった子ども（enfant fait）について考えよう」（OC Ⅳ : 418＝六 : 204）。この「できあがった子ども」は、それ自体が「成熟期の完成よりも好ましい」（*ibid.*: 418＝六 : 205）ところのひとつの完成態であり、個人の成長史において、ルソーの中では『不平等起源論』における「世界の真の青年期」にも比すべき〈中間〉的な「最良の状態」として把握されていたことは疑いない。

「できあがった子ども」は、ルソーにおける「自由」概念の一側面、すなわち、「力」が「欲望」に優越する「強さ」の面が強調された存在として提示されている。「力」それ自体の絶対量が少ないために「弱い」子どもと、「力」の絶対量は多くなるも社会によって増幅と変質を被った「欲望」がそれを上まわるがゆえに「弱い」大人との〈間〉に、この「強」く「自由」な「できあがった子ども」が一瞬あらわれる。この「自由」は、〈自然〉そのものによる教育ならざる教育、すなわち、〈自然〉の苛酷な「必然」との対峙における敗北と自己否定、そしてそれによる自己の欲望の錬磨からもたらされる。ただし、これらはすべて物理的過程としてあり、子どものなかでは前意識的過程として進行し、心理的陰影を生じさせるものではなく、結果するのはまったき健康な陶冶であるとされている。

「第三篇」冒頭、こうした存在になった「できあがった子ども」があらわれ、その時期が「中間期」とよびかえられる。

青年期までの人生の全期間は弱さの時期なのだが、この最初の時期がつづいているあいだに、力の進歩が欲求の進歩を超えるために、成長する動物がなお絶対的には弱いのだが、相対的には強くなる一時点がある。彼の欲求はなおすべてが発達してはいないので、彼の現実の力は、そのときの欲求をみたすのには十分以上になる。……彼の欲望は彼の手よりも遠くに及ぶことはない。彼は自足しうるばかりでなく、自分に必要な力を超えた力をもつ。この時期は、彼がそうした状態にいるところの生涯で唯一の時期である。（*ibid*.: 426＝六: 213-4）

個人が欲望する以上のことができるこの中間期（intervalle）は、絶対的に最大の力をもつ時期ではないにしても、すでに言ったように、相対的に最大の力をもつ時期である。それは人生でもっとも貴重な時期、ただ一度しか訪れない時期、きわめて短く、のちに見るように、これをうまく用いるのが重要であるだけにいっそう短い時期である。（*ibid*.: 427＝六: 214-5）

これら『不平等起源論』と『エミール』においては、この〈中間〉は、時の推移（時系列）のなかでの中間性という性質を強く帯びており、類比的に捉えられた人類と個人それぞれの物理的な変化（歴史・成長）のイメージのなかで表現されている。たとえば、『不平等起源論』において〈中間〉として称揚されるのは、「原初の状態ののんきさ」と「われわれの自尊心の手に負えない活動」との間の時期にある人間たちからなるところの「世界の真の青年期」であった。そこでルソーが評価の基準としているのは、ごく単純に言えば、①：動物／人間、②：自己愛／自尊心、の二つであり、ルソーの理想においては、基準①では動物（負）を脱して人間（正）にならねばならず、基準②では自己愛（正）が変性して自尊心（負）に堕してはならない。しかしながら、たとえば、動物であることと自己愛をもつことは、動物であるから自己愛をもつし、自己愛しかもたないから動物である、という相互的に一方が他方の根拠になっているほど一体化されているような事態である。人間と自尊心の関係も同様である。したがって、正の要素のみから構成される〈中間〉は、本来不可能な矛盾した状態である。

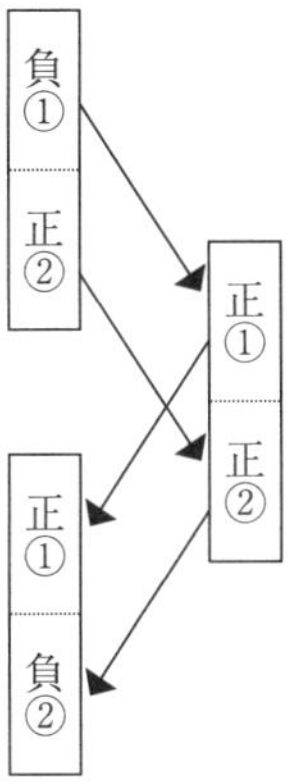

『不平等起源論』
〈中間〉：「世界の真の青年期」
負①：動物（「純粋の自然状態」）であること
正①：人間（自然な社会状態）であること
正②：自然的な自己愛
負②：「自尊心の手に負えない活動」

『エミール』
〈中間〉：「できあがった子ども」
負①：欲望を下まわる力
正①：欲望を上まわる力
正②：自然な欲望
負②：社会化された欲望

2　もうひとつの〈中間〉

ところで、ルソー的〈中間〉を先のように把握した場合、『告白』「第五巻」末尾において示されている次の事態も、ルソー的〈中間〉とみなしうる。田舎に隠棲しようというジャン＝ジャックの提案にヴァラン夫人がこたえている。

「あなたの隠遁計画は魅力的だし」、と彼女は私に言った、「わたしの趣味にもとても合っています。でも隠遁していても生活していかねばなりません。この牢獄［町］を捨てたらパンを失う危険があります。それに森のなかでパンがなくなったら、それを求めてまた町に戻らなくてはならなくなるでしょう。町にそう行かないようにするためには、町を完全には捨てないようにしましょう。……静かに暮らせるほどには町からじゅうぶんに遠く(assez loin)、必要なときにはいつでも町に戻ってこられるほどにはじゅうぶんに近い(assez prés)ところに、どこか隠れ家を探しましょう。」そのようになった。少し探した後、私たちはシャルメットに落ち着いた。(OC I：224＝一：247-8)

静穏はあるが窮乏に悩まされる「森」と、食物はあるが喧噪に悩まされる「町」。この〈森〉／〈町〉の対照におけるほとんどイマジネールな〈中間〉としての「隠れ家」は、静穏と食物とを二つながら供給しうる場所となっている。留意したいのは、この「隠れ家」は、「シャルメット」という名を持つ特定の場所であるにもかかわらず、そのときどきの要求に応じて動く(ときには〈町〉から「じゅうぶんに遠く」、またあるときには〈町〉に「じゅうぶんに近い」)ことで〈転様〉し、その機能を変える、という点である。(3) この現象は、その場にいる当事者の欲望あるいは属性の変化に根拠を置いている。ヴァラン夫人の提案はたんなる折衷案だったであろうが、これを回想するルソーのなかでの「隠れ家」は、このように強く主観的な意味が込められることで非在郷のごとき〈中間〉にまで昇華している。このような条件を満たす「隠れ家」が、ルソー的幸福の一つの頂点が描かれたとされるところの、続く「第六巻」における〈シャルメットの牧歌〉の内容を可能にすることになる。

『告白』
〈中間〉：「隠れ家」
負①：窮乏
正①：生存のための必要物
正②：静穏、自由
負②：喧騒、束縛

ところで、この「隠れ家」が〈中間〉性を帯びているとしても、先の『不平等起源論』や『エミール』の場合とは本質的な相違がある。それは、『不平等起源論』および『エミール』の著者は物理的自然に準ずる対象（その意味で人間の介入が不可能な対象）を〈観察〉し〈中間〉を見いだしているのに対して、『告白』の著者は過去の事実というまさに変更不可能な対象を扱っているかに見せながら、象徴化を施した〈森〉／〈町〉の対照という操作によってそれをほとんど架空の域に移し、〈中間〉の材料となるところの正負両面をもつこの二つの状態を同時性において見渡したうえで〈中間〉を〈制作〉している、という点である。後者には原則として時の要素は存在せず、二つの評価基準のそれぞれの負の要素から出発して、それぞれその反対の正の要素を相互に他の状態の中に求めることによって、この〈中間〉は〈制作〉されている。したがって、〈中間〉の作り手は、端的に言えば、前者では物理的自然（ないしそこに含まれる時間経過）であり、後者では思想家の理論構築ないし夢想の力である。

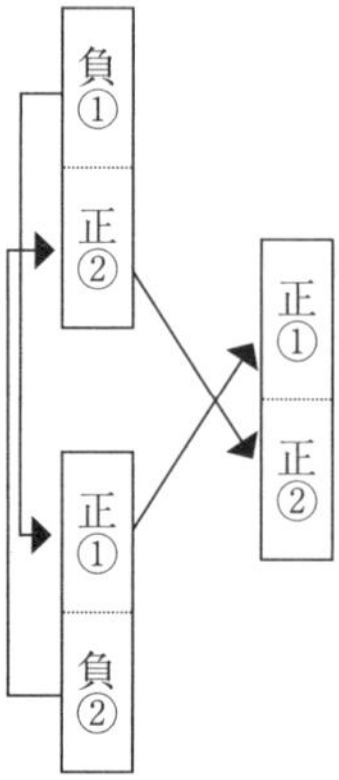

さて、ルソーにあって、人類や個人に類比されているいま一つの単位が、個人の結合体としての政治体（民族、国民、社会、国家、等さまざまに呼称されうるもの）である。政治体をある種の物理的実体と捉える限りにおいて、先の時系列のなかにある〈中間〉に合致したイメージをその成立に関してルソーは抱いていたと思われる。おそらく民族史あるいは国家史においても、その自然的過程のなかで、個的自由と社会的従属とが両立する瞬間的な特異点がありえる、とルソーは考えたかもしれない。しかしながら、同時に、ルソーにあってこの政治体という単位の歴史は、人類史や個人史と異なってもいる。すなわち、ほぼ完全に物理的な自然過程のままに進む人類史や個人史と異なり、政治体としての人間集団およびその歴史は、ある程度は人間の作為の産物として人間が介入することは可能だ、と捉えられている点である。とりわけ一七六一年から六二年にかけて相次いで出された作品（『新エロイーズ』『社会契約論』『エミール』など）において、そのより善きものを追究した対象はまさにそれであったし、大きくは社会（国家）の構成およびその構成基盤としての権力の態様が中世的なものから近代的なものに最終的に変化していく端境期としての十七～十八世紀西欧における思想家たちの考究の対象とされたものもそれであった。人類と個人の歴史のなかで

は自然的過程のある特異な一瞬にのみ現出するにすぎない理想的局面としての〈中間〉を、人為的に建設し永続させようという欲望がそこでは解放されえたのである。一般にこのような視座から政治体の考究にむかった際には、その学的意識は、時の推移に翻弄されているわけではなく、理想を打ち立てる材料としての複数状態の正負の要素が俯瞰されており、ルソーにあっても、理想的政治体の成立に関して、先の〈制作〉による〈中間〉に沿って思考は動いていたはずである。さらに言えば、時系列における〈中間〉についても、それはもとより自然過程ないし人間の素朴な観察がそれを〈中間〉だと告知してくれるようなものではなく、その〈中間〉性をそれと判断しているのは学的意識なのであって、であるならば、より基底にあるのは〈制作〉された〈中間〉の原像というべきであり、それが人類と個人の物理的な変化の過程に投影されることによって時系列における〈中間〉が導出されていると考えるべきであろう。実際、『不平等起源論』の「世界の真の青年期」にしても『エミール』の「できあがった子ども」にしても、その〈中間〉的性格に十分な自然科学的根拠があるわけではなく、ルソー独特の価値判断に強く媒介されているものである。

3　「社会契約」の問いが含む〈中間〉性

『社会契約論』「第一篇・第六章　社会契約について」においてルソーは、自らの考える「社会契約」なるものが解決を請け負うところの課題を次のように表現している。

この力［自然人の生存を妨げる障害に抗するため各自然人が拠出する力］の総和は、多くの人たちの協力によってしか生じえない。だが、各人の力と自由は、各人の自己保存にとっての第一の手段であるのだから、いかにして各人は、自己に損失をあたえることも、自己への当然の配慮をおろそかにすることもなく、それらをささげるだろうか。この困難は、私の主題に置き直すと、次の言葉で言いあらわすことができる。

「各構成員の身体と財を共同の力のすべてにより防衛し保護する一つの結合形態を発見すること、そしてその結合形態により、各人は全体と結びつきながら、しかも自分自身にしか服従せず、以前と同じように自由なままでいること」。これこそ根本的な問題であり、社会契約がそれに解決を与える。（*OC* Ⅲ：360＝五：120–1）

後段の括弧内の前半は、アトム的個人としての自然人が政治体を形成することになる必然性が叙述されてきたここまでの行論を受けた形で「社会契約」の目的が述べられたものだが、後半で、その「社会契約」によって生じるところの政治体に〈中間〉的性格があることが示されている。すなわち、「社会契約」によって成立する政治体の構成員は、他の人間と相互に自己利益となる社会を形成しつつ、同時に社会契約以前の自由も保持する、とされる。

〈中間〉：「社会契約」によって成立する政治体
負①：（各人が個のままで生存しえなくなっている状態としての）自然状態
正①：他の人間との「結合」（およびそれから生じる生存可能性の増大や利得）
正②：「自由」（「自分自身にしか服従せず……」）
負②：束縛、不自由

「社会契約」の局面で要求されているのは次の二つ、すなわち、人間は共同しなくては生存できなくなっているため何らかの共同化が必要になっていること、しかし同時に、自由の放棄は人間たることの放棄にほかならないため自由も維持されねばならないこと、である。この点は、表面上は『告白』「第五巻」の「隠れ家」にみられた〈中間〉と同じ性質を示している。つまり、〈森〉のなかで自由の享受が続くのであればそこを動く理由はないが、現実の空腹のため仕方なく〈町〉と関係しなくてはならない、という経緯と同じく、「社会契約」の局面でも、孤立状態の自由のなかで生きていけるならばそこから離れる理由はないが、やはり現実の生存のために共同化し社会を構築せざるをえない、というものである。この場合、〈中間〉は、必要悪に対応するための手段でしかないように見えるが、たとえば、「隠れ家」から〈町〉の「パン」が肯定的要素として見え、そこに「近」づき「パン」を得たのち「遠」ざかる「隠れ家」が、まさにその本質とする〈転様〉を発揮させ、〈中間〉たるみずからをなんら損なわないように、「社会契約」によって成立する政治体からも、真の「一般意志」を核とする〈自然な社会〉のなかには人間どうしの結合による利益という肯定的要素が見えており、そこに近づき、「人民」（あるいは視点によって「市民」「臣民」「主権者」「公的な人格」「共和国」「祖国」等）を形成し構成員の真の自由を保障することによって、「社会契約」によって成立する政治体は〈中間〉としてのみずからをなんら損なわないのである。「隠れ家」と「社会契約」によって成立する政治体が異なるのは、「隠れ家」がそれ自体の〈転様〉において〈中間〉性を示していたのに対して、ルソー的「社会契約」にあっては、それが土台とする「一般意志」がその実質としているものはその直後に当該政治体の構成員となる者たちの性質そのものの〈転様〉にほかならず、「社会契約」によって成立する政治体に〈中間〉の内容が備わっていたことがわかるのは事後的な結果においてである、という点である。

しかしながら、やはりこの事態が〈中間〉という本来矛盾した不可能な状態として描かれていることには変わりがない。この困難が、政治体の構成員の性質そのものはいかに〈転様〉するのか、という点にあることは言うまでもない。それは、たとえば、次のような事態を可能にするような政治体とその構成員はいかにして生じるのか、という問いに等しい。

つねに念頭におくよう配慮せねばならないのは、社会契約というのは、特殊かつそれだけに固有の性質をもつということであり、この契約においては、人民は自分自身とのみ契約する、つまり、主権者として一体である人民が臣民としての諸個人と契約する、ということである。この条件が、政治機構のすべての仕組と動きをもたらし、またこの条件のみが、約束を、正当で、道理にかなった、危険なきものにしているのであって、この条件がないならば、その約束は、不条理で、暴君的で、きわめて恐ろしい乱用におちいるおそれがあるのだ。

諸個人は主権者にのみ従属し、主権は一般意志以外のなにものでもないのであるから、われわれは、どうして主権者に服従する各人が自分自身にしか服従しないのか、また、どうして人は自然状態にあるよりも社会契約によってより自由になるのか、が分かってくるであろう。（OC Ⅳ : 841 = 七 : 326-7）

4　〈自然〉の〈法〉になぞらえること

『社会契約論』における「社会契約」に関する記述は、きわめて規範性と抽象性の高いそれからなっているため、ルソーが具体的にそこにどんなイメージを込めていたのかという点について、ここではすこし別の視角、すなわち、「社会契約」がその根拠とするところの「一般意志」およびその具体的現れとしての「法」の性質から調べてみたい。

ルソー思想の深い理解者であったデュルケムとカッシーラーは、それぞれ次のように述べている。

ルソーもまた、自然界の法にも等しい必然性をもってあらゆる市民を支配する法、あたかも大自然の力にも似て、個人意志を屈服せしめうる力をそなえた非人格的な法を夢見ている。（Durkheim 1925＝2010: 419–20）

ルソーのすべての政治論は実際に「法」への極めて激しい熱狂によって駆り立てられてはいなかっただろうか。また、あらゆる政治理論に対して彼がその真の目的として考えていたものは、つまり、法の全体的で絶対的な君臨をそれ自体で保証するような政体を彫琢することではなかっただろうか。（Cassirer 1932＝1997: 94）

ルソー的〈法〉は、当該政治体の構成員が自己立法するものにもかかわらず、「自然界の法」のごとき「個人意志を屈服せしめうる」「非人格的」な性質をもち、ゆえにその「全体的で絶対的な君臨をそれ自体で」構成員のうえに展開するようなそれである。そのような〈法〉が備えねばならない性質の特徴とはいかなるものであろうか。この点で参照すべきは、ここでもまた、政治体と個人との類比的関係において個人に作用する〈法〉の性質であり、とりわけ政治体の生成が問題となる局面を考察するのであれば、個人の子ども時代の教育におけるそれである。たとえば『エミール』では次のように述べられている。

子どもの無分別な意志には、物理的な障害、あるいは、その行動そのものから生じる罰だけしかけっして与えてはならない。そうすれば子どもは機会あるごとにそれを思い出す。子どもには悪いことをするのを禁止するのではなく、それを妨げるだけでよい。経験あるいは無力さだけが、子どもにとって法の代わりとならねばならない。（*OC* IV : 311 = 六 : 88）

自然が人間に課するつらい軛、あらゆる有限の存在がそのもとに屈しなければならない必然の重い軛を、はやくから生徒の高慢な頭上に感じさせなさい。生徒がこの必然を事物のうちに見出し、決して人間の気まぐれのうちに見出さないようにしなさい。彼を引き止める制動機は、力であって権威であってはならない。彼がしてはならないことは、禁止するのではなく、なんの説明も議論もしないで、するのを妨げなさい。（*ibid*.: 320 = 六 : 98）

これらは読者への手引きの体裁で叙述されている箇所であるが、〈子ども〉が〈自然〉とある種の〈契約〉を結ぶ際に介在するところの〈法〉の性質が観察できる。「必然」や「軛」等と表現される物理的な自然法則は、子どもの自然的自由の段階にある欲望を圧倒し世界の真実を知らしめるものとして描かれている。しかしながら、これによって子どもは自らの欲望を育成し、〈自然〉との真正なる関係を築く。たとえば、高所から飛ぼうと欲する子どもは重力という自然法則を犯そうとしているわけであるが、それを実行したときその子どもには必ず肉体的苦痛という罰が下される。そこでは〈法〉への適否の判定者が〈自然〉であって、すべての人間のすべての場面を裁定するため、誰もこの〈法〉から逃れることはできず、またそれゆえ、各人は前意識的な次元でこの〈法〉を理解し、自己利益のためにみずからの欲望をこの〈法〉に適合的なように形づくる（高所に立つと飛びたいと欲するどころか、そこに立つことだけでも恐いと感覚するようになる）。これらは実際には、すべての人間がその幼児期に無自覚に学習していることであるが、その対象が〈自然〉であることによって普遍的な〈契約〉となり、比喩的に言えば、ここで〈自然〉

の〈法〉に関してすべての人間を構成員とする共同体が成立するのである。そしてこの〈法〉の伝授先が人間の意識や理性ではないことは、その伝授方法に言葉を用いてはならないと強調されている点にあらわれている。すなわち、子どもが〈法〉に拒斥される様式が、「人間」の「言葉による禁止」ではなく、〈自然〉の「必然」による「障害」や「説明も議論もない妨げ」であるということは、この〈法〉が人間を介さず〈自然〉そのものからやって来たものであり、子どもの意識ではなく、いわばその〈身体〉に書き込まれるべきものである、という主張になっているのである。すこし敷衍して言えば、これらは、この〈法〉に絶対的な性格を持たせ、子どもにそれに対して反抗しようというわずかの感情さえ生じさせないこと、いわば身体の自動的な動きの次元で〈法〉との和解を実現させること、そしてそれこそが完全な陶冶をもたらす、という思想の存在を意味する。そしてこれによって、子どもは「生の充溢」(*ibid.*: 419＝六: 206)を享受し、「彼の姿、風采、態度は、自信と満足感をしめしている。健康が彼の顔に輝き、彼のしっかりとした歩みは力をあらわしている。……彼の素早いが確実な動きのうちに、その年ごろの敏捷さが、独立の力強さが、数多くの鍛錬による経験が見てとれる。彼の態度は開放的で自由、しかし横柄さや虚栄心は少しも見られない」(*ibid.*: 419–20＝六: 206–7)と描写されるごとくの結果、すなわち、ルソー的〈中間〉としての「できあがった子ども」が生じるのである。

〈自然〉の〈法〉およびそれによる子どもの陶冶の特徴を簡単にまとめておこう。

一：〈自然〉という絶対的な真理に根拠を置いていること

二：人間が関係しえない次元に存在するため、当事者(法の被適用者)によって制作も変更もされえないこと

三：当事者の利己性(自己利益)を動機として遵守されること

四：当事者の意識にではなく身体に書き込まれ、当事者のうちに自ら進んで従属しようとする欲望が形成される

こと

5　政治体の基底にある〈中間〉――〈法〉の「強固さ」

さて、先のデュルケムやカッシーラーのルソー理解のように、政治体における「法」も、こうした〈自然〉の〈法〉と同質的なものにならなくてはならない。これは、ある意味、まったく荒唐無稽な要求である。しかしながら、ルソーが理想とする社会、あるいは「社会」の名に値すると考えるもの、ないし〈自然な社会〉というそれ自体が形容矛盾とも言える〈中間〉に、ルソーが与えようとする内容には、それが不可欠なのである。『エミール』では次のように述べられている。

> 二種類の依存が存在する。自然に由来する事物への依存と、社会に由来する人間への依存である。事物への依存は、なんら道徳性を持たず、まったく自由を損なわず、なんらの悪を生み出さない。人間への依存は、無秩序なものであり、あらゆる悪を生み出し、それによって主人と奴隷は互いに他を堕落させ合う。社会においてこの悪を治療するなんらかの方法があるとすれば、それは人間の代わりに法を置き、一般意志に、あらゆる特殊意志の作用に優越する現実の力を装備することである。諸国民の法が、自然の法と同じように、どんな人間の力も決して打ち勝ちえない強固さ（inflexibilité）をもつことができれば、そのとき人間への依存はふたたび事物への依存となり、共和国のうちに、自然状態のあらゆる利益と社会状態のそれとが結合し、人間を悪からまぬがれさせておく自由に、人間を美徳へと高める道徳性を結びつけられることになる。（*ibid*.: 311＝六: 88）

ここでは、「自然の法」が基準となり人間社会の政治体の法（「諸国民の法」）がそれになぞらえられているが、強調されていることは、人間への依存を事物への依存に変えること、すなわち、人間の社会の法に「事物」＝〈自然〉という根拠を与えること、たとえば、高所から飛びたいといった「特殊意志」がけっして生じえないような、〈子ども〉と〈自然〉が〈契約〉を結ぶ際と同質の〈法〉の内容、ひとことで言えば、「強固さ」を政治体の法に「装備」せねばならない、ということである。

自然の法は、内容において真であり人々のなかにその法に従属しようとする内的欲望を形成することができる。しかしそれは、人間の作った社会に関する法ではない。他方で、人間の作る社会に関する法は、人間が作ったものだが、それゆえ条件や偶然に左右され恣意的で誤りを含み、その遵守が自己利益につながるか判然とせず、よって人々のなかにその法に従属しようという内的欲望を形成することはない。ルソーが「社会契約」という操作によって作り出そうとしている〈中間〉とは、この両者から、人間の作る社会に関する法でありながら、内容において真であり人々のなかにその法に従属しようとする内的欲望を形成させることができる〈法〉、というものである。この内的欲望こそ「強固さ」の内実にほかならない。ここに、「社会契約」の奥に伏在しているところの本質的な〈中間〉的性質がある。これらの点に則して、先の〈中間〉の材料となる正負の内容をそれぞれ書き直すならば、次のようになろう。

負①：自然の法であること
正①：人間の作る法であること
正②：法が真であり、遵法から生じる利益が存在し、人々のなかにその法に従おうとする内的欲望が生じること

負②：法の真偽および遵法による利益が確認されえず、人々のなかにその法に従おうとする内的欲望が生じないこと

ルソー的〈中間〉は本来不可能な矛盾した状態であった。次の『政治経済論』の一節は、あたかもその全体が〈中間〉で埋め尽くされたかのような観を呈しており、如上の特異な〈法〉の「強固さ」によって実現するところの異常な理想的状態を語っている。

乗りこえ難く思われたにちがいないこの困難［公共の自由と政府の権威を両立させること］は、人間のあらゆる制度のうちでもっとも崇高なそれによって、あるいはむしろこの地上で神の不変の訓えをまねるように人間に教えた天上の霊感によって、第一の困難［一般意志を特殊意志からみずから区別すること］とともに取り除かれた。人間を自由にするために服従させ、構成員を強制することもそれに相談することもなく、彼ら全員の財や労力や生命さえをも国家のために使用し、彼ら自身の誓いによって彼らを束縛し、彼らの拒否に反して彼らの同意を主張し、彼らが欲しなかったことを行ったときに彼らが自ら罰するように強制する、このような手段はいかなる考え難いわざ（art inconcevable）によって見出されえたのであろうか。また、人々が服従しながら誰も命ずる人間はおらず、仕えていながら主人を持たないということ、要するに、見かけの服従のもとにありながら、誰も自らの自由から他人の自由を害しうるものしか失わないため、実際にはそれだけいっそう自由であるということは、どのようにして可能なのだろうか。これらの奇跡は法の所産なのである。（OC Ⅲ : 248 = 五 : 71）

こうした状態を生み出す政治体構成員の内的状態は、やはりここでも広義の教育の問題として照準されつつ、次のように描かれている。

もし十分に早くから彼ら［真の市民となるべく育てられる子どもたち］を訓練し、自分自身を国家体との関係においてしか決して考えないようにし、いわば彼ら自身の存在を国家体の一部分としてのみ認めるようにするならば、彼らはついにこのより大きな全体といわば一体化し、自己を祖国の構成員と感じ、孤立した人間が自分自身に対してしか持たないこの上なき感情（sentiment exquis）で祖国を愛し、この大きな対象に向かって絶えず自分の魂を高め、かくして我々のあらゆる悪徳を生じさせているこの危険な傾向［自己の外に出て変化しようとする人間の情熱］を崇高な美徳に変換することにまで行き着くことができるだろう。（*ibid.*: 259–60 = 五: 83）

各構成員内部の「祖国」愛としての「この上なき感情」こそが、政治体におけるルソー的〈中間〉の基礎になっている。〈自然〉の〈法〉に比しうるまでに〈真〉なるがゆえに身体の次元に溶かし込まされえた〈法〉が、この「この上なき感情」の源泉となり、〈法〉の「強固さ」は、政治体内の紐帯の強度に変形されて姿をあらわしている。

政治体におけるこの〈中間〉の実現の最終的な根拠は、この法が〈真〉であることに存していたが、ルソーの思考は、真正の〈政治体〉と呼びうるものの条件は何であらねばならないか、という規範性の側面のみを辿って来たものであり、人間の作る社会の法が実際に真としてありうるものなのかどうか、という事実性の側面は問われていない。この不可能な〈中間〉を可能にしようとすれば、人間どうしの水平的な約束から作られるしかないはずの社会の法を人間に作らせず、垂直的な無限遠点から告げられる絶対的真理としての政治体の〈法〉というものを仮構ないし導入するほかはなかった。論理的屈折とも見える『社会契約論』「第二篇・第七章　立法者について」が書かれなければならなかった理由、また同時期に書かれた『マルゼルブ租税院長官への四通の手紙』「二」において、いわゆる〈ヴァンセンヌ途上での突然の霊感〉の体験がきわめて意味あるものとして提示されねばならなかった理由の一つは、その点にこそ求められると思われる。

注

（1）以下も含め、Rousseau（1959–95）からの引用については、当該プレイアッド版『全集』をOCと略記し、続くローマ数字およびアラビア数字によって、巻数および頁数をそれぞれ指示する。それに続く漢数字およびアラビア数字は、邦訳『ルソー全集』（全十四巻、別巻二）の対応箇所の巻数および頁数をそれぞれ示す。また、引用部分全般に関して、引用文中の［　］内の語句は引用者による引用上の補足である。および、引用の都合等で原文を参照し訳文を改変した箇所がある。

（2）『孤独な散歩者の夢想』「第五の散歩」の最も知られたくだり（自然の中に自我が融解し同一化していくところの、いわゆる〈ビエンヌ湖畔での恍惚〉の記述）の一部分にも同様の〈中間〉の主題があらわれている。時間性が滅却した永遠の現在のなかで完全な自己充足の幸福に浴するために必要な周囲の物理的条件（ここでは湖面の水の様子）は、次のように分析されている。「そこには、絶対の静止も過度の動揺もあってはならず、ぎくしゃくせず途切れのない一様で適度な動きが必要なのである。動きがなければ、生は昏睡状態でしかない。動きが不均等だったり強すぎたりすれば、覚醒が起こる」。（OC I：1047＝二：370）

（3）時系列のなかの〈中間〉には、〈停止した歴史・静止した時間〉への願望が埋め込まれているが、この〈制作〉された場所としての〈中間〉は〈動く〉。流れる時は静止し、固定している場は動く、という〈中間〉の奇妙なふるまいが見てとれる。

文献

Cassirer, Ernst 1932 "Das Problem Jean-Jacques Rousseau," *Archiv für Geschichte der Philosophie*, XLI, 177-213; 479-513.（=1997 生松敬三訳『ジャン＝ジャック・ルソー問題』みすず書房）

Durkheim, Emile 1925 *L'éducation morale*, Paris: Librairie Félix Alcan.（=2010 麻生誠・山村健訳『道徳教育論』講談社）

Eagleton, Terry 1990 *The Ideology of the Aesthetic*, Oxford: Basil Blackwell.（=1996 鈴木聡ほか訳『美のイデオロギー』紀伊國屋書店）

水林章 1994『幸福への意志』みすず書房

Rousseau, Jean-Jacques 1959-95 *Œuvres Complètes*（5 volumes）, Paris: Gallimard（Bibliothèque de la Pléiade）.（=1978-84 小林善彦ほか訳『ルソー全集』白水社）

Starobinski, Jean 1957 *La transparence et l'obstacle*, Paris: Plon.（=1973 松本勤訳『J.-J. ルソー――透明と障害』思索社）

――― 1971 "Rousseau et l'origine des langues," *La transparence et l'obstacle*（suivi de sept essais sur Rousseau）, Paris: Gallimard, 356-79.

田中秀生 2007「ルソーにおける「最初の約束」の成立様式について」『現代社会学理論研究』1: 100-13

第二章　十八世紀ドイツの寛容論にみる理性への信頼

上杉敬子

1　理性崇拝

かつて理性は解放者であった。ドイツでは十七世紀末に起点をもつ啓蒙思想を奉じた人びとは、理性使用が人間に解放をもたらすという信念をもっていた。のちに啓蒙主義者と呼ばれるようになったこの人びとは、理性を使用することによって非合理な世俗的権威や社会的束縛から自己を解放し、理性の制約に服することによって自律性を獲得するという信念を共有していたのである。かれらにとり、理性の制約のもとで「自分で考える」ことは自由と自律への途であった。もちろん、理性が解放と自律をもたらすという啓蒙の発想が広まる以前にも、知が人間を解放すると考える思想家たちはいた。啓蒙の直接の前史としては、デカルトの「わたしは考える」にはじまる意識哲学の影響をあげるべきであろうし、さらにさかのぼってソクラテスの故事をその典型としてあげてもよいだろう。ソクラテスは、知らないことは知らないと思っている、と公言することによって、知者を自称する人々の独断的な規定から「知」を解放しようとした。「知を愛する」がゆえになされたこの行為は同時に、自己を解放し、自己の自律を目指す営みでもあったといえるだろう。

ソクラテスが知を愛しもとめたように、啓蒙主義者は理性をもとめた。理性を使用することとは、あらゆるものに光をあて、誤謬を取り除き、臆見を矯正し、概念を是正し、知性を改善することであった。かれらはこのような理性使用こそが最善の世界の礎となると確信した。そして、理性の使用法を他者にも伝達し、あらゆる人々と理性を共有する世界を思い描いた。つまり、啓蒙主義者はすべての他者もまた自分と同じように理性に拘束されることを望んだのであり、かれらにとってこのことは、来るべき新しい秩序、理性的秩序を形成するための必須条件であった。

この理性的秩序のもとで全人類は平等になるとかれらは考えた。これは啓蒙の初期の要求、すなわち、理性（あるいは理性の権威）を使用する自由・権利の獲得という要求から導き出された答えであった。啓蒙主義者は、世俗的権威によってすでに決定されている物事について、個人がそれをあらためて吟味し、選択し、判断する権利は、理性によって正当化されると考えた。かれらは適切に理性を使用するという手続きを経て決定された判断・物事に特権を与えようとしたのである。政治的・宗教的権力はごくわずかな人しか手にできないが、理性は誰でも手にすることができる。このように考えた啓蒙主義者は原理的にはすべての人がアクセスできると想定された理性に最大の権力を与えたのであった。

むろん、それは学問上のことであったが、人間の平等性にかかわる理念の将来における普及を準備するものであったはずである。初期啓蒙思想を代表する思想家トマージウスは、「学芸国Respublica literaria」においては、いかに強大な世俗的権威といえども、この国の「女王」である理性に服さなくてはならず、理性を主催者とするこの理念上の国においては国籍も身分も関係なくあらゆる人間が平等である（赤澤 2006: 51-2）と高らかに宣言したのだが、この理念は十八世紀を通して啓蒙主義者たちに継承され、それはI・カント（Immanuel Kant, 1724-1804）の一七九〇年代における思想に至るまで保持されている。そして、学芸国の語りのなかで醸成されていった理性の公共化の論理は同時に、啓蒙主義者たちの寛容思想に根拠を与えるものであった。理性に服すという条件のもとで、さまざまな宗教を奉じる人々、潜在的には全人類が理念上の公共空間の構成員になりうるというアイデアは、多様性の尊重、他者の受容としての寛容思想の土壌となったのである。

じっさい、宗教的事柄に関する寛容の問題の解決の鍵とされたのも理性であった。そして、理性使用に努めるという規範に同意したさまざまな立場の人々が、公共的な言論空間のなかで膝をつき合わせて語らうという想像は、寛容思想を基礎づける「人間の普遍性」という考え方の正当性を啓蒙主義者たちに予感させた。啓蒙主義者たちは理性を使用することによって、自集団の支配的宗派に属する人々を宗教的少数派集団に対する不寛容の頑迷から解放し、また、宗教的多数派集団の抑圧に苦しむ宗教的少数派集団を実質的に解放することを目指した。かれらの寛容の試みはまずは著作の形をとったが、かれらにとってそれは現実における実践的な理性使用であった。

2　寛容の物語

寛容思想に関する功績としてはとくに十七世紀の西ヨーロッパの思想家たちの著作が知られており、なかでもスピノザ、ベール、ロックらの寛容論は十八世紀における寛容思想を基礎づけている。十八世紀の啓蒙主義者は、十七世紀までに蓄積された寛容の諸思想をふまえて寛容の必要を社会に訴え、寛容の諸原則を社会に適用しようとした。そうした啓蒙主義者のうち、ドイツにおける寛容の論者として有名なのはG・E・レッシング（Gotthold Ephraim Lessing, 1729–1781）やM・メンデルスゾーン（Moses Mendelssohn, 1729–1786）である。この二人は同年生まれの友人同士で先に活躍したのはレッシングであった。レッシングは喜劇『ユダヤ人』（一七四九年）や劇詩『賢者ナータン』（一七七九年）などの作品を通して寛容の精神を市民社会に定着させようとした。レッシングにかぎらず、さまざまな文筆家たちが寛容の物語を創作している。かれらはマイノリティに対する抑圧の悲惨とその不当を物語のなかで強調し、読者の同情心に訴える仕方で寛容を説いた。

ドイツにおける寛容の記念碑的作品であるレッシングの『ユダヤ人』は、ある貴族が旅の途中で盗賊に襲われたところを通りがかりの旅人に助けられるところから話がはじまる。その旅人に好感をもった貴族は、旅人を自らの館に招いてもてなすのだが、旅人は早々に立ち去りたい様子をしている。それには理由があった。この旅人はユダヤ人だったのである。旅人は自分がユダヤ人と知られたならば、貴族やその家族が自分を嫌悪するだろうと考えたのである。このユダヤ人の旅人にレッシングは次のような独白をさせている。

> キリスト教徒の中で、ユダヤ人相手に誠実な態度を取っていると自慢できる者などいるのか怪しいものだ。ユダヤ人がすることと言えば、しっぺ返しをしようとするくらいが関の山だ。ふたつの民族が誠実に正直につきあうためには、両者が同等の貢献をしなくてはならない。しかし、一方〔キリスト教徒〕が他方〔ユダヤ教徒〕を迫害することが、宗教上の勘所であり、しかもそれがまさに称賛に値する行為であるとしたらどうだろう？
> (Lessing 2003: 256＝2010: 95)

この一文はレッシングがキリスト教徒の非寛容をとくに批判している箇所である。この戯曲の鑑賞者は、物語が進むにつれて、身分は明かされていないが高潔な人物として描写されている旅人に感情移入するだろう。そして最後にその好人物がユダヤ人であったという事実に際し、作中のこととはいえ自分がユダヤ人に共感していたことを知らされる。この物語において差別への告発をするのは旅人＝ユダヤ人である。差別に対する非難を、抑圧されている当の人物に話させる手法は、たとえばヴォルテールが『カンディード』（一七五九年）において（黒人奴隷の語りとして）、ディドロが『ブーガンヴィル航海記補遺』（一七七二年）において（タヒティの老人の語りとして）行っている。これらの物語は読者に対して、苦境にあえぐ人々の心情を想像することを促し、差別の不当と他者の寛容を教える。

以上の同情に基づく寛容の物語群は人間の平等性・多様性を表現しているのだが、その読者として想定されているのは抑圧する側の人々であり、その支配的集団に属す人々の同情心に訴えてマイノリティに寛容を与えるよう要請しているがゆえに、寛容を与える側と寛容を与えられる側との上下構造を作り出しうる。こうした支配的集団が指導する寛容に内在する道徳的優劣関係の克服を目指す多元主義的な寛容を提唱した思想家として注目すべき人物がメンデルスゾーンである。メンデルスゾーンと当時の主要な寛容論者との目立った相違点としてまず挙げられるのは、彼が当地の支配的宗教に属さないマイノリティであったことである。支配的宗教に属する人々の多くがマイノリティに「寛容を与える」というあり方を問題視していなかったのに対し、メンデルスゾーンの議論はそのような態度に変更を求める内容となっている。

3　マイノリティによる理性的多元主義的寛容論

メンデルスゾーンによる宗教的寛容の要請は、彼がユダヤ人であったために、当初はごく控えめなものだった。しかし、キリスト教徒からたびたび改宗を迫られるにおよんで彼の言説は徐々に変化し、最終的にマイノリティの立場から多元主義的寛容を求めるに至る。メンデルスゾーンの寛容に関する初期の表現としてはたとえば次のようなものがある。一七六九年、スイスの牧師J・C・ラーヴァター（Johann Casper Lavater, 1741-1801）が、メンデルスゾーンに対して「キリスト教を公然と否認する」か「キリスト教に改宗する」か、どちらか一つを選ぶよう迫った際（Lavater [1769] 1974: 3）、メンデルスゾーンは次のように答えた。

> もし、わたしの同時代人に孔子やソロンのような人物がいたとしたら、わたしは自分の宗教の原則にしたがって彼を改宗させたいなどという滑稽な考えを思い浮かべることなく、その偉大な人間を愛し称賛することができるだろう。改宗させる？　何のために？　その人物はヤコブの会衆には属していないのである。それゆえ彼はわたしの宗教の律法には拘束されないし、またその教えについてならわたしたちは容易に理解しあえるかもしれない。わたしは彼が救済されると考えるか？　――おお！　わたしが思うに、この世で人間を徳へと導いた人があの世で地獄に堕ちることなどありえない。それゆえわたしは、ソルボンヌが召喚したかの誠実なモンマンテルのように、こうした意見を持つからといっていかなる権威ある司教団も恐れない。（Mendelssohn [1769] 1974: 12）

メンデルスゾーンにとって同胞ユダヤ人は、キリスト教徒からの恩恵によってその存在を許容される哀れな余所者ではなく、市民としてキリスト教徒と同等に遇されるべき、たんに宗教的見解を異にするだけの、不当に差別されたドイツ人であった。メンデルスゾーンの目にはユダヤ人の差別を正当化するようないかなる差異も映らなかったのである。だが、不快な他者に寛容を与えることを無理強いされてきたと考える者からすれば、その忍耐の対価を要求したくもなるだろう。そして、これまでユダヤ人に与え続けた寛容のツケを支払うことができるユダヤ人の代表と目されたのがメンデルスゾーンであった。彼はいわばこれまでのツケの一括払いを、すなわちキリスト教への改宗を請求されたのである。

一七八二年、またしても改宗要求に応答しなければならない状況に陥ったメンデルスゾーンは、一七八三年に多元主義的な寛容論を発表した（Altmann 1998: 502）。一般に、当時の寛容はマイノリティが一方的に施されるものであり、しかもマイノリティにとりマジョリティから寛容されることは、同時に何らかの制約を受けて管理されることでもあった。ユダヤ人の処遇については啓蒙主義を奉じる思想家たちの間で議論になり、同化したユダヤ人に市民権を認めることを主張する者もいれば、どのようなユダヤ人であろうとユダヤ人であるかぎり市民権は認めないとする者もいた。メンデルスゾーンはこのような状況において『イェルーザレム　あるいは宗教の力とユダヤ教』を執筆し、マジョリティの専売特許と化していた寛容を、マイノリティの宗教であるユダヤ教にこそふさわしい理念としたのであった。

メンデルスゾーンは「異教徒、ユダヤ教徒、イスラム教徒、自然宗教の信奉者」の寛容を要請した（Mendelssohn [1783] 1983: 155）。彼はあらゆる宗教が共存する現状をそのままに肯定する。メンデルスゾーンは従来の寛容思想が内包していた、誤れる他者を一時的に許容するなどの、諸集団の宗教的道徳的優劣を前提とする寛容の枠組みを超えて、諸個人が対等に相互に寛容しあう状況を想定している。それは宗教の他者といえどもたんなる多様性の一部とみなし、これを自然の摂理として承認するということである。しかし、その承認は口にしさえすればよいのではない。「真の敬虔」を実践するためには、多様性が摂理の計画であり目的であるということに同意したふりをするのを止めねばならないのだ（*ibid*.: 202）。

改宗を要求した者たちがキリスト教の真理を論証するのに奇蹟を用いたのに対し、メンデルスゾーンは、ユダヤ教において奇蹟や特別な徴表は「永遠の理性的真理」の論拠にはならないとする（*ibid*.: 165）。彼は、ユダヤ教はキリスト教徒が理解しているような啓示された宗教とは異なると主張した。彼の考えでは、浄福に至るための手段である永遠の理性的真理は全人類が理解可能なものである。ある「必然的真理」へと至るのに「必要な程度の理性」が人間には与えられているのだ。「わたしには、人間の理性の力が、人間の浄福に必要な永遠の真理へと人々を導くのに不十分だとは思えない」（*ibid.*: 160–1）。「真のユダヤ教の観念によれば、地球のすべての住人はこの浄福に与る資格があるのであり、浄福に至る手段は人間それ自体に伝播している」（*ibid.*: 161）。メンデルスゾーンはこの理性的真理を啓示の領域には適用しない。適用した場合、神はある特定の集団にのみ理性的真理を啓示したことになり、神が啓示を与えなかったその他の集団は理性的真理を理解できないことになってしまう。すべての人間に浄福をもたらす理性的真理が神の啓示によって特定の人間にのみ伝達されるというのでは理屈に合わないのだ。

メンデルスゾーンは太古の昔から現在までに存在したどの人間も永遠の理性的真理を理解する可能性を有していたと考える。ユリウス・グッドマンはこの点に関し、メンデルスゾーンが自然人に理性的推論能力を付与したことの重要性を指摘している。グッドマンによれば、メンデルスゾーンがレッシングの『人類の教育』（一七八〇年）について疑問を呈したとき、彼はレッシングにおける理性の進歩への信頼そのものを否定したわけではなく、理性の進歩の過程に「道徳的かつ宗教的な究極的確実性」を介入させてはならないと主張したのであった。理性的真理としてのたんなる確実性についてはは必然的にすべての世代の人々がその継承者である。メンデルスゾーンが「真理は歴史を通じて進歩する」という、啓蒙主義者の多くが共有した希望をあえて批判したとき、彼がそこで言明しておきたかったのは「宗教的真理は普遍的でなければならないという観点」であった（Guttmann 1964＝2000）。彼は、たとえば、ユダヤ・キリスト教的啓示の存在が知らされる以前の未開の地の住民が、高潔でも幸福でもなかったなどとは考えなかったのである（Mendelssohn [1783] 1983: 161）。

メンデルスゾーンは、ユダヤ教における普遍的寛容性の証拠として、紀元前後に活躍したラビでパリサイ人の指導者であったヒレル（Hillel, ca. 70 B.C. – ca. 10 A.D.）の故事をあげる。ヒレルは、ある異教徒が片足で立っていられる時間内に律法全体を説明してほしいと質問したのに対し、「若者よ、『自分を愛するように隣り人を愛しなさい』というのが律法の主題である。それ以外のすべてはこの主題の注釈なのだ。さあ、行って学んできなさい」と語ったのであり、これこそが古代の原型的ユダヤ教の概要であるとメンデルスゾーンは強調する（*ibid.*: 168）。

メンデルスゾーンがこのように語ることで言外に述べようとしているのは、改宗を要求するキリスト教徒がこれまで宗教の他者に施してきたところの寛容は「真の寛容」（*ibid.*: 203）「普遍的な人間の寛容」（*ibid.*: 203）ではないということである。メンデルスゾーンは強調している。「あなたたちとわたしたちの福利のために言えることは、信仰の統一は寛容ではない、それは真の寛容とはまったく相容れないということである」（*ibid.*: 203）。そもそも、キリスト教はユダヤ教の上に築きあげられているのであって、もしユダヤ教が崩れることがあれば、キリスト教は必然的に崩落し、がれきの山となるだろう（*ibid.*: 154）。

メンデルスゾーンは、公共的安寧を攪乱せず、市民の法律や市民に対して忠実に行動するかぎりにおいて、誰にでも自分の思考を公表したり自身の慣習にしたがって神に祈る自由があるとし、誰も国家のもとで心の検査官、思想の裁判官となってはならないと述べて議論を終える（*ibid.*: 204）。メンデルスゾーンからすると、彼に改宗を要請したキリスト教徒の論者は自然の摂理である人間の多様性を考慮しておらず、人間に関して誤った理解を有し、諸宗教の統一という目的に固執している。だが、諸宗教の統一の試みはかならずや各人の思考の自由を踏みにじる。人間の浄福は一人の司牧者のもとに集結した一つの群れにおいて成就するのではなく、諸宗教の多様性を承認し、あらゆる人の思想を尊重する思想の自由の原則を遵守することによって達成されるのである。

メンデルスゾーンの寛容論は、従来の一般的な寛容思想が、善意によるにせよ、そうでないにせよ、内在させていた道徳的宗教的位階を無効にし、さらには宗教的道徳的に劣位にあるとされたユダヤ教の地位とこれに対するキリスト教の地位を逆転させる。メンデルスゾーンは多様性の承認を寛容の条件とし、その意味でより寛容な思考を有する者がより普遍的であるという規範を導入した。これによって普遍的寛容の概念が組み込まれている理性宗教としてのユダヤ教のほうがキリスト教よりも原理的に寛容であることを示唆したのである。このように考えるのであればキリスト教への改宗は不要となろう。

メンデルスゾーン自身は平等性に基づく多元主義的寛容を主張する意図を有しているものの、ここでのメンデルスゾーンの議論がレッシングの寛容の物語より平等性の度合が高いと考えうるのか判定はしがたい。そこでただ次の点を指摘する。レッシングは『ユダヤ人』や『賢者ナータン』においてキリスト教徒の非寛容を批判した。そのためにキリスト教徒から非難の声もあがったわけだが、レッシングは「わたしたち（キリスト教徒）には非寛容なところがある」として同胞に反省を促したのであった。これに対し、メンデルスゾーンは結果的に「わたしたち（ユダヤ教徒）は寛容である」と主張したことになる。たしかに、メンデルスゾーンが、ユダヤ人が市民となる個人的権利を得るための前提条件として要求されたキリスト教への改宗を寛容の原則に対する冒涜と考え、信仰の統一という理念を良心の自由に対する脅迫とみなしたことは理解できる。だが、メンデルスゾーンはユダヤ教の普遍性の論証において、改宗を要求する者たちとは別の排他性に落ち込んでしまったともいえる。

理性を使用することによって不当な社会的抑圧から人びとを解放するという試みは啓蒙の一貫した中心的課題であり、その意味でメンデルスゾーンの議論は啓蒙の伝統的思考に忠実なものであった。しかし、支配的集団に所属する人物が理性使用を高言したさいには問題とされなかったことが、ここに理性の陥穽として顕在することになる。ユダヤ人という当時の社会において特殊な立場にあった人物が、自分の独自の立場を理性によって正当化しようとしたとき、支配的集団に属する人々には、その人物の用いた理性が主観的なものに見えたのである。

4　寛容の状態をつくりだす理性的宗教

マイノリティによる寛容の啓蒙書『イェルーザレム』に少なからぬ啓蒙主義者が困惑した。理性使用によって人びとを社会的抑圧から解放し自律を目指すという点でメンデルスゾーンの議論は啓蒙の伝統に忠実であったにもかかわらず、である。もっとも、啓蒙主義者たちがこの著作に躊躇した理由は、理性の使用法にかかわることより、そのユダヤ教色の強さにあったようである（Altmann 1998）。それでも、キリスト教徒の啓蒙主義者の幾人かはメンデルスゾーンに賛同して彼をなぐさめた。そのなかにはカントもおり、カントはこの寛容の書があらゆる民族への「偉大な改革の告知」になるとメンデルスゾーンに書き送っている。

しかし、それから十年のときを経て、カントは『イェルーザレム』を否定するかのような著作を刊行する。その著作、『たんなる理性の限界内の宗教』（一七九三年）において、カントはユダヤ教の戒律の排他性を非難し、それどころかユダヤ教の非宗教性を論じた。カントは「本来ユダヤ教は宗教ではまったくない」（Kant [1793] 1968: 125＝168）と述べたのである。この非寛容な言明を一体どのように考えればよいのだろうか。

カントは「法的公共体」（*ibid.*: 99＝131）という概念を提示している。ユダヤ教の事実上の体制はこれに該当する。この法的公共体における法則は「目に見える行為の適法性だけ」を目指して立てられており、「内的道徳性」を目指しているわけではない。このような法的公共体における立法者は神ということになるが、その神の命令を受け取る人間が必要となり、その役目は司祭が受け持つことになる。そして、この神の命令を受け取る司祭は必然的に「貴族制の統治」を行うことになるだろう。このような体制の存在・形態は全面的に歴史的な根拠に基づくため、これは道徳的に立法する体制ではない。法的公共体が、立法者を神とし、政治的＝市民的法則にしたがった制度を有すにしても、それは外的な制度、つまり人間の内的に存する道徳性に準拠していない制度である（*ibid.*: 99-100＝131-2）。

カントは「宗教」にふさわしい体制は「法的公共体」ではなく「倫理的公共体」（*ibid.*: 94＝125）だと考える。倫理的公共体の統合原理は徳であり、この公共体は人類全体という理想につねに関係づけられている（*ibid.*: 96＝127）。ここには強制の概念がなく、人びとはこの倫理的統合に参入するか否かについて自由な裁量を有している（*ibid.*: 95-6＝127）。カントはこの倫理的公共体を説明するためにさまざまな言い方をし、これを、「倫理的＝市民的社会」「倫理的国家」「徳の（善の原理の）国」「徳の法則にもとづく普遍的共和国」などと換言したのちに「不可視的教会」（*ibid.*: 101＝134）と表現する。倫理的公共体としての不可視的教会は、神の道徳的支配下におけるあらゆる公正な者たちの統合という「たんなる理念」で、人間が建設すべき教会の「原像」とされる（*ibid.*）。そのような不可視的教会を基礎づけるのは「純粋宗教信仰」である。この純粋宗教信仰は「たんなる理性信仰であって、誰にでも伝達できるし、確信させうる」ものである（*ibid.*: 102-3＝136）。

以上のような、あらゆる人間に理性に基づく宗教的理解力がそなわっているとする信念は先述したようにメンデルスゾーンが訴えていたのであり、この理念においてカントとメンデルスゾーンは一致している。だが、カントは「宗教」と「信仰」を区別することによってメンデルスゾーンが行ったユダヤ教の普遍性の論証を無効にした。カントが不可視的教会という表現をもって説明しようとしている「宗教」は、ユダヤ教、キリスト教といった固有名を冠さない、ただ「宗教」としか呼びえないような、固有の文化的アイデンティティに立脚していないたんなる理念を意味している。カントは固有名を冠した宗教を改めて「諸信仰」（ユダヤ教信仰、キリスト教信仰）と呼び、この諸信仰の上位に「宗教」を位置づけた。そして、各信仰を奉じるどの個人も、純粋な道徳的立法によって形成される「宗教」を追求する倫理的公共体の成員になりうるとしたのである。

こうして、「〇〇宗教」といった固有名をもたないひとつの「宗教」、道徳に基づいて共生することを命題とするたんなる「宗教」という理念を人々が共有して結合する倫理的公共体というものを想定することで、カントは文化的アイデンティティを主軸とはしない共同の方法を提唱した。メンデルスゾーンはユダヤ教を普遍的理性宗教として解釈し、これを真の宗教の理想的な形態とみなしたが、カントは法的公共体をなすユダヤ教を純粋理性宗教とはみなさず、またユダヤ教にかぎらずどのような信仰であろうと、ある教会が唯一の普遍的教会を自称することはできないとした。カントの考える普遍的理性宗教は諸信仰の統一を意味しない。信仰はすでにして多様である。だが、倫理的公共体を形成する「宗教」の原理は人類が共有できるもののはずで、この「宗教」を人類の道徳的共生を可能にする理念と考えるならば、そのような「宗教」はひとつしかない。カントの倫理的公共体はこのような宗教を普遍的理性宗教と定めて共通の善を目指す、原理的にすべての人が参加可能な公共体なのである。

カントがユダヤ教を「宗教」から除外したことは、メンデルスゾーンの多元主義的寛容の原則に照らせば不寛容の極みとなろうが、カントは多元主義を否定してはおらず、むしろ積極的に肯定している。カントが倫理的公共体を想定するのもこのためだ。つまり、多元主義を奉じながら、かつ自分の理解に及ばぬ隣り人と共生するためには、自らの依って立つ文化的アイデンティティの先に、他者と共同で創出することを約した別の理念を立てる必要があるということをカントは訴えているのである。

これに対しメンデルスゾーンの多元主義的寛容論は、ユダヤ教の普遍性を理性によって正統化する内容を含んでいる点で、カントからすると理性の限界を超えた使用を行っていることになる。自集団の承認を他集団に求める寛容の議論において、自集団の優越性・普遍性を正当化するための根拠として理性を持ちだすこと、たとえばユダヤ教徒の立場で理性を用いることは、カントの論文『啓蒙とは何か』（一七八四年）の表現を借りると「理性の私的使用」にあたるためである。メンデルスゾーンの多元主義的寛容論は支配的集団からの抑圧に端を発したものであったが、彼の理論もまた比較の論法を持つがゆえに、対立する双方を了解に基づく合意へと導くのに適した寛容とはいいがたい。他方、カントはそもそも合意形成の鍵が寛容であるとは考えなかった。それゆえ寛容を道徳概念の中核におくこともなかった。カントもまたメンデルスゾーンのように寛容の状態を創出する鍵となるのは理性であるとしながらも、その理性はあくまで自己の立場（身分・宗派・国籍など）からではなく、公共的に、すなわち人類の立場から使用しなければならないと考えたのであった。

5　理性への信頼

カントは、人類の平和共存を可能にする理性的秩序を構築するという啓蒙主義者たちの夢をひきつぐ最後の後継者の一人であった。十八世紀も末になると理性の威光はかげり、啓蒙の効能は疑われ、啓蒙の陣営はもっぱら防衛にまわる事態になったが、それでもカントは、理性を人類の統合の原理とする啓蒙のアイデアを放棄しなかった。

現在では啓蒙が構想した等質性のユートピアには否定的な評価が下されているが、啓蒙主義者たちの理性への信頼そのものには見るべきものがあるように思われる。啓蒙の理性は主観的理性と呼ぶべきものであったのだろうが、しかし、啓蒙主義者が理性を主催者として構想した世界の倫理は相互主観的なものであった。

啓蒙は理性を信頼するという規範のもと、正・不正の判断を世界に問い、全人類に意見を求めようとした。多様な他者と共同する寛容の状態を創出するための理論を、人間の等質化を促す理性によって築きあげた啓蒙主義者たちは、独善的との批判を免れないかもしれない。だが、少なくともかれらは、他者の声に耳を傾けることの必要とその可能を、おそらくは現代に生きるわたしたちよりずっと真剣に信じていた。

理性Vernunftは語源的には耳を傾けることVernehmenである。啓蒙の理性もまた、見知らぬ他者の声に耳を傾けることを義務として課す。啓蒙主義者たちによる理性への信頼は、独善的であったかもしれないが倫理的に大まじめなものであった。そして、現代世界の宗教的騒乱や、あまりに複雑になった利害関係、亢進する敵対意識に翻弄されながらも、諸集団の対立を緩和させるために行動している人びとが口にするのは、まず相手の話を聞くこと、相手が満足するまで話を聞くことである。

注

本稿の二、三、四節は、拙稿（上杉 2014）を下敷きにしている。なお、欧語文献については、併記した邦訳を参照したが、一部、訳文訳語に変更を加えた。

（1）W・シュナイダースはドイツ啓蒙思想のはじまった年を一六八七年とする。この年、C・トマージウス（Christian Thomasius, 1655-1728）が大学で最初のドイツ語講義を行った。シュナイダースは、ドイツにおける啓蒙主義のきっかけは政治的・宗教的な事件ではなく、一地方の学術上の出来事、すなわちトマージウスが行ったラテン語からドイツ語への移行という、一人の教師がただの大学改革としてはじめたプログラムであったという（Schneiders 1990＝2008）。

文献

赤澤元務 2006「啓蒙の『学芸国』と雑誌メディアの興隆」『ヘルダー研究』12: 43–63

Altmann, Alexander 1998 *Moses Mendelssohn: A Biographical Study*, London Portland, Oregon: The Littman Library of Jewish Civilization.

Guttmann, Julius 1964 *Philosophies of Judaism: The History of Jewish Philosophy from Biblical Times to Franz Rosenzweig*, London: Routledge & Kegan Paul.（= 2000 合田正人訳『ユダヤ哲学』みすず書房）

Kant, Immanuel [1793] 1968 “Die Religion innerhalb der Grenzen der bloßen Vernunft,” *Kants Werke, Akademie-Textausgabe, Bd.6*, Berlin: Walter de Gruyter & Co.（= 2000 北岡武司訳『カント全集10 たんなる理性の限界内の宗教』岩波書店）

Lavater, Johann Caspar [1769] 1974 “Zueignungsschreiben Johann Caspar Lavaters an Moses Mendelssohn,” *Moses Mendelssohn Gesammelte Schriften Jubiläumsausgabe, Bd.7*, Stuttgart-Bad Cannstatt: Friedrich Frommann Verlag.

Lessing, Gotthold Ephraim 2003 “Die Juden,” *Gotthold Ephraim Lessing Werke in drei Bänden, Bd.1. Fabeln, Gedichte, Dramen*, München: Deutscher Taschenbuch Verlag.（= 2011 栗花落和彦訳「翻訳 レッシングの喜劇『ユダヤ人』」島根大学法文学部紀要言語文化学科編『島大言語文化』30: 89–130）

Mendelssohn, Moses [1769] 1974 “Schreiben an den Herrn Diaconus Lavater zu Zürich,” *Moses Mendelssohn Gesammelte Schriften Jubiläumsausgabe, Bd.7*, Stuttgart-Bad Cannstatt: Friedrich Frommann Verlag.

——— [1783] 1983 “Jerusalem oder über religiöse Macht und Judentum,” *Moses Mendelssohn Gesammelte Schriften Jubiläumsausgabe, Bd.8*, Stuttgart-Bad Cannstatt: Friedrich Frommann Verlag.

Schneiders, Werner 1990 *Hoffnung auf Vernunft: Aufklärungsphilosophie in Deutschland*, Hamburg: Felix Meiner Verlag.（= 2008 村井則夫訳『理性への希望――ドイツ啓蒙主義の思想と図像』法政大学出版局）

———（Hrsg.）1995, *Lexikon der Aufklärung: Deutschland und Europa*, München: C.H.Beck.

上杉敬子 2014「寛容の先へ――『宗教的寛容』に対するカントの応答」『日本カント研究』15: 147–61

第三章　クリスティアン・ガルヴェと観察の論理

小谷英生

1　カント、ガルヴェ、スミス——啓蒙思想の極点

十九世紀が進むにつれて啓蒙思想は極度に専門的な哲学と、個別の領域・対象・方法をもった社会科学へと発展的に分離解体していくが、その突破口を開いた思想家の代表はイマヌエル・カントとアダム・スミスであった。

一方でカントは理性主義を徹底し、経験的認識を成立させるアプリオリな条件を主観のうちに探究した。他方でスミスは経済メカニズムの解明に着手し、金銀という見せかけの富の根底に潜む経済の、そして社会の構造を明らかにしようとした。こうした仕事によって彼らは、経験的認識や社会現象を成立させるがそれ自体は現象ではない原理や構造の探究という道を切り開いたのである。いずれも啓蒙思想の完成者であり、今なお重要な思想家であることは言うまでもないであろう。

しかし本章で光を当てるのは、カントやスミスと深く関係しながらも異なる道を歩み、終には忘れ去られてしまったドイツの思想家クリスティアン・ガルヴェである。

ガルヴェとカントの間には個人的な親交があり、両者は互いを学者として尊敬していたが、理論上は敵対関係に

あった。ガルヴェはカントが批判した幸福主義道徳の代表的論者であり、両者はしばしば論争を繰り広げたからである（小谷 2014）。これに対しガルヴェとスミスの間に個人的なつながりはない。しかしながらガルヴェは『国富論』のドイツ語訳を刊行しており、この翻訳が――ガルヴェではなくガルヴェ訳スミスが――十八世紀末から十九世紀にかけてのドイツ思想界に与えた影響は無視できない（植村 2010）。ガルヴェ自身もまたスミスから強い影響を受け、一方で自由主義経済が国際社会に平和と繁栄をもたらすとも主張している（小谷 2015b）。しかし他方で彼は、市民社会（ブルジョワ社会）がもたらす矛盾を、スミスよりもずっと深刻に受け止めたのである。

なるほど、カント・スミスと比較したとき、ガルヴェの思索は表面的なものであり、ただ諸現象から諸現象へと渡り歩くだけで、その基礎にある原理や構造を把握することはまったくなかったと言えるかもしれない。それゆえ学問的には顧慮される価値はないと考えられるかもしれない。現代でもなおこのような評価が支配的であるように思われるが、同様のことは早くもフリードリッヒ・シュライエルマッハーが、一八〇〇年に述べていたのである（第二節）。本章ではこうした評価からガルヴェを救い出し、彼のオリジナルな学問的方法の再発見とその思想史的な再評価を目標とする。そのための手続きとして、現代におけるもっとも優れた解釈のひとつであるゲアハルト・フォーヴィンケルのガルヴェ論を批判的に検討する（第三節）。そしてフォーヴィンケルが把握できなかったガルヴェの学問的方法が「観察という方法」に見出されることを主張するために、ガルヴェの「自己観察」と「関心」概念を分析する（第四節）。最後に結論として、思想史におけるガルヴェの位置と意義を簡単に確認したい（第五節）。

2　シュライエルマッハーのガルヴェ評価

最初に十八世紀末から現代まで続く典型的なガルヴェ評価の代表として、シュライエルマッハーの論考「ガルヴェの最後の、彼自身によって出版された著作」（以下「著作」）を検討する。「著作」が発表された一八〇〇年はガルヴェの死から二年後に当たり、しかもガルヴェと同郷（ブレスラウ）の神学者が著者であったとなれば、これがいわゆる追悼文に当たることは誰の目にも明らかであっただろう。

だが、シュライエルマッハーの言葉は慇懃無礼であり、辛らつであった。もっとも「著作」が掲載されたのは、ガルヴェを含めた通俗哲学に対して批判的な立場をとるシュレーゲル兄弟の『アテネウム』であった。それゆえ辛らつな内容もまた、読者の期待を満足させるためのものであったように思われる。その意味でも「著作」はシュライエルマッハーの個人的な見解として以上に、ガルヴェに対する同時代人の不満一般を表したものと受け取られなければならない。

さて、ガルヴェの仕事はつねに期待はずれであったとシュライエルマッハーは言う。その理由は「〔ガルヴェの思想は〕最初はなにか偉大なもののようにみえるとしても、ひっそりと無限に卑小なものへと変わっていく」からである（Schleiermacher 1800: 132）。

中間地点も始まりもなく、決して何か全体的なものにも根源的なものにも到達しない。そうではなく、ガルヴェはいつもただ〔地面に〕描かれた単一の円の周りをぐるぐると回り続けているだけである……。生来彼がまったくもって縁遠かった学問においてだけでなく、生活と人間の探求に関する箇所でも、事情はこの通りなのである。（*ibid.*: 132）

シュライエルマッハーの否定的な評価は「生来彼がまったくもって縁遠かった学問」という皮肉に集約されているが、それはガルヴェの議論が「単一の円の周りをぐるぐると回り続け」、「中間地点も始まりもなく、決して何か全体的なものにも根源的なものにも到達しない」からである。つまりガルヴェは経験にとどまり続けるのである。

講述における通俗性についての論文の中で、かつてガルヴェは次のように述べた。「私はあらゆる学問を……経験について反省する学問と理念を結合する学問とに区分しうると考えている。そして道徳あるいは人間論は全哲学同様に第一のカテゴリー〔＝経験について反省する学問〕に属する」と。こうした言明ひとつとってみても、非哲学と精神喪失に由来する決して尽きることのない混沌が広がっている。ガルヴェの全著作はいわばこうした混沌の流出にすぎない。（*ibid.*: 132-3）

ここでシュライエルマッハーが引用しているガルヴェの論文は「講述の通俗性について」であるが、そこではたしかに「経験について反省する学問と理念を結合する学問」とが区別され、前者に哲学、後者に数学が割り当てられていた（Garve [1796] 1974: 1055）。このときガルヴェが強調していたのは、哲学は日常言語の延長で行われるべきであること、したがって万人に理解可能で、すなわち通俗的でなければならないということであった（これに対し数学は人工言語を用いる以上特別な専門教育を必要とするため、通俗的にはなりえないとされた）。しかし右の引用においてシュライエルマッハーは、こうした哲学を「非哲学と精神喪失に由来する」「混沌」だとして拒絶する。

そもそも「非哲学（Unphilosophie）」という言葉は、十八世紀末にあっては通俗哲学を貶める概念として流通していた（Vgl: Reinhold 1789: 139）。裏を返せば、まさにカントが開始した超越論哲学こそが哲学であり、「経験について反省する学問」は哲学ではないという含意をもった言葉であった。こうした事情についてはガルヴェもよく理解していた。実際、前述の論文「講述の通俗性について」はこうした攻撃からの通俗哲学の擁護を意図して書かれていたのである。そこでガルヴェは「そうした非哲学的な、あるいは通俗哲学的な探求以外の哲学がいずれ可能であるかどうかは今のところまだわからない」（Garve [1796] 1974: 354）と述べ、通俗哲学という「プロジェクト」（小谷 2015a）の継続をカント学派の哲学者たちに訴えたのである。

しかしシュライエルマッハーの「著作」を読むかぎり、ガルヴェの訴えは退けられている。「経験について反省する学問」は哲学ではなく、おまけにそれが「中間地点も始まりもなく、決して何か全体的なものにも根源的なものにも到達しない」ならば学問ですらない。そしてガルヴェの仕事はまさにそうしたものであったとシュライエルマッハーは結論づけたからである。

それではガルヴェは一体何をしていたのか。それは原理なき観察である。

> もしも人が何らかの学問から入手したより高次の原理を、それゆえ通常の生活の立場よりも高次の学問的見地に属する原理をもっていないならば、『観察という方法』のみにしたがって諸対象を……それらが通常の生活の立場から感受される通りに叙述したり思考したりすることなどできない。（Schleiermacher 1800: 136-7）

ここでシュライエルマッハーは、観察そのものを拒絶しているわけではない。あくまでもそれが「高次の学問的見地に属する原理をもっていない」場合には無意味であると主張しているだけである。そしてこの主張と先ほどの批判とを併せて考えてみれば、全体として「著作」のシュライエルマッハーは二重の意味でガルヴェを非難していたことが分かる。第一に、観察を可能にする客観的な原理の欠如であり、第二に観察の結果として抽出された原理の欠如である。

このようなガルヴェ評価は果たして正当であろうか。それを検証するために、次に現代的な研究としてゲアハルト・フォーヴィンケルの解釈をみてみたい。

3　フォーヴィンケルのガルヴェ解釈

フォーヴィンケルは論文「クリスティアン・ガルヴェと幸福論の終焉」において、ガルヴェを哲学者であると同時に社会学者と捉え、ドイツ社会学の先駆者に位置づけている。フォーヴィンケルはガルヴェが同時代には「優れた社会学的観察者であり分析者」（Vowinckel 1989: 136）として知られていたにもかかわらずその後忘却された理由を問い、その答えを十七・十八世紀の幸福主義の没落に求めた。ここではしかし、こうした論文の本筋には立ち入らない。重要なのは次の発言である。フォーヴィンケルはガルヴェの社会哲学上の戦略を次のように要約している。

人々は集団の代表および社会的役割の実行者としてではなく、自己の幸福の弁護人として社会に参加する。人々がこうした見解を道徳的な方向づけのために自己概念の基礎におくかぎり、人々は……社会秩序を安全装置

> として、すなわち自己と他者とが各々の幸福促進を追求する際の手助けとなる安全装置として考えるだろう。広義のゲーム理論的な社会の考察という〔ガルヴェの〕方法はこれと矛盾しない。この方法によれば、……その都度彼らの手中にある権力手段でもって自己利益の実現を模索する人々および諸団体がいて、……彼らの対決の当面の結果として、社会構造が現れるのである。（*ibid.*: 140　傍点引用者）

ここでフォーヴィンケルは、ガルヴェの中に二つの社会モデルが存在することを指摘している。ひとつはいわゆる契約論的な社会であり、もうひとつは各種団体の利害衝突の結果として構造化された社会である。この二つのモデルはしばしば齟齬をきたすように思われるが、両者の間に矛盾はない、とフォーヴィンケルは言う。その理由はいずれのモデルでも人々の幸福追求が前提されており、幸福の最大化と不幸の最小化を目指す点で共通しているからである。ガルヴェにとって社会的人間とはいわば幸福主義的人間（ホモ・フェーリーキス）であり、社会とは彼らの円滑な活動のための手段でありまた結果であった。ガルヴェの社会哲学は、幸福主義という哲学的原理に基づいて社会を描き出す点で一貫している。したがって、フォーヴィンケルの解釈はシュライエルマッハーの（とくに原理なき観察という）ガルヴェ批判に対するアンチテーゼを提示している。

だが、そもそもフォーヴィンケルのガルヴェ解釈は正当なものなのだろうか。結論から言ってしまえば不十分である。たしかに、フォーヴィンケルの解釈における第一の社会モデルに関しては、『キケロ論』第一巻の自然法論などから確認できる事柄である（Garve 1783a: 91-9）。また第二のモデルについても、それが市民社会の現実である以上はガルヴェが記述したものであった。しかしガルヴェの社会哲学はもっと重層的である。幸福とはまずもって徳（Tugend）によってもたらされるものである以上、ガルヴェはたんに自己の利益や利己心（Eigennutz）だけが満たされることを幸福だとは認めなかったからである。「徳は主として利己心と戦う」（Garve 1783b: 41）と宣言されたように、有徳さに基づく幸福は、たんなる利己心の満足とは一線を画すものなのである。

したがって、たとえガルヴェが「広義のゲーム理論」として社会関係を描き出しているようにみえる場合でも、彼は「自己利益の実現を模索する人々および諸団体」をプレイヤーとみなしていたわけではない。彼はむしろ、プレイヤーの勝利が有徳さに基づいているか否か、あるいは有徳さを実現しうるか否かを慎重に検討している。それゆえ研究は二つのベクトルで進められることとなる。第一にガルヴェは、徳を通じて幸福になろうとする人々の戦略や条件を描き出す。これはフォーヴィンケルの整理に近いが、利己心ではなく徳が賭金となっている点でそれとは異なる。この方向性で進められた研究として、たとえば「忍耐強さ（Geduld）」の分析がある（Garve 1792a）。「忍耐強さ」は社会的弱者を「愛すべき価値のあるものとし」、市民社会に繋ぎ止める唯一の徳である（*ibid.*: 73）。この意味で「忍耐強さ」は市民社会というゲームで勝者になるための徳というよりも、そもそもこのゲームに参加するための入場料である。病人や貧者は「忍耐強さ」なしには市民社会の一員とはみなされない。したがって「忍耐強さ」を獲得したり発揮したりすることで成立するゲーム（社会関係）があるとすれば、そこで勝者が手に入れられる幸福はわずかなものであり、人間が人間として生きていくために必要な最低限のものでしかない。いわば利己心の満足以前のゲームなのである。

研究の第二のベクトルでは、今度は徳を通じた幸福追求と、それを阻む現実との対立が強調される。『キケロ論』第三巻がその好例である。同書で主題化されているのは市民社会における有徳さと特殊利益実現の両立不可能性であった。言い換えれば、そこでガルヴェが語っていたのは、私的利益を実現するためには有徳な生き方を放棄せざるをえないという市民社会の矛盾であった。

自己の労働によって生活している市民がもつ〔徳と利己心の〕対立は、とりわけ彼が商人であるかぎりもつ対立は（そして誰もが、商品を貨幣のために交換する……やいなや商人なのであるが）、他者の利己心との特殊な結びつきをもつことが増えるほどにいっそう複雑になり、解決困難になるだろう。(Garve 1783c: 72)

そして、徳と利己心の対立のなかで商人は、つねに利己心を選択せざるをえない。その理由は、さもなければリスクを回避し、事業を――それを通じて生活を――続けていくことができないからである。ここに徳と利己心の深刻な対立がある。

〔信用の喪失、他者への依存、価格変動という〕三重の危険によって……、もっとも誠実でもっとも公正な商人でさえ、自分の営為から求められるべき収益を意図しての計算は不確かなものとなる……。これが、なぜ商人には他の誰よりも早く好機を利用することが許されねばならないのか、という疑問に対する答えである。なぜならば彼は、こうしたことなしには商売上の災難を補填することができないからである。(*ibid*.: 78)

ところが、ひとがそれによって生活し、それによって家族を養っている事業において、誰も寛大に行為することはできない。もっとも裕福な人間の力をもってすら、寛大に振る舞うことはできないだろう。彼は事業において全公衆を相手にしているため、公明正大であればそれで十分である。個々人を対象とした諸行為にあっては、慈善行為〔の遂行〕は留保されることになる。(*ibid*.: 99)

商業論はガルヴェの白眉ともいえるが、いまは割愛せざるをえない。これらの引用から確認したいのは、たとえ商業論が「広義のゲーム理論的な社会の考察」を展開しているとしても、このゲームのプレイヤーは商人つまり経済的人間であって幸福主義的人間ではなかったということである。言い換えれば、フォーヴィンケルの整理とは反対に、ここでガルヴェは徳を追求する幸福主義的人間たちのゲームが成立していない社会状況を描出しているのである。

かくしてガルヴェの社会哲学では、一方では有徳さに基づく幸福の最大化を（あるいは不幸の最小化を）目指すゲームが、他方ではゲームが成立していない社会状況が論じられている。後者が注目に値するのは、ガルヴェが幸福主義の理想を放棄することなく、理想と現実の差異を問題にしえたことである。なるほど、『キケロ論』のガルヴェはまだこの差異を埋めることができると考えていた（小谷 2015b）。しかしその後まもなく、市民社会の最下層に位置する労働貧民と農奴の分析という仕事を通じて、彼は両者の深刻な乖離を告発するようになる（Garve 1785; 1786）。

いずれにせよ、フォーヴィンケルの指摘通り、ガルヴェにおける幸福主義という原理を軽視することはできないだろう。この原理が正当化されるか否かをめぐってカントとの間に論争が生じたが、原理そのものの欠如というシュライエルマッハーの解釈は正確ではない。しかしフォーヴィンケルの解釈もまた不十分である。ガルヴェはある局面では幸福主義を――ただし徳論的なそれを――社会の原理と認めつつも、別の局面ではそれを否定するような現実を記述しているからである。幸福主義は原理となるべきであるが、しかし商業社会は別の原理に従っていることに、彼は気づいていたのである。

それでは、ガルヴェの重層的な社会把握には、独自の哲学的な方法があったのだろうか。そうでないとすればやはり、シュライエルマッハーの言うようにガルヴェの思想は「非哲学と精神喪失」にすぎないということになりはしないか。この疑念を払拭するために、ガルヴェの社会哲学的な方法をあらためて発見する必要があるだろう。そこで次に、シュライエルマッハーがガルヴェに認めた「観察という方法」を検討することにしよう。

4　「自己観察」と「関心」の構造

シュライエルマッハーの言う「観察という方法」について、ガルヴェ自身はどのような説明を与えているのか。次のような逸話が残っている。あるときガルヴェは故郷ブレスラウの若者に何を学んだらよいかを尋ねられた。そこで彼は数学、言語（外国語）、人間と答えている（Dittmar 1801: 4-6）。いかにして人間を学ぶのか。それは「自己観察（Selbstbeobachtung）」を通じてである。「あなた方はなによりもまず自分自身を知るために探究しなければなりません。そのために自分の傾向性や欲望に注意を払い、自分の才能を吟味し、感じたことについてよく考えねばなりません」（*ibid.*: 4）。

この逸話が教えてくれるように、ガルヴェの「観察という方法」はまずもって「自己観察」であった。もちろんこのような「自己観察」はソクラテス以来受け継がれてきた哲学の基本的営為であり、また初学者への薦めということもあって、右の発言にとりたてて目新しいところはない。しかしながら別のところで、ガルヴェは独創的な「自己観察」概念を展開しているのである。晩年の大著『孤独と社会』の冒頭に次のようにある。

なるほど人間本性一般に関する理論的認識は、哲学者が自己自身について行う観察からもたらされうるだろう。したがってこうした認識は完全な孤独においてのみ獲得されうるようにみえる。しかしこうした主張を行う者は、

> 自己観察がそもそも始まり、またつねに要求されるのは自己と他者との比較からであるという点を見逃している。人間は自己自身へと帰還する（zurückkehren）前に自己の外で生きることを余儀なくされている。——まずは人間を取り囲む諸対象を視察し、それからはじめて、こうした諸対象から人間に投げ返される光を通じて自己自身を観察するのである。（Garve 1797: 6）

「自己観察」は「完全な孤独」において、いわば純粋な自己自身と純粋に向き合うことによって成立するのではない。「自己観察」は自己の外部から始まり、自己の外部を媒介として行われる。つまり、自己を知るためにはまず自己でないもの（他者、社会的な諸対象）を知らなければならないという逆説的な構造が、「自己観察」にはあるわけである。言い換えれば他者観察こそが「自己観察」の本質的契機なのである。

だが、観察は観察者の主体的な営為である以上、そもそもまずは自分から光を投げかける必要がある。それはガルヴェも理解するところであり、それだから「自己観察」は自己から他者へ、他者から自己へと「帰還する」運動として捉えられていたのである。それではこの運動を開始するものは一体なにか。それは「関心（Interesse）」である。

> こうした〔他人の言動に対する〕諸々の観察をはじめる機会には、さらに観察を試みようという生き生きとした関心がやってくる。〔他人との〕交際は、それが広がり、同時にある程度まで信頼できるようになったときにはこうしたことすべてを与える。交際は私たちを多くの人々の生に対する観客にするのである。（*ibid.*: 13）

注意すべきは、「関心」は純然たる主体の作用ではなく、主体と客体との相補的な関係を、しかも客体に主導された関係を表示していることである。「関心」は主体の能動的作用を含むが、それが発揮されるのは対象によって促された場合にかぎられている（「交際は……こうしたことすべてを与える」）。

　そもそも「関心」概念は、初期の出世作『アダム・ファーガソンの道徳哲学の原則』以来ガルヴェが重視しているもののひとつである（Garve 1772 :332f.）。同書は「関心」概念をドイツ哲学に導入したものとして重要であるが、「関心」の構造はすでにその前年の一七七一年に、論文「関心を引き起こすものについての見解」において分析されていた。同論文によれば「関心」における主体的な作用とは、対象によって喚起された適意に基づく注意（Aufmerksamkeit）である。

> 私たちの自由意志による〔注意という〕骨折りとは別に、私たちに適意を引き起こすことによって私たちの注意を占拠し抑留するような対象がある。思うに『関心がある』という言葉は、このような諸対象すべてを他の種類の対象から区別すべき〔メルクマール〕なのである。（Garve [1771] 1974: 255）

ある種の注意はある対象が「適意を引き起こすこと」によって突き動かされ、「自由意志による」のではない仕方でその対象に向けられる。その意味で「関心」は、主体の作用でありかつ「対象の作品」（*ibid*.: 255）でもあるという構造をもっている。そしてこのような「関心」が自己を外化し帰還する「自己観察」の運動の端緒にある以上、注意と直接関係している「関心を引き起こすもの（das Interessirende）」こそが、「自己観察」においてまず中心的に取り組まれるべき他者なのである。

観察は主体の注意に始まるが、その対象の選定は主観の恣意ではなく対象そのものによって決定される。この点で観察には客観的な根拠がある。しかしながら、観察が「適意」を介して行われるかぎり、観察の対象は普遍的なものにはなりえないように思われる。ある対象に「適意」を感じるか否かは人それぞれ異なるからである。私たちはここで再びシュライエルマッハーの非難に突き当たる。この非難を改めて定式化すれば次のようになる。主観的な「適意」を媒介とした観察は、まさに高次の学問的原理なしに「通常の生活の立場」から出発するものであり、それゆえ普遍的原理を導出することができないではないか。

カントであれば純粋理性の関心を持ち出すことによってこの論難を回避しようとするだろう。しかし驚くべきことにガルヴェ自身の考えによれば、「自己観察」が発見するもの、自己がそこへと出向き、帰還するべき外部はそもそも普遍的なものではない。それは個別的なものや特殊的なものに他ならず、またそうでなければならないのである。次の引用は文芸論の文脈において述べられたことであるが、「自己観察」の理論においても注目に値する。

その他の事情が等しいならば、個別的なものや特殊的なものはそれ自体として、普遍的なものよりもつねに多くの関心を引き起こす。というのは個別的・特殊的なものはまさに感性や構想力によって……認識され、普遍的なものは知性によって認識されるからである。知性を使うためには、私たちは自己活動的でなければならない〔そしてそれは骨折りである〕。ところが、普遍的なものに比べて個別的・特殊的なものの場合には、注意は意図的でも辛いものでもない。そして意図的でも辛くもないというまさにこのことが、関心を引き起こすものの特徴であったのだ。（*ibid.*: 303）

全体としてガルヴェの哲学は理性主義の立場に与しているが、こと「関心」に関していえば、「関心を引き起こすもの」は「感性や構想力」と結びついた個別的・特殊的なものである。それはつまり私たちの生きている対象世界は直接的には個別的・特殊的なものだからである。言い換えれば普遍的なものではなく個別的・特殊的なものこそが、観察者の生にとってリアルでアクチュアルなものなのである。たとえ普遍的なものが個別的・特殊的なものを包括するとしても、まずは個別的・特殊的なものの把握が先立たなければならない。普遍的なものはあくまでもそれらを介して間接的に把握されるべきなのである。

以上のような見解は、ガルヴェの学問的態度の本質をなしている。たとえばそれはテキスト分析に発揮されている。ロシュフコーについての次のような評価がその証左である。

ロシュフコー侯爵の箴言が色あせず変わらない価値をもつのは、彼の箴言が彼の生きた時代の人間模様であるとみなされ、〔読者が〕人間本性一般のみならず世間についての知識、すなわち市民生活における異なった階級についての知識……を探究するときである。(Garve 1792b: 299)

ガルヴェはロシュフコーの箴言に彼の「生きた時代の人間模様」の記録を読みとる。それは「世間についての知識、すなわち市民社会における異なった階級についての知識」である。「私の判断では、ロシュフコーの箴言の価値は普遍的なものよりも個別的および特殊的なものにある」(*ibid.*: 300)と明言されたように、ロシュフコーの提示した道徳の普遍的原理は誤っているが、しかし個別的・特殊的なものの考察は正しかったとガルヴェは考え、ロシュフコーを救い出そうとするのである。

もうひとつ別の例として、一七八五年の『貧困論』をみてみよう。まさにそこにおいてガルヴェは、政治経済学の普遍的原理は個別的・特殊的なものによって制限されなければならないと主張している。

> あらゆる普遍的格率は、実践的諸対象においては疑わしい。〔しかし〕ひとがとりわけ国家経済における諸経験を蒐集すればするほど、普遍的な定理を制限し、あらゆる規則の限度を決定するような例外を知れば知るほど、このような疑わしさは減少していくだろう。（Garve 1785: 86　傍点引用者）

『貧困論』はガルヴェが主として故郷ブレスラウの都市労働者たちの実情を観察し、それに基づき当時影響力を強めていたスミス流の政治経済学がどの程度妥当するのか・しないのかを考察した書物である。そこで彼は構造的貧困の存在にいち早く気づいている。「小君主たちが大君主たちに飲み込まれた後、……多くの人々の仕事がなくなり、主要都市に集まるようになった。これによって主要都市の人口は増加し、しかしそれ以上に貧民の数が増加した」（*ibid*.: 37）。このようなことを考慮すると、

> 政治経済学に関する著作をこれほど長い間支配してきた次のような原則、すなわち日雇い賃金は食料価格とつねに歩調を合わせて上昇する、という原則の普遍性ほど、経験によって明らかに反証されるものはない。（*ibid*.: 27）

このような状態に直面したからには、政治経済学をドイツ社会に単純適用するのは適切ではないことになる。

ところで、以上のような「自己観察」と幸福主義の関係はどうなっているのであろうか。もしも無関係ということになれば、ガルヴェは哲学者と社会学者に分裂していたことになる。しかしそうではない。ドリス・バッハマン＝メ

ディックはガルヴェの「関心」概念の美学的な性格を強調しているが（Bachmann＝Medick 2002: 20）、社会的な対象に向かう「関心」の場合にはもう一歩踏み込んで、その道徳的性格が強調されるべきであるように思われる。この性格は『キケロ論』において「私たちの諸感情は総じて理性によって矯正されるように精査されねばならない。……もしも私たちが真に道徳的な人間になりたいのであれば、人生で一度は知性によって良心を吟味しなければならない」（Garve 1783a: 111）と言われていたことからも伺える。しかしより重要なのは『孤独と社会』冒頭の次の発言である。

> 孤独と社会は人間の生にとって重要であり、したがってまた、それが人間の精神的陶冶に、あるいは人間の幸福に影響を与えるかぎりで、哲学者が探求する価値をもつ。（Garve 1797: 2）

ここで哲学者ガルヴェが「孤独と社会」というテーマに「関心」をいだくのは、それが「人間の精神的陶冶に、あるいは人間の幸福に影響を与える」からだとされる。裏を返せば哲学者は「人間の精神的陶冶」や「幸福」に関する事柄に「適意」を感じるわけであり（べきであり）、それは彼の「適意」が道徳に基づいている（つまり道徳的に陶冶されている）からに他ならない。もちろん、「適意」の道徳性は「自己観察」の理論にとって必須の条件ではない。そうでない場合にも「自己観察」は可能だからである。しかし少なくとも社会観察の場合、「哲学者」は道徳的に陶冶された「適意」にしたがって観察を進めるべきである、というのがガルヴェの立場であった。それによって「哲学者」は、幸福主義道徳を放棄することなく、それに基づく「自己観察」を通じて現実社会におけるその実現形態や矛盾を問題化しえるからである。

『貧因論』のガルヴェはまさにこうした観察を実践したのである。したがって彼は、哲学者であるがゆえに社会観察者となったわけである。

5　思想史におけるガルヴェの位置と意義

以上の論証によって、シュライエルマッハーの評価とは反対に、またフォーヴィンケルの解釈の不十分さを克服するかたちで、ガルヴェが哲学的に首尾一貫した思想家であったことが明らかになった。「自己観察」は「興味を引き起こすもの」の観察を媒介として、自己への「帰還」として行われる。主観の側からみれば（とくに「哲学者」の場合には）道徳的に陶冶された「適意」にしたがって観察へと赴く点で、「自己観察」は幸福主義道徳と一貫性を保っていると考えられる。ガルヴェの観察の成果は一般に市民社会論というカテゴリーに収まるものだが、彼が商業・貧困・農奴・流行・都市といったアクチュアルなテーマを扱うことに成功したのは、彼が以上のような「観察という方法」に基づいて思考したからである。したがってドイツ社会学の先駆者というフォーヴィンケルの評価は、ただガルヴェが社会学的なテーマについて論じたというたんなる事実だけではなく、それを可能にした哲学的理論があったことによって補強されねばならないだろう。しかもこの理論は、他者観察が「自己観察」の本質的契機であるという哲学的な革新を含んでいたのである。

この革新をふまえてみたとき、「経験について反省する学問」と定義されたガルヴェの哲学を、シュライエルマッハーのように侮蔑的に扱うことはできないだろう。「まずは人間を取り囲む諸対象を視察し、それからはじめて、こうした諸対象から人間に投げ返される光を通じて自己自身を観察する」というガルヴェの発言は、反省＝反照(Reflexion)の語義に合致している。すぐに分かるようにこの点において、ガルヴェはカントよりもヘーゲルにずっと近づいている。もちろん、ヘーゲル的な立場からは、幸福主義道徳自体が「自己観察」の運動の外で思考され、にもかかわらず運動を——道徳的な「適意」の形成というかたちで——活気づけるという図式は、「経験について反省する学問」としては一元化・徹底化されていないと評することもできるだろう。観察者に有徳性を求めた点で、ガルヴェはやはり啓蒙主義者であったと言うことは可能であり、また適切であるかもしれない。

ただし、このような評価が否定的な意味をもつかといえば、そうとはかぎらない。ある種のフィールドワークやジャーナリズムに顕著なように、社会を観察する者に何らかの有徳性ないし道徳的陶冶が求められるのは、現代でも真実であるように思われるからである。

おまけに、徳そのものも経験的性格をもつことを考慮すると、右のような理解でさえ不十分だということになるかもしれない。幸福主義道徳は「関心」と「自己観察」の外部で成立するのではなく、むしろその内部から、知の生成という運動によって生じるとガルヴェが考えていなかったとは言い切れないからである。幸福主義道徳そのものもまた反省＝反照の運動の中で生成され、すでにつねに社会的に正当化されたものとして私たちを拘束する、という点にまでガルヴェの思考が進んでいた可能性は残されている。しかしそれを検討することは別の機会に委ねたい。

いずれにせよ次のことは明らかである。すなわち、啓蒙思想からドイツ観念論と社会科学へと至る哲学・学問の歴史の中にガルヴェを位置づけることは可能であり、また必須でもある。これまでガルヴェの哲学的方法は古典的幸福主義者・通俗哲学者というレッテルによって、あるいは彼自身のテキストの冗長さによってまったく顧慮されることはなかった。しかし本章で明らかになったように、啓蒙思想の極点と突破口はガルヴェの中にも存在していたわけである。

カントが超越論的な主体の哲学を、スミスが社会という客体の科学を創始したとすれば、ガルヴェは主体と客体がすでにつねに社会関係の中にあり、その内的力学によって知が生成するという動的な哲学を構想した。このような社会哲学、ガルヴェの「自己観察」という方法は思想史にとって重要であるばかりではない。それはある人が当事者でありながらも自身が感じる「適意」――アクチュアリティにしたがって、自分の属するコミュニティーや親密圏を観察することを正当化する点で、現代的意義をもつにちがいないからである。

文献

Bachmann-Medick, Doris 2002 "Anziehungskraft statt Selbstinteresse. Christian Garves nicht-utilitarische Konzeption des „Interessierenden"," (Retrieved March 1, 2015, http://bachmann-medick.de/wp-content/uploads/2006/07/Garve-Interessierendes.pdf.)

Dittmar, Siegismund Gottfried 1801 *Erinnerungen aus meinem Umgange mit Garve, nebst einigen Bemerkungen über dessen Leben und Character*, Berlin.

Garve, Christian [1771] 1974 "Einige Gedanken über das Interessirende," Wörfel, Kurt (Hg.) , Christian Garve, *Popularphilosophische Schriften*, Bd.1, Stuttgart, 161-347.

——— 1772 *Adam Fergusons Grundsätze der Moralphilosophie*, Leipzig.

——— 1783a-c *Philosophische Anmerkungen und Abhandlungen zu Ciceros Büchern von den Pflichten*, Bd.1-3, Breßlau.

——— 1785 *Anhang einiger Betrachtungen über Johann Macfarlands Untersuchungen die Armuth betreffend, und über den Gegenstand selbst, den sie behandeln: besonders über die Ursachen der Armuth, den Charakter der Armen, und die Anstalten sie zu versorgen*, Leipzig.

——— 1786 *Ueber den Charakter der Bauern und ihre Verhältniß gegen die Gutherrn und gegen die Regierung*, Breßlau.

——— 1792a "Ueber die Geduld," *Versuch über verschiedene Gegenstände aus der Moral, der Litteratur und dem gesellchaftlichen Leben*, Bd.1, Breßlau, 1-116.

——— 1792b “Ueber die Maxime Rochefoucaults; das bürgerliche Air verliert sich zuweilen bey der Armee, niemahls am Hofe,” *Versuch über verschiedene Gegenstände aus der Moral, der Litteratur und dem gesellchaftlichen Leben*, Bd.1, Breßlau, 295–452.

——— [1796] 1974 “Von der Popularität des Vortrages,” Wörfel, Kurt（Hg.）, Christian Garve, *Popularphilosophische Schriften*, Bd.2, Stuttgart, 1039–66.

——— 1797 *Ueber Gesellschaft und Einsamkeit*, 1, Breßlau.

小谷英生 2014「隠された友情——『ゲッティンゲン書評』をめぐるカント－ガルヴェ往復書簡について」『群馬大学教育学部紀要 人文・社会科学編』63: 55–68

——— 2015a「哲学的プロジェクトとしてのドイツ通俗哲学——エルネスティ『通俗的な哲学についての序説』」『一橋大学古典資料センター年報』35: 3–16

——— 2015b「カント『世界市民的見地における普遍史のための構想』の思想史的分析——〈人間の使命〉論争、メンデルスゾーン、ガルヴェ」『社会思想史研究』39: 72–91

Reinhold, Karl 1789 *Versuch einer neuen Theorie des menschlichen Vorstellungsvermögens*, Prag und Jena.

Schleiermacher, Friedrich 1800 “Garves letzte noch von ihm selbst herausgegebene Schriften,” Schlegel, Augst Willhelm u. Friedrich（Hg.）, *Athenaeum*, 3（1）: 129–39.

植村邦彦 2010『市民社会とは何か——基本概念の系譜』平凡社

Vowinckel, Gerhard 1989 “Christian Garve und das Ende der Glückseligkeitslehre,” *Zeitschrift für Soziologie*, 18: 136–47.

第四章　「信」への「死の跳躍」
――「時代の精神形成の転回点」としてのフリードリヒ・ヤコービ

佐山圭司

1　ヤコービと『スピノザ書簡』

一七八〇年代の二つの出来事が、十八世紀末のドイツの思想界を揺るがしたと言われる。認識の「コペルニクス的転回」を成し遂げたカントの『純粋理性批判』の登場と、多くの知識人を巻き込んだ汎神論論争である。カント哲学の受容と普及が、その難解さゆえに緩やかに進んだのに対して、汎神論論争のきっかけとなったフリードリヒ・ヤコービの『スピノザの学説にかんするモーゼス・メンデルスゾーン氏宛書簡』（初版一七八五年、以下『スピノザ書簡』と略記）は、爆弾のように炸裂した。この書簡のなかでヤコービが、生前のレッシングの「スピノザ主義」を「暴露」したからである。

ヤコービによると、レッシングがヘルマン・ザムエル・ライマールスの遺稿を『無名氏の断片』として公表したことに端を発する「断片論争」を通じてレッシングに強い関心を持った彼は、一七八〇年にレッシングを訪ね、哲学や宗教について親密に語り合ったという。対話が行われた次の年にレッシングは世を去り、それから二年後、メンデルスゾーンが亡き友についての著作を準備していると耳にしたヤコービは、ライマールスの娘エリーゼを介して、手紙でメンデルスゾーンにレッシングの「スピノザ主義」を打ち明ける。生前、レッシングからそうした宗教的見解をまったく聞かされていなかったメンデルスゾーンは驚愕しつつも、当時「無神論者」とほとんど同じ響きをもつ「スピノザ主義者」という中傷から亡き友を救い出そう画策する。こうして両者の間に緊迫したやりとりが始まり、そのテーマは、レッシングの発言の信憑性から、スピノザ哲学の性格づけ、さらには理性や信仰をめぐる問題へと発展する。ヤコービがたんなる素人の哲学愛好家ではなく、スピノザ哲学に通じた手練れであることを悟ったメンデルスゾーンは、ヤコービがレッシングの「スピノザ主義」を公の場で暴露する前に、『朝の時間』を出版して予防線を張ろうとする。(1) それを知ったヤコービが、匿名でメンデルスゾーン宛書簡の公刊に踏み切るのである。

それゆえ『スピノザ書簡』は、たんなる「暴露本」ではなく、直接的にはメンデルスゾーンをはじめとするドイツの啓蒙主義者に、間接的にはスピノザに代表される合理主義哲学一般に向けた論争書である。ヤコービは、スピノザに代表される合理主義が最終的に「決定論」ないし「運命論」に帰着するとして、啓蒙の理性主義を弾劾する。彼によれば、合理主義が依拠する因果関係、つまり原因と結果の無限の連鎖から解放されるためには、証明を必要としない直接知、すなわち「信（Glaube）」へ「死の跳躍（Salto mortale）」を試みなければならないという。

こうした主張に対して、啓蒙主義者たちはこぞって「理性の敵」「狂信者」といったレッテルを張り、ヤコービの哲学はのちに「信仰（信の）哲学（Glaubensphilosophie）」と呼ばれることになる。しかし、ヤコービの問題提起は、「反啓蒙」あるいは「非合理主義」といったレッテル張りで片づけられない面をもっている。この本の公刊で始まる論争が、たんに亡きレッシングの名誉をめぐる論争にとどまらず、カント、ハーマン、ヘルダーといった当代一流の知識人を巻き込んだ一大論争となった理由もそこにある。

そこで本章は、そもそもの発端となったレッシングとヤコービとの会話に立ち返って汎神論論争の思想的前提を確認しつつ、この論争を主導したヤコービが、十八世紀の時代精神としての啓蒙主義に最後のとどめを刺し、ドイツ観念論をはじめとする新たな思想的潮流の出発点になったことを示す。その際、議論の導きの糸になるのが、知から信への移行を象徴的に表した言葉「死の跳躍」である(2)。

2　レッシングと「跳躍」

「死の跳躍」という言葉は、ヤコービが一七八〇年にレッシングを訪問した際に交わした対話において登場する。ヤコービに、ゲーテの詩「プロメテウス」を見せられて、レッシングが「正統的な神概念はもはや私のものではありません。私はそれを享受できません。ヘン・カイ・パーン！　私はこれ以外に知りません。この詩もまた、そうした趣旨のものです。告白しますと、これが大変気に入っています。」(Jacobi 1998: 16-7) と語ったことから、二人の議論ははじまる。ヤコービが、「では、あなたはスピノザにかなり同意しているのでしょう」と返答し、スピノザ哲学に関する自説を開陳する。自らの信じる超越的人格神や人間の自由意志を否定したスピノザ哲学から逃れようとするヤコービは、スピノザを頂点とする合理主義が行き着く帰結、つまり無神論と運命論から抜け出す道を模索する。そこで、ヤコービが口にする言葉が、「死の跳躍」である。

［ヤコービ］：私は、死の跳躍によって自力でここから何とかしようとします。あなたは、宙返りがそれほどお好きではないようですね。レッシング：……もし、秘密でなければ、教えてもらってもいいはずですよ。(*ibid.*: 20)

［レッシング］：そもそもあなたの言う死の跳躍は、私の気に入らないわけではないのです。そしてこんな頭をもった男が、前に進むためには、どんなふうに宙返りすればよいのか私にはわかります。さしつかえなければ、私を連れて行ってくれませんか。私［ヤコービ］：私を前に飛ばしてくれる跳躍台にお乗りさえすれば、自動でいきます。レッシング：そのためだけにもすでに跳躍が必要ですね。私の年老いた足と重い頭では、そんな跳躍はとてもできません。（*ibid*.: 30）

ここでヤコービが「跳躍」という言葉を使ったのは、偶然ではない。レッシングは、『無名氏の断片』を論駁するためにヨハン・ダニエル・シューマンが発表した『キリスト教の真理に対する証明の明証性について』への反論として書いた『霊と力の証明について』で、歴史真理と理性真理との間に横たわる「忌々しい広い溝」を越える「跳躍」について語っていたからである。(3)

これは、私がこれほど頻繁かつ真剣に跳躍（Sprung）を試みても越えることができなかった忌々しい広い溝（Graben）なのである。もし誰かが、それを越えるよう私を助けてくれるなら、その人に、助けてくださいとお願いし、懇願する。その人は、私にとって神の報酬に値する。（Lessing [1777] 1982: 353 = 1987: 16–7）

「断片論争」を通じてレッシングに強い関心を持ったヤコービにとって、このくだりは周知であったに違いない。(4)おそらくこの箇所を念頭において、彼は「死の跳躍」について語り、自らレッシングの「助っ人」を買って出たのである。もっとも、レッシングにおいて偶然的な歴史の真理（奇跡の信憑性の問題）から必然的な理性の真理（キリスト教の教えの正しさ）への「跳躍」だったものが、ここでは「運命論」に行き着くスピノザ主義から「信」への「跳躍」とされている。

3　ヤコービにおける「信」と「神」

ヤコービが、合理主義批判において依拠したのは、概念（媒介）を必要としない直接的確信の立場である。それを彼は「信」と呼ぶ。メンデルスゾーン宛の書簡で、彼は次のように語りかける。

> 親愛なるメンデルスゾーン、我々は皆、社会のなかに生まれて、社会のうちにとどまらざるをえないように、信のなかに生まれて、信のなかにとどまらなければならないのです。全体は必然的に部分に先立つ。もし確かさが予め我々に知られていないとすれば、我々はどのようにして確かさを求めることができましょうか？　そして我々が確かさをもってすでに知っているものを通じて以外に、どのようにして我々は確かさを知っていることがありえますでしょうか？　このことから、根拠を必要としないだけではなく、あらゆる根拠を完全に排除する直接的確実性という概念が導かれます。この確かさは、まさに表象された物と一致する表象自体です。根拠による確信は、間接的な確かさなのです。……理性の根拠に由来せずに、真とみなすことがいかなる場合でも信であるならば、理性の根拠自体からの確信は信に由来し、そうした確信の力は信からのみ受けとらなければならないのです。信を通じて、我々は身体をもっていること、我々の外に、他の身体や他の思惟する実在が存在することを知るのです。真実の驚嘆すべき啓示（Offenbarung）です！　……我々の身体があれこれの状態にあることを感

じることによって、我々は身体の変化だけではなく、それとはまったく異なったもの、つまり単なる感覚でも思想でもないもの、身体以外の現実的な事物に気づくのです。しかも、まさにこの確信によって我々自身にも気づくのです。というのも、汝なしに我は不可能だからです。(Jacobi 1998: 115–6)

ヤコービによれば、我々の身体や外界の存在は「信じること」によって直接的に与えられるという。だがメンデルスゾーンは、概念的把握の外への「跳躍」を断固拒否する。

一切の概念を超えているだけでなく、まったく概念の外にあるようなものが存在するのではないかと疑うこと、このことを私は、自己自身を超える跳躍と呼びます。私の信念によれば、私が真と考えることができないものは、疑わしいものとして、私を不安にしないのです。私が概念的に把握しない問いに私は答えることもできない。そうした問いは、私には問いではないのと同じです。(*ibid.*: 175–6)

メンデルスゾーンは、ヤコービとの論争の渦中で執筆した『朝の時間』において、次のように述べる。「思惟する存在によって可能と思われないものは、実際また可能ではなく、思惟する存在によって現実的と思われないものは、実際にもまた現実的に存在しえない」(Mendelssohn [1785] 1974: 142)。つまり、思惟する者のうちにこそ、現実の可能性がある。メンデルスゾーンによれば、「あらゆる可能性の総体を可能なものと、あらゆる現実性の総体を現実的と、最も完全に考える知性」(*ibid.*: 143) が存在しなければならない。この知性こそ神である。

これに対して、ヤコービは、スピノザの実体を念頭に置きながら、「思惟が実体の源泉ではなく、実体が思惟の源泉である。したがって、思惟の前に思惟しないものが第一のものとして想定されなければならない」（Jacobi 1998: 26）と言う。これに対して、メンデルスゾーンは、「ここで、あなたは……思惟できないものを思惟しようとし、私たちの理性がついていけないような虚無への跳躍をしているように思えます。あなたは、あらゆる思惟に先立つもの、したがってもっとも完全な知性ですら思惟できないものを考えようとしています。」（*ibid.*: 177–8）

メンデルスゾーンの言う「あらゆる思惟に先立つもの」、あるいは「一切の概念を超えているだけでなく、まったく概念の外にあるようなもの」こそ、ヤコービの考える「神」あるいは「存在」である。無制限者としての「神」と有限者（被造物）との関係を彼は、メンデルスゾーンの死後、一七八九年に刊行した『スピノザ書簡』第二版の「第七付録」（*ibid.*: 247–65）で詳論している。

それによると、有限者は、因果関係すなわち自然メカニズムにしたがうものであり、他の有限者によって制限されている。だが、その有限者もまた別の有限者に制限されており、有限者はすべて「他のものによって制限されながら、別のものを制限するもの（bedingte Bedingung）」に他ならない。かくしてこの「制限されながら制限するものの連鎖」は、無限に進む。なるほど我々は、自然物をその因果メカニズムにしたがって把握する能力（カントの言葉を使えば、悟性）によって、この連鎖を可能な限り追求することができる。だが我々は、無制限者（Unbedingtes）、すなわち「自然を制限しながら、自らは制限されていないもの（*unbedingte* Bedingung der Natur）」の概念的な認識に到達することはできない。というのも、このものは因果的連鎖の外にあるからである。「この連鎖が終わるところで、我々は概念的に把握することをやめる。そしてそこではまた我々が自然と呼ぶ連関自体も終わりを告げる」（*ibid.*: 261）。この無制限者は、「制限されたものの総体」である自然の外部に、したがって自然メカニズムの外にあるため、「超自然的なもの」ないし「自然外のもの」と名づけられる。自然物の認識が、我々において常に概念的に媒介されているのに対して、無制限者は直接的に事実として我々に与えられている。

制限されたもの、つまり自然的に媒介されたものの関連の外部にあるものすべては、また我々の明確な認識の領域の外部にあり、概念によって理解されえない。それゆえ超自然的なものは、それが我々に与えられているとしか考えられない。つまり事実として、それは存在する！　この超自然的なもの、このあらゆる存在の存在、これを万人は神と呼ぶ。（*ibid*.: 261）

無制限者が概念的把握を超えているかぎり、人間は神の存在を信じるしかない。存在は、もっぱら信じられなければならない。我々の身体、そして我々の外の世界の存在も同様である。かくしてヤコービは、「人間のあらゆる認識と働きのエレメントは信である」（*ibid*.: 125）と言い切る。

4　「信」をめぐるヒュームとハーマン

しかしながら、こうしたヤコービの立場は、理性蔑視と信仰への回帰として厳しく非難されることになる。こうした批判に応えるべく、ヤコービは一七八七年に『信をめぐるデイヴィット・ヒューム、あるいは観念論と実在論。ひとつの対話』（以下、『ヒューム』と略記）を刊行する。ここで彼は、自分の言う「信」が「一般的な言語使用の恣意的な歪曲」ではなく、すでにリードやヒュームによって同様の意味で用いられていたと反論し、ヒュームの『人間知性研究』における信念（belief）にかんする議論を紹介する。

でっちあげられたものと我々が信じるものとの違いは、ある種の感覚、あるいはある種の感情のうちにある。感情は、信じるものと結ばれていて、虚構とは結びつけられていない。その感情は、我々の意志に依存せず、また意のままに呼び起こすこともできない。……信とは、想像力だけで到達できる以上に、生き生きとした、力強い、しっかりとして持続的な表象をある対象についてもつことである。……私は告白するが、この感情、あるいはこの種の知覚を完全に解明することは不可能である。これと同種のものを表現する言葉は存在するが、真の意味でこれに相当する言葉は、日常生活ですべての人が理解している表現である信である。かくして哲学は、信が魂によって感じられた何かであり、それが現実的なものの肯定とその表象を想像力によってでっちあげられたものと区別するということしか発見できず、そこにとどまらざるをえないのである。(Jacobi 2004: 28-31)

すでに多くの論者が指摘してきたように、ドイツ語のGlaube（信）は、belief（信念）とfaith（信仰）の両義を含んでいる。ヤコービの戦略は、ヒュームのbelief概念によって、faithをも含んだGlaubeを基礎づけようとする点にあり、彼の主張する「信」をめぐる誤解と混乱は、ここに起因している。ヒュームとの関連で重要なのは、ヒュームが、beliefを「感情（sentiment = Gefühl）」あるいは「感覚（feeling = Empfindung）」と呼んでいることである。これは、「感覚による単一な認識のみを主張し、……理性を、関係を明瞭に知覚する能力に、すなわち同一律を立て、それにもとづいて判断する能力に限定」（*ibid.*: 9）しようとするヤコービにとっては、好都合であった。かくして彼の「信の哲学」は、シュトルム・ウント・ドラング時代のゲーテとの交友から生まれた二つの哲学小説『アルヴィル』と『ヴォルデマール』で展開した「感情の哲学」と結びつくことになる。

しかし、「信」の基礎づけにヒュームを援用したのは、ヤコービが最初ではない。汎神論論争前後にヤコービがもっとも頻繁に文通をしていたハーマンこそ、その先駆者である。(5) カントと同じように、ケーニヒスベルクに生まれ、啓蒙主義者として出発しながら、ロンドンで劇的な回心を遂げた「北の賢人」は、ヤコービに先んじてヒュームに注目していた。ハーマンは、彼を啓蒙主義に戻そうとする旧友ベーレンスとそれに協力するカントに向けて書いた『ソクラテス回想録』で、啓蒙主義者とはまったく違うソクラテス像を描きながら、ヒュームの信念について語っていた。ハーマンによると、霊（ダイモニオン）に従っていたソクラテスの無知は、理性的な自己認識ではなく、彼自身の「実感（Empfindung）」であった。

ソクラテスの無知は、実感であった。だが、実感と公理との間には、生きた獣とそれを解剖してでてくる骸骨との間にある以上の開きがある。古今の懐疑家たちは、ソクラテスの無知という獅子の皮をまといたがるが、その声と耳とによって、その本性をさらけ出してしまう。彼らが何も知らないというのであれば、いったいどうして、それについて学問的な証明が必要になるのか。自分が無知であることを認めるのに、これほどの洞察力と弁舌を必要とする者は、己の無知という真実に対して、内心激しい反感を抱いているに違いない。

自分自身の存在や我々の外にあるすべての物の現実存在は、信じられなければならないし、他のいかなる方法によっても確認されえない。……信じているものは、証明する必要がないし、たとえある命題が、確固として証明されて、それによって信じることが不要になるにしても、それは変わらない。……信は、理性のなせる業ではない。それゆえに、理性の攻撃に屈することもない。なぜなら、信じることは、味わうことや見ることと同じように、根拠によって生じることはないからだ。（Hamann [1759] 1950: 73–4 = 2002: 44–6）

ソクラテスは、啓蒙主義者たちの模範であり、メンデルスゾーンは、「ドイツのソクラテス」と称えられていた。また十八世紀において、ソクラテスとイエスは好んで比較され、どちらも主知主義的な徳の教師であった。ハーマンは、ソクラテスの無知を「信」に結びつける。彼にとって、「無知」の実感とは、信仰と同じ実存的な経験にほかならないからである。

5　人間の自由と「死の跳躍」

すでに述べたように、同時代の啓蒙思想家たちは、ヤコービの「信の哲学」に、理性の蔑視と信仰への回帰を読み取った。『ヒューム』におけるヤコービの説明は、「信」がヒュームのいう「信念」を意味していることを明らかにしたが、ハーマン同様、これがキリスト教的な人格神への「信仰」につながっていくかぎり、彼の「死の跳躍」は、非合理主義への後退として理解される余地が残されている。激しい批判を受けながら、ヤコービが「跳躍」にこだわる理由は何だろうか。

ヤコービによれば、あらゆることを原因と結果で説明しようとする合理主義は、人間を自然物と同様に因果的連鎖に回収してしまい、最終的には、目的論を排し、すべてを因果関係から説明するスピノザの哲学体系に行きつく。それゆえ、「ライプニッツ－ヴォルフ哲学は、スピノザ主義的哲学に劣らず運命論的で、倦まず弛まず研究する者をスピノザ主義的哲学の諸原則へと帰着させる」（Jacobi 1998: 123）という。要するに「いかなる証明の道も、運命論に行き着く」のである。それゆえ、人間が自由であるためには、ここから「跳躍」しなければならないというのだ。興味深いのは、自由が、「信」と結びついていることである。これをヤコービは『スピノザ書簡』第二版の序文につけた「人間の自由について」という短い論文において次のように説明している。

事物の現存在を媒介するものの認識［因果メカニズムにもとづく事物の認識］は、明瞭な認識と呼ばれる。いかなる媒介も許さないものは、我々によって明瞭に認識されえない。絶対的な自発性は、いかなる媒介も許さないので、その内実を何らかの方法で明瞭に認識することは不可能である。したがって、絶対的な自発性の可能性は、認識されえないが、直接的に意識のうちに表現され、行為によって証明されるその現実性は、認識されうる。この現実性は、それが、個別的存在の感覚的な現存在をなすメカニズムに対立し、それを凌駕するかぎりで、自由と呼ばれる。（*ibid.*: 163-4）

目的論を排除するスピノザの体系において、自発性が認められる余地はない。自由か必然性か、そのどちらかしかありえない。自然の外にある存在が概念によって認識不可能であるように、因果メカニズムの外にある絶対的自発性がいかにして可能となるのか、人間には認識不可能である。しかし、神が事実として与えられているように、自由も行為によって示される。絶対的自発性の存在、すなわち神こそが、自由を保障するものであり、人間の自由もここから導かれる。それゆえ、「信」への跳躍は、「自由への跳躍」でもある。

だが、カントやフィヒテのように、人間の自由の問題を、信仰と切り離して道徳に結びつける道もあったはずである。ヤコービは、道徳を超自然的に基礎づけるカントに賛同しながら、意志の自律としての自由、あるいは「傾向性と闘う道徳的心情」としての徳という考え方には与しない。彼にとって、感情を抑圧して道徳法則に服従することは、たんなる機械的行為であり、自由とは言えないからである（*ibid.*: 162）。さらに一七九九年の『フィヒテ宛書簡』では、カントの哲学を主観性の側から徹底させたフィヒテ哲学を、「逆立ちしたスピノザ主義」（Jacobi 2004: 195）と呼び、フィヒテの超越論哲学とスピノザの唯物論的思弁は最終的に結びつく両極だと断じる。

……ふたつの本道、唯物論と観念論、すなわち自己を規定する物質だけから、もしくは自己を規定する知性だけからすべてを説明する試みは、同じ目標をもっている。両者の向うところは、互いに対してそれていくのではは決してなく、むしろ有限の接触まで次第に近づいていくのである。自己の形而上学を彫琢した思弁的唯物論は、自ずと観念論へと自己変容せざるをえない。というのも、二元論の他には、端緒であれ終末であれ、ひたすら考える思考力のためのエゴイズムしか存在しないからである。（*ibid.*: 194-5）

スピノザやフィヒテに代表される一元論的体系を拒否するヤコービは、自然的なものと超自然的なもの、創造主と被造物、自由と必然性という二元論に固執する。ただ、それは、彼本来の意図からすれば、伝統的な二元論への回帰ではなく、「我（Ich）」と「汝（Du）」という人格的関係にもとづく二元論の展開であるはずであった。「神的な汝なしに、人間的な私はなく、その逆もまた然りである」（Jacobi 1998: 349）という言葉のように、「汝」には、神から他の人間まで、およそ「我」の対話の相手となるすべてのものが含まれ、我と汝とが同時に与えられていることの直接的確信こそ、彼のいう「信」の意味であった。我と汝の相互性あるいは同根源性こそ、おそらくヤコービが体系哲学批判を通じて獲得した最大の成果であったが、彼はこの立場をさらに展開することはなかった。(6)

6　ヤコービの後継者たち

一八一九年、ヤコービの訃報を知ったヘーゲルは、共通の友人であるニートハンマーに弔意を伝えつつ、ヤコービが「時代と個人の精神形成の転回点」であったと振り返っている（Hegel 1969: 213）。この言葉が偽りではないことは、ヘーゲル個人の発展史のなかに示されている。新しい時代の民族宗教を模索していたテュービンゲン・ベルン期にあって、レッシングの宗教的著作はヘーゲルの愛読書であり、イエスはソクラテスとともにカント的倫理を実践する徳の教師として理解されている。こうした啓蒙主義的な世界観が影をひそめるのは、ヘルダーリンと思索を共にしたフランクフルト時代である。そこでは、ヤコービが示したスピノザ主義的世界観が前景に現れ、ヤコービの「信」は、カントやフィヒテ哲学の限界を超える「知的直観」として読み替えられていく。もっともイェーナ期以降のヘーゲルは、ヤコービの直接的確信の立場を厳しく批判し、ヤコービが排除した媒介とその止揚に、「主体＝実体」としての精神の形成を見出すのである。(7)

そしてヤコービは、ヤコービ批判を通じて成立したヘーゲルの哲学体系に強力なプロテストを行ったフォイエルバッハとキルケゴールにとって、参照すべき先行者であった。フォイエルバッハは、ヘーゲルが軽視した直接性や感性を復権させ、「我」と「汝」の関係から世界を捉えなおそうとした。他方、キルケゴールは、すべてを体系に回収しようとする体系哲学に反旗を翻した人物として、ハーマンとともにヤコービを高く評価している。(8) このように、ドイツ観念論からヘーゲル以降の哲学まで広く影響を与えたヤコービ哲学の再検討は、啓蒙主義以降のさまざまな思想的諸潮流の射程と限界を見定めるうえで、不可欠の作業になろう。

注

（1）メンデルスゾーンは、『朝の時間』（第十三〜十五講）で、スピノザ主義と汎神論を反駁したうえで、亡き友レッシングを登場させて、宗教や道徳と両立しうる「純化されたスピノザ主義（geläuterter Spinozismus）」について語り、「レッシングはスピノザ主義者であった」というヤコービの暴露が与える衝撃を予め軽減しようと努めている。

（2）のちにフリードリヒ・シュレーゲルが、『ヴォルデマール』を「この神学的作品は、……神の慈悲の深淵への死の跳躍で終わる」（Schlegel [1796] 1967: 77）と痛烈に皮肉ったように、この表現はさまざまな誤解を呼んだ。晩年のヤコービは、「岩場から深淵に向ってまっさかさまに飛び込むことではなく、平らな地面から岩場や深淵を飛び越えて、ふたたび彼岸にしっかりと無事に足で着陸すること」（Jacobi 1827: 466）だと説明している。

（3）「偶然的な歴史の真理は必然的な理性の真理の証明とはなりえない」と考えるレッシングにとって、イエスの奇跡や復活といった歴史の真理から、神性の本質を基礎づけようとするのは、アリストテレスのいう「異なる類への移行」に他ならないという（Lessing [1777] 1982: 353＝1987: 16）。ここから「飛躍」の必要が生じる。

（4）ヤコービは『スピノザ書簡』で、「この偉大な方を私はつねに尊敬していたが、もっとお近づきになりたいという願望は、彼が神学論争を行ってからで、『寓話』を読んだ後に、私のなかで強くなった」（Jacobi 1998: 15）と述べている。父の遺稿をレッシングに託したライマールスの娘エリーゼが、ヤコービとメンデルスゾーンとの文通において両者の仲介役を果たしていたことに留意したい。なお、ここでは、紙幅の都合上、「断片論争」と「汎神論論争」との関連（もしくは連続性）にかんする問題には立ち入らない。

（5）「信念」概念が、ヒューム自身の意に反して、ハーマンやヤコービの「反啓蒙主義」の基礎づけに援用された事実を、バーリンは、「ヒュームとドイツの反合理主義の源泉」で「思想史の皮肉」として描いている（Berlin 1979: 162）。ただし、ハーマンやヤコービにかんする近年の研究では、啓蒙にたいする根底的な批判を展開した彼らを、「反合理主義」という従来のレッテルから解放し、むしろ啓蒙を啓蒙しようとしたラディカルな啓蒙主義者として再解釈しようとする動きもある。

（6）この点についてボルノーは、次のような評価を下している。「我と汝の同根源性のこうした思想は、そもそもヤコービが洞察したもののうちでおそらく最重要のものであろう。……しかし、彼の場合、こうした認識は、哲学の全体的構成のために十分に実り豊かにされなかった。彼において奇妙なことは、彼が哲学的伝統の欠陥を見抜き、さらに進みうる道も見出しながら、道を実際に最後まで歩む力を持たなかったために、最終的には彼自身が戦った伝統に再び戻ってしまった。」(Bollnow 1933: 132)。

（7）自己の体系を確立したヘーゲルは、イェーナ時代に激しく批判したヤコービを一貫して好意的に論じている。一八一七年の『ヤコービ著作集』第三巻への書評では、スピノザ主義からキリスト教的人格神への「跳躍」に関連して、次のように語っている。「ヤコービは、絶対的実体から絶対的精神へのこの移行を、彼の心の奥底で遂行し、確信の抗しがたい感情にかられて、神は精神であり、絶対者は自由で人格的である、と叫んだのである。――哲学的認識から見て、もっとも注目すべき重要な点は、彼によって神認識の直接性のモメントがきわめて明確かつ力強く賞揚されたことである。」（Hegel [1817] 1990: 11=1992: 161）この書評を読んだヤコービは、自分のいう「跳躍」をヘーゲルが「賞賛」しているとネープ宛の書簡で語っている（Jacobi 1827: 466）。

（8）キルケゴールは、『哲学的断片への結びとしての非学問的あとがき』において、「死の跳躍」について語るヤコービが、実際には実存的行為としての「跳躍」の意味を理解していなかったと批判しながら、こう語っている。「小生は、ヤコービからひとかたならぬ感激をあたえられたことを否定すまい。たしかに彼の気高い感激は、それに釣り合うだけの弁証法的練達を欠いたうらみがあることを、小生はよく知っているつもりである。だがこのヤコービは、現存在の体系的圧縮に対して、ひとりの気高い、純真な、愛すべき、そして天分ゆたかな精神のプロテストを雄弁に体現したのだ。それは同時に、《実存》こそ、自己自身を忘れはてて《体系》を学ぶのに没頭する幾年間かと比べてより永続的かつ深刻な意義をもつ問題であることを勝利にみちて確信した行為であり、そしてまたその確信ゆえの感激にみちた戦いでもあった。」（Kierkegaard 1957: 243=1969: 118）

文献

引用に際しては、併記した邦訳を参照したが、筆者の判断で変更させていただいた。

安酸敏眞 1998『レッシングとドイツ啓蒙』創文社

Berlin, Isaiah 1979 "Hume and the Sources of German Anti-Rationalism," *Against the Current: Essays in the History of Ideas*, London: Hogarth Press, 162–187.

Bollnow, Otto Friedrich 1933 *Die Lebensphilosophie F.H. Jacobis*, Stuttgart: W. Kohlhammer.

Hamann, Johann Georg [1759] 1950 "Sokratische Denkwürdigkeiten," *Sämtliche Werke, Bd.2*, Historisch-kritische Ausgabe von J. Nadler, Wien: Verlag Herder, 83–109.（＝2002 川中子義勝訳「ソクラテス追憶録」『北方の博士・ハーマン著作選〈上〉』沖積舎: 9–66）

Hegel, Georg Friedrich Wilhelm 1969 *Briefe von und an Hegel, Bd.2: 1813–1822*, hrsg. von J. Hoffmeister, Hamburg: Felix Meiner.

——— [1817] 1990 "Friedrich Heinrich Jacobi's Werke. Dritter Band," *Schriften und Entwürfe I (1817–1825), Werke Bd.15*, hrsg. von F. Hogemann u. C. Jamme, Hamburg: Felix Meiner, 7–29.（＝1992 海老澤善一編訳「ヤコービ著作集第三巻」『ヘーゲル批評集』梓出版社: 155–87）

伊坂青司 2000『ヘーゲルとドイツ・ロマン主義』御茶の水書房

磯江景孜 1999『ハーマンの理性批判——十八世紀ドイツ哲学の転換』世界思想社

Jacobi, Friedrich Heinrich 1827 *Friedrich Heinrich Jacobi's auserlesener Briefwechsel, Bd.2*, hrsg. von Fr. Roth, Leipzig: G. Fleischer.

——— 1998 *Schriften zum Spinozastreit*, *Werke Bd.1*, hrsg. von K. Hammacher und I.-M. Piske, Hamburg/Stuttgart-Bad Cannstatt: Meiner/frommann-holzboog.

——— 2004 *Schriften zum transzendentalen Idealismus*, *Werke Bd.2*, hrsg. von W. Jaeschke und I.-M. Piske, Hamburg/Stuttgart-Bad Cannstatt: Meiner/frommann-holzboog.

川中子義勝 1996『北の博士・ハーマン』沖積舎

Kierkegaard, Sören 1957 *Abschliessende unwissenschaftliche Nachschrift zu den philosophischn Brochen, Erster Teil*, Sören Kierkegaard Gesammelte Werke, 16. Abt., Düsseldorf/Köln: Eugen Diederichs. （=1969 杉山好・小川圭治訳『キルケゴール著作集８』白水社）

栗原隆 2011『ドイツ観念論からヘーゲルへ』未來社

Lessing, Gotthold Ephraim [1777] 1982 "Über den Beweis des Geistes und der Kraft," *Werke in drei Bänden, Bd.3*, hrsg. von H.G. Göpfert, München: Carl Hanser, 349–354.（=1987 谷口郁夫訳「霊と力の証明について」『理性とキリスト教——Ｇ・Ｅ・レッシング哲学・神学論文集』新地書房：10–8）

Mendelssohn, Moses [1785] 1974 "Morgenstunden oder Vorlesungen über das Daseyn Gottes," *Schriften zur Philosophie und Ästhetik III,2, Gesammelte Schriften Jubiläumsausgabe, Bd.3,2*, bearbeitet von L. Strauss, Stuttgart-Bad Cannstatt: Friedrich Frommann, 1–175.

Schlegel, Friedrich [1796] 1967 "Jacobis Woldemar," *Charakteristiken und Kritike I, Kritische Friedrich-Schlegel-Ausgabe, Bd.2*, hrsg. von H. Eichner, Paderborn: Ferdinand Schöningh, 57–77.

第五章　近代における公共性の原理
——シラーにおける「理性からの距離化」と「美的主観性」

中村美智太郎

1　文芸的公共性と文化

ユルゲン・ハーバマスは、一九八〇年にアドルノ賞を受賞した際の記念講演『近代——未完のプロジェクト』において、モデルネ以降に「国家」が「市民社会」に介入してきたため「生活世界の植民地化」が進展してきたことを指摘して次のように述べている。

その〔新保守主義が今日において依拠する気分的状況の〕根はもっとずっと深く、社会の近代化に対する反発に由来している。すなわち、社会の近代化が、経済成長や国家による組織的活動〔行政や福祉〕のもつ強制力に促されて、自然に生い育った生活形式の生態系に闖入してくることへの、つまり、歴史的な生活世界のもつ対話的な内部構造を侵食することへの反発に由来しているのだ。都市環境や自然環境の破壊、つまり、人間らしい共同生活のさまざまなあり方の破壊に対する不安は著しく広がっており、たとえば新ポピュリズムともいえる抵抗運動は、そうした不安をまさに先鋭な形で表現しているものと見ることができる。(Habermas 1981: 451＝2000: 19-20)

ハーバマスの指摘する「浸食」の現象は、「単なる合理性とは異なった基準」としての「対話的合理性」に依拠した生活世界への「浸食」として看て取ることができる。社会に起こった近代化によって、強制力をもって生活世界が脅かされはじめるというこうした指摘は、たとえばフランス革命とその後の歴史的展開を思い浮かべれば、近代以降における国家と社会ないし個人との関係を端的に特徴付けているように思われる。ハーバマスのこうした指摘において前提されているのは、「国家」と「市民社会」の対置である。この講演における「ハーバマスは、近代における国家及び公教育に対抗し得るものとして「公共性」を考えている。

この「公共性」概念について、ハーバマスは、『公共性の構造転換——市民社会の一カテゴリーについての探究』のなかで主題的に考察している。ハーバマスはこの概念を、「市民的公共性(bürgerliche Öffentlichkeit)」として「公衆として集合した私人たちの生活圏」(Habermas 1990: 86＝1994: 46)という視点から理解し、その基本的な構図を整理している。この整理によれば、こうした市民的公共性は、私人・民間人が公権力に対抗することによって、それまで公権力によって規制されていた「公共性」を自己のものであると主張するところに見出すことができる。「理性」という言葉が埋め込まれていることが象徴的に示しているように、「公共の議論(öffentliches Räsonnement)」が、君主と諸身分の双方が理性を根拠として折衝をすすめて取り結ばれる契約において調停する役割を果たしてきたわけだが、十三世紀以降に君主と領主の二元化を経て、これが国会・議会と国王・王権の対立へと発展していったという図式である。ハーバマスのこの図式のなかに、さらに「第三身分」という新しく登場する要素を加えると、そこに新しい主体性が立ち現れることとなる。

ハーバマスによれば、この第三身分は、ひとつの支配的身分ではないために支配権を分割することはあり得ず、かつ本質的に自らの財産を自由に処理することを求める通商経済を土台として成立しているために、「非政治的」である。このため、第三身分は対立から「断絶」したものと位置づけることができる。したがって、第三身分は私人であって、公権力に対して求めるのは、たとえば領主のような身分とは異なって支配権の分割ではなく、「むしろ既存の支配の原理を掘り崩そうとする」（Habermas 1990: 87＝1994: 47）ことである。すなわち、第三身分は、支配それ自体の性質に対する変化を要求する「監査の原理」としての「公開性（Publizität）」を支配原理に対置しているのである。

他方、このような第三身分による「公共の議論」は、「小家族の親密な生活圏において公衆に関心を持つ主体性から由来する私的経験に導かれていること」という「自己認識」を持つことをその特徴としてもいる。ハーバマスはこの「小家族の親密な生活圏」を「みち足りた自由な内面性という近代的意味における私的存在」の源であり、ここで形成された「主体性」は、それ固有の「公衆（Publikum）」を形成すると分析している（Habermas 1990: 88＝1994: 48）。この親密な生活圏における主体性は後に、国家と社会の対置のなかで政治的機能を担うようになり、場合によっては公権力によって奪取されるようになるが、それ以前に「公権力の公共性の傘の下で非政治的な形態の公共性」を形成する。ハーバマスは、この公共性を「文芸的公共性（literarische Öffentlichkeit）」と名付ける。この「文芸的公共性」は、公共の論議の「練習場」であり、また私人による「自己啓蒙の過程」である。この公共性において、作品が「商品形態」をとることで、自己目的的な、その意味で本格的な「文化（Kultur）」として発達し、「論議の機が熟した対象として関心をひき、公衆にかかわる主体性がこれについて相互理解を求めることになる」のである。

2　教養市民層の展開

この「文芸的公共性」は、イギリスではコーヒーハウス（喫茶店）、フランスではサロン、ドイツでは読書クラブ等において育まれる。しかし、これらにおける公共性は、ハーバマスの指摘するように「生まれつき市民的なもの」ではなく「国王の宮廷の具現的公共性」にその起源を負っている。すなわち、それは「教養ある中産階級（gebildeter Mittelstand）」が宮廷貴族の社交界とのコミュニケーションを行うことで伝達されたものであった。

ところで、ハーバマスが「文芸的公共性」の登場とみなす時代の直前には、いわゆる教養市民層・学識者・知識人といったカテゴリーが社会において登場していた。田村栄子は、「教養市民層」という語が使用されるようになったのは一九四五年以降であるが、「教養市民層」に相当する現象は「教養（Bildung）」の成立発展と関連しながら、十八世紀から登場していたことを明らかにしている（田村 1996: 29）。田村によれば、「教養市民層」は、イギリスやフランスにはない「特殊ドイツ的概念」であって、ヴィルヘルム時代に最盛期を迎えた。この教養市民層の登場によって、社会を構成する者は、教養ある者とそうでない者に二分され、後者は「庶民（Volk）」と分類されるようになった。この際の「教養」概念をどのように理解するのかという問題については様々な議論があるが、本章の文脈に沿って、ここでは文明や文化といった類語とは区別して、共同体が実現する文化的なものを個人の内面的省察へとフィードバックさせることを意味するというコゼレックの理解を採用して、把握しておきたい(1)。この「内面的省察」を支える要素としては、宗教的な信仰はむしろ後景に退き、いわゆる「知」が前景に出てきたと言える。言い換えると、宗教的・神学的な価値付けよりも、学術活動で使用される言語としての地位を獲得したドイツ語による価値付けがこの

「知」の地位を確立したのである。「知」は、この後一八一〇年には、ヴィルヘルム・フォン・フンボルトの主導による、「教養」理念に基づいたベルリン大学の創設によって制度的に担保され、またいわゆる新人文主義の思想潮流もこれを跡づけていくことになる。とりわけフンボルトに従い、「教養」理念はいったん職業と切り離された形で――象徴的な表現では「パンのための学問」が取り除かれた形で――思考力・理解力・判断力・道徳感情等を身につけることとして、市民を方向付ける規範となったと言える。十九世紀半ばになると、この「教養市民層」はその内部において階層化していき、いわゆる「第三身分」がこの「教養市民層」の上層を構成すると理解されるようになる。この上層は具体的にはギムナジウムと大学教育を受けた者（官吏・聖職者・学者等）を意味していた。これに次いで、古典学以外の教育を受けた者（技師・教師等）といった中層、この下に市場に依存する者（農民とは区別される農業経営者等）が配置されるが、十九世紀以降はこの階層性に多かれ少なかれ支配された形で「教養」概念は理解されるようになる。これらの階層の形成には教養の「純粋さ」の度合いが強く関与していると言えるが、これと連動した形でその「政治性」の度合いも関与しているとみなすことができる。田村はこの観点から、ドイツにおける「教養市民層」の「非政治的な特性」を理解しようとしている（田村 1996: 36）。この特性は、意識的に党派的な立場に立たないという点では非政治的であるが、政治的行為についての価値判断を含むという点では政治的であるということを示しており、「教養市民層」におけるこのあり方自体が、教養市民層と関連する後のドイツ青年運動を特徴付けているとみることができる。

ハーバマスの述べる「文芸的公共性」の担い手は、こうした「教養市民層」の文脈に属していると理解しておく必要がある。先にみた、「文芸的公共性」が宮廷的な公共性とのコミュニケーションによって成立したというハーバマスの視点は、このことを前提としている。ただし、同時にハーバマスは次のように位置づけていることに注目したい。

それゆえに、民間人のために定められた領域の内部で、われわれは私生活圏と公共性という区別を立てる。私生活圏は、狭義の市民社会――すなわち商品交易と社会的労働の圏――を包括する。家族とその親密領域は、市民社会のなかにはめ込まれている。政治的公共性は文芸的公共性のなかから姿を現してくる。それは公論を通じて、国家を社会の欲求へ媒介する。(Habermas 1990: 90 = 1994: 50)

ハーバマスの描く「公共性」の連関はより力動的である。「文芸的公共性」は、「小家族の親密な生活圏」に単に留まるのではなく、国家と社会とを媒介するような「政治的公共性」への道を蔵するものと位置づけられているのだ。では、教養市民層において拓かれる「文芸的公共性」とはどのようなものなのか。

3　「美しき魂」概念

ハーバマスの提示する「文芸的公共性」は、十八世紀に周知されるようになった「美しき魂」概念と重ね合わせて把握することができる。「美しき魂」という概念は、十八世紀になってルソーの『新エロイーズ』(一七六一年)を通じて広く知られるところとなったが、ドイツにおいては、ドイツで最初の教養小説を書いた人物とされるヴィーラントによる紹介を経て、ゲーテの『ヴィルヘルム・マイスターの修行時代』(一七九五～九六年)における「美しき魂の告白」と題された第六巻で知られることとなった。この第六巻の末尾でゲーテは、誰もが内面に持つ「恐ろしい怪物」に支配されることなく、しかも神を含めた誰からも命令されずに、ただ「内心のうながし」によって「正しい道」をあゆむ精神のありようを描いている（Goethe 1981＝1982: 370）。ゲーテの描くこうした精神のありようは「美しき魂」のイメージをよく表しているように思われる。(2) この「美しき魂」は、ゲーテと同時代のカント、シラー、ヘーゲルらが関心を寄せているが、本章では、このうち特にシラーにおける「美しき魂」概念に目を向ける。シラーは美的教育思想を展開したドイツの思想家として知られているが、この概念は、ハーバマスの述べる「文芸的公共性」の理念をよく示した「美的国家」の前提となり得ると考えられるからである。

さてシラーは、一七九〇年に開始されたカント研究の成果に基づいて、一七九二年『悲劇的題材についての満足感の根拠について』以降、いくつかの論文を著している。これらの諸論文は、カントやフリードリヒ・シュレーゲルたちとの影響関係の中に位置付けられてきたという解釈上の伝統がある。こうした伝統と、一七八九年以降のフランス革命の展開を背景としつつ、シラーの「美しき魂（schöne Seele）」概念は成立している。この時期には、特にフランス革命によって共和制が実現したわけだが、シラーが美的思索をめぐる論文を執筆している時期の前後には、ジャコバン派独裁下の恐怖政治が出現していた。こうした一連の展開に対して、シラーはフランス革命に当初は熱狂したが、その後の堕落に幻滅し、徐々に政治的に無関心になっていったと解釈されることもあるが（たとえばAbusch 1980）、この伝記的推測がシラーの思想内容と合致ないし反映されているかについては考慮の余地が残されている。この「余地」を追究することはそのまま、シラーにおける「文芸的公共性」の姿の描出になると目されるため、この検討を次に行う。

シラーは、いわゆるカント研究期にあたる一七九三年に執筆した『優美と尊厳について』のなかで、「優美（Anmut）」を「美しき魂」が表出したものと位置づけている。シラーによれば、美は、その客観的要素が優越する場合には「構築美」、その主観的要素が優越する場合には「遊戯の美」と二種類に捉えられる。この「遊戯の美

（Schönheit des Spiels）」とは運動的な美のことであり、運動しない美である「構築美」とは区別されるものである。こうした「遊戯の美」が成り立つためには、「理性」と「感性」、また「義務」と「傾向性」とが融和する必要がある。これらが人間性のうちで融和した状態が最高の境地とされる「美しき魂」である。シラーは次のように述べている。

道徳的感情が、情緒に意志の導きを物怖じせずに委ねることができて、しかも意志の決定と矛盾する危険に陥ることが決してないというレベルにまで、人間のあらゆる感情を最終的に占有する場合、それは美しき魂と名付けられる。だから、美しき魂においてはそもそも個々の行為が道徳的であるのではなく、性格全体が道徳的なのだ。……美しき魂においては、それゆえ、感性と理性、義務と傾向性とが調和しているのであり、優雅がその現象における表出である。ただ美しき魂への奉仕においてのみ、自然は同時に自由を持ち、その形式を維持し得るのであるが、それは自然が厳格な心情の支配下では自由を失い、感性の無政府状態（Anarchie）の下では形式を失うからである。（Schiller 2004: 468-9）

感性・理性・義務・傾向性といったカント由来の術語を多用しながら、シラーは「美しき魂」を、対立した二つの原理の「調和」の状態であると説明する。この状態においては、情緒の赴くままに行動したとしても、そうした行為が意志の命令に合致する。だから、たとえば「～をしなければならない」といった「義務」に基づく行為が、同時に「傾向性」という、カントの規定によれば「人間の習慣的な感性的欲望」と一致することになる。この「美しき魂」においては「自然」はそのまま「自由」となるのであり、シラーはこの表出を「優美」とみなしている。

こうしたシラーの思想が、主にカントに学んだという経緯からカントの思想をなぞったものであるという評価もあるが、これは一面的であろう。たとえば、新カント派に属するキューネマンは、「倫理学の根拠付けにおいてシラーとカントの間には、完全な一致が支配している」（Kühnemann 1902: 44-5）と述べて、シラー自身がカントの思想の正しさを認めて「立論の前提」としたと解釈する立場をとる。[3] この立場の根拠のひとつには、実はカント自身の側からのシラーの「美しき魂」論についての応答がある。カントは、一七九四年に刊行した『単なる理性の限界内における宗教』第二版の註のなかで、次のようにシラーに言及している。

教授シラー氏は、その名作である道徳における優美と尊厳とに関する論説（『ターリア』・一七九三年・第三号）のうちで、責務についてのこうした考え方を、あたかもそれが空中楼閣的な気分を伴うものであるかのように、非難しておられる。けれどもわれわれは、きわめて重要な諸原理において意見が一致しているのであるから、もしわれわれがお互いに理解しあうことができさえすれば、私はこのことに関しても意見を不一致のままにしておくことはできない。（Kant 1914: 23＝1974: 40）

たしかにここでのカントは、シラーの思想との間では基本的には一致しているという態度を示しており、キューネマンの立場は、基本的にはこのカント自身の態度を前提としているとみることができる。しかし、そのカント自身が、当該箇所に続けて、さらに次のように説明を続けていることを見逃してはならない。すなわち「義務の概念は無条件的強制を含んでおり、優美はまさしくこれと矛盾する」ために、「義務の概念に、まさしくそれの尊厳のゆえに、優美を沿わせることができない」（*ibid.*）。無条件的強制をどうしても含まざるを得ない「義務」概念は、根本的に「優美」概念と矛盾することになるとカントは考えている。もしキューネマンの立場が正当なものであるなら、カントにおける「義務」概念と「優美」概念の関係と同様に、シラーにおけるそれらも矛盾した関係にあるということになる。

このように解釈した場合、シラーの「美しき魂」は、「義務」と「優美」とが矛盾すると考えるカントとは明らかに立場を異にしていると言わざるを得ない。むしろ、「美しき魂」とその表出としての「優美」が現実世界においてどの程度有効性を持ち得るかという問いの提出を許すにせよ、シラーはカントの思想を理論的に乗り越えることを試みていると理解できるだろう。この点で、キューネマンの立場には修正を加える必要が出てくる。すなわち、カントのシラーに対する言い分を別にすれば、カントとシラーの間には、少なくとも「美しき魂」という倫理的概念を軸とした場合には、「対立」を読み取ることができるということである。このようにキューネマンの立場に修正を加えることはまた、シラーはカントの単なるフォロワーであるというよりは、カントの提示した概念群を使用しながら自らの倫理的思想を表明しているという解釈を浮かび上がらせもする。(4)

シラーにおいて次に問題となるのは、その「美しき魂」の状態は現実においていかにして可能かという問題である。ここまでに検討したハーバマスらの文脈においては、教養市民層におけるある種の公共性――ハーバマスにおいては「文芸的公共性」――は、完全に閉じたものとみなされるわけではなく、むしろ国家と社会とを媒介する機能が与えられていた。そこでいったんこの視点に立ち、次にシラーにおける「自由」概念の分析を手がかりに、シラーの「美しき魂」の現実的可能性としての、公共性への回路の可能性を探りたい。

4　シラーにおける「現象における自由」

シラーにおける「自由」については、どのように把握することができるだろうか。たとえばシュトリヒは、カントとは異なり、人間において精神と自然との分離を認めないシラーにとって、自由は「感性と理性との調和」（Strich [1900] 2011: 247）においてのみあると考える。前節で引用した『単なる理性の限界内における宗教』におけるカントの問題圏は、「人間は生来道徳的に善であるか、悪であるか」という問いであった。この問いそれ自体は「選言的命題」（Kant 1914: 22＝1974: 38）だが、カントによれば、この問いに取り組むときに、私たちは「或る部分では善で、他の部分は悪である」というような回答を与え、そもそもこの「選言的命題」それ自体が正しいのかどうかに疑問を呈することがあり得る。つまり、私たちは、いわば善と悪の「中間」を設定することで、この問いに回答しようとすることがあり得る。しかし、カントは、もしこうした曖昧さを許すとすればあらゆる「格率」が成立しなくなる危険性が生じることとなるという理由から、こうした「道徳的中間物」（*ibid.*）を、「行為」においても「性格」においても、ともに認めないという「厳格主義」の立場をとっている。シラーによる「非難」は、カント自身が述べているように、まさにこの「厳格主義」に向けられていると考えることができる。シュトリヒは、『単なる理性の限界内における宗教』の註でカントがシラーに言及している部分を軸にして、シラーとカントは「架橋不可能な対立」（Strich [1900] 2011: 248）関係にあるという立場に立ち、この点でキューネマンとは異なっている。シュトリヒによれば、まさにカントの「厳格主義」という点でシラーとカントは合致しないわけだが、カントとシラーはそれぞれの「自由」概念において鋭く対立するというのである。

シュトリヒがここで着目しているこの「調和」としての自由は、『優美と尊厳について』とほぼ同時期に成立したとみられる『カリアス書簡』（一七九三年）においてすでに現れている。一七九三年二月八日付けのケルナー宛の書簡で、シラーは「美は現象における自由にほかならない」（Schiller 2004: 400）と美を定義しながら、「自由」概念について説明を加えている。

しかしこの自由は理性によって対象に単に貸し与えられたものにすぎないので、そしてそもそも超感性的なものの以外に自由はあり得ず、自由はそれ自体としては感性界に属することはできないので――要するに――ここで問題なのは、対象が実際に自由なのではなく、自由として現象するということだけであるため、対象と実践理性の形式とのこうした類似は、実際の自由ではなく、単に現象における自由、現象における自律である。（*ibid.*）

この時期のシラーはすでにカント研究期にあたり、シラーはやはりカントの問題の圏内で自由の問題を考察している。[5] しかし、考察の内容はカントの主張と全面的に一致しているわけではないことに注意しておく必要がある。カントは主観の内部に現象と自由を統合しようとするが、この方法では結局は対象が主観の法則に従っていることになってしまうと考えたシラーは、表象の中に「自由」を間接的に確保しようとする。「対象が自由である」のではなく「自由として現象する」という主張は、こうした試みを表している。つまり、シラーは、カントとは異なり、「実践理性」がある自然的存在者を観照する際に、それが「自己規定」されているのを見出す場合、この対象に「自由に類似するもの」を認めると考えようとしている。

このように、シュトリヒの立場に立つと、シラーが「自由」概念においてカントと鋭く対立していることが分かる。たとえばコルフもまた、シュトリヒと同様に、とりわけ『優美と尊厳について』におけるシラーがカントと対立していることを指摘している（Korff [1966] 1979: 275）。[6] コルフによれば、シラーはカントと「人間の真の理想をめぐって争った」とみることができる。「人間は義務によって傾向性を抑制するとき、道徳的にただ行為しているということは疑い得ない」が、この点においては「シラーは、カントと同じ意見である」と言える。しかし、シラーはその「自由」概念において、カントを乗り越えようとしていた。すなわち「人間の到達し得る最高の状態は、道徳性ではなく……もはや道徳性を全く必要としない状態である」とすれば、「完全な人間性とは、自然の抑圧からではなく、人間の中で結合された諸原理の幸福な調和によってのみ生じる」(Korff [1966] 1979: 281-2) のである。そして、この状態こそが「美しき魂」とシラーが呼ぶものであった。

5 「崇高な魂」への転換

シラーにとって「自然」のうちにあるあらゆるものは、自己自身によって規定されることはない。従って、自律的であることはなく、それらはすべて他律的に存在するものである。そこで、理性はこのような存在者に対して「自由に類比的なもの (Freiheitähnlichkeit)」を与えることになるという構造がある。前節で考察したとおり、「自由」なものとは超感性的なものだけであるため、当然感性によってこの「自由」を捉えることはできない。だからその対象が現実に「自由」であるわけではなく、「自由」なものとして「現象」するにすぎないというわけである。

このように、「現象における自由」及び「現象における自律」は「類比的なもの」として捉えることができる。この類比的である自由は、感性で捉えることができない超感性的な自由とは異なり、感性によって捉えられるものである。これが、シラーの規定する「現象における自由」としての美である。シラーは、このような「現象における自由」の実例として、「有機体」を挙げている。「有機体」は理性をもつ人間とは異なるため、実践理性によってはもちろん規定されないわけだが、「自律性」とまったく無関係であるわけではない。また、「有機体」は、単なる物質とは異なり、他者によって完全に規定されているわけではない。むしろ、自己の「内的生命」によって自律性にむかう傾向性をもつと考えられる。小田部胤久が指摘するように「有機体は美にとっての一つの例にほかならない」(小田部 2006: 102) にしても、この点から、「現象における自由」としての美の性質のうちには明らかに「自律性」が含まれていることが分かる。シラー自身も「感性界においてはただ美的なもののみが、自己完成されたもの、あるいは完全なものの象徴である」(Schiller 1963: 208) と表現している。ここにおいて、自律性にむかう傾向性をもつ有機体は、自己完成され、完全であるものである。

以上のように、主に『カリアス書簡』におけるシラーの言説を検討することを通じて、「自由」概念の射程からシラーの「美しき魂」は照射されることが示唆された。そして、シラーにおける「自由」概念は、「類比 (Analogie)」という概念によって理解されなくてはならないことが明らかになった。そこでこれをもとに、さらに『優美と尊厳について』におけるシラーの「自由」概念を「類比」概念と結びつけて考察することを通じて、「美しき魂」理念の意味を明らかにすることを試みることにする。シラーがこの「有機体」に関連付けた箇所を、再び『優美と尊厳について』を参照することで、確認しよう。

道徳的な力による衝動の支配が精神の自由であり、その現象における現れが尊厳と呼ばれる。厳密には、超感性的なものは、決して感性化され得ないから、人間の中の道徳的な力は表出され得ない。しかし、人間の形態／教養 (Bildung) の尊厳において実際にそうであるように、道徳的な力は間接的に感性的表徴によって、悟性に示され得る。(Schiller 2004: 475)

超感性的である「道徳的な力」はあくまでも「間接的に」示されるにすぎない。この間接的な現れは感性において、

「人間の形態」、すなわち人間という「有機体」において示される。このようにして「精神の自由」が現象において現れるとすれば、それが「尊厳」と呼ばれるべきものである。シラーによれば、この「尊厳」において、「美しき魂」は「崇高な魂（erhabene Seele）」（Schiller 2004: 474）に転化する。そして、このように「崇高な魂」に転化することこそが「美しき魂」を、「善なる心情」や「気質的な徳」から区別することのできる「確実な試金石」である。

この「美しき魂」と「崇高な魂」とは、相互に排除することなく、互いを支え合う関係にある。もし人間においてこれらが統合されるのであれば、人間性はそこで完成されるが、この完成された姿は理想のレベルにあって、古代ギリシアにおける芸術作品に見出されるとシラーは考える。だから、「美しき魂」と「崇高な魂」の統合は、理想の「有機体」に見出され、現実の人間における課題とされ得ると考えることができる。この文脈で、ハーバマスの「文芸的公共性」は、このように美しき魂が崇高な魂へと転化させ得る「有機体」としての人間が「教養市民層」として実現する可能性を示唆している。

6　美的主観性の生成

では「美しき魂」を備えた「教養市民層」において「文芸的公共性」はどのように実現されるのか。ハーバマスは、それを宮廷貴族の社交界とコミュニケーションすることで伝達されたものとしていたが、カール・ハインツ・ボーラーはこの問題を「美的主観性」という観点から論じている。『ロマン派の手紙――美的主観性の成立』の序において、ボーラーは、一七九〇年から一八一〇年までのロマン派の手紙を研究することによって、「啓蒙主義の理性とフィヒテの自我哲学によって成立した主体の新たな自律性」と「理性の伝統ではなく、想像的・美的なカテゴリーによって規定され、近代の主体文学の本来の源としてみなされなければならない主観性」との対立が明らかとなったと指摘している（Bohrer 1987＝2000: vii）。ボーラーによれば、一八〇〇年以後になると、初期ロマン主義の主観性のものとも後期ロマン主義のものとも区別される「自我の別のパトス」の「特別な諸状態」の意識が「美的な差異」として生じ、「美的主観性」として成立していく。ボーラー自身は、自らをハーバマスの分析とは別の立場に立つと述べているが、「美的主観性」における、自己保存に対する無関心性と、理性の主体から距離を置くことによって増大する不確定性においては、ハーバマスのような立場が分析する「精神史的および社会史的に確認された一般的なモデルネの主観性」と一致すると考えている（Bohrer 1987＝2000: 6）。この一致が双方の主観性全体においてみられるかどうかについては検討の余地がいまだ残されるにせよ、少なくとも媒介項として設定されていた「文芸的公共性」の指し示す事態と輪郭を同じくするものであるとみなすことはできるだろう。そしてむしろ、「十八世紀の市民的個人が自律性を模索していたという一般的な研究結果」はロマン派の手紙における「美的主観性」との「差異」を際立たせるのである。ボーラーは次のように述べている。

新しい主観性がとりわけ解放を目指した宣言を意味しているならば、このことは、そうした新しい主観性によって公共性がつくられることを暗示している。つまり自我は普遍化されうるのであって、この点をこそロマン派の手紙は引き継ぐことができないのである。（Bohrer 1987＝2000: 20）

十八世紀における書簡体文学あるいは文学ジャンルとしての虚構の手紙において、自己描写によって常に他者すなわち人間全般の描写が行われているが、「美的主観性」は、こうした普遍的な自我とは別の形の自我を表出する。

ボーラーはこうした「美的主観性」の表出をロマン派の手紙に見出している。シラーは、一七九五年の『人間の美的教育について』と題する書簡形式をとる論文のなかで提示した「美的国家」概念によって、まさに新しい主観性による公共性を目指していた。この概念は「国家（Staat）」という用語を使用しているが、これは政治的な制度としての国家を意味するのではなく、むしろ「趣味」によって個人の内部につくり出される調和が「美しい社交のサークル」を介して社会に展開していった集団を意味している（Schiller 2004: 669）。この「美的国家」は、まさに国家・社会・個人の内部において顕著となった分断を乗り越えるものとして構想されているが、現実の形態としてはコーヒーハウスやサロン、読書クラブといった場において形成される小規模なサークルのイメージと重ね合わせて理解することができる。そして、こうした「美的国家」概念は、「書簡」を通じて成立する「美的主観性」によって与えられた「美的主体」が構成するものである。ボーラーはこの「美的主体」を次のように捉えている。

> 美的主体は文学テクストに内在する法則に従って私という同一性を超越する。しかし自我は失われるのではなく、言語および自我の「悲嘆」の中に止揚されている。「悲嘆」は……時代およびその時代の市民階級を表す記号としてではない。ただロマン主義的・近代的な詩人だけが、それをなお理解されるべき新しい言葉として案出したのであった。（Bohrer 1987＝2000: 325）

ボーラーの述べる「悲嘆（Trauer）」とは、「それ以上の現実のデータを認めず、すぐに文学的な感性へと移行するような自己との関係および世界との関係」（Bohrer 1987＝2000: 321）である。この「悲嘆」において、主観主義は「一般的な一人称による語りからの逸脱」として把握され、この「逸脱」においてこそ主観主義の意義は認められる。たしかにシラーは「ロマン主義的・近代的な詩人」として「新しい言葉」によって「美的国家」を創出しようとした。ただし、この「美的国家」を構成するのは「美しき魂」を備えた「教養市民層」であり、シラー自身もまたこうした「教養市民層」のひとりとして、いわば二重化された形で「文芸的公共性」のなかに身を置きながら、「美的国家」を抽出していた。その背景には近代における国家的原理に対抗する市民的原理としての「公共性」の原型が、理性や自律性とは区別されたものとして姿を表している。シラーの思想は「書簡」という形態をとって発表されているが、十六世紀以降整備され、普及しつつあった近代郵便制度を背景としながら、郵便物として配達される新しいメディアとしての「書簡」によって生まれる新しい主観を備えた主体性の形成を示唆している。

注

（1）ただしコゼレックは、経済市民層と教養市民層の差異化がみられたフランスなどとは異なり、ドイツではこの差異化が起こらなかったとみなしている（Koselleck 1990: 14–5）。

（2）シュタイガーが指摘しているように、こうした登場人物と同じ事態が読者において起こることもまた、この小説のもうひとつの機能であると言える。「私たちはこの相当の長さの特殊な性格を持つ敬虔な書物に沈潜する。そしてその終わりに近づくときには、それまでの世界は遠くへ押しやられる。私たちは『告白』を同時に読んでいるヴィルヘルム・マイスターと共に成長し、彼の傍で成熟し……より高貴な人間の圏内へ導かれる」（Staiger 1956: 139）。

（3）カントとシラーの思想比較について詳しくは、たとえば内藤克彦（内藤 1999: 147–57）や長倉誠一（長倉 2003: 57–240）を参考のこと。

（4）カントもまた、「美しいものに対する知性的関心について」と題された『判断力批判』（一七九〇年）第四二節のなかで「美しき魂」について論じている（Kant 1913: 168 = 1965: 206）。

（5）コープマンは、『カリアス書簡』における美の定義「現象における自由」という考え方の萌芽を、カント研究期を経たシラーの最初の成果として知られる『悲劇的題材についての満足感の根拠について』（一七九二年）にみている（Koopmann 1998: 577）。

（6）内藤克彦もまた、キューネマンと、シュトリヒ及びコルフの対立を読み取っている（内藤 1999: 152-3）。

文献

Abusch, Alexander 1980 *Schiller. Größe und Tragik eines deutschen Genius*, Berlin: Aufbau, 192-201.

Bohrer, Karl Heinz 1987 *Der romantische Brief: Die Entstehung ästhetischer Subjektivität*, München/Wien: Carl Hanser.（=2000 高木葉子訳『ロマン派の手紙――美的主観性の成立』法政大学出版局）

Goethe, Johann Wilhelm von [1795/96] 1981 "Wilhelm Meisters Lehrjahre", *Goethes Werke in 14 Bände*, Bd.7, München: Beck.（=1982 前田敬作・今村孝訳『ゲーテ全集第七巻 ヴィルヘルム・マイスターの修行時代』潮出版社）

Habermas, Jürgen 1981 "Die Moderne: ein unvollendetes Projekt", *Kleine politische Schriften I-IV*, Frankfurt am Main: Suhrkamp, 444-464.（=2000 三島憲一訳『近代――未完のプロジェクト』岩波書店: 3-45）

―――― 1990 *Strukturwandel der Öffentlichkeit: Untersuchungen zu einer Kategorie der bürgerlichen Gesellschaft*, Frankfurt am Main: Suhrkamp.（=1994 細谷貞雄・山田正行訳『[第二版] 公共性の構造転換――市民社会の一カテゴリーについての探究』未來社）

Kant, Immanuel 1913 "Kritik der Urteilskraft", *Kants gesammelte Schriften, Bd. V*, begonnen von der Königlich Preußischen Akademie der Wissenschaften, Berlin: G. Reimer.（=1965 原祐訳『カント全集第八巻 判断力批判』理想社）

―――― 1914 "Die Religion innerhalb der Grenzen der blossen Vernunft", *Kants gesammelte Schriften, Bd. VI*, begonnen von der Königlich Preußischen Akademie der Wissenschaften, Berlin: G. Reimer.（=1974 飯島宗享・宇都宮芳明訳『カント全集第九巻 宗教論』理想社）

Koopmann, Helmut 1988 "Kleinere Schriften nach der Begegnung mit Kant", *Schiller-Handbuch*, Stuttgart: Kröner.

Koselleck, Reinhart 1990 “Einleitung: Zur anthropologischen und semantischen Struktur der Bildung”, ders. Hrsg., *Bildungsbürgertum im 19. Jahrhundert*, Teil 2: Bildungsgüter und Bildungswissen, Stuttgart: Klett Cotta, 11-46.

Korff, Hermann August [1966] 1979 *Geist der Goethezeit*, Darmstadt: Wissenschaftliche Buchgesellschaft.

Kühnemann, Eugen 1902 “Schillers philosophische Schriften und Gedichte”, *Philosophische Bibliothek*, Bd. 103, Leipzig: Felix Meiner.

長倉誠一 2003『人間の美的関心考——シラーによるカント批判の帰趨』未知谷

内藤克彦 1999『シラーの美的教養思想——その形成と展開の軌跡』三修社

小田部胤久 2006『芸術の条件』東京大学出版会

Staiger, Emil 1956 *Goethe. Bd. 2*, Zürich/Freiburg: Atlantis.

——— 1967 *Friedrich Schiller*, Stuttgart: Atlantis.

Schiller, Friedrich 2004 “Über Anmut und Würde”, *Sämtliche Werke*, Bd. 5., Hrsg. Wolfgang Riedel, München: Carl Hanser, 433-488.

——— 2004 “Kalias oder über die Schönheit”, *Sämtliche Werke*, Bd. 5., Hrsg. Wolfgang Riedel, München: Carl Hanser, 394-433.

——— 2004 “Über die ästhetische Erziehung des Menschen in einer Reihe von Briefen”, *Sämtliche Werke*. Bd.5. Hrsg. Wolfgang Riedel. München: Carl Hanser, 570-669.（=1997 石原達二訳『美学芸術論集』冨山房）

——— 1963 “Schillers Briefe 1790-1794”, *Schillers Werke*, Bd. 26., Weimar: Nationalausgabe.

Strich, Fritz [1900] 2011 *Schiller; Sein Leben und sein Werk*, Berlin: Tempel.

田村栄子 1996『若き教養市民層とナチズム——ドイツ青年・学生運動の思想の社会史』名古屋大学出版会

第三部　批判的思考の生成する場

第三部「批判的思考の生成する場」の概要（鈴木宗徳）

歴史を学び、思想史を学ぶ目的のひとつは、現実を批判する足がかりをそこに見出すことにある。急速な変化のなかで失われゆくものに目を凝らし、時代の趨勢に抗うことによってこそ、批判の営みは可能となる。なかでも商品経済と賃労働の拡大によって、われわれの生活は、労働と消費という二つの局面において画一化の犠牲となり、共同性の文脈が担保していた生き生きとした固有性を喪失してきた。日々市場に供給される商品は、新奇さを基準に評価される物神としての性格をまとい、これを追い求める人びとは、広告とプロパガンダによる操作の対象となる。労働力商品として交換される労働者もまた、自らが物象の人格的担い手であるかのごとく振る舞うよう仕向けられてゆく。

ただし、大量生産を特徴とする商品経済に抗うことは、意味をめぐる闘争のなかへおのれを投企することを伴わざるをえない。商業主義によって画一化され記号化された意味世界のなかで、ひそやかな特殊性や一回性を読みとり意味を組み替えてゆくこと。これこそが批判であるのは間違いない。しかし、特殊なるものが、またもや商業主義によって利用されたり、民族主義というかたちで本質主義による統治の道具として利用されたりしてしまうという事態も、しばしば経験されてきた。失われた共同性を神秘化し永遠化することは物神崇拝とかわらず、じつは共同性はつねに不定形なかたちでしか立ち現われえないという側面もまた見逃してはならない。

特殊性や一回性を読みとることはかくも困難であり、言いかえれば、批判的な言説にどのような意味が外部から付与されてしまうのかという繊細な考察なしに、つまり、批判する側の立ち位置について自省をつづけることなしに、批判は成功しない。これは、歴史においてどのような言説が統治秩序に奉仕してきたかという、イデオロギー分析にもつながる観点である。学問が体制を補完するイデオロギーに転化してしまう例を、われわれはくり返し目にしてきた。かつて、宗教や伝統から導き出された規範は、世界と人生に意味を与え、苦難を和らげるはたらきをもつ一方、分をわきまえた振る舞いをせよという道徳的な命令によって、秩序の転覆を抑止する機能を担っていた。近代とともに生まれた政治学や経済学もまた、ブルジョア社会の支配秩序に奉仕するという同じ機能を引き継いでいる。

われわれはいま、いくつかの重要な歴史的課題の前に立たされている。まず、ますます深刻化する貧困・格差をもたらす新自由主義政策に抗するべく、市場そのものの力に立ち返ってわれわれを統治する権力作用を明らかにすること。その上で、構造化し慣習化した知の世界において、批判をおこなう主体と運動がいかにして立ち上がるのかを考察すること。そのために、他者を欺き自己を欺く欺瞞的な政治的態度を超え、真理に向き合うことがどのようにして可能となるのかを問うこと。第三部「批判的思考の生成する場」では、つぎの七つの章を通じて、こうした一群の問いととり組むことにしたい。

第一章　建築における批判的地域主義（高安啓介）

本章は、一九八〇年代より議論されるようになった批判的地域主義を扱う。これは、近代建築のかかげる普遍主義にたいして異をとなえながら、商業主義・民族主義・大衆主義のもとでの地域の主張にたいしても疑いの目を向け、生活者の解放をうながそうとする主張でもあったとされる。建築における批判的地域主義がいかなる背景のもとで主張されるようになったのかが検討される。

第二章　戦略としてのアレゴリー――ヴァルター・ベンヤミンのボードレール研究から（白井亜希子）

本章は、ナチス政権の成立にともないパリへの亡命を余儀なくされたベンヤミンを扱い、彼が、第二帝政期の詩人・ボードレールの透徹したまなざしに、事物がおかれた所与の意味連関を破壊せずにはいない「アレゴリー的志向」を見出したことに着目する。ボードレールのアレゴリー的志向の批判的本質と、アレゴリー的志向の戦略的意義が検討される。

第三章　シャルル・フーリエにおける旅行記的イメージの利用（福島知己）

本章は、シャルル・フーリエが、著作中に古今の旅行記からとられた逸話を数多く記録していることに焦点をあてる。多くは虚実の明らかでないこれらのイメージが彼の理論形成に独特な仕方で貢献していることが、『愛の新世界』で提示されている均衡遺言のシステムと旅行記的イメージを記述したフーリエのひとつの文章とを比較しつつ、明らかにされる。

第四章　『儒教と道教』における神義論問題のゆくえ——現世の不公正に対する儒教的応答にヴェーバーは何を見たか（荒川敏彦）

本章によれば、ヴェーバーは、儒教が公式上は平等を唱える一方で、実際には君子と大衆とを区別する身分倫理と、自己責任を求める応報思想とが結合していると見ていた。君子を宿命に耐える精神へ、大衆を事態打開のための自助努力へと駆り立てるその神義論が、儒教論を超えて、特権者に優位な官僚制化を倫理的に正当化する論理でもあることを、本章は指摘している。

第五章　自らを劣っていると認識させることについて——救貧法改革とマルサスおよびベンサム（鈴木宗徳）

本章は、資本主義の勃興を説明するうえで、勤労倫理を貧困層に普及させたイギリス救貧法、とくに一八三四年改正の劣等処遇の原則がとくに重要であると論じている。さらに、その背景にあるマルサスやベンサムによる貧民を怠惰とみなしスティグマを与える思想、マルサスの出産抑制の思想が、現代の福祉改革をめぐる議論にも通底するものであると主張される。

第六章　新自由主義をいかに批判すべきか――フーコーの統治性論をめぐって（佐々木隆治）

本章の目的は、フーコーの統治性論における新自由主義論を手がかりにして、新自由主義ないし新自由主義「批判」について批判的に検討することである。福祉国家から新自由主義へという通俗的な図式においてではなく、自由主義との対比において新自由主義を理解することによって、既存の新自由主義論が看過しがちな点を浮き彫りにすることが試みられる。

第七章　この世界を批判する主体はいかにして成り立つか――アーレントの観察の条件（阿部里加）

本章では、アーレントの観察にかんする議論を、行為者と観察者の対峙関係、良心、「思考の偽善性」、真理に注目しながら読み解くことで、観察者と傍観者の違いが考察される。この世界にたいする能動的批判的主体としての観察者は、行為者および政治の外に立ってそれらを客観視し、真理を語る者であるととらえられる。

ミシェル・フーコーは、十六世紀に「いかに統治すべきか」という問いとともに「いかにして統治されずにいられるか」という問いが出現したと指摘し、「批判」という言葉に「このようなかたちで統治されないでいるための技術」という定義を与えている。彼はこれをカントの啓蒙や批判を下敷きに論じ、未成年のままにおこうとする権威に抵抗する勇気と決意、統治されないという意思から出発する必要性について語っている（「批判とは何か――批判と啓蒙」『わたしは花火師です――フーコーは語る』筑摩書房）。もちろんフーコーは、知識や真理が統治の道具となってきたことをわきまえており、知を語る者が「統治されない」ことの困難をも知り尽していたはずである。しかしそれでも彼が勇気や決意をもった批判を肯定したことを思い、こうした隊列にわれわれは加わりたいと願うものである。

第一章　建築における批判的地域主義

高安啓介

1　建築の場合

文化のグローバル化が意識されるにつれてローカルなものの価値が問われてきたが、西洋建築においてこの二項対立はかなり古くから存在していたかにみえる。それは、西洋世界において建築の規範とみられてきた古典様式にたいして地域の特徴をみとめるような場合である。二〇世紀になってからは近代建築がしだいに国際様式として認知されるようになったが、一九六〇年代になると近代建築への批判がいよいよ強まり、一九七〇年からのポストモダンの傾向のなかでは、過去の様式が参照されるとともに、地域らしい意匠もまた許容されるようになる。しかしたとえば、ディズニーランドのイッツアスモールワールドが象徴するように、世界各地の建築意匠が一種の記号として使用されている場合はどうであろう。グローバルな商業主義のうちに地域らしさが利用されていると考えられないか。したがってこれにたいして、建築はいかにして有力な普遍文化にたいして抵抗するような特殊でありつづけることができるのかが問われてくる。とはいえ、普遍文化にたいする反動としての民族主義もまた抑圧をはらみやすい。戦中日本の公共建築においてモニュメンタルな日本趣味がもとめられ、当時の新世代の建築家にとって足かせとなったように、上からの民族主義はけっして今日もとめられる地域主義のかたちではない。したがって、現代の建築のとるべき道は、普遍主義かそれとも地域主義かという二者択一にはならないだろう。そしてこうみると、一九八〇年代より議論されるようになった批判的地域主義は、新たな可能性を示唆する考えとして注目される。一方でそれは、近代建築のかかげる普遍主義にたいして異を唱えるが、他方でそれは、安易な地域主義にたいして距離をとりながら、生活者の解放をうながそうとする主張でもあった。本稿は、建築における批判的地域主義がいかなる背景のもとで主張されるようになったのかを検討する。そこでまず二〇世紀初頭にヨーロッパから世界中に広まった近代建築がどのような建築であったのかを確認しておく。

2　近代建築とは何か

欧米における近代建築の始まりをどこにみるかは意見の分かれるところである。一九〇〇年前後のアールヌーボーないしユーゲントシュティルはかなり微妙な位置をしめており、近代建築とは何であったのかを考えるうえでの試金石となる。たしかに、ワーグナーのマジョリカハウスにしても（図1）、オルブリヒの分離派会館にしても、歴史様式にとらわれない新しい装飾を見出した点では、近代建築のうちに数え入れられるが、表面にいまだ装飾をまとっている点では、近代建築とはいいがたいところもある。これにたいして一九一〇年前後には、以前とは異なる質をもった工場建築がつくられるようになる。ベーレンスのタービン工場も（図2）、グロピウスの靴工場も、表面装飾をもたないかわりに、大きなガラス面をもつものである。近代建築らしい合理主義の特徴はまずこうした工場において先取りされていた。

近代建築は、歴史様式の強い否定をとおして、伝統と結びついた地域のさまざまな特徴を失うかわりに、二つの正反対の方向に開かれていた。一方のそれは、自由な形態によって自由な表現にむかう個人主義の方向であり、他方のそれは、表現の抑制によって簡素な形態にむかう普遍主義の方向である。このうち、個人主義の方向はふつう表現主義とよばれるが、建築においては自由な表現はあまり歓迎されないので、近代建築の主流となったのは普遍主義の方向であった（図3）。たしかに普遍主義の方向は、一九三〇年代には国際様式として認知されて、世界に波及していくことになる。したがって、近代建築をこの方向にそくして定義するならば次のようになる。近代建築とは、歴史様式の否定とともに、表面装飾の否定によって、産業社会にもっとも適合したありかたを追求するとともに、抽象美術につうじる幾何学形態にうったえる傾向である。すなわち、近代建築のもとめる合理性とは、産業社会にもっとも適合したありかたのことであり、合理主義はそれをもとめる態度にほかならない。

図１　ワーグナー《マジョリカハウス》ウィーン 1898 年

図２　ベーレンス《AEG タービン工場》ベルリン 1909 年

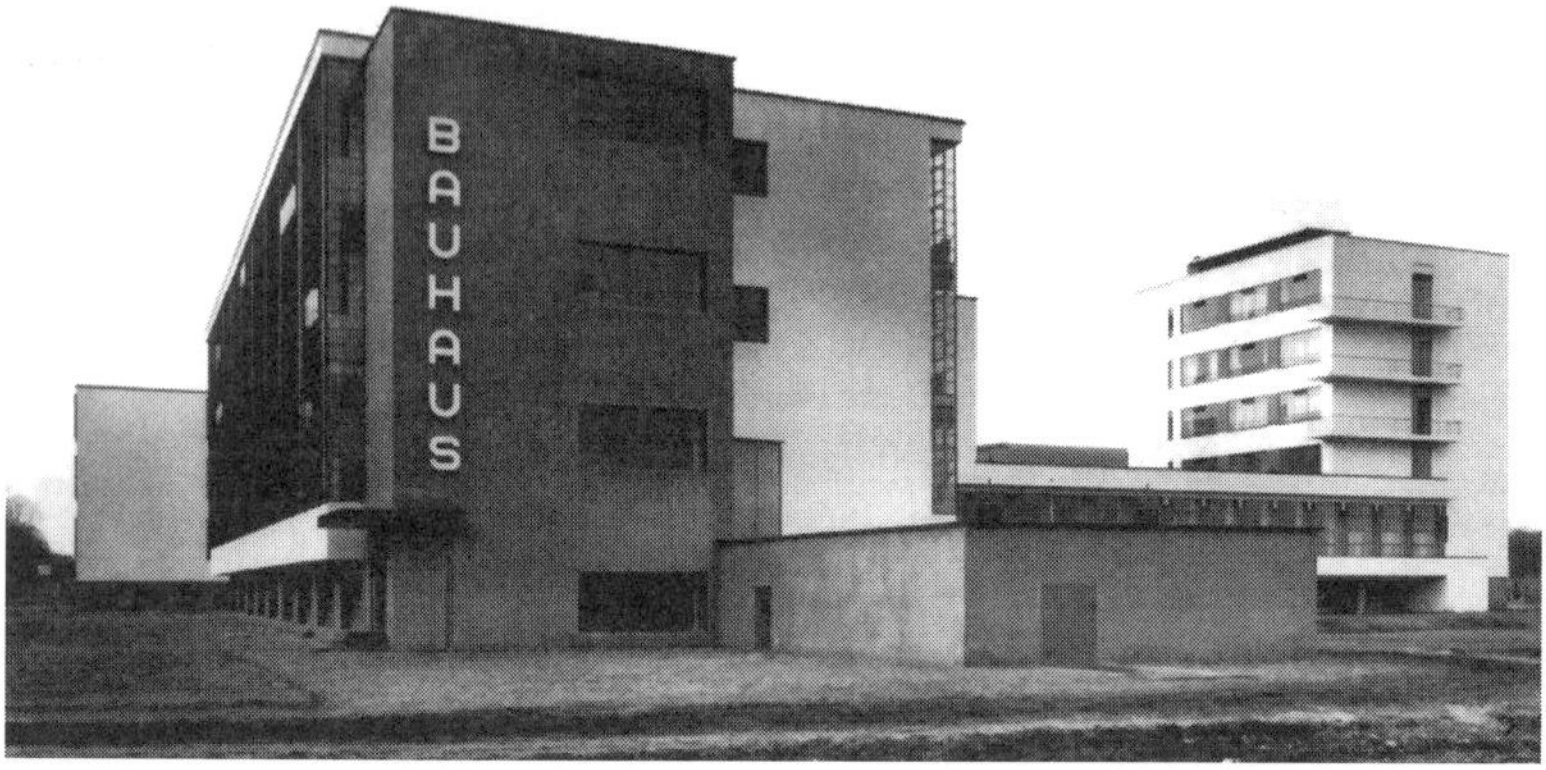

図３　グロピウス《バウハウス校舎》デッサウ 1926 年
（図版出典 : Christopher Wilk, ed. *Modernism: Designing a New World 1914-1939*. V&A Publications, 2006 p.195）

近代建築はもちろん以上の定義につきるものではなく、多くの特徴をともなうものでもある。第一に、近代建築は「理念」によって他から区別される傾向である。たとえば、虚飾によって事物の本質を見誤らせてはならないという真理志向とともに、虚飾によって贅沢を見せびらかしてはならないという倫理志向もあったし、工業化の犠牲となった大衆のために良好な生活環境をもたらそうとする改革志向もみられた。加えて、合理主義ないし機能主義もしばしば唱えられたし、普遍主義ないし国際主義もしばしば唱えられた。第二に、近代建築は「技術」によって他から区別される傾向でもある。一般にそれは工場での大量生産を前提としており、建築においても部材を現場で組み立てるプレファブリケーションが推進された。近代建築の特徴をなしてきたのは、鉄骨ないし鉄筋をもちいた枠構造によってもたらされるガラスの大きな面である。第三に、近代建築は「様式」によって他から区別される傾向でもある。たとえば、表面に装飾をもたないところや、単純な幾何学形態をとるところや、直線が優位にあるところや、非対称の構成にうったえるところや、全体として簡素なところが知られている。

3　国際様式

二〇世紀になって見出された近代建築は、一九世紀の歴史主義の克服として語られることが多い。歴史主義とは、過去の様式をよりどころとする傾向であるが、そのうちには、過去の様式を復活させる復古主義もあれば、複数の様式を組み合わせてもちいる折衷主義もあった。たしかに一九世紀のヨーロッパはすべて歴史主義に染まっていたわけではない。アーツアンドクラフツ運動にしても、アールヌーボーもしくはユーゲントシュティルにしても、新たな装飾によって新たな様式をもたらす運動であった。けれども二〇世紀の近代主義者にとって、一九世紀の歴史主義のみならず、新しい美術運動もまた工業技術の発達に見合った様式をまだ見出せていないために、克服されなければならなかった。一九一〇年代から各国で起こった近代運動は、過去の様式の克服をたしかに目指していたものの、一様式としての自覚がまだ薄かった。一九二〇年代半ばまではたしかに自由奔放な形態にうったえる表現主義の傾向もあった。けれども、近代運動どうしの国境を超えた交流のなかで、各国の取り組みの境界がなくなり、一様式としての自覚がしだいに生まれてくる。一九三〇年代あたりから、近代デザインは国際様式として知られるようになる。古典主義とおなじように、近代デザインの様式にしても、特定の時代において様式の確立をみたという点では、時代様式とみなされるが、時代を超えて繰り返されている点では、一般様式ともみなされる。

一九三二年にニューヨーク近代美術館でおこなわれた「近代建築国際展」は、国際様式の語を広めるうえで大きな役割をはたした。この展覧会は、同時に出された本『国際様式――一九二二年以降の建築』の表題にあるように、近代建築がしだいに国際様式の性格をおびてきたことを明らかにする主旨のもので、近代デザインの他の分野にたいする啓発もはらんでいた（Hitchcock and Johnson [1932] 1996＝1978）。この本の著者のヒッチコックとジョンソンによると、ライトなどの先駆者による「半近代」の建築は、伝統様式からの離脱を試みるも、個人主義の態度によって、時代に共通する様式をまだ見出すにいたっていない。これにたいして、第一次大戦後には、次世代の建築家たちが、国際様式へとむかう共通した傾向をしめすようになる。名前があがっているのは、グロピウス、アウト、ル・コルビュジエ、ミース・ファン・デル・ローエである。たしかに、近代建築がもっぱら機能の重視によって特徴づけられるのならば、様式はたんなる外観の問題にすぎず、それ自体が問題にはなりえない。けれども、著者たちによると、技術や経済といった観点からすべてを決定しつくすのは到底不可能であり、見た目など気にしない機能主義者こそむしろ、個人主義から逃れることで、「現代の一般様式の原理にしたがう」ものである（Hitchcock and Johnson [1932] 1996: 52＝1978: 47）。したがって、著者たちは、国際様式について論じるのをためらわず、一様式をなすところの三つの美的原理をみちびきだしている。第一の原理は、中身の詰まった重々しい量塊にかわって、仕切られた空間をもたらすこと。第二の原理は、以前にもまして規則正しさを徹底すること。第三の原理は、表面に付加されるような装飾をすべて排除することである。一九三〇年代、この展覧会がこのように国際様式の概念を提起したころから、近代建築において国際様式としての自覚が高まっていく。

4　日本の近代建築

日本の建築にかんして、近代建築の語はおもに二通りに理解されてきた。狭い意味での近代建築は、西洋の文脈において近代建築とみなされる建築であり、日本では一九二〇年の分離派宣言の頃から始まるのにたいして、広い意味での近代建築は、近代日本の所産として理解されるところの建築であり、幕末からみられる一連の所産をあらわす。狭い意味での近代建築は、西洋建築の模倣である洋風建築から区別されるかぎり、国際建築の意味合いをおびながら国際情勢に目を向けさせるのにたいして、広い意味での近代建築は、近代日本の所産としての洋風建築をも含めてとらえており、近代日本の歩んできた歴史に向けさせる。本稿でいう近代建築は、狭い意味での近代建築であるが、現代日本の論者たちは、広い意味での近代建築をいうことが多くなっており、その場合には、狭い意味での近代建築は、モダニズム建築として区別されている。

日本において狭い意味での近代建築が試みられるようになったのは一九二〇年代からである。たとえば、同潤会アパートはこの時代における優れた事例である。関東大震災のあとに設立された同潤会は、復興事業として、東京および横浜において一五の集合住宅を手がけたが、鉄筋コンクリートによって耐震耐火の性能を高めただけでなく、住民の生活にたいして細かな配慮のゆきとどいた計画をおこなった。日本の建築史において一九三〇年はきわめて微妙な時期である。多くの建築家がいよいよ近代建築をすすめようとしていた矢先に、民族主義の台頭によって国際様式をおおやけにすすめるのが困難になってくるからである。第二次大戦のあいだは、近代建築の新しい試みは停滞せざるをえなかった。

一九四七年に出版された浜口隆一の『ヒューマニズムの建築——日本近代建築の反省と展望』（浜口 1947）は、戦後いちはやく、狭い意味での近代建築について近代建築の語をもちいて論じた書物として注目される。浜口のいう近代建築は、あくまで、西洋の文脈において近代建築とみなされるものに相応する建築であり、次のように述べられている。「近代建築とは一九世紀の終わりから二〇世紀の初頭において、ヨーロッパで成立し、以来世界の建築を決定的にリードしつつある新しい建築の潮流である。……ヨーロッパではこの近代建築がそれ以前に対して、革命的なものとしてあらわれたものであり、同様にそれは、日本の建築家たちにとっても既に輸入されていた西洋建築に対して革命的なものとして、出現した……」(浜口 1947: 4)。近代建築として優れた作品としては、吉田鉄郎による東京中央郵便局があげられている。この書物において浜口は、戦時期の国家主義への反省をとおして、近代建築を「ヒューマニズムの建築」として特徴づけようとした。浜口によるならば、近代建築は、ほんらい、人間を超えた権威に尽くすのではなく、人間に尽くすものでなければならない。その点からして、近代建築は、大きく二つの特徴をもつ。一つに、近代建築は、「様式主義」ではなく「機能主義」をとるものであり、そもそもこの態度は、人間性を殺すものではなく、人間の生活にふさわしい機能を優先するかぎり、人間本位の態度だといえる。もう一つに、近代建築は、神殿・宮殿・劇場といった「記念建築」ではなく、工場・住宅・学校といった「下級建築」へ向かうものでもある。戦前の日本でもすでに近代建築は試されていたが、戦時中の国家主義はそれを大きく制約した。強力な権威主義のもとで、近代建築にそぐわない「日本的建築様式」がもとめられ、近代建築にそぐなわない「記念建築」がもとめられたからである。したがって、敗戦を好機として、近代建築をほんらいの発展の軌道にのせることが望ましいとされる。このように、少なくとも戦後日本の状況においては、近代建築はそれを押し通すのに十分正当な主張をはらんでいた。

5　普遍性と地域性

近代建築は、理念としては普遍性を志向するもので、一九三〇年代には国際様式として知られるところとなった。近代建築のかかげる普遍性とは、伝統と結びついた地域性の否定であり、個性と結びついた個別性の否定であり、世界中どこでも通用するものとしての主張である。そして、建築にそなわるとされる普遍性は、複数の性質から導き出されてくるものである。第一に、場所にかかわる普遍性がある。自然の地形はその場所の記憶とも結びついており、建てられるものに地域性をあたえるが、造成された平坦な土地はもはや固有の意味をうしなって場所ですらなく、建てられるものに普遍性をあたえる。第二に、素材にかかわる普遍性がある。石材にしても、木材にしても、古くから建築資材としてもちいられ、地域によって調達できる種類も異なるので、地域ごとの風土を感じさせる手がかりとなるが、鉄やコンクリートは、地域の色をあまり感じさせないので、建てられたものに普遍性をあたえる。第三に、意匠にかかわる普遍性がある。三角形の屋根は、地域の記憶と結びつきやすいが、水平な陸屋根はそうでもない。表面に付加される装飾は、地域の特徴もしくは個人の特徴をいやおうにも帯びるが、装飾のない幾何学形態はそれを感じさせにくくするので普遍性をかもしだす。第四に、機能にかかわる普遍性がある。たとえば、寒冷な土地にはそれらしい、温暖な土地にはそれらしい、気候風土にあった形態がとられるときには、機能はその土地の制約を受けているので地域性をおびるが、画一化したホテルのように、同じものがどこでも同じように通用するときには、機能はどこで使用されるかを選ばないので普遍性をもつと考えられる。

図４　丹下健三《香川県庁舎》1958 年

近代建築は、以上の要件をすべて満たしているとはかぎらないし、以上の要件をかりに満たしても、何らかの地域性をそなえることは十分ありうる。たとえば、丹下健三の一九五八年の《香川県庁舎》のように、直交する直線からなる国際様式をとりながら、古い木造建築を想起させることで日本らしさを生み出している例もある（図４）。あるいは、近代建築であっても、地域の人々に愛されていたり、地域の生活のうちに溶け込んでいたりするならば、その時点ですでに、地域性をそなえていると言えるだろう。二〇世紀の近代建築において主張されてきた普遍性は、いずれにしても、地域性との関係によって理解されるものならば、現在いわれるユニバーサルデザインは、多くの人々が困難なく使用できるデザインをいう理念であり、両者のもつ意味合いは異なる。

6　批判的地域主義

近代建築の目指してきた普遍主義は、世界中に画一化した表情のない都市をもたらし、地域の生き生きした生活文化をおびやかすという問題をもたらした。一九八〇年代から議論されるようになった「批判的地域主義」（五十嵐 1999）は、近代の普遍主義から距離をとるだけでなく、素朴な地域主義からも距離をとるもので、両面批判によって第三の道を模索する考えとして注目される。「批判的」というのは、現実批判にもとづく抵抗運動だということであり、保守傾向をもった素朴な地域主義とは一線を画すために、持ち出された言いかたである。地域主義の名のもとでの商業主義にしても、地域主義の名のもとでの民衆主義にしても、抑圧の構造をなお温存するものだという認識がそこにはある。ツォニスおよびルフェーヴルが一九八一年の論文「格子と通路」において「批判的地域主義」の語をはじめて使用したが（Tzonis and Lefaivre 1981）、フランプトンは、一九八三年の『反美学』に所収された宣言文において、この語を引き継いで、両面批判の意図をあきらかにしている（Frampton 1983＝1987）。フランプトンはまた『近代建築――批判史』の一九八五年の第二版にあたって「批判的地域主義」の章を設け、多くの実例をあげて、該当するものの特徴を整理している（Frampton 2007）。両方の文章において主要な例として紹介されているのは、ウッツォン設計による一九七六年の《バウスベア教会》である（図５）。これはデンマークのコペンハーゲン近郊にある教会で、本来

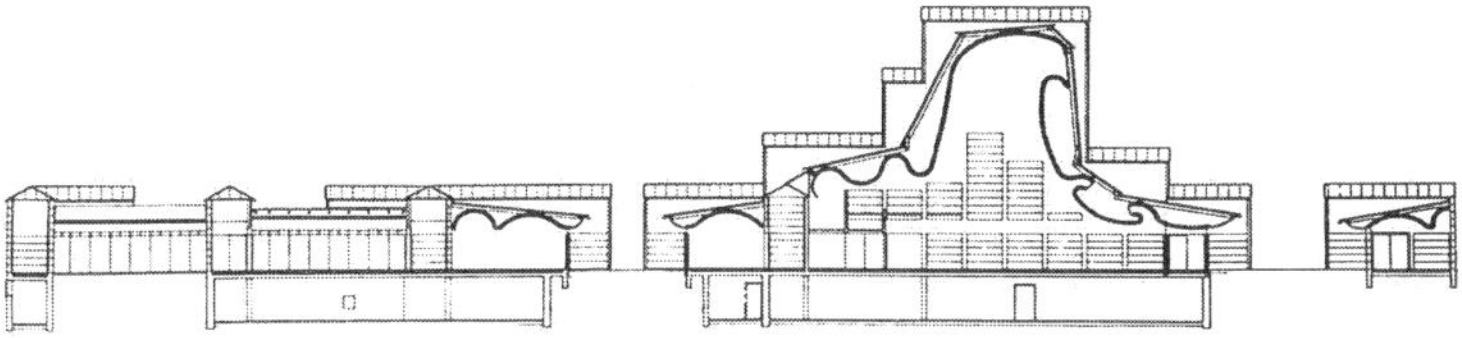

図5　ウッツォン《バウスベア教会》1976年
(図版出典：Kenneth Frampton *Modern Architecture: A Critical History*, 4th ed. Thames & Hudson, 2007)

相容れない二つの特徴をあわせもつ。外部の躯体は、標準化されたコンクリートのブロックを使用しており、普遍主義の傾向をしめしているが、内部の天井は、現場打ちのコンクリートシェルによる波打つ形態をとり、不経済でしかも東洋風ですらある。

フランプトンは『近代建築——批判史』の「批判的地域主義」の章のむすびに特徴をまとめている。「批判的地域主義」は、近代建築のかかげる普遍主義にたいして異を唱えるが、新しい技術をまったく否定するわけではない。「批判的地域主義」は、商業主義・民族主義・大衆主義のもとでの地域の主張にたいしても疑いの目を向けて、地域主義そのものを反省する。近代建築のかかげる普遍主義にたいして主張されるのは、場所に根ざした計画である。すなわちそれは、固有の地形および固有の気候から始まり、独立した物体としての建物ではなく、境界づけられた場所をかたちづくろうとする。したがってそれは、大きな計画ではなく小さな計画となる。加えて、安易な地域主義にたいして主張されるのは、触覚の重視である。というのも、視覚要素としての形態は、情報として流通しやすいので、陳腐化されて大きな力のために利用される恐れがあるが、触覚要素は、マスメディアに乗りにくいぶん、権力に抵抗する要素として期待されるからである。素材の感触だけでなく、温度や湿度や、空気の流れなど、現場でしか感じることのできない要素は、普遍にたいする特殊の抵抗のしるしであり、普遍にたいする地域の抵抗のしるしである。表層にすぎない記号の操作ではなく、建築としての実質の徹底こそが、真の地域主義につながるという考えがそこにある。

批判的地域主義は、視覚要素とおなじくらい触覚要素にも力点をおく。というのも、環境はまた視覚以外の感覚によっても体験されるからである。批判的地域主義は、相互に補完しあう知覚の働きにたいして敏感である。様々な度合いで変化する照明、高温・低温・湿度・気流などの周囲の感覚、様々な大きさの様々な素材から放たれる香りや響きの多様さ、床の仕上げによって異なる感覚や、身体の構えや身体の動きの気づかない変化といったことがあげられる。批判的地域主義は、経験にかわって情報をもちあげるメディア全盛時代の流行に反対する。

（Frampton 2007: 563＝2003: 327）

7　地方の近代

批判的地域主義の議論が一九八〇年代から起こったにしても、以前の時代にさかのぼって事例を見出すこともできる。近代建築の名作でありながら批判的地域主義の考えにも合致する事例として、愛媛県八幡浜市にある日土小学校についてみてみよう（図６）。この小学校の校舎は、松村正恒の設計によって一九五六年と一九五八年に竣工したもので、近代建築として特筆すべき特徴を有している（花田 2011）。それは、子どもが快適に生活できるように、創意あふれる合理主義が徹底されているところである。たとえば、向こう側のみえる下駄箱や、広々とした明るい階段室や、腰掛けたり作品を置いたりできる廊下や、校舎をめぐると見どころが豊富にあり、どれもが考え抜かれている。

図６　松村正恒《日土小学校》愛媛県八幡浜市 1956 /1958 年（北村徹氏撮影）

なかでも、今日まで高く評価されてきたのは、教室を廊下から引き離すことで教室の両面採光を可能とする平面計画である。竣工当時にあっては採光の必要から考え出されたが、自然光がそそぎ風のぬける空間は気持ちよい。日土小学校はまた、近代建築らしい特徴をそなえながら木造である。たとえば、水平に連続したガラス窓を実現するために、構造材の柱はすべて外壁の後ろに引っ込んでおり、金属の筋交いをもちいて耐力を確保するなど、構造の面においても創意工夫がみとめられる。

設計者の松村正恒は、日本らしさや学校らしさを演出するような意匠を避けようとした（松村 1965）。日土小学校はたしかに近代建築らしく見せかけの意匠をまとっていないし、華美にうったえるところもない。けれどもまた、日土小学校は、公共の近代建築にはめずらしく山間のかなり僻地に立地しており、小川にせり出したテラスにみるように、校舎がまわりの自然環境にひらかれている。内部のすみずみまで、光が差し込むように、風が通り抜けるように、設計されている。そのかぎりこの小学校は、場所に根ざしており、触覚にうったえる建築となっており、「批判的地域主義」の条件にもかなっている。

以上みてきた「批判的地域主義」の考えにたいしては、次のような問題が指摘されうる（五十嵐 1999）。第一に、閑散とした古い団地のように、普遍文化にすでに侵されて打ち捨てられたような場所は、引き立てるべき場所の性格をすでに失っているのではないかということ。第二に、マルチメディアの発達によって疑似体験がますます現実味をおびるならば、元来その場所でなければできなかった触覚体験もまたあまねく流通するものとなるのではないかということである。「批判的地域主義」の考えはそれでも通用するところが多いだろう。今日の建築理論の課題は、近代都市の現実をいかに受けとめて魅力ある場所につくりあげるのか、代替不可能な場所の価値をどのように見出していけばよいのか、建築ははたして普遍にたいして抵抗する特殊をもたらすことができるのか、以上の点にかかっていると思われる。

注

本稿は、拙書『近代デザインの美学』（高安 2015）の一部を再構成したものである。表題にあわせて書き加えた部分もあるが、重複している部分もある。本稿で触れられている話題について詳しくは、この書を参照していただきたい。

文献

Frampton, Kenneth 1983 "Towards a Critical Regionalism: Six Points for an Architecture of Resistance," Hal Foster ed., *The Anti-aesthetic: Essays on Postmodern Culture*, New York: New Press.（＝1987 吉岡洋訳「批判的地域主義に向けて――抵抗の建築に関する六つの考察」室井尚・吉岡洋訳『反美学――ポストモダンの諸相』勁草書房：40–64）

―――― 2007 *Modern Architecture: A Critical History*, 4th ed., London: Thames & Hudson.（＝2003 中村敏男訳『現代建築史』青土社）

浜口隆一 1947『ヒューマニズムの建築――日本近代建築の反省と展望』雄鶏社

花田佳明 2011『建築家・松村正恒ともうひとつのモダニズム』鹿島出版会

Hitchcock, Henry-Russell and Philip Johnson [1932] 1996 *The International Style*, New York: W.W. Norton.（＝1978 武澤秀一訳『インターナショナル・スタイル』鹿島出版会）

五十嵐太郎 1999「批判的地域主義再考――コンテクスチュアリズム・反前衛・リアリズム」『10+1』18: 205–16

松村正恒 1965「伝統論私見」『国際建築』32: 15–8

高安啓介 2005『近代デザインの美学』みすず書房

Tzonis, Alexander and Liane Lefaivre 1981 " The Grid and the Pathway: An Introduction to the Work of Dimitris and Susana Antonakakis," *Architecture in Greece*, 15, Athens.

第二章　戦略としてのアレゴリー
――ヴァルター・ベンヤミンのボードレール研究から

白井亜希子

1　関心の所在とテキスト

一九三三年、ついにナチスが政権を掌握すると、ヴァルター・ベンヤミンはパリへ亡命し、数年来あたためてきた『パサージュ論』構想への取り組みを本格化させてゆく。その過程で彼を強く惹きつけた人物のひとりが、シャルル・ボードレールである。

ボードレールがその抒情詩に描き出したのは、世界が広大な市場と化しつつある時代のパリであった。人々は次第に、過剰供給される最新流行の品々と進歩の観念とによって幻惑されてゆく。これにたいし、群衆と一体になって多幸感を味わうことが決してないボードレールのまなざしに、ベンヤミンは明敏なアレゴリー的志向を見出した。議論を先取りするならば、「アレゴリー的志向」とは、所与の意味連関を破壊して事物にたえずあらたな意味を見出そうとする世界認識の方法である。ベンヤミンはおそらく、このアレゴリー的志向を、彼自身が直面している世界の危機的状況を正確に把握するための、欠くべからざる武器のひとつと見なしていた。二月革命後の混乱に乗じて権力を握ったナポレオン三世の統治下にあったパリを見つめ、特異な思考を紡いだ孤高の詩人の姿に、ベンヤミンが自身の境涯をどこか重ね合わせていただろうことは想像にかたくない。

本章が目指すのは、ベンヤミンが見出したボードレールのアレゴリー的志向の本質を解明するとともに、アレゴリー的志向そのものの射程を示すことである。そのため以下では、まず、『ドイツ悲劇の根源』におけるアレゴリー論を踏まえたうえで、ボードレールのアレゴリー的志向の淵源について論じる（第1節）。続いて、ボードレールの眼に映った十九世紀パリをめぐるベンヤミンの議論を再構成し（第2節）、その閉塞状況を打開しうる鍵をベンヤミンが何に見出そうとしていたかを検討したい（第3節）。そして最後に、アレゴリー的志向が持ちうる戦略的意義を考察し、結びにかえることとする（第4節）。

なお、主たるテキストとしては、『パサージュ論』と、そこから派生したボードレール論（「ボードレールにおける第二帝政期のパリ」、「セントラルパーク」、「ボードレールにおけるいくつかのモティーフについて」）を用いる。これらは、成立までの複雑な経緯ゆえに互いにしばしば重複する表現や文章・内容を含んでいるが（三つのボードレール論の成立過程は山口（1996）に詳しい）、そのつど注記しなかったことを申し添えておく。

2　アレゴリー的志向とは何か

ベンヤミンは『ドイツ悲劇の根源』において、陰惨な戦争の連続と反宗教改革の時代であったバロック期の世界観から必然的に要請された芸術表現として、アレゴリーについて論じている。そして、その世界認識の在り方を「アレゴリー的なものの見方（allegorische Betrachtung）」または「アレゴリー的志向（allegorische Intention）」と呼び、詳細に分析している。それによれば、バロック悲劇の内実は、没落へ向かう歴史過程のはかなさと、なすすべなく滅びゆく人間の生のなぐさめのなさである。バロック悲劇の舞台上を流れる歴史的時間は、恩寵の高みへ引き上げられながら進歩してゆくのではなく、栄枯盛衰の循環から抜け出すことのない自然のリズムによって浸食されている。そして、そのような歴史的時間の虜囚たる人間は、人間以外の被造物の沈黙を聴き取り救済への橋渡しをおこなう媒介者としての役割をはたせないまま、様々な出来事に翻弄されながら死んでゆく。

ベンヤミンは、この暗澹たる世界観の基調をなす病理学的な状態に注目する。それはメランコリー、すなわち悲しみにとらわれた厭世的な沈思である。この状態におちいると、「一見ひどく目立たない事物のどれもが、それにたいする自然かつ創造的な関係が欠けているせいで、ひとつの謎めいた叡知の暗号として現出する」(Benjamin-1: 319)。バロック悲劇の登場人物たちの類型的な性格や行動（ふさぎこんだあげくの錯乱、嫉妬、怠惰、背信など）はどれも、彼らの、そして時代のメランコリーを如実に反映している。

そしてベンヤミンは、バロック期の絵画や劇作におけるアレゴリーの多用もまた、いましがた触れたような心理的傾向と関係していると見る。

> 対象がメランコリーのまなざしのもとでアレゴリー的なものとなるとき、すなわちメランコリーが対象から生を流出させ、その対象が死んだままであるにせよ永遠に保護され残るとき、対象は無条件で寓意家にゆだねられ、その前に身を横たえる。つまりそれ以後、対象には、なんらかの意義ないし意味を放射することはできない。
>
> (*ibid*.: 359)

アレゴリーという表現技法の特徴は、既存の文脈を寸断し、対象（図像や言葉、事物や出来事）からそれらが持っているると通常考えられている意味を取り去って、まったく異なる――人をたじろがせ考え込ませるような――意味を付与する点にある。たとえば、好んで示される髑髏の図像が、あるいはしばしばバロック悲劇の書割に描かれる廃墟が、人類の没落や各個人にいずれ訪れる死を意味するといった具合である。

ここで留意すべきは、ベンヤミンのいう寓意家とはアレゴリー的志向をもって世界と対峙する者のことであり、たんに芸術的効果を狙ってアレゴリーを用いる者を指すのではない、という点だ。寓意家のメランコリックなまなざしのもとでは、他の人々にとっては自明な対象の意味連関すべてが疑わしくなる。そのため寓意家は、やむなくアレゴリー的解釈をおこなうのである。ところが彼は、みずからが対象に与える意味にもけっして完全には満足しないので、偏執狂のようにあらたな意味を模索し続けることになる。

さてベンヤミンは、『パサージュ論』構想に含まれる覚書類やそこから派生する形で執筆された複数の論考において、ボードレールを十九世紀の寓意家として論じている。ベンヤミンがボードレールのアレゴリー的志向に与えた本質規定は、基本的には、『ドイツ悲劇の根源』においてバロック期の寓意家のそれに与えられていた本質規定とかなりの程度重なりあうといってよい（たとえばBenjamin-4: 414f.【J56,1】）。

しかしベンヤミンは、バロック期のアレゴリーが当時の暗く暴力的な政治的・宗教的背景と不可分であったのにたいし、ボードレールのアレゴリー的志向の淵源は、大都市パリにおけるモデルネの経験――より端的にいえば商品の経験であった、と見る。「商品の物神的性格は、バロック期にはまだ比較的発達していなかった。それに商品も、生産過程にそのスティグマを――つまり、生産者たちのプロレタリア化というスティグマを――まださほど深くは刻みつけていなかった。アレゴリー的な見方が十七世紀には様式を確立したのに、十九世紀にはもはやそうでなかったのは、こうした理由による。ボードレールは寓意家として孤立していた。彼は商品の経験をアレゴリー的な経験へ送り戻そうとしたのだった」(*ibid.*: 438【J67,2】)。――いったい、商品の経験とは、どのようなものであったのか。この問いに答えるための鍵となるのが、「無機的なものの性的魅力に屈服するフェティシズムをその真髄とする」(*ibid.*: 438【B9,1】)ところの、モードである。

ベンヤミンは「モードこそが、物神たる商品がそれにのっとって崇拝されたいと望む典礼を定める」(*ibid.*: 51)という。モードの至上命題は、いうまでもなく新しさである。モードは、生まれ出ては衰えやがて死ぬという性質を拒絶し、つねに新しくあり続けることを一切のものに要求する。ところが、逆説的にもこの新しさという価値こそ何にもましてはかないものであって、それゆえかえって、商品は見る間に時代遅れの死物と化してしまう。ここに、展開こそ複雑多様に見えるが移ろいやすいという有機的自然の本質が疎外され、無機的なものに投影されたうえ、まさにそのように移ろいやすい新しさを基準にものが商品＝物神として崇拝される、という倒錯した事態が生ずる。

他方でモード――とりわけ女性の服装のそれ――は、人間の身体にかんしても、衰えや死に抵抗しそれを嘲弄しようとする。しかし、死なない身体とはじつは屍体以外の何ものでもない(*ibid.*: 111【B1,4】参照)。また商品経済の発達は、生産者たちを、労働力以外に差し出すもののない無個性な大量の商品へ転落させる。ここに見出されるのは、無機的なものに生じたのとは真逆の転倒である。つまり、無機的なもの(商品)には自然的性質が付与されるのにたいし、命あるもの(自然)には物的性格が押し着せられるのだ。

この両プロセスの、表裏一体をなしつつの展開が、商品の経験の内実である。かくして、商品世界の輝きに眼がくらんだパリの大衆は、いわば生身の大量生産品として、広大な市場である街頭へ繰り出す。ベンヤミンは、こうした存在様態の先駆的かつ窮極的なモデルとして娼婦に着目する。いわく、「歴史的仮象の究極の集光鏡である商品は、自然そのものが商品としての性格を帯びるとき、みずからの勝利を祝う。こうした自然がまとう商品の仮象とは、娼婦のうちに体現されているそれである。……かつて――社会的には――生産力の将来をめぐる想像力によって活力を得ていた性は、いまや資本の力をめぐる想像力によって活力を得るようになった」（*ibid.*: 435f.【J65a,6】）。この指摘は非常に示唆的である。生ける商品（逆にいえば商品化された自然）たる娼婦が魅力を放つのは、実りある持続的関係を期待しうるからではない。彼女たちは、買うことができる、金次第でほしいままにできるという幻想を売るのであり、奇妙にも、純粋に商品であるから商品たりうるのだ。この意味で娼婦は、商品価値の仮構性を語る稀有なアレゴリー的存在であるといえよう。

興味ぶかいことにベンヤミンは、この時代の文士たちにも、生ける商品としての性格を看取している。新聞各紙が収益を上げるために広告と通俗的な学芸欄の役割を肥大化させた結果、ジャーナリズムの堕落を背景に、文士たちは買い手を求めて市場におもむくようになったというのである（Benjamin-5: 528-36）。ボードレールもまたそのひとりであったわけだが、ベンヤミンは、彼が売文業で身を立てる自身の立場と娼婦たちの立場とをなんら変わるところのないものと見なしていたこと、つまり、自身の労働力商品としての性格に自覚的だったことを指摘している（*ibid.*: 535f.）。

この自覚ゆえに、ボードレールが商品の経験をアレゴリー的に描き出すとき、その挙措は自傷行為的なものとなる。「商品世界の偽りの輝かしき変容に抵抗するのが、商品世界のアレゴリー的なものへの醜形化である。商品が、自分の顔を直視しようとするのだ」（Benjamin-6: 671）。商品の経験に酔う群衆との一体感を感じることができないまま、アレゴリー的志向を携えて群衆に分け入るボードレールの姿を、ベンヤミンは、突きかかってくる相手に立ち向かう剣士になぞらえている（*ibid.*: 616-8; Benjamin-5: 571-3）。

3　モデルネ、地獄の時代

さて、ベンヤミンは、ボードレールや同時代の複数の作家・画家たちが、すでに滅んだ古代都市のイメージをパリの姿に重ねて後者もいずれ消え去るであろうと考えたり、現在をやがて古代に転ずるものと想像したりしていたと述べている（*ibid.*: 584–93）。ことボードレールにかんしては、ベンヤミンは以下のように指摘する。

アレゴリー的志向が支配するところでは、慣例は一切作られえない。事物が拾い上げられたかと思うと、状況はもうアレゴリーによって退けられている。新しい型紙が製帽屋の女性にとって時代遅れになるよりも速く、状況は事物にとって古くなる。さてしかし、古くなるとは疎遠になることを意味する。憂鬱（Spleen）は、現在と今まさに生きられたばかりの瞬間とのあいだに数世紀の隔てを置く。たゆみなく《古代》を生み出すのは、この憂鬱なのだ。そして実のところ、ボードレールにおけるモデルネとは、《最新の古代》以外の何ものでもない。
（Benjamin-4: 423【J59a,4】）

唐突に「製帽屋の女性（Modistin）」が引き合いに出されるのは、モデルネ（Moderne）やモード（Mode）といった語との言葉遊びであろうか（ベンヤミンは、「腐敗、腐敗物（Moder）」や「黴が生える、朽ちる（modern）」といった語も意識していたかもしれない）。ともあれこのくだりでは、所与の意味を否定し対象に次々と新しい意味を付与するアレゴリー的志向と、新しいものからさらに新しいものへ進んでゆくモードとのあいだの共通性がほのめかされている。違いは、モードの命令に従順な人々を虜にするそのつどの最新のものも、寓意家の眼にはつねにすでに古びつつあるものと映る、ということである。

しかしベンヤミンは、モデルネについて次のようにも述べている。「《モデルネ》とは地獄の時代である。その圏域に存在する、その時その時の最新のものこそが、地獄の劫罰なのだ。……私がいいたいのは、最新であるものにおいてこそ世界の顔貌はまったく変化しないということ、つまりそうした最新のものがあらゆる点でいつも同じままであるということだ」（*ibid.*: 676【S1,5】）。一瞬ごとに現在が過去に転ずるという意味でモデルネが最新の古代であるといえるならば、そのモデルネが、最新のものがつねに同一であるような時代だというのは、一見、矛盾した物言いのようにも思われよう。

この問題を整理するための参照項として役立つのが、ベンヤミンに少なからぬ影響を与えたと思われる、ルイ・オーギュスト・ブランキの『天体による永遠』である。その内容は、以下のように要約できる。まず、宇宙は空間的・時間的に無限であるのに元素は百にも満たず、各天体は滅びてはよみがえる無限循環のうちにある。これにより、宇宙は無限の空間的・時間的拡がりを有限数の原型の無限な複製によって満たしているのだという仮説が成り立つ。具体的には、宇宙にはわれわれと瓜二つの人々が住む膨大な数の星が存在していて（それらの星々の誕生や死のタイミングは様々である）、それぞれの星が一秒ごとに分岐する選択肢のあれこれを選びながら有限数の運命のいずれかをたどり、生成消滅を繰り返していると考えられる（Blanqui [1872] 2012）。そうとすると、ある任意の星における現在は一秒前にはどこか他の星々の現在だったのだし、一秒後にはまた別の星々の現在となるのであり、どの星の現在も永遠にどこかの星の現在であり続けることになる。そこにあるのは、無限の差異を含んで系列をなす、永遠の、かつ複数形の現在である。しかも宇宙の筋書きには有限数のヴァリエーションしかないとされるのであってみれば、ブランキの議論からは、歴史の進歩という観念を完全に否定する結論しか導出されえない。

それではあらためて、ベンヤミンのいう「最新のものがあらゆる点でいつも同じままである」という事態について考えてみよう。問題は、商品の新しさにのみ執着する者もアレゴリー的志向を持つ者も、ひとつひとつの経験や事物に備わっている（と信じられてきた）かけがえのなさに、なんの価値も見出さなくなるということである。どちらの立場からも、最新のものはそれがなんであれ、変わらず「最新のもの」あるいは「一瞬後には古びているだろうもの」としか見なされない。もっといえば、どちらの立場も、むしろそれらのあいだにある新しさの程度の差異しか見ていない。

こうした議論をふまえてはじめて、以下の覚書の意味も明確に了解されうる。

マルクスによれば、商品が得々と語る「形而上学的屁理屈」の最たるものは、価格決定についての屁理屈である。一体どのようにして商品に価格がつけられるかは、その製造過程でも、後になって市場に出てからも、決して完全には見当がつかない。アレゴリー的な在り方をしている対象も、これとまったく同じ状態にある。寓意家の沈思が対象をどの意味のもとへ送り出すかは、そうした対象にとって思いも及ばぬことである。しかし対象が一度そうした意味を得たならば、つねに、意味は別の意味と交換で対象から取り去られる可能性がある。諸々の意味のモードは、商品価格が変動するのと同じくらい速く変転する。実際、商品の意味とは価格である。商品は、商品であるという以外の意味を持たない。……うわべは価格という形で安らぎを得ているかに見える商品の魂のうちでは、地獄の苦しみが猛り狂っている。（Benjamin-4.: 466【J80,2/J80a,1】）

アレゴリー的志向によって捉えられた対象と商品は、個別性・一回性を奪い取られ、ひとしなみに比較・交換可能なものとして扱われたうえ、意味や連関をあたかもそれが本来持っていたかのように読み込まれる点で――実際には、一方的に付与されるのである――、たしかに共通している。アレゴリーの意味がその根拠をアレゴリーそのもののうちには持たないのと同様、商品価格の根拠も、商品そのもののうちには存在しない。

すでに見たとおり、アレゴリー的志向とモードには秘かな共通性があった。しかもこのように、寓意家の営為と「価格決定についての屁理屈」は構造的に酷似している。商品経済の見せる夢からボードレールがアレゴリー的志向ゆえに醒めていた、と考えるのは、こうした点から見ても、誤りである。ベンヤミンは、ボードレールやブランキの永遠回帰説的時代観を肯定するどころか、逆に、永遠回帰という表象は進歩信仰と相補的な「平板な合理主義」であるとして、厳しく批判しているのである（*ibid*.: 178【D10a,5】）。スーザン・バック＝モースは、ベンヤミンはバロック期のアレゴリーを否定的に見ており、ボードレールのアレゴリー的志向にかんしてもある程度批判的だという見解を示している（Buck-Morss 1991）。これは、バロック期のアレゴリーもボードレールのアレゴリーもそれ自体としては越え出ることのできない限界のうちにとどまっているとベンヤミンが認識していた、という意味では正しい。ボードレールは、バロック期の寓意家たち同様、みずからの救いのない世界観のうちに囚われている。ボードレールの姿は大衆の夢が裏を返せば悪夢となりうることをアレゴリー的に示しているが、彼のアレゴリー的志向は直接に大衆の夢の意味を解き明かしはしないし、彼を悪夢から解放することもない。

ベンヤミンが、ボードレールを論じたどの著作においても例外なく、しかも繰り返し、ボードレールと娼婦の関係や彼の性的不能に言及する意味も、こうした文脈において理解されねばならない。飛躍的に生産力が増し物質的に豊かになりつつあるかに見えた時代と場所にあって、そのじついかに真の生産（的想像）力が衰えつつあったかを、この詩人の姿はアレゴリー的に示しているのだ。ベンヤミンは以下のように述べている。

不能について。十九世紀半ば頃、市民階級は自分たちが解き放った（verbunden＝分娩させた）生産力の将来にかかずらうのをやめてしまう。……十九世紀半ば頃の享楽的ブルジョワに非常に典型的な性向である《悠々閑々》がこうした想像力の衰えと密接に結びついていること、つまり《自分たちの手で諸々の生産力がどのように展開されるべきだったか、まったく知らずにすむ》という安楽さと一体であることは、疑いをいれない。子どもを授かるという夢も、その子どもたちがいつの日かきっとそれに根ざして生きるはずの、あるいは将来そのために闘うはずの新しいものの道理をめぐる夢に貫かれていないなら、貧弱な刺激剤である。（Benjamin-4: 431f.【J63a,1】）

社会的不能とでも呼ぶべき状態、すなわち生産力の将来をめぐる思考の停止状態におちいると、そこに残るのは弛緩した心地よさのみである。さもなければせいぜい、生ける商品である娼婦への、刹那的欲望ばかりであろう。それでは、新しいものを追い求めながら真に新しいものを産みだすことのできない閉塞状況を打開するためには、何が必要なのか。

4　万物照応から静止状態の弁証法へ

前節の最後に掲げた問いにたいする答えの一端は、一九三五年段階での『パサージュ論』の梗概「パリ――十九世紀の首都」における、以下の記述に見出すことができる。

あらたな生産手段の形態もはじめはなお旧来の生産手段の形態に支配されている（マルクス）が、これは、集団的意識においては、古いものが新しいものに浸透しているような諸々の形象に対応している。こうした形象こそは願望の形象であり、そのなかで集団は、社会的生産物の未熟さや社会的生産秩序の欠陥を止揚し、輝かしく変容させようとする。くわえてこのような願望の形象には、時代遅れなもの――つまり、ごく最近過ぎ去ったばかりのもの――にたいして劃然と距離をおきたがる、際立った傾向がある。この傾向が、新しいものに突き動かされている諸形象の想像力を、太古の昔へと遡行させる。どの時代にとっても次の時代は夢のなかで諸々の形象の形をとって登場するが、こうした夢のなかでは、次の時代は原史の諸要素、つまり階級なき社会の諸要素と夫婦となって姿をあらわす。集団の無意識のうちに貯蔵庫を持つ階級なき社会の経験が新しいものと融合し、ユートピアを生み出すのである。（*ibid*.: 46f.）

ガラスや鉄骨を用いた壮麗な建築物や、博覧会場の最先端の展示物、陳列窓を彩る豊富な品々は、大衆がそれらを今日の自分たちの快適な生活のためにのみ必要とするなら、ただ濫費され、時代遅れになっていくだけである。その場合、「社会的生産物の未熟さや社会的生産秩序の欠陥を止揚し、輝かしく変容させようとする」のはたんなる虚偽意識でしかない。しかし、そうした新しいものの数々がより良い未来への大衆の希望をかきたて、将来世代にとっての世界はこうであってほしいという願望が「社会的生産物の未熟さや社会的生産秩序の欠陥を止揚し、輝かしく変容させようとする」ときには、事情は変わる。まったく新しい未知のものを思い描こうとすれば、人は、既知の、しかしつい最近古くなったものではない何かを手がかりとするしかない。それゆえ、こうした想像力は、集団的無意識のうちにしまいこまれた記憶の古層へ向かう。

したがって、さきの問いへのベンヤミンの答えは、以下のように定式化できる。つまり、より良き未来についての想像力が安楽な生活のなかで衰えるのでなく、新しいものの刺激によって活気づけられ、知っていたはずであるのに忘れられているものと結びついてそれを汲みつくしたとき、はじめて、ユートピアという子が宿されるのである。「パサージュ、すなわち、胚が母胎内で動物たちの生をもう一度生きるのと同様、われわれがそのなかで夢見ながらわれわれの両親や祖父母たちの生をもう一度生きる建築物」（*ibid.*: 161f.【D2a,1】）といった表現にも、こうしたベンヤミンの発想の特徴がよくあらわれている。

そうとなれば次なる問題は、無意識のうちに保管されている記憶にいかにすれば接近しうるのかである。ボードレールにかかわる文脈にかぎって見るならば、ベンヤミンは、この点をめぐり万物照応（corespondences）の概念に着目している。彼によれば、万物照応はアレゴリー的想像力の所産と並ぶボードレール作品の源泉である（*ibid.*: 348【J24,3】）。ベンヤミンは、万物照応を以下のように説明する。「万物照応とは、想起（Eingedenken）の諸データである。つまりそれは、歴史のデータではなく前史のデータである。祝祭の日々を盛大で意義深いものとするのは、前世の生との邂逅なのだ。……過ぎ去ったものは照応しあいつぶやきあう。そして、そうした照応におけるカノンである経験は、前世の生に存する」（Benjamin-7: 639f.）。万物照応の感得とは、森羅万象の時空を超えた交響を全感覚で受け止めるということである。そこで出会われる前世の生は私のそれではなく世界のそれ、すなわち、ありえただろう別様の世界の生であって、それゆえ、正史として選別され固定化されたこの世界の狭隘な歴史的過去よりも、はるかに広い裾野を持つ。

ベンヤミンによれば、ボードレールの文学は、ショックから身を護るための反射的挙措が常態化した時代の経験に立脚している。たとえば、ジャーナリズムが細切れの新奇な情報を提供し続け、街路には互いに無関心で行き過ぎれば二度とめぐり会うこともないだろう群衆があふれ、工場では熟練の機会を奪われた労働者たちがひたすら機械装置を操作している――そんな時代の経験に、である（*ibid.*: 607-37）。ベンヤミンは、目前にあるものとの一瞬の交感すら困難にするこうした経験が、ボードレールのアレゴリー的志向を尖鋭化させると同時に、万物照応への強い憧憬を彼の胸に呼び覚ましたのだと見る。しかしボードレールにとって、万物照応の経験は畢竟、とりかえしのつかない仕方で不可能となりつつあるものでしかなかった（*ibid.*: 637-53）。

パリへの亡命と同じ年に執筆された小論、「類似しているものの理論」と「模倣の能力について」は、ボードレールへの言及こそないが、まさにこの万物照応の感得を可能にする能力を論じている。それらによると、類似を生み出す模倣の能力が衰退したため、現在の人間は、かつて知られていた魔術的な万物照応をわずかにしか受け継いでいない。しかしベンヤミンは、占星術師が星々から星座を、さらに星座から未来やめぐりあわせを読み取るように、電光石火の非感性的類似とその結びつきの意味とを読み取る模倣の能力は、失われたのではなく、言語という媒質のうちに保存されているという（Benjamin-2, -3）。

この結論は、ベンヤミンが『パサージュ論』執筆にあたって自身に課した哲学的歴史叙述の方法、「静止状態の弁証法」が、万物照応の感得ときわめて近いものだったろうことに気づかせてくれる。ベンヤミンは、静止状態の弁証法に以下の定義を与えている。

諸々の形象が歴史の索引を備えているというのは、それらが特定の時代に属しているというだけの話ではなく、なにより、それらはある特定の時代においてはじめて解読可能になるということなのである。しかも、そのように《解読可能》になるということは、それらの形象の内部における運動が、特定の決定的段階にいたったということである。どの現在も、その現在と共時的に存在するそれぞれの形象によって規定されている。すなわち、どの今も、ある特定の認識可能性の今なのだ。この今において、はちきれんばかりの時間が真理に満ち満ちる。……過去がその光を現在に投げかけるのでも、現在が過去にその光を投げかけるのでもない。形象とは、まさにそのうちにおいて在りしものが今と閃くように寄り集い、ひとつの星座を形づくるところのものである。換言すれば、それは静止状態の弁証法である。(Benjamin-4: 578.【N3,1】)

たしかにここでは、万物照応という語は用いられていない。しかし、本節はじめの引用に含まれる内容のうち、過去と新しいもの(今)が結ばれて子をなすという部分の発想が、ここでは、ひとつの星座を形づくるというイメージのもとで語りなおされている。そして、そのように星座を形づくりその意味を読み取る能力はさきにあげたふたつの小論では模倣の能力と呼ばれ、万物照応を感得する能力とされているのである。したがって、ボードレールが断念するしかなかった経験を、ベンヤミン自身は『パサージュ論』構想への取り組みのなかで獲得すべく模索していたのだとする解釈は、十分可能であろう。

5　戦略としてのアレゴリー

さて、前節までに見たとおり、アレゴリー的志向の持ち主であるボードレールは、バロック期の寓意家と同様、没落の運命という観念が空転する永遠回帰的世界観に終始閉じ込められており、万物照応への憧憬も、出口のない状況から彼を救い出すにはいたらなかった。また、彼のアレゴリー的志向がモードの倒錯的傾向や商品価格の擬制と相通ずる特性を備えていることも、すでに論及したとおりである。それでは、アレゴリー的志向とは結局、なんの生産的な戦略的意義も持ちえない不毛な露悪主義にすぎないのであろうか。

もちろん、そうではない。ベンヤミンは、『ドイツ悲劇の根源』の最終盤において、以下のように主張していた。

ゴルゴダの丘の絶望的紛糾状態は、この時代の幾千もの銅版画や描写からアレゴリー的図像の図式として読みとられるように、あらゆる人間存在の荒廃についての比喩像であるだけではない。移ろいやすさがそうした紛糾状態のうちに意味され、アレゴリー的に表現されているというよりもむしろ、移ろいやすさ自体がアレゴリーとしての意味を持ち、差し出されているのだ。つまり、復活のアレゴリーとしてである。（Benjamin-1: 405f.）

荒涼たるゴルゴダの丘に立つ十字架が復活を意味しうるように、バロック期のアレゴリー的志向によって捉えられた世界と生のなぐさめのなさもまた、それをひとつのアレゴリーと捉えるまなざしによって媒介されたとき、積極的な意味を持ちうる。つまり、アレゴリー的志向の所産はそれ自体で完結するものではなく、時機が熟し、それを読解可能なだれかがあらわれてはじめて、ひょっとすると寓意家本人も予期していなかったような、あるいは明確には意識してはいなかったような、あらたな意味を持つことができるのだ。

『パサージュ論』のある覚書のなかで、ベンヤミンは、みずからに言い聞かせるようにこう述べている。「この仕事を後押ししているのは、没落の時代など存在しないというパトスである。悲劇論のなかで十七世紀をそう見ようと苦心したのと同様、十九世紀を終始一貫して積極的に見ようと試みること」(Benjamin-4: 571【N1,6】)。ベンヤミンは、彼が生きた危機の時代においてはじめて、十七世紀および十九世紀の寓意家たちが遺した「形象の内部における運動が、特定の決定的段階にいたった」という信念のもと、先行する寓意家たちの仕事に積極的な意味を見出そうとしたのである。ブルクハルト・リントナーは、ベンヤミン自身の姿勢にアレゴリー的志向を見出しつつも、彼はアレゴリー的比喩使用と哲学的叙述の関係をおもてだった仕方では主題化しなかったと述べている(Lindner 2000)。しかし、ベンヤミンはその関係を自身の叙述において遂行的に示した。彼にとっては、その関係について論じることより、対象についてそれをアレゴリーとして読むという仕方で叙述することのほうが、はるかに重要だったのである。

対象に固着している所与の意味を否定し、一見無関係と思われる出来事や事物を結び合わせてあらたな意味を生じさせる力は、人間に固有の生産(的想像)力である。「いかなる否定も、生き生きしたもの、積極的なものの輪郭を浮かび上がらせる背景としてのみその価値を持つ」(Benjamin-4: 573【N1a,3】)。ボードレールのアレゴリー的志向の帰趨のように、それ自体としては失敗に終わったかに思われるもの、誤りや時代遅れであるかに思われるものも、ただそれを否定するのではなく、そのうちに深く眠る積極的要素を——それも、自分たちの役に立てるためだけにでなく、未来の世代に受け渡す実りをえるために——見出そうとする眼には、復活のアレゴリーとなりえよう。戦略としてのアレゴリーは、一切をその多義性・両義性において捉えることで、優劣や正誤の判定によっては切り捨てられてしまう事柄からも潜在的可能性を受け戻す。商品を商品たらしめているのはたしかに一種の擬制であるが、それを支えているのもまた、世界に散乱している事物のあいだに有意味な関係を見出そうとする想像力のはたらきではないのか。時代が上演するファンタスマゴリーに魅せられ、大衆はいつしかその共演者となる。そして、その現状認識や自己認識はおうおうにして矛盾を孕み、その選択はしばしば先入見や無根拠な楽観主義によって左右される。しかし、そこによりよい未来への希望が少しも息づいていないなどということが、はたしてありえようか。――ベンヤミンがアレゴリーとして提示したモデルネにおける商品の体験から、そしてベンヤミンのアレゴリー的志向から、彼の意図をも超えて積極的な意味を読み取るべき「認識可能性の今」を、われわれは手にしている。

文献

［　］内は成立年を示す。ベンヤミンの著作からの引用にさいしては、筆者が割り当てた番号の表記をもって、成立年および使用した版の刊行年とタイトルの表記に代えた。また『パサージュ論』に収められた覚書については、ベンヤミン自身によって付された分類番号を原典ページと併記した。

Benjamin, Walter 1 = [1925] 1991 “Ursprung des deutschen Trauerspiels,” *Gesammelte Schriften*, Rolf Tiedemann und Hermann Schweppenhäuser（hrsg.）, Frankfurt a. M.: Suhrkamp, 1（1）, 203–430.（=1999 浅井健次郎訳『ドイツ悲劇の根源（上・下）』ちくま学芸文庫）

―――― 2 = [1933] 1991 “Lehre vom Ähnlichen,” *Gesammelte Schriften*, 2（1）, 204–10.（=2010 浅井健次郎訳「類似しているものの理論」浅井健次郎編訳『ベンヤミン・コレクション5――思考のスペクトル』ちくま学芸文庫: 148–58）

―――― 3 = [1933] 1991 “Über das mimetische Vermögen,” *Gesammelte Schriften*, 2（1）, 210–13.（=1999 内村博信訳「模倣の能力について」浅井健次郎編訳『ベンヤミン・コレクション2――エッセイの思想』ちくま学芸文庫: 76–81）

―――― 4 = [1927–40] 1991 “Das Passagen-Werk,” *Gesammelte Schriften*, 5（1–2）.（=2003 今村仁司・三島憲一ほか訳『パサージュ論（全5巻）』岩波現代文庫）

―――― 5 = [1938] 1991 “Das Paris des Second Empire bei Baudelaire,” *Gesammelte Schriften*, 1（2）, 511–604.（=2007 久保哲司訳「ボードレールにおける第二帝政期のパリ」）浅井健次郎編訳『ベンヤミン・コレクション4――批評の瞬間』ちくま学芸文庫: 170–336）

―――― 6 = [1939] 1991 “Zentralpark,” *Gesammelte Schriften*, 1（2）, 655–90.（=1997「セントラルパーク」浅井健次郎編訳・久保

哲司訳『ベンヤミン・コレクション1――近代の意味』ちくま学芸文庫：357–415）

―――7＝[1939] 1991 "Über einige Motive bei Baudelaire," *Gesammelte Schriften*, 1（2）, 605–53.（＝1997「ボードレールにおけるいくつかのモティーフについて」浅井健次郎編訳・久保哲司訳『ベンヤミン・コレクション1――近代の意味』ちくま学芸文庫：417–88）

Blanqui, Lois Auguste [1872] 2012 *L'Éternité par les asters*, Bruxelles: Les Impressions nouvelles.（＝2012 浜本正文訳『天体による永遠』岩波文庫）

Buck-Morss, Susan 1991 *The Dialectics of Seeing: Walter Benjamin and the Arcades Project*, Cambridge/ London: The MIT Press.（＝2014　高井宏子訳『ベンヤミンとパサージュ論――見ることの弁証法』勁草書房）

Lindner, Burkhardt 2000 "Allegorie," Michael Opitz und Erdmut Wizisla（hrsg.）, *Benjamins Begriffe*, Frankfurt a. M.: Suhrkamp, 1, 50–94.

山口裕之 1996「古典古代と近代の相互浸透――ベンヤミンの『ボードレール論』第二部としての『ボードレールにおける第二帝政期のパリ』」『大阪市立大学文学部紀要人文研究』48（13）：109–54

第三章　シャルル・フーリエにおける旅行記的イメージの利用

福島知己

1　テクストの可能性

私がシャルル・フーリエ『愛の新世界』の翻訳を刊行したのは二〇〇六年八月のことだったが、縁があって二〇一三年十一月にその改訂版を上梓することができた（Fourier [1817?] 1967 = 2006 = 2013）。改訂版というのは、初版を「限定版」と銘打っていたために違約を回避したい版元の要請による苦肉の策でもあったが、その機会に初版に数多く残っていた校正の誤り（註番号の打ち誤りが訳者の責任であればの話だが）を正せたのは僥倖であったし、そして増補によって現在刊行されているどの言語の『愛の新世界』にも欠落しているテクストをごくわずかとはいえ草稿マイクロフィルムをもとに翻刻できたことはいっそうおおきな喜びであった。

もともと『愛の新世界』というのは一九六七年から一九七二年にかけて刊行されたフーリエ著作集の第七巻として一九六七年にはじめて公刊されたものであって、編纂者であるシモーヌ・ドゥブーが一九六〇年頃からおこなった草稿研究の主要な成果であった。この点は訳書の解説でも述べたから詳述しないが、要点のみ繰り返しておく。弟子たちによって保管されていたフーリエの草稿が、フーリエ主義運動の崩壊後曲折を経てパリの高等師範学校内の研究機関である社会問題資料センターに寄贈された。しかし第二次世界大戦中に草稿の疎開が試みられ、そして疎開先と目されたヴァンセンヌの文書収蔵庫で一九四四年に大火災が発生した。このとき草稿がすべて焼失したと信じられたが、のちに別の保管庫から発見され、パリ四区の国立古文書館に移管された。これを奇貨として本格的な草稿研究が開始されたのである。

フーリエの草稿が二〇世紀前半にはパリの高等師範学校図書室に保管されていたと述べた。ところでヴァルター・ベンヤミンは一九三五年末頃から社会研究所（いわゆるフランクフルト学派）パリ支部の研究助手の職にあり（Jay 1973＝1975: 291）、そしてこのパリ支部の事務は高等師範学校の社会問題資料センターが執り行っていた(1)。もちろんベンヤミンがどれくらい草稿のことを知っていたかは別に検討されるべき課題である。いずれにせよベンヤミンはいわゆるパサージュ論のためのノートのある箇所でフーリエについて次のように書いている。「爆発によるファランステールの伝播というフーリエの考えにかんしては、私の『政治』にかんする二つの考え方と比較することができる。一つは、集団の技術的器官の神経伝播としての革命の考え（月を捉えようと努力するなかでものをつかむことを学ぶ子どもと比較せよ）であり、もう一つは『自然目的論の破砕』の考えである」（Benjamin [1927–1940] 1983＝2003: v. 4, 154）。また、一九八九年にはじめて印刷された『複製技術時代の芸術作品』第二稿のめだたない註のなかではこう書いている。「ところで、何かをつかむことを学ぶ子どもがボールにも月にも手を伸ばすように、いまや集団の神経を隅々まで働かせようと試みる人類は、手近な目標をめざすだけでなく、さしあたってはユートピアと見える目標をも、視野に収めるものである」（Benjamin [1936] 1989: 360＝1994: 112）。よく似た二つの指摘を比較するところからはじめたい。いったいベンヤミンにとって、子供は月に手を伸ばそうとする努力のうちでものを掴むことを学ぶのか、それとももものを掴む努力のうちで月に手を伸ばすことを学ぶのだろうか。

ただし本章はこの問いに解答するものではない。代わりによく似た別の問いを提出したい。すなわち私は、フーリエを理解しようという努力のうちでひとつのテクストの校訂をおこなうのか、それとも校訂の努力のうちでフーリエを理解するのかを知りたいのである。これも訳者解説の文章と部分的に重なるが、説明のため必要なかぎりでくり返しておく。

草稿の再発見の知らせを聞いて一群の研究者たちがその解読に着手したことにはすでに言及した。エミール・プラ、ジョナサン・ビーチャーらと並んでその輪にいたのがシモーヌ・ドゥブーである。一九六〇年代になって、かつて弟子たちによって刊行されたフーリエ著作集を約一世紀ぶりに再刊しようとする企図が現実化したとき、ドゥブーはたんなるファクシミリ版にとどまらず、新発見資料を公刊すべきだという考えのもとで、著作集の一巻を自身が校訂した未発表草稿の公表に充てた。「愛の新世界」というのは宇宙創成論等とともにこのとき公表された草稿の一部をなしており、フーリエが一八一七年前後に執筆したと推定されるテクストの一部をまとめたものである。今日『愛の新世界』という名前で一般に参照されているテクストはこのドゥブー校訂版であるが、今しがた述べたようにさまざまなテクストが継ぎ接ぎされたものである。少なくともフーリエ自身がこれらの草稿全体に与えたタイトルではなく、われわれが『愛の新世界』と聞いたときに思い浮かべるものが実体としてあるわけではない。社会史風に言えば、『愛の新世界』は一九六〇年代に発明されたものだと言うこともできよう。

前述のようにドゥブーはエミール・プラによって先鞭をつけられた草稿研究に邁進するなかで『愛の新世界』を構成するテクストとめぐりあったわけだが、けっして行き当たりばったり調べていたわけではなく、ひとつの当てがあった。彼女はアンドレ・ブルトンの影響を受け、とりわけフーリエの宇宙創成論や恋愛（性愛）理論に関心が深かった。ブルトンはアメリカ滞在時にフーリエの著作集を読んで興味をもち、一九四七年に「シャルル・フーリエに捧げるオード」という頌詩を書いた。一九五〇年の『黒いユーモア選集』ではアナロジー論や宇宙創成論などフーリエのいくつかの文章を引用しつつ、草稿の「焼失」を嘆いている。ところで、フーリエの弟子たちによって「猥褻」と評され秘匿された草稿があるという話をブルトンがもともと聞き知ったのは、シュルレアリスト仲間のピエール・ナヴィルを通じてであった。ナヴィルはといえば十九世紀末頃に協同組合社会主義を唱導したシャルル・ジッドから教えられた。そして秘匿された草稿の研究の必要性にはすでに一九二六年にモーリス・ランザックが博士論文『フーリエの方法論的社会的概念』で言及していた。ドゥブーはブルトンに心酔していたから、草稿の再発見を知って当然のように秘匿されたテクストの研究を志したのである。したがって、さきほど述べたことにニュアンスを加えるなら、「性関係に関するフーリエの議論」の探究が二〇世紀に入ってから模索されていたが、それが一九六〇年代にひとつの、独特な形をなしたということになる。

校訂の意義は一義的には原本に忠実にテクストを確定することであるが、それにとどまらず、テクストが産出されてから現在に至るまでにまとわりついた意味を明らかにすることも必要である。ドゥブーが『愛の新世界』を発見するまでの経緯はたんなるエピソードにとどまらず、テクストそれ自体の読解の地平と限界を画定する重要な出来事でもあった。制約を明るみに出すことがテクストの可能性を押し開くことに繋がるのである。

加えて言えば、テクストそのものが歴史の刻印を帯びていることにも目を向ける必要がある。テクストがどのような可能性の場で産出されたかを探り、テクストの歴史性をその産出過程から理解することが読解の可能性そのものを広げるであろう。

ところで、テクストの可能性とか読解の可能性と口にした瞬間にわれわれは別の問いに直面せざるをえない。実際、二重の意味で歴史性を明らかにすることは、テクストを歴史性のなかに縛りつけ動けなくする作業でしかないともいえるからである。あの時この場所で書かれたとか影響関係を指摘すれば、解釈が尽きているかのようである。(2) しかしながら、テクストから読み取るべきものは時代の刻印だけだろうか。それは必要で重要な手続きであるが、そうだとしても、刻印以上のものが見出されたときわれわれは何事かを言いえたと考えるのではないだろうか。結局のところ、歴史性を明らかにする目的は、テクストがもっている新しさを、理論的な実質をもった仕方で伝えるためであろう。
すでに結論めいた話を先取りしているが、本章の主旨はそのことを『愛の新世界』改訂版刊行にさいして私自身が翻刻したフーリエのひとつの文章に即して実践することである。それはテクストにたいしてひとつずつ註釈を加えていく作業に似ているが、そのような積み重ねはおなじひとつの関心から発するものなのである。

2　旅行記のイメージ

まず本章が検討する文章を掲げよう。つぎに引用する文章は、一見すると、旅行と交通の世紀たる十八世紀に生じた異世界への興味と空間的比較に対する関心をフーリエが依然として引きずっている例のように見えるが、そうだとしても、それに尽きるものではないのではないだろうか。

そもそも、よい情念とわるい情念をどうやって区別すればよいのか。道徳論者や立法家がつくった数かぎりない理論体系をみてみれば、われわれのあいだで放逐の憂き目をみているどんな情念でも擁護できるし、社会的にうまく用いる可能性があるということが分かるだろう。立法家オーディンやウィツィロポチトリなら敵の頭蓋の血を飲み、無辜の民を拷問で延々痛めつけるという嗜好を美徳とするだろう。この二人の道徳がスカンジナビアとメキシコの広大な帝国を支配していた。つぎに中国の道徳論者たちは、ほかならぬわれわれが褒めそやしている彼らの賢明なる法制度を盾にとって、ぺてん、子殺し、瀆聖を美徳と見なしている。さらに中国では、商人が売り物の目方をごまかしたり、あつかましい嘘をついたり、父親が実の子を豚に食わせたり厩肥に置き去りにしたり、願い事を叶えてくれないときに市民が神を泥のなかに引きずりまわしたりといった真似がまかり通っているのだ。ほかにも自殺や人食いが道徳あつかいされている民族がどれほどあることだろうか。その証拠にアフリカの民族であるアンズィク族はたいへん自殺に耽っている。アンズィク人は自殺する前に患部となっている自分の四肢を特定の親族や友人に遺贈するので、死後になるとそれぞれが故人の腰肉や背肉をもらいにやって来る。そこで屠殺人が遺言者の遺贈にあわせて肉を公平に配分するのである。アンズィク人は自殺した父や兄弟や友人を優しく食するという慣習を、徳の小径としている。食人ということからその精髄を引き出すすべを心得ていたわけで、彼らこそまことの食人の完成手なのである。先述の道徳についてまたとない裁き手ではないだろうか。未開人のもとでは国民的美徳とされている父殺しについては……だろうか[(3)]。美しき古代を想起し、徳の権威者たるソクラテス、ソロン、リュクルゴス、アゲシラオス、エパメイノンデス、プルタルコス等に言及しておこう。だれもが男子同性愛を讃美し、まことの徳の小径としている。これら後世に崇められる哲学者たちによれば、ラップランドやコーカサスの道徳論者たちなら姦通にも近親相姦にも賛成するだろうとのことである。コーカサス人であれば、もっと律儀なよそ者に妻を差しだすことこそ美徳と考えるというのである。この点、われらの哲学者たちはこうした道徳を説きながらそれを実践しようとはしないが、ラップ人は道徳を実践し、妻を他人に供するのが兄弟愛であると述べている。ラップ人は実際に妻を差しだすのである。肉欲、愛の狂宴、女と男の共有こそ自然道徳へといたる道だということなどいまさら言うまでもない。タヒチ島をみれば、自然がこの真理を言明しているのは一目瞭然である。かつていかなる習俗もタヒチ人におけるほど自然的だったためしはなかった。タヒチ人は原初の孤立のなかで生活し、かつていかなる民族との接触によっても汚染されなかった。タヒチ人とはまさに単純自然の人間であり、自然が社会と道徳にもたらす息吹の反響なのである。したがって、自然は、自由恋愛を有徳とする。(Fourier [1817?] 2013: 545–6)(4)

ここでフーリエは、悪性の情念を一時的にでも抑制すべきだという道徳的な意見に反対して、情念のよい悪いがその属する社会に応じて異なっていることを指摘している。そして姦通が善である社会をいくつか例示したあとで、タヒチ人の「自由恋愛」の例を挙げ、それが最も自然であると言明している。

要約すればそのとおりなのだが、それにしても回りくどい説明ではないだろうか。姦通を議論する前に長々と披瀝される諸民族の例は何を意図しているだろうか。北欧神オーディンやアステカ神話のウィツィロポチトリの残虐性が議論にどのように関係しているだろうか。中国人の「ぺてん、子殺し、瀆聖」やアンズィク族の食人慣習になぜわざわざ言及するのだろうか。古代ギリシア・ローマの哲人たちが男子同性愛を讃美していることと「姦通」や「近親相姦」の容認とのあいだにどのような論理的繋がりがあるだろうか。それは異世界への興味をやたら爆発させた混乱した文章にすぎないだろうか。

しかしながら本質がこの長広舌にあるとしたらどうだろうか。まだ言い尽くしていないと感じるからこそ、もはや話すことがなくなるまで弁舌を振るうのではないだろうか。われわれの考える論理性にそれが従っているかにこだわるのは簡単だが、むしろそれをフーリエの脳裏に凝縮して表れた一連のイメージと考えて、その繋がりを明らかにすることのほうがはるかに大事ではないだろうか。

さしあたりフーリエが同じ例を何度か採りあげていることを指摘しておこう(5)。オーディンは『愛の新世界』の別のところでサドと比較され、「オーディンは集合残虐行為の宗教体系をつくり、サドはその道徳体系をつくった」(Fourier [1817?] 1967: 391＝2013: 458) と述べられている。中国人の慣習はたびたび槍玉に挙げられており、フーリエの最初の著書である『四運動の理論』(一八〇八年) にほぼ同様の言及がある。「中国はごまかしが適法であり名誉あるものとされている唯一の国である。そこではどんな商人も売り物の目方をごまかしてよいし、そのほか野蛮人のあいだでさえ罰せられるような詐欺を行ってよい。……中国人は神々を公然と軽んずる唯一の国民である。彼らは望むものを得られないとき、神の像を泥のなかにひきずりまわす。これはまた嬰児殺しを最高度に到らしめた民族である。周知のように、中国の貧乏人は実の子を厩肥に置き去りにし、生きたまま豚に食わせる」(Fourier [1808] 1966: 86–7＝1970: 上109–10)。アンズィク族は現在コンゴ族の北隣に居住するテケ族の旧称らしいが、この逸話は『四運動の理論』刊行以前に書かれた「理性の迷妄」と題する文章でも言及されている。「人食いを美徳とする人々もいる。アフリカの民族であるアンズィク人は兄弟愛によって共食いをする。兄弟愛によって、というのは、彼らは食べられることに同意しているからである。人生に飽きた、屠殺人に殺してもらおうと思う、ついては腎臓を友人誰某に、腰肉を誰某に遺贈するので、食べていただきたい、と友人たちに告げるとき、アンズィク人は博愛と美徳を実践していると信じているのだ。同じく彼は自分でも父親や場合によっては兄弟や子供を存分に食べたのである」(Fourier [1806] 1968: 614)。ラップ人の慣習については『愛の新世界』にほぼ同様の記述がある。「スパルタ人は周知のように、有徳な市民にたいしては要望があればだれにでも妻を貸しだしていた。ラップ人などの未開人は妻をよそ者に差しだしている。タヒチ人も同じことをしていた」(Fourier [1817?] 1967: 82＝2013: 99)。

これらの「旅行記」的な知識はどのようにして手に入れられたものだろうか。フーリエの「源泉」について研究者たちがおこなった研究はいくつかの例外を除いて捗々しい成果をあげておらず、[6] 彼がどのような読書をおこなったかについてわれわれが知ることのできることは限られている。青年期の読書がどのようになされたかも分かっていないし、長じてからおこなった読書についても、さかんに公共の読書室を利用して新聞や雑誌から知識を仕入れたということのほかに確実に言えることは少ない。それが「知的なブリコラージュ」（Beecher 1986: 68–9 = 2001: 67）であったと言うことは可能だが、それ以上の洞察を得られるわけではない。

直接にはなにも分からないとしても、なんらかの手がかりを得られないだろうか。そのためにまず、サド侯爵が一七九九年から一八〇一年にかけて出版した（Cf. Sade 1998: 1362）『ジュリエット物語あるいは悪徳の栄え』にもラップ人について同様の記述があることを指摘したい。そこでは次のように述べられている。「ラップランド、タタール、アメリカでは妻をよそ者と姦淫させるのが名誉あることなのだ」（Sade [1799–1801] 1998: 242）。プレイヤッド版全集を校訂したミシェル・ドロンによれば、サドの知識の源泉のひとつはジャン＝ニコラ・デムニエ（一七五一～一八一四年）が編纂した『さまざまな民族の慣用・慣習の精髄』と題する三巻本（一七七六年）であり、サドはデムニエの本を所持し、著作中で縦横に利用している（Delon 1988）。実際、デムニエは「礼を尽くすために妻や娘を差し出すという慣用はたいへん広く採用されている」と指摘し、ブラジル、スキタイ、タタール等の例を挙げている（ただしラップランドは含まれていない）（Démeunier 1776: t. 2, 287）。

デムニエは膨大な量の書物の抜粋をもとにして革命直前期にパリで民族誌や経済論の著作を著し、革命後に公職に就いた人物であり、ロバート・ダーントン（Darnton 1982 = 1994）が「どぶ川のルソー」の名前で一括する三文文士たちの一員と言ってよい。[7] 翻訳や有名文献の切り貼りによって書物を量産した彼らの著作がほぼ独創性を欠いていたとしても、むしろそれだけに、その社会的影響力には侮れないものがあった。デムニエの著作そのものの刊行年とフーリエが「愛の新世界」の草稿を書いていた一八一〇年代後半とはおよそ四〇年の開きがあるし、いずれにせよサドが読んだのと同じ本をフーリエが読んだか定かでないが、ひとつの指標として比較にあたいするであろう。

十八世紀から十九世紀はじめにかけてフランスでは旅行記への関心が高まったが、そのきっかけのひとつはモンテスキューの書物だった。デムニエの著書の題名もまた『法の精神』から想を得たものだし、著作中でもモンテスキューに言及がある（Démeunier 1776: t. 1, xi）。またクックの旅行記（デムニエはクックの旅行記の翻訳も手がけていた）が論じるようなタヒチ島の性慣習は非常な驚きだったし、半ば常套句に近いほど言及された。中国についても、フーリエが誰をあてこすっているのかはともかく、すでにCohen（1986）やFesta（1992）など多くの論者によって指摘されているように、十八世紀にはヴォルテールからルソーに至るまで数多くの著者たちが、イエズス会宣教師たちが作成した報告書をもとにして議論していた。デムニエも次のように書いている。「北京の路上では毎朝大勢の子供が見つかる。大半は死んでいるか、獣の餌になっている。……死骸は夜明けに荷車で運び去られ、穴に投げ込まれ、土もかけられず放置される」（Démeunier 1776: t. 1, 275）。

アンズィク族についてはどうだろうか。デムニエはこう書いている。「数々の著者およびその主張が重要でないとはいえピガフェッタを信用するなら、アンズィク族は公然と、ヨーロッパで牛肉が売られているごとく、人肉を販売している。彼らは奴隷が十分に肥えていると判断したときにその奴隷を殺すこともしているという」（Démeunier 1776: t. 1, 19–20）。ピガフェッタとはイタリア人探検家のフィリッポ・ピガフェッタ（一五三三〜一六〇四年）のことで、彼がポルトガル人オドアルド・ローペツの報告をもとにまとめた『コンゴ王国記』は、まず一五九一年にローマでイタリア語で、一五九七年までに英語、ドイツ語、ラテン語の翻訳が出版され(8)、十六世紀末から十七世紀に到るまでコンゴ王国周辺に関する最も権威ある著作とされた。

『コンゴ王国記』には次のように書かれている。「まことに驚くべき話であるが、彼ら〔アンズィク族――引用者註〕のなかで生きるのに飽きた者がおのれの寛大な精神の証をたてようとして、またおのれの勇気ある心を示そうとして、進んで自分を肉屋へ引き渡したり、命を蔑視しおのれを死にさらすことがたいへん名誉あることと思いこんでいるため、家来が自分の忠誠心を不動のものとするため君主の食用に自分の身体を提供することがある。……友人や家臣や肉親まで食べてしまうというのは、このアンズィク族の国家のほかには類例を見ない」(Pigafetta 1591＝1984: 387)。

『コンゴ王国記』の記述は文字どおり信じられるものではなく、同著を邦訳した河島英昭が指摘しているように「虚実を取り混ぜて造りあげた一種の文学作品」と見なすほかないが、デムニエの文章を見る限りでは、十八世紀末にはすでにある程度眉唾物とされていたようである。しかしその点をあげつらうのではなく、ここではフーリエのアンズィク族についての知識が『コンゴ王国記』のはるかな反響と見て間違いなさそうだということを確認できれば十分であろう。直接『コンゴ王国記』を参照したかはともかく、要約や引用、また聞きを含め、(おそらくデムニエ以外の)なんらかの仕方でアンズィク族の食人慣習(とされるもの)をフーリエは知り、興味を覚えたであろう。

3　均衡遺言のシステム

ところで、アンズィク族のこの逸話がとりわけ注目にあたいするのは、それが遺言に基づく人肉の配分という点で『愛の新世界』の別のところで述べられている「均衡遺言」のシステムと、細かな違いがあっても、形式的に同一の構造を備えているようだからである。フーリエがよくやるやり方だが、このシステムは架空の実例の提示によって説明されているので、以下に引用してみたい。

全情念女アルテミスは一二〇〇万の富をもち、彼女の〔情念の〕交代についての記録によれば、しばしば八つの情念を同時にかきたてる。この結果、八〇歳のとき、彼女は八〇〇回の交替を経て、彼女の情念管理に服する約四〇の渦巻でおよそ一二〇〇人の男と六〇〇人の女を愛したことになる。……アルテミスは遺言でその一二〇〇万のうち三〇〇万を、多婚愛の発現期間中に得た男女の〔彼女の〕恋人たちに遺贈する。……このようにして富裕なアルテミスから一八〇〇人がわずかずつ遺贈を受けるのである。今日なら六人ほどの悪辣な相続人たちが、彼女を墓へ押しやっていながら、その巨額の財産を食いものにするだろう。調和世界では恋愛なりほかの枢要情念なりのおかげで、この財産が細分され、一群の相続人たちに遺贈されるのである。（Fourier [1817?] 1967: 280–1＝2013: 330）

全情念男イルスはびた一文も資産をもっていないが、八〇歳のとき、恋愛において多婚をいとなんでいたということのみのおかげで、すでに受けとったものとこれから受けとる予定のものあわせて一〇〇〇人に及ぼうかというほどの、大勢からの遺贈を受けるだろう。前述のように、富裕のまま死んでいくすべての人々が、多婚愛発現期間中に恋人だった者たちへいくらかずつ財産を残すからである。（Fourier [1817?] 1967: 281–2＝2013: 331）

富裕なアルテミスの遺産は法律に従って認められた範囲で相続されるのではなく、彼女自身が一生のなかで縁のあった相手にたいする感謝を形にするためおこなう遺贈によって配分される。調和世界では豊かな人間関係が育まれるので、必然的に感謝を捧げる相手も多くなり、そのぶん遺贈する人数も増える。一方、イルスは生涯貧乏で過ごしたが、晩年になって、それまで縁のあった相手からそれぞれ遺贈を受けとることになり、たちまち億万長者になり、遺贈してくれた相手にあらためて熱狂的な感謝を捧げる。フーリエはこのとき形成される感謝の念を「幻想」という言い方で呼んでいるが、そのように他者から到来した幻想を通じて人々が結びつき、「おおきな家族」（Fourier [1817?] 1967＝2013: 333）がうまれる。「均衡遺言」と呼ばれるこの相続方法によって、調和世界では、財産の不平等を前提としつつ、たんなる博愛的な慈善ではけっして生じないような、人々の熱狂的な結合が生じるというのである。(9)

一見すると均衡遺言とアンズィク族の食人行為のあいだにはなんのかかわりもないように見えるが、実際のところ、なんらかの縁のあった相手に自分のもちものを差し出すという点では変わりないのではないだろうか。違いは遺贈されるものが、生涯に蓄積した富であるか、それとも当人の身体そのものであるかというだけである。

両者を互いに響きあうものとして考えるとき、フーリエがなぜ旅行記的記述をあのように列挙していたのか納得できるように思える。あたかも残虐行為であるかのようなアンズィク族の食人は、死を前にして自分の肉を遺す相手を選ぶというやり方で、自分と受贈者との、また受贈者同士の共同性の現出に関与している。男子同性愛、姦通、タヒチ人の自由恋愛のイメージは、多婚によって開かれる世界をそれぞれ垣間見せている。破廉恥極まりなくみえる多婚の奨励は、数多くの元恋人たちへの遺贈を実現させ、受贈者の感謝の念を掻き立てて同様に共同性を現出させるのである。旅行記的記述を直接ないし間接に摂取する過程で形成されたさまざまなイメージが重ね合わさり、諸種の観念と響きあい、影響を受けながら融合して、フーリエのなかでひとつの像を結んだのではないだろうか。

この考察の結論として私はつぎの二つのことを強調したい。第一に、共同性を現出させる行為である遺贈はどうやら暴力性の裏返しとして表現されているようだということである。フーリエがオーディンやウィツィロポチトリの残虐性から話をはじめているのはたんなる偶然ではなくて、アンズィク族の食人慣習がまさしくおぞましいものだということと響きあっているが、それにもかかわらずフーリエが着目しているのは食人慣習が共同性の現出に役立つ「徳の小径」であるということである。

調和世界で実現される均衡遺言は、文明世界の相続において陰に陽に現れる戦争状態とは正反対のものである。文明世界の相続は「人間を人間全体との戦争状態に置き、おのおのの家族をほかのすべての家族のひそかな敵にする」(Fourier [1817?] 1967＝2013: 333)。

ところで、均衡遺言は一生のなかで経験した情念の発露をもとにして、その総計で財産の総額を分割している。とすれば、分割されているのは財産だけではなく、その人の人生そのものであるとも言えないだろうか。もっと言えば、ここでおこなわれているのはたんなる財の贈与ではなく、自己自身を分割し、分有すべきものとして捧げているということではないだろうか。個人が情念の束として見られているというばかりか、時間の要素が加味され、一生に経験した「恋愛交替」(Fourier [1817?] 1967＝2013: 335) に沿って分割されるのである。もはや個人が単位ではなくなり、その時々に発露した情念に沿って切り刻まれ、分け与えられている。しかしそれは主体に加えられた暴力ではなく、むしろその対蹠なのである。

私はもう一つの論点として、均衡遺言がフーリエ自身によって「自由恋愛の非常な実用性」(Fourier [1817?] 1967＝2013: 331) の実例として挙げられているとはいっても、恋愛の時期と均衡遺言の成就とのあいだには懸隔があることを指摘したい。それはタイムラグというだけではない。遺言であるということによってすでに明示されているとはいえ、アンズィク族の肉の遺贈との比較によってなおさら強く印象づけられるのは、均衡遺言のシステムが死と直接に関係しているということである。アルテミスが生涯のなかで多くの男女を愛したとしても、死を前にした彼女がかつての恋人たちに抱く情念はもはや恋愛ではなく、恋愛の「思い出」(Fourier [1817?] 1967＝2013: 330) をもとにした

「友情」なのである。したがって、ここで論じられているのは恋愛による共同体ではない。ドゥブー版『愛の新世界』の冒頭で（ただし、フーリエによって『愛の新世界』と名づけられたわけではないテクストにおいて）「恋愛に匹敵する情念などほかにあるだろうか」と問いかけられ、「恋の陶酔のうちで、人は天に昇り、神と合一する」（Fourier [1817?] 1967＝2013: 14）と述べられているとしても、フーリエが描いているのは、合一の神話（すでに完成している）というよりも、統一への意思の際限ない反復なのである。このような共同体をナンシー（Nancy 1999＝2001）にならって「社会的、経済的、制度的な営みの解体」としての「無為の共同体」と呼ぶかはともかく、いずれにせよそれは明確な範囲のある実体ではなく、むしろそのつど現れる不定形のものと考えるべきであろう。成就された共同体ではなく、解放の瞬間が、共同性への解放がくりかえし描かれているのである。

冒頭で引用した文章は、ドゥブー校訂版では「立法家オーディンは……」以降「ラップ人は実際に妻を差しだすのである。」まで省略されているのだが、以上の検討を踏まえていえば、省略すべきではなさそうに思える。同じ論点のように見えても、それを不要な繰り返しとしてではなく、フーリエの関心を執拗に惹く妄執的な観念として、たえず立ち戻る根源的な発想の源として解釈することが大切なのである。校訂をおこなう意義はこの点に存する。そのとき根源とは新しさの謂いなのである。

注

（1）レーモン・アロンの回想（Aron 1983＝1999: 第1巻, 89–90）によれば社会問題資料センターが社会研究所パリ支部の事務を引き受けたのは、センター長のセレスタン・ブグレの周旋による。アロンはそのときセンター助手を務めていた。この回想によれば、社会問題資料センターの主要任務のひとつがフーリエ主義文献の管理であった。

（2）Rancière（1992）は、アナール学派の歴史学を批判する文脈で、歴史の任務を対象の時間と場所を特定することに限定したとたん、対象の存在可能性の条件の問題が対象の存在の問題そのものと取り違えられてしまうと指摘している。

（3）二語読み取れない。

（4）原文をFourier 2013: 612–3に収録した。なお、本章の冒頭で指摘したことに関連して言えば、この文章はフーリエによって「愛の新世界」を構成するものとして書かれたものではない。「先説　道徳哲学を見限るべきであることについて」という題名を与えられたテクストの一部であり、「愛の新世界」とおなじく一八一七年頃に書かれたと推定されるものである。両者の関連については今後の検討課題である。

（5）以下の文章は『愛の新世界』の註ですでに示したものを含むが、行論の必要上繰り返す。

（6）ユベール・ブルジャンによる研究（Bourgin 1905）は古典的であり微に入り細を穿っているが、おもに社会科学文献との比較にもとづいて調査をおこなっており（しかも、ほとんど影響関係はない、というのが結論である）、イメージの獲得について参考になることは少ない。青年期を過ごしたリヨンの知的雰囲気や出張販売員として旅行に明け暮れていた時代の見聞（Beecher 1986: 93–7＝2001: 88–92）が大きな影響をもっていたという見解は一考にあたいするが、ほとんどの場合一般論にとどまる。フーリエの旅行記的イメージの研究の数少ない成果のひとつとしてWilson（2001）を参照。

（7）デムニエの閲歴はBeuchot（1854）やRoman d'Amat（1965）を参照。Lemay（1970）はファン・ヘネップやレヴィ＝ストロースの見解に従い、デムニエをフランスの社会人類学の先駆者として再評価している。

（8）フランス語訳は十九世紀後半まで出版された形跡がない。フランスで十八世紀までに出版された書籍の総合目録（Arbour 1977–1985; Conlon 1970–1975; Conlon 1983–）を確認しても、同書を見つけることができなかった。

（9）本章とは観点が異なるが、大塚（1990）は均衡遺言論を中心に『愛の新世界』の経済学的意義をわかりやすくまとめている。

文献

訳は既訳によらない場合がある。

Arbour, Roméo 1977–1985 *L'ère baroque en France: répertoire chronologique des éditions de textes littéraires*, 5 v., Genève: Droz.

Aron, Raymond 1983 *Mémoires: 50 ans de réflexion politique*, Paris: Juliard.（=1999 三保元訳『レーモン・アロン回想録』全2巻：みすず書房）

Beecher, Jonathan 1986 *Charles Fourier: The Visionary and His World*, Berkeley: University of California Press.（=2001 福島知己訳『シャルル・フーリエ伝――幻視者とその世界』作品社）

Benjamin, Walter [1927–1940] 1983 *Das Passagen-Werk*, Frankfurt a. M.: Suhrkamp.（=2003 今村仁司他訳『パサージュ論』全5巻：岩波書店）

――― [1936] 1989 "Das Kunstwerk im Zeitalter seiner technischen Reproduzierbarkeit: Zweite Fassung," *Gesammelte Schriften*, Rolf Tiedemann und Hermann Schweppenhäuser（hrsg.）, Frankfurt a. M.: Suhrkamp, 7（1）, 350–384.（=1994 野村修訳「複製技術の時代における芸術作品（第二稿）」『ボードレール他五篇』岩波書店）

Beuchot, A. 1854 "Desmeunier, ou Démeunier（Jean-Nicolas）," Joseph-François Michaud éd., *Biographie universelle ancienne et moderne*, Nouvelle édition, Paris: Desplaces et Michaud, 10: 525–6.

Bourgin, Hubert 1905 *Fourier. Contribution à l'étude du socialisme français*, Paris: Société nouvelle de librairie et d'édition.

Cohen, Huguette 1986 "Diderot and the Image of China in Eighteenth-Century France," *Studies on Voltaire and the Eighteenth Century*, 242: 219–32.

Conlon, Pierre M. 1970–1975 *Prélude au siècle des lumières en France*, 6 v., Genève: Droz.

――― 1983– *Le siècle des lumières*, multivolume, Genève: Droz.

Darnton, Robert 1982 *The Literary Underground of the Old Regime*, Cambridge, Mass.: Harvard University Press.（=1994 関根素子・二宮宏之訳『革命前夜の地下出版』岩波書店）

Delon, Michel 1988 "La copie sadienne," *Littérature*, 69: 87–99.

Démeunier, Jean-Nicolas 1776 *L'esprit des usages et des coutumes des différens peuples*, 3 v., A Londres, et se trouve à Paris: Pissot.

Festa, Georges 1992 "L'orient d'Eden: Sade et la Chine," *Revue d'histoire littéraire de la France*, 92（5）: 819–27.

Fourier, Charles [1808] 1966 "Théorie des quatre mouvements," *Œuvres complètes de Charles Fourier*, Paris: Editions Anthropos,

1.（=1970 巖谷國士訳『四運動の理論 上・下』現代思潮社）

——— [1817?] 1967 “Le nouveau monde amoureux,” *Œuvres complètes de Charles Fourier*, Paris: Editions Anthropos, 7.（=2006 福島知己訳『愛の新世界』作品社）（=2013 福島知己訳『増補新版　愛の新世界』作品社）

——— [1806] 1968 “Egarement de la raison,” *Œuvres complètes de Charles Fourier*, Paris: Editions Anthropos, 12: 587–682.

Jay, Martin 1973 *The Dialectical Imagination: A History of the Frankfurt School and the Institute of Social Research: 1923–1950*, Boston: Little Brown.（=1975 荒川幾男訳『弁証法的想像力――フランクフルト学派と社会研究所の歴史　一九二三―一九五〇』みすず書房）

Lemay, Edna 1970 “Naissance de l'anthropologie sociale en France: Jean-Nicolas Démeunier et l'étude des usages et coutumes au XVIIIe siècle,” *Dix-huitième siècle*, 2: 147–60.

Nancy, Jean-Luc 1999 *La communauté désœuvrée*, Paris: Christian Bourgois.（=2001 西谷修・安原伸一朗訳『無為の共同体――哲学を問い直す分有の思考』以文社）

Pigafetta, Filippo 1591 *Relatione del Reame di Congo et delle circonvicine contrade*, tratta dalli scritti & ragionamenti di Odoardo Lopez portoghese, Roma: Grassi.（=1984 河島英昭訳「コンゴ王国記」『大航海時代叢書』岩波書店：第２期１）

Rancière, Jacques 1992 *Les mots de l'histoire: essai de poétique du savoir*, Paris: Seuil.

Roman d'Amat, Jean-Charles 1965 “Démeunier（Jean-Nicolas）,” Roman d'Amat et Roger Limouzin-Lamothe éd., Dictionnaire de bibliographie française, Paris: Letouzey, 10: 987–8.

Sade [1799–1801] 1998 “Histoire de Juliette,” *Œuvres*, édition établie par Michel Delon, avec la collaboration de Jean Deprun, Paris: Gallimard, 3.

Wilson, Bee 2001 “La vraie Mme Strogonoff: une identification,” *Cahiers Charles Fourier*, 12: 25–33.

大塚昇三 1990「シャルル・フーリエの『愛の新世界』と資産配分」『経済学研究』（北海道大学）39（4）：108–23

第四章　『儒教と道教』における神義論問題のゆくえ
――現世の不公正に対する儒教的応答にヴェーバーは何を見たか

荒川敏彦

1　不信仰の理由としての「不公正」な社会

貧、病、争、空しさは、信仰をもつきっかけとしてよくあげられる要素である。しかし貧病争などはこの世の不公正さの現れでもあり、信仰をもたない契機にもなりうる。マックス・ヴェーバーによれば、一九〇六年にドイツの労働者を対象としたアンケート調査で不信仰（Unglauben）――神の観念を受け入れられない――の理由が尋ねられたとき、神は自然科学的に証明できないからという理由は少数で、多くの人が、現世の不完全性さが神の摂理と折り合えないこと、つまり現世の不公正さ（Ungerechtigkeit）をあげたという（宗教 315＝178, 序論 95＝49）[(1)(2)]。

この自分が、なぜ、このような不条理な苦難を味わわねばならないのか。それまで自明だった世界像が問いただされたとき、神義論的な応答が求められる。十八世紀のリスボン大地震（一七五五年十一月一日）が、ヴォルテールやルソー、カントら啓蒙思想家たちを神義論問題へとつき動かしたことはよく知られていよう。

自然災害にはじまり、不慮の事故、事件、公害、差別、中傷、貧困、病、死、紛争、大量虐殺など、いわれなき苦難は絶えることがない。目を転じれば、倫理的に善とは思えない振るまいで我が世の栄華を誇っている例も無数にあり、現実世界の不公正さは覆い隠しようもない。神義論とは、この不公正の認知を機に生じた神的存在への疑いに対し、神的存在ないしその世界像を弁護すること、すなわち、危機に瀕した世界像を有意味で統一的なものとして再正当化し、それによって世界と一人一人の生を意味づけ、秩序を再生させようとする知的苦闘の産物といえる。

神義論によって世界像が（再）確立されたなら、その論理は、受け取る人によってさまざまに屈折しながらも、広汎な人びとの生き方を方向づけるだろう（Berger 1967: 54＝1979: 80）。逆に確立に失敗した場合、職業に没頭する、異教に改宗する、現状の秩序を根底から覆そうとするなど、何らかの転換が目指されうる。ヴェーバーは先の調査結果について、労働者たちが現世の不公正さをもって不信仰の理由としたのは、彼らが「革命」による平均化の実現を信じていたからだと解釈している（序論 95＝49）。それは、資本の論理の前で不公正を説明する説得的な神義論を宗教者が提示できなかったことの一つの帰結であった。

もちろん神義論が成功しても、現実の不公正が正されるとは限らない。むしろ不公正が固定、強化されることは十分ありうる。たとえば業と輪廻の神義論は、現世での忍従を来世への希望として提示することで、上位カーストに都合のいい鉄の殻（Gehäuse）の構築に寄与したのだった（荒川 2007）。

2　神義論問題の辺境としての『儒教と道教』へ

神義論問題の場は、信仰の破棄にも、逆に信仰の強化にもなりうる境界線上にある。それは生き方＝生活態度（Lebensführung）の方向を左右する転轍手となるだろう。ヴェーバーは『プロテスタンティズムの倫理と資本主義の精神』（以下『倫理』と略記）で、人びとを駆り立てていく神義論の作りだすエートスに注目した。神意を人知の領域から切り離した予定説――現世の不公正は説明されえないという仕方で神義論的問い自体を解消してしまった――のもとで、信徒が救済の証をもとめて世俗での生活を規律化し、近代資本主義に適合的な生活態度を形成していった過程が論じられたのである。

この『倫理』を皮切りに、ヴェーバーは世界宗教を対象とする比較宗教社会学を展開していった。その際、広汎な人びとをつき動かすエネルギーを潜在させた神義論の問題は、重要な比較軸の一つとされた。とくに、第二イザヤの代理贖罪の思想、カルヴァン派が強調した予定説、仏教などの業と輪廻の教説が知られているだろう。それに対し、儒教の神義論問題はいわば神義論問題の辺境に置かれてきたといってよい。これについては、儒教はキリスト教的な唯一神を想定していないから、神への疑念に対する弁護など生じないとする見方もあるだろう。だがそれでは、ヴェーバーが「神」を持ち出さずに解決する輪廻説を「最も合理的」な神義論としたことの説明がつかない。

おそらく儒教や道教における神義論問題を考えるうえでは、神に代えて鬼神や天の観念を考えるのが妥当だろう。たとえば古くは『詩経』に「我は何の罪を天に負うて、かくも天から罰せられるのであろうか」と詠まれ（詩経 171）、また『史記』「列伝」の冒頭「伯夷叔斉伝」に――孔子の見解に異を唱えて――「天道なるものも、はたして正しいものなのかどうか」とあるように（史記 12）、義人の苦難を前に天への疑念が表明されていた。これは神義論的問いに他ならない。だがヴェーバーは、儒教の神義論問題を「合理的」とは呼ばなかった。それはなぜだろう。

それを考えるに当たり、ヴェーバーが「合理的」とした神義論を、理念型的な問題索出装置としてみよう。この装置を用いて『儒教と道教』におけるわずかな神義論問題の記述を検討するなら、これまで見えなかった社会批判の可能性が見えてくるのではないだろうか。

予め主要な要素をあげておけば、業と輪廻の教説は（1）自己の魂に焦点化して（2）前世や来世を設定した神義論であり、予定説は（3）神と人とを截然と区別して、（4）（人間には非合理に見える）神の決定を受け入れる神義論である。以下では、適宜これらの要素と比較しながら、『儒教と道教』における神義論問題について検討していくことにする。

3　現世主義的な応報説――天譴論とその周辺

禍福の原因を説明する分かりやすい論理の一つは、善行は幸福を、悪行は不幸を招くという応報説である。業と輪廻の神義論も応報説の一形態であり、現世の禍福を前世の業と結びつけることで「最も合理的」な神義論を作りだした。そこでは、輪廻するのは自己の魂であって、自らの業の果実を自ら得る論理（自業自得）が貫徹されている。では儒教はどうであったか。まずはこの応報説から考えてみよう。

3－1　現世主義的な応報説と身分倫理の結合

『易経』で「善を積んだ家ではかならず福が子孫に及ぶ。不善を積んだ家ではかならず災いが子孫に及ぶ」といわれ（易 71）、『尚書』（書経）にも「天道は善なるものに幸いし過ちあるものに禍する」（尚書 572）とあるように、孔子以前から、現世主義的な応報思想は伝統であった。(3) それを受け継いで、儒教において応報説は現世主義的に展開する。(4) ヴェーバーも、「社会倫理的有能という意味での『善行』に霊が報いるということは、遅くとも漢代以来、読書人の不動の信念であった」（儒教 318＝218）ことなど、現世主義的な応報説にくり返し言及している。

だが、応報説が読書人にとって不動の信念でありえたことは、考えてみれば、それほど自明なことではない。というのも、前世からの因縁という論理を用いない現世主義的な応報説の場合は、自らが知り得る範囲での善悪の応報は解釈できるが、身に覚えのない苦難、善因善果とは限らない不公正な現実については説明できないからである。もちろん『荀子』（性悪篇）のように、天は自然的なものであり、天は天の法則で、人は人の法則でそれぞれ動くとして、天と人を切り離し（天人分離）、道徳や礼儀を聖人のつくった作為であるとすれば、天の不公正は問われなくなる。(5) これは神を人知の外に置いた予定説の神義論に接近するであろう。ヴェーバーも荀子に言及はするが、孟子の性善説に対抗した荀子は正統儒教とはみなされず、思想の広範な社会的影響に照準するヴェーバーの考察では脇に置かれている（儒教 363＝277）。

こうして依然として現世主義的応報説の困難は未解決のまま残される。しかし読書人は現世での応報を信じ（ることができ）た。それを支える論理は何であったのか。ヴェーバーは、善人の受苦の理由とされた「神の意志は変わりやすい」「天道は移ろい易く、理性だけがわれわれを助ける」という見方をあげている（儒教 363＝277; 368＝281）。また司馬遷について、自身が宮刑に処せられるという不幸をいかに自助克服したのかと問い、知（Wissen）——古典文献的な知識——が終極語彙となった点に、儒教の特殊性を見出した（儒教 367＝280）。つまり儒教の応報説の背後には、天道に救いを求める思想よりも、古典的知識に精通することで君子としての自己完成に努め、それをもって「善行」とする考えがあるとヴェーバーは見たのである。

ここでヴェーバーが、教養人と大衆とのあいだの巨大な隔たりに注意を促していることは重要である。読書人には古典への道が開けていた。それに対して一般大衆は「小人」として、その知から遠ざけられ、軽蔑されたのである。とはいえ現実には、君子たる読書人にも死は訪れる。科挙の落第、政争による左遷もあったろう。その問題は、どう考えられたのか。それについては「命」の観念が重要となる。儒教は、「運命」に耐える精神と「死の準備」を求めた。だがこの点については後述しよう。いまは応報説の検討を進めておきたい。

3－2　天譴説と自己責任（自業自得）論

先に『易経』の応報説を引いたが、そこでは自己が業の結果において輪廻するのとは異なり、自己を超えて子孫へと禍福が波及する応報が述べられていた。配慮される子孫も現世に生きる存在である。それに対して儒教において中心を占めたのは、自分自身に結果が還ってくる応報であった。それは仏教が示す三世をめぐる業と輪廻の教説の自業自得とは異なった、現世主義的な応報論である。それは何をもたらすだろうか。

儒教において、応報を帰結せしめるのは天である。天と人とを結びつける天人相関説を体系化したものが天譴説、すなわち旱魃や洪水、地震などの災異を人間とくに為政者の不徳に帰責し、為政者に対する天からの譴告と捉える思想である。したがって天譴説は、天災を自然現象というより政治的な失敗として把握し、為政者を戒め、場合によっては革命を正当化する政治色の濃い思想であった。為政者の暴走を抑制するこの視点は、神義論の政治的機能を考えるうえで重要である。しかし裏を返せば、災異がなければ――認知されなければ――政権は正当化されるのである。現実の力関係からすれば、個々の幸不幸については失政のためではなく、自己の責任とされていくだろう。社会全体を見れば秩序は保たれていると強弁する余地があるからだ。大衆は「良い国家的行政がなされているという前提の下で、彼の外的および内的な成功あるいは失敗の理由を自分自身にもとめなければならない」のである（儒教 338＝248：傍点は引用者）。ヴェーバーは次のように述べている。

考えられる限りもっとも無際限な功利主義的楽天主義および慣習律主義〔=つまり現世順応的な儒教〕でさえ、次の事実を見過ごすことはできなかった。すなわち、その内部での不幸と不正は個々人の無教養または政府のカリスマ不足の――あるいは道教の教えによれば呪術的に重大な過失の――結果にすぎないとされた、ありうる社会秩序のなかでも最上とされる社会秩序ですら、幸福財の実際の配分状況や人生の運命の予測不可能性を前にしては、控えめな要求であってもしばしば満足させられなかった、という事実である。神義論という永遠の問題は、ここ中国においても生じざるを得なかったのである。（儒教417=339: 亀甲括弧内および傍点は引用者）

ここに災禍の「理由」が列記されている。曰く、当人に教養がないからだ、天子の不徳の致すところだ、儀礼的ないし呪法上の誤りを犯したからだ、と。この背後には、天譴説による天子や政府の失政糾弾か、それとも（仏教的ではない）現世主義的自業自得論で不幸を個人に帰責するのかという、責任の所在をめぐる争いがある。たしかに天譴説は、政府のカリスマ不足にまでは手が届く。つまり天子を戒めることはできる。しかしそれは天それ自体を疑っての議論ではない。天はどこまでも正当化されているのだ。にもかかわらず、幸不幸の配分状況や予測不能な人生の運命（Lebensschicksal）を目にしたとき、その強固な正当化ですらほころびを見せた。ヴェーバーは不満生起の重要な契機を、「配分」という自他の比較とそこから感じられる不公正に見出している。「配分状況」への不満の背景としてもう一つ想定されるのは、善行や悪行の報いがなかなか到来しないという問題である。この問題の解消のために、祖先信仰が動員されている。すなわち「天は、当人の功績のほかに、祖先の功績にも注意を払うものである。それでたぶん次の儒教説も生じるのであろう。それによると、天はある王朝の罪をしばらくがまんし、充分に堕落したときになってはじめて行動に出る、という。これはもちろん、まったく気楽な一つの

『神義論』ではあった」（儒教 377＝180）。現時点で善人にその果実が、悪人にその報いがないのは、その祖先の功績が影響しているからだというわけである。現世主義に祖先信仰を接続することで巧みな論理を構築しているが、これをヴェーバーは気楽な神義論と評している。もちろん誰にとって気楽で都合がよいのかといえば、報いが「まだ」ない「悪人」にとってであろう。不当な苦難を受けた者が放置されても後ろめたさを感じない、安楽な立場から神義論の論理を構築する側のお気楽さが皮肉られていると見てよいだろう。それは、神義論という知的産物が帯びる問題へのヴェーバーの皮肉であるように思われる。

応報の遅れに対する類似の説明としては、緒方賢一が宋代の家訓を例に興味深い指摘をしている。すなわち、善行に対して天報がただちになければ、君子はより精進するであろうし、小人であればすぐに怠けて堕落するであろうというものだ（緒方 2014: 112）。二重予定説を思わせるこのような論理も、禍福を自己の内的・外的な行為の結果として表象することで、個々人を果てしない自己精進へと駆り立てる機能をもつであろう。

4　非合理な宿命論と「死の準備」の精神

現世主義的な儒教では、単純な応報説はもとより、天譴論や祖霊信仰を付加しても十分に神義論的問題を解消できたとは言いがたく、かといって前世の観念も使えない。そのなかでヴェーバーは、古典的経書のなかに「一種の秘教的な予定信仰」の痕跡を見出した。

ヴェーバーは、個人の運命を支配する占星術的な信仰へと展開した民間信仰と対比して、儒教とくに『孟子』における摂理が、一般には個人の具体的な運命には関係せず社会全体に関係することに着目し、儒教の天を共同体の調和と運命を司る摂理として把握する。それと同時に儒教には、そうした幸福財を与える摂理信仰を「誇り高く」拒否し、英雄精神に特有の予定を非合理な宿命（Verhängnis）の力として把握するという考え方があるという。後者の外的な宿命については、『論語』顔淵篇「死ぬも生きるもさだめあり、富も尊さもままならぬ（死生 命あり、富貴 天に在り）」（論語 228）など、外的な運命としての「命」が想起されよう。[6]

こうしてヴェーバーは儒教に、（a）摂理信仰と、（b）摂理を拒否する（英雄精神としての）宿命論という、相反する二つの精神の並立があると指摘する。どちらか一方による論理的貫徹（合理化）ではなく、矛盾し合う精神の並立である。このうち、ヴェーバーはとくに後者を重視している。それは、宿命論が一つの生活態度を形成するからである。

まず、（a）一方の摂理信仰について、孔子は自らの使命と使命に影響を与えたものが摂理によって秩序立てられたのだと解したようだ、とヴェーバーは述べる。これについてヴェーバー全集（MWG）の編者注では、『論語』子罕篇にある、匡の地で襲われたときの孔子の言葉が参照されている。「文王はもはやなくなられたが、その文化はここに（このわが身に）伝わっているぞ。天がこの文化を滅ぼそうとするなら、後代のわが身はこの文化にたずさわれないはずだ。天がこの文化を滅ぼさないからには、匡の連中のごとき、わが身をどうしようぞ」[7]（論語 168）。孔子が周の文化の継承を自らの使命とし、その使命をもたらした天への信頼を表明している箇所である。このようにヴェーバーは孔子のなかに、使命に影響を及ぼす摂理を信じる態度を見た。

他方、（b）非合理な宿命は、その摂理を否定する態度をもたらす。ふたたび『論語』から、季氏篇の「孔子の曰く、君子に三畏あり。天命を畏れ、大人を畏れ、聖人の言を畏る。小人は天命を知らずして畏れず」（論語 333）をあげ、「高級な人間のみが運命（Schicksal）を知っている」と解釈してみせる。[8]また『論語』堯曰篇にある、「命を知らざれば、以て君子たること無きなり」（論語 401）を、「運命の信仰がなければ高貴な人間とはなりえない」（儒教 418＝340）と解釈する。神義論的問いの出発点である不公正な現実が、堪え忍ぶしかない、いかんともしがたい宿命として把握されていることに注目するのである。[9] なかでもヴェーバーにとって重要だったのは、この運命予定への信仰が、「変更しえないもの」を「冷静」に受けとめる騎士の心情（Gesinnung）を確証する（bewähren）のに役立ったと考えられたことだった。人間には予測しえない天命の非合理性が、高貴さの支柱となったというのである。[10]

こうして儒教における非合理的な宿命論は、ピューリタニズムの非合理的な予定信仰と比較されることとなる。儒教もピューリタニズムも、ともに天や神による決定を受け入れる。しかし、ピューリタニズムが彼岸の救済を指向したのに対して、儒教では彼岸は問題外だった。この点は仏教とも比較される。儒教が病気や災難における救難者としての仏教の力に着目しながらも（ヒンドゥー 430＝374-5）、現世を超えた彼岸の論理を組み込む仏教の論理とは相容れず、仏教の業‐神義論を力を込めて拒絶したからだ。[11] ヴェーバーは儒教徒による次の排仏論を引く。すなわち「ある人間の社会的境遇は生前の行いの結果ではなくて、むしろ、木の葉のうちでもあるものは絨毯の上にひらひらと落ち、他のものは汚物の上に旋回して落ちる運命の結果である、と」（儒教 419＝370）。人間の運命は木の葉がどこに落ちるかということと同じだ、という冷厳な認識である。運命を知り、それに耐えよというのが君子に求められる精神であった。

このような儒教的な君子の、死後の唯一の関心は――彼岸での救済ではなく――現世における「名の栄誉」であった。この名の栄誉のためには「死の準備（覚悟 Bereitschaft）」が求められた。ヴェーバーは、哲学は死への準備になると述べたモンテーニュの『エセー』を引きながら、そのことを指摘している。ただし儒教の見方では、小人と君子とで求められるものが大きく異なる。小人は運命に「疎い」か、不運を「恐れて」財宝の追求に走るか、諦めをもって向かう。対照的に、君子は宿命を「知り」それに「耐え抜く」者であり、誇り高く冷静に自己の人格陶冶に励むことを学ぶ者とされた（儒教 418-9＝340）。その死への覚悟は当時のドイツ人将兵よりも「立派であった」と、ヴェーバーは述べている。『儒教と道教』の本筋から離れた唐突な比較に見えるが、この言及は重要な意味をもつだろう。『儒教と道教』の想定読者は、もちろん当時のドイツ教養市民層であったのだから。

ヴェーバーによれば、「死の準備」を伴った現世主義的な「名誉感情」（Ehrgefühl）が、出自家柄（という不公正さ）ではなく個人の「行為」と結合したことで、高度に緊張感を伴った生活態度への「最強の動機」が生じたのである。しかしそこには、もう一つの仕掛けがあった。

5　胚胎される悲劇——公式上の「平等」論と過酷な現実とのはざまで

小人は運命を恐れて強欲に走るが、大人君子は運命を知って静かに受け入れる。運命予定の信仰をとおして形成された儒教の倫理は身分的な、読書人の倫理であって、広汎な大衆（die breiten Massen）のものではなかったとヴェーバーは述べる。何よりも、教養を身につける教育の地域格差があったし、経済的格差が巨大であった。実物経済の性格が濃かった伝統中国の経済は、比較的貧困な集団による「信じられないほど極限に至った節約の達人」によって維持されており、しかもその生き方＝生活態度は君子の理想からはほど遠く、君子理想との「いかなる内面的関係をも排除した生活基準」においてのみ可能なものであった。小人はあくまで小人のままなのである。この隔絶のため、緊張感を伴う君子の生活態度は、消極的にしか大衆に作用しなかった（儒教 420＝342）。

この区別は、経済倫理についても同様に見られる。ヴェーバーが引くように『孟子』では、恒常的収入がない場合に、君子であればかろうじて冷静な心術（Gesinnung）を保てるが、民衆はそうではないとされる（儒教 448＝267）（孟子 梁恵王篇 上 64）。営利は心の平安をもたらさない。ヴェーバーによれば、君子にとって理想である魂の調和は「営利のリスク」によって動揺させられるおそれがあった。したがって儒教で理想とされた生き方は、営利を指向することではなく、安定した俸禄を受ける官吏になることであった（儒教 448＝267）。それは、専門に通暁するのを必然とする営利を貶価し、自らは多面的な教養をもつ君子として、自己が何かの「道具」となることを拒否する精神である。

しかし、この揺るぎない身分倫理の一方で、儒教には公式的には「人間の（宗教的）資格の不平等」という経験がなかったともいわれる（儒教 337-8＝247: 強調はヴェーバー）。ピューリタンの予定説が宗教的差別を伴っていたのと対照的である。恩寵が予定されているか否かはピューリタンにとって決定的であり、選ばれた者同士は卓越した共同性を形成するが、恩寵の外に置かれた者は排除された(12)。それに対して儒教では、「人間の平等」（Gleichheit der Menschen）が前提とされたのである(13)（儒教 338＝247: 強調はヴェーバー）。

もちろんヴェーバーは、この儒教の平等観念が自生したとは見ていない。むしろ、これまで述べてきたように、また明の太祖・朱元璋が「無知な民衆（愚民）」と呼んだように、「教養人と無教養人」にはけわしい隔たりがあった。こうした厳然とした身分倫理であるにもかかわらず、儒教は「公式」には、「出生ではなく、一般に手の届く教養」が決定するのだという主張を保持した（儒教 338＝248）。

たしかに社会的諸条件の著しい乖離があるにせよ、生まれてしまったらどうしようもない出生とは違い、古典的知識や礼の修得は「だれでも達成しうる」ものではある。その意味で、たとえ形式的な平等でも、その保持は過酷な現実に対する最後の砦となるだろう。その観念あってこそ、不公正への不満も発生するのである。しかし、この形式的な平等観念の裏に潜む問題をヴェーバーは見逃さなかった。「だれにでも達成しうる」という一面が、問題を複雑かつ深刻にさせるのである。

すでに触れたように、ヴェーバーは経済が「節約の達人」たちによって支えられている状態に注意を促している。苦境を打開しようとする、彼ら「達人」の無限の努力にあらためて思いをめぐらせておこう。そのエネルギーが投入される場は、いわれなき災害からの復興や貧困脱却に向けた勤労など、神義論的問いが発生しうる場である。もちろんその努力は、たとえば蘇東坡が黄河の氾濫において生き残った友人に贈った詩のなかで、人びとがもっこをかつぎ、石を切り出し、雷鳴の如く槌音をひびかせる様を称えているように（蘇東坡 140-7）、困難を一歩一歩乗りこえていく基礎である。

しかし、一方で「公式」には平等の思想があり、他方で、君子と小人を峻別する身分倫理と、自己責任を求める応報思想とが結合している状況がある。そこで弁証された世界像によって自助努力による事態の打開へと駆り立てられ、にもかかわらず最終的には営利行為ではなく人格陶冶が理想とされるとき、そこに一つの悲劇が生まれるのではないだろうか。――とはいえ、ヴェーバーはその悲劇までは描き出さなかった(14)。

6　同時代ドイツへの視線――鏡としての『儒教と道教』

『儒教と道教』ではピューリタニズムとの比較が随所に見られる。それは神義論についても同様で、儒教の現世主義的宿命論と来世指向の予定説との比較なども確認できた。注意すべきは、比較された「職業人たらんと欲した」十六～十七世紀のピューリタニズムの精神は、「職業人たらざるを得ない」近代人へと、また「精神なき専門人、心のない享楽人」へと変貌したというのがヴェーバーの分析だったということである。しかも本稿で触れたように、かつてピューリタンを救済の不安に突き落とした予定説は、一面で強烈な排除の思想でもあることをヴェーバーは指摘していた。ヴェーバーは儒教を理想化しなかったが、けっしてピューリタンを理想化していたわけではない。

それを踏まえてあらためて注目したいのは、ヴェーバーが『儒教と道教』で神義論にかかわる論点を記述する際に、「平等」「不平等」の概念を強調し、現世的な死の準備が同時代のドイツ兵士よりも「立派」な態度をもたらしたと挑発し、儒教における終極語彙が「知」であることをくり返し強調したことである。

それは当然、読者を想定してのことだろう。とすれば、『儒教と道教』における小人から区別される君子としての儒教的読書人の姿は、近代資本主義のなかで建前としての平等を掲げて現世主義的に生きる西洋近代人、とりわけ現世に順応して既得権を維持し、大衆と自己を峻別してその高踏的立場を固守するドイツ教養市民層の姿と重ねられている、そう解釈することも可能ではないだろうか。

教養に関する身分的格差および教育条件の格差が歴然とあるなかで、教養を高めて人格を陶冶すべしという理念は一つの殻（ゲホイゼ）となって、教養人（儒教的読書人、ドイツ教養市民層）の社会的経済的地位を保護し、社会を官僚制化させるだろう。ヴェーバーは、当時のドイツの大学や学生が、安定した職業に通じる専門試験や、社会的名声の基礎としての学士、身分相応の恩給附きの俸給など自己の利害関心をもって「日々の要求」としていることを揶揄し、それが官僚制化への道であることを指摘していた[15]（新秩序 330＝360）。彼ら教養市民層の高い社会的地位は、本稿冒頭に引いたアンケートで労働者が不信仰の理由とした社会的「不公正」感の一源泉になっていてもおかしくはない[16]。他方でその「不公正」に不満を感じる労働者の方も、この時代、革命による「平均化」の理想を抱きながら、じつは意図せざる官僚制化への道を着々と歩んでいたのであった[17]。

特権者たる教養人優位の神義論は、社会の官僚制化を推進する。『儒教と道教』における儒教的読書人を、当時のドイツ教養市民層と対比させて読むならば、解釈は大きく転回し、ヴェーバーの視線が『儒教と道教』を読む者自身へと向けられていたことに慄然とせざるを得ない。その可能性を念頭に読み返すなら、ヴェーバーの比較宗教社会学は新たな近代自己批判の書として立ち現れてくるはずである。

注

（1）以下の文献注では、ヴェーバーの著作を（著書名の略号 原著ページ＝翻訳ページ）と略記する。略号は以下の通り。倫理＝『プロテスタンティズムの倫理と資本主義の精神』、宗教＝『宗教社会学』、序論＝「世界宗教の経済倫理　序論」、儒教＝『儒教と道教』、ヒンドゥー＝『ヒンドゥー教と仏教』、新秩序＝「新秩序ドイツの議会と政府」。中国の古典文献は（著書名 ページ）と略記する。

（2）ヴェーバーは近代のプロレタリアートが（近代のブルジョアジーと同様に）「宗教にたいする無関心または拒否」の態度を示すと特徴づけている（宗教 245＝132）。

（3）『尚書』（書経）は、王朝放伐を応報によって正当化する言説であふれており、神義論が政権正当化の装置として機能することがよくわかるテキストである。

（4）来世の観念が用いられるのは、一般に仏教が伝来した六朝期以降とされる。そもそも応報説の論理それ自体は現世的でもよく、来世の観念が必要条件というわけではない。

（5）荀子の思想を神義論的な問題で考察した注目すべき論考として、中島（2012）参照。

（6）金谷治は、『論語』『孟子』の「命」の字を網羅的に調べ、「外から迫る運命的なもの、人力ではどうしようもない、ままならぬ偶然性」と解している（金谷 1986: 95）。

（7）ヴェーバーが参照したレッグの英訳に付された訳注には、"Confucius assured in a time of danger by his conviction of a divine mission."とあり、「神の使命」への信念が強調されている（Legge 1893: 217）。

（8）ヴェーバーが参照したレッグ訳『論語』も該当箇所を、"Confucius said, 'There are three things of which the superior man stands in awe. He stands in awe of the ordinances of Heaven. …..’”と訳し、宿命ないし神の定め（ordinances）と解釈する（Legge 1893: 313）。

（9）金谷治は、孔子における「命」概念について、「『命を知る』ということは、けっして内的な使命観の自覚ということではない。それは外的超越的な運命の確認である」と述べる（金谷 1986: 119）。また森三樹三郎は、「天」概念が当初の人格的なものから非人格的なものへと変化するにつれ、「天命」概念も意味変容を受け、当初は人格的な「天の命令」すなわち「使命」の意味であったが、非人格的な道や理に変化してゆくに伴い、使命よりは「運命」を意味することが多くなったとしている（森 1979: 33）。

（10）もちろんこの記述でヴェーバーが念頭に置くのは、予定信仰をもったピューリタニズムの、選ばれた者としての高貴さであろう。それはまた、選ばれぬ者の排除でもあった。

（11）神義論問題における仏教の影響について補足しておく。儒教の現世主義では困難であった神義論問題の解消は、仏教の展開する業と輪廻の論理によって、見事に解かれてしまう。その文化的「衝撃」はいかほどであったろうか。森三樹三郎は、中国の神義論問題の「展開」を考えるうえで仏教の影響を強調し、六朝期の仏教受容に関して次のように述べている。「元来、中国の知識人には儒教的合理主義が深く浸透していて、三世報応説のような経験を越えた神秘的な教説を容易には信じないのが普通である。それにもかかわらず、この時代の多くの知識人がこれを受容したのは、かれらが如何に優れた弁神論の出現を待望していたかを物語るものといえよう」（森 1979: 36）。

ヴェーバーはこと「中国」という単位の限りでは、仏教の影響をきわめて限定的に見ていた（ヒンドゥー 430＝375）。伝統中国における仏教の影響を重視しなかったことが、儒教および道教の社会的作用の理解にとってどのような意味をもったかは課題である。朱子学や陽明学が、勢力を拡大した仏教に対抗する儒教改革の試みであり、仏教の影響を強く受けていることを思えば、森のいうように儒教の「展開」を考えるうえで仏教の影響は看過できない。ただ神義論問題に限ってみれば、業‐神義論による「合理的」解決が、その後の中国社会に貫徹したとは言いがたいというのがヴェーバーの見解であった。

（12）『倫理』で、カルヴァン派の予定説（選びの思想）にもとづく「排除」傾向が言及されていることは、ヴェーバーの批判的視点を考えるうえで重要である（倫理 96＝158）。

（13）ヴェーバーは典拠を示していないが、『孟子』に「人間の本性には誰しも不善なものはない」（孟子下 221）や「人間は誰でも必ず善をなす」（孟子 下 234）とある。

（14）その悲劇的帰結の歴史的事例を、近世日本が対象であるが、安丸良夫の通俗道徳論に見ることができる。安丸は慎重に明言を避けているが、そこで論じられた心学や通俗道徳には儒教とくに陽明学——李卓吾の童心論をも含む——の影響があるだろう。経済的救済と道徳的救済の両者が結合し、経済的困窮が人格的怠惰を意味するような思想状況のなかで、民衆が困難を乗りこえる強い自我をもつ重要な契機は、貧困や病気など人生における深刻な体験であり、それをきっかけとした内省であった（安丸 [1974]1999: 67）。本稿の視点からいえば、いわば神義論的転回を経て構成された強靱な「主体」が果てしない努力へと駆り立てられた、その歴史的社会的過程と帰結の問題といえる。

（15）したがってヴェーバーは「日々の要求」への専念それ自体を評価したのではなく、それに先だって、何が自分にとっての「日々の要求」なのかの考慮を求めたと考えられる。

（16）「不公正」の内容についてヴェーバーが言及しているわけではない。

（17）『儒教と道教』は第一次大戦勃発の直前（おそらく一九一三年）に書かれ、開戦翌年に雑誌（一九一五年）に発表され、大戦直後（一九一九—一九二〇年）に加筆された。

文献

『詩経 下』高田眞治 1996（漢詩選2）集英社
『易』本田濟 [1978]1997（中国古典選10）朝日新聞社
『尚書』池田末利 1976（全釈漢文体系11）集英社
『論語』金谷治訳注 1999 岩波書店
『論語』のヴェーバー参照英訳＝tr. by Legge, James 1893 *The Chinese Classics, vol.I, Confucian Analects, The Great Learning, and The Doctrine of the Mean*, Second Edition Revised, Oxford: Carendon Press.
『孟子 上・下』小林勝人訳注（上）1968／（下）1972 岩波書店

『史記5　列伝一』司馬遷（小竹文夫・小竹武夫訳）1995 筑摩書房
『蘇東坡詩選』小川環樹・山本和義選訳 1975 岩波書店

荒川敏彦 2007「殻の中に住むものは誰か――「鉄の檻」的ヴェーバー像からの解放」『現代思想 総特集 マックス・ウェーバー』35（15）：78-97
Berger, Peter L. [1967]1969 *The Sacred Canopy: Elements of a Sociological Theory of Religion*, New York: Doubleday.（＝1979 薗田稔訳『聖なる天蓋――神聖世界の社会学』新曜社）
金谷治 1986『死と運命――中国古代の思索』法蔵館
―――― 1993『中国思想を考える――未来を開く伝統』中央公論社
森三樹三郎 1979「運命と摂理――中国における弁神論の展開」『大谷學報』61（3）：33-6
中島隆博 2012『悪の哲学――中国哲学の想像力』筑摩書房
緒方賢一 2014『中国近世士大夫の日常倫理』中国文庫
Weber, Max [1904/05]1920 "Die Protestantische Ethik und der Geist des Kapitalismus," *Gesammelte Aufsätze zur Religionssoziologie* I, Tübingen: J.C.B.Mohr（Paul Siebeck).（＝1989 大塚久雄訳『プロテスタンティズムの倫理と資本主義の精神』岩波書店）
―――― [1915→1920]1989 *Die Wirtschaftsethik der Weltreligionen: Konfuzianismus und Taoismus, Max Weber Gesamtausgabe* I/19, Tübingen: J.C.B.Mohr（Paul Siebeck).（＝1971 木全徳雄訳『儒教と道教』創文社／＝1972　大塚久雄・生松敬三訳「世界宗教の経済倫理　序論」『宗教社会学論選』みすず書房）
―――― [1916→1920]1996 *Die Wirtschaftsethik der Weltreligionen: Hinduismus und Buddhismus, Max Weber Gesamtausgabe* I/20, Tübingen: J.C.B.Mohr（Paul Siebeck).（＝2002 深沢宏訳『ヒンドゥー教と仏教』東洋経済新報社）
―――― [1918→1971]1982 "Parlament und Regierung im neugeordneten Deutschland," *Gesammelte Politische Schriften*, Tübingen: J.C.B.Mohr（Paul Siebeck).（＝1982 嘉目克彦訳「新秩序ドイツの議会と政府」『政治論集 2』みすず書房）
―――― [1921]2001 *Wirtschaft und Gesellschaft: die Wirtschaft und die gesellschaftlichen Ordnungen und Mächte; Nachlaß, Max Weber Gesamtausgabe* I/22-2, Tübingen: J.C.B.Mohr（Paul Siebeck).（＝1976 武藤一雄・薗田宗人・薗田坦訳『宗教社会学』

創文社）
安丸良夫［1974］1999『日本の近代化と民衆思想』平凡社

第五章　自らを劣っていると認識させることについて
——救貧法改革とマルサスおよびベンサム

鈴木宗徳

1　勤労倫理の二つの意味

マックス・ヴェーバーは、主著『プロテスタンティズムの倫理と資本主義の精神』において、かの禁欲的職業倫理をまず「資本主義の精神」と名づけ、ベンジャミン・フランクリンが残した数々の道徳的な訓戒を手がかりに、この「精神」を理念型として再構成している。フランクリンという企業家の物語をいわば枕にした論文であること、そして日本のヴェーバー受容において影響の大きかった大塚久雄が「中産的生産者層」の成立を経済史研究の課題としていたことから、ヴェーバー的な勤労倫理の担い手として読者がまず思い浮かべるのは、おそらく中産層以上の人びとであろう。

しかし、勤労倫理の担い手を中産層以上に限定し下層の労働者を除外して考えるのは、誤りである。むしろこの勤労倫理がどのようにして貧困層に浸透していったのかを見逃しては、十八世紀イギリスにおける資本主義経済の勃興は説明できない。

ほかならぬヴェーバー自身の認識においてもそうである。彼はこの論文の末尾ちかくにおいて、中世の倫理では、慈善という善行の機会を有産者に与えてくれる物乞いが、ひとつの身分として存在を認められていたと述べている。(1) ヴェーバーはつづいて、これに根本的な変化をもたらしたのがイギリスの救貧法であり、プロテスタンティズムの諸ゼクテやピューリタニズムがその成立に寄与したと主張するのである（Weber 1920: 199–200 = 1989: 357）。

すでにカルヴァンは物乞いを厳禁していたし、オランダの諸宗教会議も托鉢特許状や物乞いのための証明書には躍起になって反対していた。ステュアート期、ことにチャールズ一世下のロード体制のもとでは、政府による救貧や失業者の職業紹介の原理はすでに系統的にでき上がっていたが、それに対するピューリタンの合い言葉は「施しは慈善にあらず」（後年のデフォーの有名な論稿の表題）であって、十七世紀末葉には失業者に対する「ワークハウス」の威嚇的な制度が始まった。（Weber 1920: 177 = 1989: 317）

この箇所でヴェーバーが「威嚇的な制度」と呼ぶワークハウスを中心とした救貧政策、これこそが、貧者が慈善・施しに頼ることを否定し勤労倫理をひろく奨励するうえで、歴史的に決定的な役割を果たしたものにほかならない。ヴェーバーがここでカルヴァンの名前を挙げていること、同じくルターが怠惰と貪欲は許されざる罪であると考えていたという指摘、さらにピューリタニズムが「人間の援助や友情に一切信頼をおかないよう訓戒している」（Weber 1920: 96 = 1989: 158）といった叙述などは、救貧政策という「威嚇的な制度」をもちいた貧困層への勤労倫理の普及という事実を起点とし、すべてその起源をたどるための説明であったと解釈することも可能なのである。

ヴェーバーがカルヴィニズムまでさかのぼって探究した勤労倫理とは、ただ企業家や中産層に自由な企業活動の可能性をひらいただけではない。雇用契約における形式的自由という自由主義原理がひろがるのと並行して、貧民に「人間の援助」への依存を否定し低賃金労働への就業を強制したのも、この勤労倫理のもうひとつの側面だったのである。

本章は、イギリス救貧法の歴史について概観した上で（3・4節）、十八世紀末から十九世紀初頭にかけて勤労倫理の普及に影響を与えた思想家として、トーマス・ロバート・マルサス（5節）とジェレミー・ベンサムの救貧法論（6節）をとりあげる。なぜマルサスとベンサムなのか。それは、自由主義経済学者であり哲学者である彼らの思想が、同時に道徳の強制による貧者の統治をめざすという性格をもっていたからであり、この貧者にたいする道徳の強制が、公的扶助をめぐる現代の議論においても再現されていることを示したいからである。そこで最後に、一九九〇年代のアメリカにおける福祉改革の事例を紹介し、勤労倫理をふくむ道徳の強制がはらむ問題性について考察を加えたい（7節）。

本章は「自らを劣っていると認識させることについて」という表題をつけている。これは4節で説明する「劣等処遇の原則」（principle of less eligibility）を筆者なりに言いかえた表現である。貧民を統治するうえで、自分は道徳的に劣っているのだと自覚させることが戦略としてくりかえし利用されてきた。本稿の目的のひとつは、こうした統治戦略がもつ普遍性をこの言葉を通して浮かび上がらせることにある。

2　資本主義的労働市場の成立と救貧法

ヴェーバーは講義のなかで、近代資本主義が求める労働力を供給するにあたって、一六〇一年までに体系化されたエリザベス救貧法という「間接的な強制手段」が果たした役割について説明している。イギリスで救貧政策が整備されてゆく主たる契機は、大農場経営者による囲い込みが農村における過剰人口を生み出し、それが都市へと流入したことである。「自発的に就業しない者はワークハウスに入れられ、そこで厳格な規律に服して働かなければならなかった」。失業者はワークハウスに入るという強制の形態においてのみ保護を受けることができたが、〔保護申請許可を裁定する〕治安判事が圧倒的な権力を握り、「十九世紀の後半にいたるまで……自分の恣意にしたがって労働力を処理し、これを新しく成立した産業に押し込んだのであった」（Weber 1923: 264 = 1955: 160–1）。勤労倫理の説明のなかでヴェーバーが強調する「規律」は、救貧政策を媒介として労働者に強制されていったのである。

この過程については、カール・マルクスによる『資本論』第一巻「本源的蓄積」章を参照すべきであろう。資本主義の生成期にあっては、資本への労働者の従属は「経済外的な直接的な暴力」によっておこなわれたが、そこでマルクスは浮浪民を処罰した十六世紀の救貧法を「血の立法」と呼び、その凄惨さを際立たせている（Marx [1867] 1962: 762–7 = 1965: 959–965）。彼はさらに、のちに本論で紹介する一八三四年の救貧法改正をめぐって、当時のイギリス議会が被救恤民（pauper: 救貧法によって救済されるほかない貧民）の累増を近代産業の必然的な結果とはみず、むしろ救貧政策の結果であると考えていたことを、そして「被救恤民は労働者の自業自得の貧困である、それゆえこれを不幸として未然に防止するのではなく、むしろ犯罪として禁圧し処罰すべき」と考えていたことを、厳しく批判している（Marx [1844] 1964: 398 = 1959: 435）。

こうしたマルクスやヴェーバーの認識を下敷きにしつつ、資本主義的労働市場の成立においてイギリス救貧法がはたした役割について標準的な見解を示したのが、カール・ポラニーの『大転換』である。ポラニーは、十九世紀に「自己調整的市場」が成立するにあたって、土地・貨幣・労働という本来的に商品ならざるものを擬制的に商品として扱うようになる必要があったと論じ、土地と貨幣につづく労働におけるこの転換を達成したのが一八三四年の救貧法改正、すなわち「スピーナムランド制の崩壊」であったと説明する。この改正の主張者たちが待望していたのは「自由で競争的な労働市場とその結果生ずる産業プロレタリアートの出現」(Polanyi [1944] 2001: 105=2009: 173) であり、これによって生まれた世界を彼はくり返し「悪魔のひき臼」と表現している。

3　救貧法改正にいたる経緯

マルクス、ヴェーバー、ポランニーらの説明から浮かび上がるのは、救貧制度自身がプロレタリアートを窮乏化させ、しかもそれが規律化の意図をもって実践されていたことである。これにもう一点つけ加えるなら、ポール・スピッカーが指摘するように、救貧法が一九四八年に廃止されるまで、福祉受給者である被救恤民にたいするスティグマの付与が意識的な政策としておこなわれてきたこと、そして救貧法が廃止されてなお福祉受給を恥辱とみなすスティグマがなかなか払拭されなかったことに注目しなければならない。スピッカーは、宗教改革のもう一人の重要な指導者であるツヴィングリが貧者のぜいたくや怠惰を問題視し、給付申請を抑制する目的で被救恤民を識別するための記章を衣服につけることを勧めたことを指摘している (Spicker 1984)。政策によるこうしたスティグマ付与の事例は枚挙にいとまなく、ウェッブ夫妻の歴史観を嚆矢として、二〇世紀における福祉国家の整備は福祉スティグマを克服する歴史であったととらえることも可能である。こうした認識を念頭におきつつ、まずイギリス救貧法の歴史について一八三四年の改正に焦点をあわせて概観することにしよう。

イギリス救貧法のはじまりは十六世紀にさかのぼり、その歴史は、共同体による相互扶助と教会権力および私的慈善による貧者への施しの時代から、公的扶助の責任を国家が担う時代への長期的な転換を表すものである。そのなかで、救貧行政の担い手たちは、ながく受給者の「『怠惰』に対する闘い」（乳原 2002）を意図していたともされている。救貧法は一六〇一年のエリザベス救貧法によって体系化され（旧救貧法）、もっとも大きな転換点が一八三四年の改正（新救貧法）であった。旧救貧法は、労働能力をもたない貧困者の救済、労働能力をもつすべての貧困者の就業、両親が扶養しえない児童の徒弟就業などをその内容としていた（渡会 1999ほか）。

しかし一七九〇年代前後、不況と不作による穀物価格の高騰やナポレオン戦争の影響によって、貧民の窮状はことさら深刻となる。(2) そこで一七八二年のギルバート法を皮切りに、救貧法の人道化が進められる。労働能力のある貧民にも院外扶助（ワークハウス外での救済）が認められ、ワークハウスには高齢者や孤児が収容されることとなった。さらに、バークシャー州スピーナムランド村の治安判事の協議にはじまるスピーナムランド制が導入される。これは、変動するパンの価格をもとに算出された基本生活費よりも収入が低い家庭にはその差額分を補てんする制度で、今日の言葉でいえばワーキングプア家庭を対象とした賃金補てん政策である。スピーナムランド制は一七九五年に議会で立法化される。

しかしポラニーが述べるように、貧困の拡大とスピーナムランド制の導入によって救貧支出は膨張し、救貧税の負担は重くなっていった。さらに低賃金でも差額が補てんされるスピーナムランド制によって、むしろ労働者の賃金の切り下げがおこなわれたともされている。(3) 十八世紀末からの三〇年間で、救貧税は約四倍になった。救貧税を負担した農民が重税に耐えきれず貧民化し、働いても働かなくても収入が変わらないため貧民の勤労意欲を削いでいるという批判を招くこととなった。

一八一七年に下院に設けられた救貧法特別委員会の報告書は、公的な救済制度は勤労意欲や節約心といった労働者の道徳心を弱め、人口増加を助長し、むしろ救貧税の際限のない膨張を生むおそれがあるとしている。報告書は、すべての労働能力者に雇用を保障するという旧救貧法の規定の廃止、救貧税からの賃金補てん制度（スピーナムランド制）の廃止、労働能力者の子どもへの援助の停止を主張している。これらの提案は、のちに説明するマルサス『人口論』の主張に沿ったものといえる。この結果、救貧税の膨張を抑えるための教区会法（一八一八年）と、申請者の性格と素行を考慮したうえで救済に値する者と怠惰で浪費的な者を区別し、救貧税の査定・徴収・支出の監督をおこなう目的で、特別教区会法（一八一九年）とが制定された。

その後、一八三〇～三一年のイングランド南東部農村における労働者による暴動やチャーチスト運動の過激化を契機として、救貧法の抜本的改正の必要性が叫ばれるようになる。救貧法の完全な廃止の主張は後退したものの、とくにスピーナムランド制が問題視された。新たに設置された王立救貧法調査委員会による大規模調査の報告が一九三四年に議会に提出され、同年これに沿った新救貧法が成立するのである。この報告書もまた労働者の道徳心を問題にし、とくに院外救済が労働者のモラルに悪影響を与えているとの見方を示している（渡会 1999 ほか）。

4　新救貧法と劣等処遇の原則

新救貧法は救貧の抑制と効率化を目的とし、つぎの三つを柱としていた。第一に、中央当局としての救貧法委員会の設置、教区連合の推進と教区救貧委員会の設置である。これは、各教区における治安判事の権限を制限することによって救貧の恣意的な拡大を防ぐとともに、ワークハウステストの中央集権的な実施によって真の「困窮」者を判別するためである。第二に、ワークハウス内に救済を限定する院内救済の原則。つまり、院外救済としてのスピーナムランド制の廃止である。そして第三が、劣等処遇の原則（principle of less eligibility）である。

劣等処遇の原則とは、ワークハウス内での処遇が通常の生活を営む最底辺労働者の生活水準を上回らないよう細心の注意を払って運営することをさし、院内での救済を申請することを貧困者たちに断念させることをねらったものである。王立救貧法調査委員会の報告書は、のちに述べるベンサムの影響の下、貧困（poverty）と困窮（indigence）とを区分し、救済すべき被救恤民（pauper）を後者のカテゴリーに限定している。

この劣等処遇の原則は、こんにち福祉削減を主張する論者がしばしば用いる「貧困の罠」ないし「失業の罠」というレトリックの起源のひとつであるともいえる。公的扶助の水準が高くそれに依存した生活に慣れてしまうと、勤労意欲が減退し失業から抜け出せなくなるという主張である。言うまでもなくこのレトリックは、ディーセントワークと呼べる適切な条件の雇用が労働市場に十分に供給されていない現実を度外視せずには成り立たない。逆にいえば、劣等処遇の原則とは、労働市場の悪化という現実を隠ぺいし、これを労働者個人の勤労意欲の問題に矮小化し、貧民に低賃金労働を強制する――現代では懲罰的なワークフェアにあたる――政策にほかならない。こうした言説のねらいは、2節で紹介した思想家たちが論じたように、自己調整的市場の確立に必要とされる形式的に自由な労働者すなわち「産業予備軍」を形成することにある。

ここで強調したいのは、この原則を徹底させるとき、それはスティグマの付与を介した道徳の強制をともなうという点である。先に述べたスピッカーは、――マルサスと並ぶ救貧法廃止論者でベンサムとも交流のあった――ジョセフ・タウンゼントがワークハウスについて述べた「自分たちが軽蔑に値することを彼らが自覚し、恐怖心をもつようになるまで、小鳥を脅しつけるような態度で接すること」という一七八八年の言葉をひいている（Spicker 1984）。当時の為政者たちは、救貧法によって人びとが堕落し、救済の申請を恥辱と思わなくなっていると考えていた。そのため、劣等処遇の原則にもとづいてワークハウスにおける過酷な規律労働を課される者は、「自らが道徳的に劣っている」という自覚をもつことを強制させられたのである。

王立救貧法調査委員会の報告と新救貧法の成立にあたって中心的な役割を果たしたのは、ナッソウ・シーニアとエドウィン・チャドウィックであった。一方のシーニアはマルサスやベンサムの影響を受け、人口抑制のため労働者の慎慮と自己抑制が必要であると主張していた。他方のチャドウィックは、ベンサムの秘書も務めたベンサマイトとして知られている。

5　マルサスの救貧法廃止論と道徳的抑制

マルサスの主著『人口論』（初版一七九八年）は、ゴドウィンらによる平等社会の構想を批判するために著されたが、同じ根拠を用いて旧救貧法をも批判している。彼の人口論は、制限がなければ人口は等比級数的に増大するが食糧は等差級数的にしか増加しないことを証明し（ようと試み）、人口抑制の必要性を訴えるものである。マルサスは、救貧法は怠惰な貧民に食糧を分け与えることによって勤勉な者の分け前を減らすばかりか、労働者の自立心と節約と貯蓄の性向を弱めることによって自力で家族を扶養する見通しのないままでの結婚を増やし、人口増加を促進すると考えている。彼は「人に依存せざるをえないような貧困は恥と考えるべきである」とし、救貧法は「庶民から貯蓄の力と意欲の双方を弱め、酒を控えて真面目に働こうという気持ち……をなえさせる」（Malthus [1798] 1986: 85–7 = 2011: 76-8）としている。

マルサスは、人口が抑制される要因を積極的制限と予防的制限に分ける。積極的制限とは、貧困、飢饉、戦争、疫病などによる死亡率の上昇である。そして予防的制限とは、人びとが家族の扶養が困難であると予見し結婚を延期することを意味する。彼は一貫して、食糧増産を目的とした「勤勉の徳」に加え、結婚の延期という「慎慮の徳」の必要性を訴えている。とくに『人口論』第二版（一八〇三年）以降、予防的制限は道徳的抑制と言いかえられ、貧困問題の主要な解決策としてその普及が強調される。マルサスは、扶養しえない子どもを産むことにたいする責任は自然法則が負わせるものだとし、救貧法がこの責任をとりのぞき結婚を奨励していると非難する。救貧法を廃止し自然法則の過酷さを労働者に教えれば、彼らは道徳的抑制を実行すると予想する（Malthus [1803–26] 1992: 241 = 1985: 568）。

もし彼が自分の子どもを扶養しえないならば、子どもは餓死しなければならないし、また子どもを扶養しえないことがほぼ確実なのに結婚した場合、彼はその結果、自分と妻と子どもの上にもたらされる一切の害悪について責めを負うべきである。勤勉と節約によって、結婚すれば当然予想できる子どもを扶養する能力をもつまで結婚を延期することが明らかに彼の利益であり、また彼の幸福を大いに増進するであろう。（Malthus [1803–26] 1992: 226 = 1985: 551）

そこでマルサスは、「その法律施行日から一年を過ぎて行われた結婚から生まれた子ども、および同じ期日から二年間に生まれた私生児は、教区の扶助を受ける権利を絶対に与えられるべきでないことを宣言する」（Malthus [1803–26] 1992: 261 = 1985: 587）という規定をつくることを提案する。その趣旨を下層階級に徹底させるため、すべての男子は自分の子どもを扶養する義務があり、その見込みがないままでの結婚は不道徳であると結婚にさいして聖職者が告げるべきであると、マルサスは述べている。警告が与えられた後は、私生児にかんする公的な扶助の請求権は認められず、私的慈善に任せられるべきであり、また両親が子どもを遺棄した場合は犯罪として罰せられるべきであるとする。

ディーンが指摘するように、マルサスが道徳的抑制を主張するとき男性稼ぎ手モデルを前提としている点は重要である（Dean 1991: 84–5）。勤勉の徳のみならず慎慮の徳が求められるのはつねに男性で、女性は男性に扶養される存在、男性に依存する存在と見なされている。さらにベンサムは、貧民救済のために施設で与えられる仕事の賃金は、もっとも低い不熟練労働者のそれよりも低くなければならないとし、劣等処遇の原則につながる主張をしている（Malthus [1803–26] 1992: 234＝1985: 559）。

6　ベンサムによる貧民統治策

当時の救貧法論争のなかで、功利主義の哲学者ジェレミー・ベンサムの名が言及されることはなかったとされるが、彼はその弟子たちを通じて救貧法改正に影響を与えている。

ベンサムはマルサスのような救貧法廃止論者ではなかった。彼は私有財産制を擁護する一方、極端な分配の不平等によって餓死者が出ることは功利の原則に反するばかりか、貧民の反乱によって私有財産の安全が脅かされるとも考えていた。しかし、功利主義者ベンサムは、人びとは楽しく暮らせるのであれば働く必要もなく、したがって相対的に好ましくない状況におかれなければ被救恤民は減少しないと考え、劣等処遇の原則を正当化した。彼は、救貧法による救済が苦痛をともなう厳格なものであれば、真に「困窮」している者以外は救済を申請しないはずであると考えていた（Poynter 1969: 125–6）。

ベンサムは「貧困」と「困窮」を区別する。貧困（poverty）とは自らの労働によって生活手段を得なければならない状態のことで、多くの人びとがこれにあたる。困窮（indigence）とは、そのなかでも労働できないか、労働によって必要最低限の生活手段を得られない状態をさしている。貧困にあたるのが貧民（poor）で、困窮にあたる者は被救恤民（pauper）と呼ばれ、法による救済の対象は後者に限定される（Poynter 1969: 119）。こうした彼の思想は、そのままチャドウィックに受け継がれている。

「貧困」、すなわち財産をもたず労働のみに依拠する生活は、容易に「困窮」へと転落する。そこでベンサムは、その予防策を考案している。彼は、困窮におちいる原因を「個人的・内的要因」と「外的要因」の二つに区分する。個人的・内的要因は労働能力と意思の欠如や不足で、外的要因は、労働能力と意思があるにもかかわらず就労する機会を得られない場合である（Bentham [1798] 1962）。ベンサムは、「被救恤民の国」（pauper land）、すなわち困窮状態へと転落するのを予防し、またそこからの社会復帰を助けるための大規模な制度を構想する。

ベンサムは、それまでの教区ごとの救貧制度ではなく、官民による合資会社である全国慈善会社（National Charity Company）の請負委託による、全国統一の救貧事業を提案している。その目的は人びとの労働への効率的な復帰であり、（ワークハウスではなく）「勤労院」（industry house）をイングランドとウェールズに二五〇ヵ所建設し、計五〇万人を収容するという構想である。二一年後には一〇〇万人にまで拡大するとしているが、これは当時のイングランド人口の九分の一にあたる規模である。その建築は、ミシェル・フーコーが『監獄の誕生』で紹介したパノプティコンモデル、すなわち効率的な監視による規律の内面化をねらったものである。

ベンサムは、労働能力を備えながら十分な労働の機会に恵まれない被救恤民には、スピーナムランド制のような院外救済を認めず、勤労院内のみで救済されるとしている。しかも私的経営体である勤労院の費用は、院内でおこなわれる彼らの労働の対価によってまかなわれるとした。労働によって対価を稼がないかぎり何の食事も与えられず、よりよく働いた者ほど早く勤労院から出られるとしている。怠惰を防止するため、出来高払いや報償の原理を導入することも提案している（Bentham [1798] 1962）。

また、「絶対的に雇用不可能な者は一〇〇人に一人としていない」との前提から、さまざまな障碍をもつ者も勤労院では被用者として労働をおこなうとされる。寝たきりの者にも監視の仕事はできるし、盲人にも編み物ができるといった具合である。また、労働の収益を最大化するため、女性や子どもにもできる仕事を壮健な男性に割り当ててはならないとしている（重森 2000）。

ベンサムの思想は、効率性という目的のもと、勤労院に収容される被救恤民をその内面から統治しようとするものであり、これは自らが道徳的に「劣っている」というスティグマを付与することなしに実行しえないであろう。こうした大規模事業の実現を彼は議会に働きかけるが、そのまま採用されることはなかった。

7　一九九六年アメリカの福祉改革における道徳

勤労倫理のみならず慎慮の徳という性道徳までをも説くマルサス、そしてベンサムの思想は、貧困層へのスティグマ付与を正当化するものであったと言える。むろん、当時の貧民はじっさいに怠惰で不道徳だったのだから仕方ないという反論もあるだろう。二〇世紀初頭に社会的なニュー・リベラリズムを唱えたホブハウスは、「自由競争の制度を弁護した昔から知られている二種類の議論」に反駁して、労働者が余剰所得を酒場で使い尽くすという習慣は徐々に失われつつあるし、貧困層の物質的状態の改善が出生率を増加させるというのも事実ではなかったと述べている

（Hobhouse 1911）。なるほど、マルサスやベンサムの時代には怠惰や早婚が問題だったが、それから半世紀以上が経ったホブハウスの時代にはすでに過去の話になっていたと考えるべきかもしれない。いや、果たしてほんとうにそう言ってよいのだろうか。

アメリカやイギリスでは主として一九九〇年代以降、福祉受給者の就労を促進し求職活動に熱心でない者の受給を制限するワークフェア政策が導入されてきたが、その過程で道徳的言説が大きな役割を果たしたことが指摘できる。その事例として、九六年におこなわれたアメリカの福祉改革について紹介しよう。

一九九六年、クリントン政権は、貧困児童がいる世帯を対象とした公的扶助である「要扶養児童家庭補助」（ＡＦＤＣ）を廃止して「個人責任および就労機会調整法」（ＰＲＷＯＲＡ）を制定し、その枠内で「貧困家庭一時扶助」（ＴＡＮＦ）を新設した。ＴＡＮＦは、現金給付の期間を生涯で五年間に制限するとともに、受給開始後二年以内に職業教育・訓練へ参加することを義務づけるもので、州政府はそのための就労支援をしなければならないとしている。つまりＴＡＮＦは懲罰的なワークフェア政策の典型で、民主党政権によるこうした政策はイギリスをはじめとする他の先進国にも大きな影響を与えた。

この時期のアメリカでは、ＡＦＤＣに依存するシングルマザーたちが「怠惰である」という非難、そして福祉に依存しながら「十代の女性が安易に子どもを産んでいる」といった非難がメディアによってくり返し報道されていた。ウェルフェアマザーという蔑称、そしてウェルフェアクイーン（福祉給付によってキャデラックに乗る黒人女性がいるというデマ）といったイメージがその典型である。クリントンは一九九二年に「われわれの知っている福祉を終わらせる」という有名な発言をするが、この頃から婚外子の問題や「家族の価値」をめぐる道徳的なシングルマザー叩きが過熱したため、民主党政権は共和党の政策に近づいていったのである。

一九九二年、当時放映されていたコメディー・ドラマ『マーフィー・ブラウン』のなかで主人公が結婚せずに出産するという内容が放映されると、翌日、前副大統領のダン・クエイルはスピーチのなかで彼女を批判するコメントをしている。このコメントは、新聞・雑誌上で論争を引き起こすことになるが、のちにクリントン大統領もクエイルに賛同するコメントをしている。また、一九九三年に共和党の指導者ニュート・ギングリッチは、「一二歳で子どもを産み、一五歳で殺し合い、一七歳でＡＩＤＳで死に、一八歳で自分がもらった卒業証書を読めないような文明は滅亡する」と述べて危機を煽っている。同じ年、政治学者で保守派のイデオローグであるチャールズ・マレーは、ウォールストリート・ジャーナルに掲載した社説"The Coming White Underclass"において婚外出産をもっとも重要な社会問題であると断じ、ＡＦＤＣの廃止とシングルマザーにたいするその他の福祉受給の停止を主張している。

貧困層のシングルマザーたちは、「怠惰である」という勤労倫理に加え、「性的に不道徳である」という性道徳の二つの点でバッシングを受けていた。しかし、こうした非難はいずれも根拠のないもので、とくにシングルマザーの多くは男性パートナーによる暴力の犠牲者であった（大辻 2003）。それにもかかわらず、一連のバッシングの結果うまれた制度は、シングルマザーにたいして懲罰的な性格をもつものとなった。まず、ＰＲＷＯＲＡの前文には、結婚が子どもの養育にとってもっとも重要な制度であると謳われている。ＴＡＮＦの目的のなかには、就労促進とならんで、婚外妊娠の予防と減少、そして二人親家庭の形成と維持の奨励がうたわれている。そのため、例えば、妊娠中絶数を増やさずに婚外出産を減らすことに成功した州には報奨金が交付されるという規定、さらに、生物学上の父親の認定と養育義務の追及に協力しなければ、手当が少なくとも二五パーセント削減されるという規定も設けられている。そして、福祉受給中に子どもが生まれても手当が増額されないというファミリーキャップを採用することも、各州に認めている。

しかし、受給者の多くが性的虐待の犠牲者であるため、父親の養育義務を追及し結婚を奨励することは、貧困女性が出産・養育する権利を奪うばかりか身体の安全までも脅かしかねない（Collins 2007）。

こうした一連の現象は、約二〇〇年前のマルサスやベンサムの思想と大きく異なるものではない。じっさい、マーティン・アンダーソン、ガートルード・ヒンメルファーブ、マーヴィン・オラスキーといったＡＦＤＣを批判する保守派の論客たちは、スピーナムランド制が道徳的退廃を招いたという主張をその論拠にしていたとされる（Block and Somers 2003）。怠惰への非難はもとより、父親の養育義務の追及や婚外出産の否定は、マルサスによる道徳的抑制＝慎慮の徳の主張とほとんど変わらない(4)。モラルを基準に彼女たちを追いつめることは、彼女たちに自ら「劣っている」という自覚を与え、福祉受給を恥辱であると感じさせ、貧困問題を自己責任とみなす風潮を広めてゆく。もちろんそれは一六〇年前の改革と同じく、低賃金労働を喜んで受け入れる「産業予備軍」の形成をもくろむ産業資本家の利害に合致した動きにほかならないのである(5)。

注

（1）中世における物乞いについては、ゲレメクによる包括的な研究を参照（Geremek 1989＝1993）。ゲレメクもまた他者に魂の救済を与えるものとして貧者が必要とされていたとし、教会の資産の三～四分の一が貧者の救済に充てられた時期もあったと指摘している。中世の絵画には戸口での物乞いや障碍者への施しを描いたものが多い。ただし封建社会の崩壊と農村からの貧民の流出とともに、貧者は堕落した者であるとのレッテルを貼られてゆく。

（2）十八世紀全体が貧困問題に注目が集まる時期であったとも言える。一七〇〇年以降に出版された書籍のなかで“poverty”という言葉が使われた頻度を調べると、すでに一七四〇年から一七九〇年の間に七倍に増えているとされる（Ravallion 2011）。

（3）スピーナムランド制崩壊の理由としてポラニーが強調する賃金補てんが賃金低下を招いたという見方は、救貧法改革を先導した救貧法特別委員会や王立救貧法調査委員会の報告にも共通する、いわば公式見解である。ポラニーの説明を論拠に、賃金低下を避けるには自助と自由放任こそが最善であると主張する論者も多いが、むろんポラニー自身の立場は自助・自由放任を批判する側である。筆者の私見では、賃金低下を防ぐには公的な最低賃金制度と労使間で締結する広範な労働協約が必要であり、問題はむしろこうした制度が当時不在であったことにある。ちなみに、一七九五年に治安判事に賃金を固定する権限を与えるという最低賃金裁定法案がウィットブレッドによって提出されたが、否決されている。また、スピーナムランド制が賃金低下をまねき労働者を道徳的に堕落させたとする批判については、歴史的に誤りであるとの反論もある（Blaug 1963）。

（4）救貧法の時代も、マルサス思想の影響のもと、シングルマザーは道徳的にスティグマを与えられ劣等処遇を受けていたと、ディーンが指摘している（Dean 1991: 99）。

（5）一九九六年の福祉改革とシングルマザーバッシングそして十九世紀の福祉史を、「個人化による分断統治」という観点から分析したものとして、拙稿、鈴木（2015）を参照。

文献

Bentham, Jeremy [1798] 1962 “Outline of a Work entitled Pauper Management Improved,” John Bowring ed., *The Works of Jeremy Bentham*, vol. VIII, New York: Russell & Russell, 369–439.

Blaug, Mark 1963 “The Myth of the Old Poor Law and the Making of the New,” *Journal of Economic History*, 23: 151–84.

Block, Fred and Margaret Somers 2003 “In the Shadow of Speenhamland: Social Policy and the Old Poor Law,” *Politics and Society*, 31（2）: 283–323.

乳原孝 2002『「怠惰」に対する闘い――イギリス近世の貧民・矯正院・雇用』嵯峨野書院

Collins, Jane L. 2007 “The Specter of Slavery: Workfare and the Economic Citizenship of Poor Women,” Jane L. Collins, Micaela di

Leonardo and Brett Williams eds., *New Landscapes of Inequality*, Santa Fe: School for Advanced Research Press, 131-53.

Dean, Mitchell 1991 *The Constitution of Poverty: Toward a Genealogy of Liberal Governance*, London: Routledge.

Geremek, Bronisław 1989 *Litość i szubienica: dzieje nędzy i miłosierdzia*, Warszawa: Czytelnik.（=1993 早坂真理訳『憐れみと縛り首――ヨーロッパ史のなかの貧民』平凡社）

Hobhouse, Leonard T. 1911 *Liberalism*, Oxford: Oxford University Press.（=2010 吉崎祥司監訳『自由主義――福祉国家への思想的転換』大月書店）

Malthus, Thomas Robert [1798] 1986 *An Essay on the Principle of Population as it Affects the Future Improvement of Society: With Remarks on the Speculations of Mr. Godwin, Mr. Condorcet, and Other Writers*, E. A. Wrigley and D. Soudeen eds., *The Works of Thomas Robert Malthus*, vol. 1, London: William Pickering.（=2011 斉藤悦則訳『人口論』光文社）

――― [1803-26] 1992 *An Essay on the Principle of Population; or A View of its Past and Present Effects on Human Happiness; With an Inquiry into Our Prospects Respecting the Future Removal or Mitigation of the Evils which it Occasions*, Selected and Introduced by Donald Winch, Cambridge: Cambridge University Press.（=1985 大淵寛ほか訳『人口の原理〔第6版〕』中央大学出版部）

Marx, Karl [1844] 1964 "Kritische Randglossen zu dem Artikel: 'Der König von Preußen und die Sozialreform. Von einem Preußen,'" *Marx-Engels-Werke*, Bd. 1, Berlin: Dietz Verlag, 392- 409.（=1959 鎌田武治・長洲一二訳「論文『プロイセン国王と社会改革――一プロイセン人』にたいする批判的論評」『マルクス＝エンゲルス全集』第1巻 大月書店：429-446）

――― [1867] 1962 Das Kapital: Kritik der Politischen Ökonomie, Erster Band, Buch I: Der Produktionsprozeß des Kapitals, *Marx-Engels-Werke*, Bd. 23, Berlin: Dietz Verlag.（=1965 岡崎次郎訳「資本論」『マルクス＝エンゲルス全集』第23巻b 大月書店）

大辻千恵子 2003「ジェンダー化・人種化される貧困の記憶――一九九六年福祉改革法とアメリカ合衆国社会」都留文科大学比較文化学科編『記憶の比較文化論――戦争・紛争と国民・ジェンダー・エスニシティ』柏書房：273-317

Polanyi, Karl, [1944] 2001 *The Great Transformation: The Political and Economic Origins of Our Time*, Boston: Beacon Press.（=2009 野口建彦・栖原学訳『［新訳］大転換』東洋経済新報社）

Poynter, John Riddoch 1969 *Society and Pauperism: English Ideas on Poor Relief, 1795–1834*, London: Routledge & K. Paul.

Ravallion, Martin 2011 Awareness of Poverty over Three Centuries, VOX CEPR's Policy Portal.（二〇一五年三月一八日取得 http://www.voxeu.org/article/poverty-enlightenment-awareness-poverty-over-three-centuries）

重森臣広 2000「ベンサムの救貧事業論――その営利化と規律主義をめぐって」立命館大学政策科学部『法學新報』107（3/4）：221-254

Spicker, Paul 1984 *Stigma and Social Welfare*, London: Croom Helm.（＝1987 西尾祐吾訳『スティグマと社会福祉』誠信書房）

鈴木宗徳 2015「道徳による貧困層の分断統治――一九世紀福祉史と個人化」鈴木宗徳編『個人化するリスクと社会――ベック理論と現代日本』勁草書房：221-255

渡会勝義 1997『マルサスの経済思想における貧困問題』一橋大学社会科学古典資料センター Study Series No. 38

―――― 1999「古典派経済学と貧困問題」西沢保・服部正治・栗田啓子編『経済政策思想史』有斐閣：43-60

Weber, Max 1920 *Gesammelte Aufsätze zur Religionssoziologie*, Bd. 1., Tübingen: J.C.B. Mohr（Paul Siebeck）.（＝1989 大塚久雄訳『プロテスタンティズムの倫理と資本主義の精神』岩波書店）

―――― 1923 *Wirtschaftsgeschichte: Abriß der universalen Sozial- und Wirtschaftsgeschichte*, München/Leipzig: Duncker & Humblot.（＝1955 黒正巌・青山秀夫訳『一般社会経済史要論』岩波書店：下巻）

第六章　新自由主義をいかに批判すべきか

――フーコーの統治性論をめぐって

佐々木隆治

はじめに

カール・マルクスの「哲学者たちはただ世界を解釈してきただけであり、肝心なのは世界を変革することである」（Marx 1998: 21）という有名なテーゼにもかかわらず、理論の実践的意義について真剣に思考されることがどれほどあるのか、疑わざるをえない現状がある。現実を解釈し、現実を糾弾することはときに実践的行為として有益でありうるが、けっして実践的に有効な理論的営みではない。理論の役割は、現実の糾弾によって人々の情動を動員することにではなく、現実的諸関係の分析をつうじて、変革実践の条件と可能性を明らかにし、より具体的な変革戦略について思考するための理論的基礎を与えることにある。人々の情動を動員し、特定の言説のもとに節合するヘゲモニー戦略は、この理論的基礎のうえで思考されなければ、有効なものとはなりえない。このことはまた、日本における新自由主義をめぐる議論にも妥当するように思われる。

新自由主義は、欧米ではすでに七〇年代から流通していた概念であったが、日本では、中曽根政権の「臨調・行革」にもかかわらず、社会統合形態の特異性もあり、その普及は大幅に遅れた。それでも、九〇年代半ばから、既存の日本型大衆社会統合を解体・再編成する動きが進むにつれ、徐々に新自由主義にたいする批判が語られるようになった。そして小泉政権時代には、「構造改革」と現実の格差や貧困の拡大とともに、左派論壇において定着するに至った。

このような新自由主義概念の定着は、一面では、日本でも九〇年代以降、急速に進められた一連の規制緩和・民営化・公的支出削減政策を一括し、既存の大衆社会統合の解体及び再編成として把握することを可能にしたという点で、理論的に大きな意味を持った。それは、実践的にも、学問的世界とコアな活動家層という狭い範囲であったとはいえ、大衆社会統合の親市場的な再編成に反対するあらゆる人々を節合するヘゲモニー的言説として機能した。

だが、他方、このような新自由主義概念の定着は、一部の人々において、ある種の思考停止ともいうべき態度を生み出すことになった。すなわち、政府の各種審議会や財界が提起する、既存の社会統合に反する（あるいは反するように見える）諸政策を、その現実的意義ないし効果を詳細に検討することなく、十把一絡げに「新自由主義」というレッテルを貼り、「批判」するといったような態度である。誤解を恐れずに言えば、このような思考様式は、現実の諸問題を的確に分析し、有効な運動戦略や政策について検討するための妨げになっているように思われる。

だとすれば、いま必要なのは新自由主義についてのよりラディカルな分析であり、批判であろう。その際、われわれが参照軸の一つとすることができるのは、新自由主義を広い歴史的視野から近代の統治戦略として分析したミシェル・フーコーの議論である。フーコーによれば、「批判とは、物事が現状において良くない、と言うことのうちにあるのではない。そうではなく、受け入れられているさまざまな実践行為は、いかなる種類の明証性や慣習性に基づいているのか、そして、獲得され改めて反省されることのないような、いかなる思考様式に基づいているのか、ということを見極めることこそが批判」である（Foucault 1994: 180）。まさに新自由主義の批判において求められているのも、「物事が現状において良くない」という批判ではなく、受け入れられている実践行為にひそむ明証性、慣習性、思考様式を見極めることなのである。本稿では、こうしたフーコーの新自由主義論を手がかりにして、新自由主義、そして既存の新自由主義「批判」の陥穽について考察していきたい。

1　近代の統治戦略としての新自由主義

ミシェル・フーコーは一九七九年に行われたコレージュ・ド・フランス講義『生政治の誕生』において（Foucault 2004b）、例外的に「現代史の領域」に立ち入り[1]、新自由主義についての詳細な検討を行った。このフーコーの先駆的な新自由主義分析は、現在でもアクチュアリティに富んでおり、様々な論者によって言及されている。

たとえば、佐藤嘉幸は、ナンシー・フレイザーの論文を参照しつつ、七〇年代の福祉国家の危機を境にして、テイラー主義やケインズ主義的福祉国家とリンクする形で機能してきたフォーディズム的統治から、グローバル化した多層的システムと社会的なものの解体によって特徴付けられるポスト・フォーディズム的統治に移行したと捉え、フーコーの新自由主義論を「ポスト・フォーディズム的統治性の分析の先駆け」として位置づけている（佐藤 2009）。佐藤の整理によれば、フーコーは七〇年代前半に書かれた『監視と処罰』において主体を規範化する規律権力、「巨大な出口なき社会包摂の装置」について分析していたが、七〇年代後半から始まる福祉国家的統治から新自由主義的統治への転換を前にして、生をまるごと対象とする生権力へと分析の重点を移していったということになる。このような理解は、佐藤にかぎらず、ドゥルーズやネグリにもみることができ、なかば通説化した整理の仕方だと言えるだろう。

このような整理は、たしかに、フーコーの関心の移行についての一つの解釈ではあろう。とはいえ、福祉国家的統治（規律権力）から新自由主義的統治（生権力）へという「転換」にだけ注目するなら、フーコーの新自由主義論がもつ豊かな理論的含意を一面化してしまうおそれがある。というのも、フーコーが『生政治の誕生』において注目しているのは、むしろ、十八世紀以来の自由主義と一九三〇年代から始まる新自由主義との連続性と差異だからだ。この文脈を捨象し、規律権力か、生権力かというように狭く問題を立ててしまうなら、フーコーの新自由主義論の核心を見誤りかねない。

フーコーは、この講義において、前年度の講義で論じた国家理性の問題から出発する。国家理性とは「十六世紀のあいだに構成された統治のための新たな合理性」であり（Foucault 2004b: 6）、それによって秩序づけられた統治は「重商主義、内政国家、ヨーロッパのバランス」という具体的姿態をとる（Foucault 2004b: 7）。中世の統治者たちが他のすべての国家にたいして帝国的な地位を占めることを目指していたとすれば、十七世紀の国家は「自らに固有の目標において自己制限を行い、自らの独立と自らの力のある種の状態を確保して、他の国々の総体に対し、あるいは隣国に対し、あるいは他の国々のうちの最強国に対して、決して劣らないようにする」ことを目指す（Foucault 2004b: 8）。このような「外的な自己制限こそが、十七世紀の外交的かつ軍事的な諸機構の形成において表明されるようなものとしての国家理性を特徴付ける」のである（Foucault 2004b: 8）。ウェストファリア条約以降、国家の外交及び軍事政策は、このような、国家のあいだの競争という原理、外的な自己制限という原理によって秩序づけられることになる。

他方、このような国家理性にもとづく統治の国際的関係における自己制限は、内政における無制限性をその相関物とした。というのも、他の国家との絶えざる競争のなかで均衡状態を維持し続けるには、統治者は臣民たちの様々な経済活動に介入し、それらを統治のために動員しなければならないからだ。十六世紀及び十七世紀において、このような内政国家として具現した国家理性は、自然権や自然法をめぐる議論に示されているように、法権利によって外在的に制限を課され、ある種のバランスを保っていた。

ところが、フーコーによれば、以上のような統治のあり方は、十八世紀以降、大きな変容を遂げることになる。この新たな統治にたいする制限は、もはや法権利のような統治にとって外在的な原理によってなされるのではなく、内在的な原理によってなされる。このような統治理性の自己制限を可能にする知的道具こそが経済学political economyにほかならない。経済学political economyは、法権利のように国家理性の外部においてではなく、国家の富裕化という目標において形成され、統治を統治自身の原理にもとづいて内在的に調整するための知的媒介として現れたのである。ここにおいて、国家理性の統治は国内的な無制限の介入によってではなく、むしろできるだけ少なく統治することによってより大きな支配力を実現しようとする統治へと転換する。

もちろん、このような統治の転換は、経済学political economyそのものによって可能になったのではない。十八世紀において、市場そのものが自然的メカニズムとして現れることによって可能になったのである。ここでは、市場はそれ以前のように公正さによって規制される「法陳述の場」ではなく、むしろそれ自身の自律的なメカニズムによって「自然価格」を形成し、需給関係を調整するものとなり、そのようなものとして「真理陳述の場」を構成する。このような市場こそが、「よい統治とはもはやただ単に公正な統治のことではな」く、「統治がよい統治となりうるためにはいまや真理にもとづいて機能しなければならなくなる」という事態をもたらすのである（Foucault 2004b: 34）。統治は、いまや法権利によって外的に制限されるのではない。市場のダイナミクスを活用するという有用性の観点から内的に調整され、制限されるものとなる。こうして、「有用性の観点からの公権力の調整の方が根源的法権利の観点からの主権の公理系にたいして優位に立つ」(Foucault 2004b: 44)。

フーコーによれば、以上のような、自然的メカニズムとしての市場とともに成立する新たな統治こそが、自由主義的統治なのである。したがって、ここでいう自由主義とは、個人の自由を尊重するような法的枠組みを統治に与えるということを意味するのではない。市場のメカニズムを認識し、尊重するために統治を制限し、調整することを意味するのである。この統治が自由主義と呼ばれるのは、まさにこのような統治にとって、市場の自由、売買の自由、所有権の自由な行使、場合によっては表現の自由といったものが必要になるからにほかならない。その意味で統治は自由を保証したり、統治の余白を残したりするのではない。むしろ、統治は自由を消費しようとするのであり、この消費対象たる自由をたえず生産し、組織化しようとする。「新たな統治術は、自由を運営するものとして自らを提示する」のである(Foucault 2004b: 65)。自由の生産にあたってはたえず安全にたいする考慮が払われなければならず、経済プロセスの自由が企業の危険となったり、労働者の自由が企業や生産にとっての危険となったりしないような運営が求められる。

ところが、このような自由の運営は自由にとって逆説的な事態を招来する。危険を回避するために自由を運営する統治は、フーコーが『監視と処罰』で詳論したような、生産的でありながら従属する主体を生み出すための規律のテクノロジーを要請するにとどまらず、福祉国家的ないしケインズ主義的な市場介入をも要請するからである。すなわち、社会主義やファシズムへの移行によって自由が減少するのを回避するための経済介入のメカニズムが、自由を破壊する効果を生み出してしまうという逆説である。このような逆説は、はやくも一九二〇年代に知識人たちのあいだに反国家主義ないし国家嫌悪とも呼ぶべき態度を生み出すことになる。

新自由主義が登場するのは、ここである。フーコーは、ドイツのオルド自由主義を参照しつつ、新自由主義を、自由を運営するために自由を脅かす経済介入の増大を徹底的に批判し、むしろ国家の正当性を経済的自由によって基礎づけようとするものとして把握する。

現代ドイツにおいて、経済、経済的発展、経済成長は、実際には何がしかの主権、何がしかの政治的主権を、まさにその経済を機能させる制度および制度的作用によって生産しています。経済は、自らを保証するものとしての国家のために、何がしかの正当性を生産しているのです。別の言い方をするなら、経済が公法を作り出すということであり、これは、絶対的に重要な現象、おそらく歴史のなかで完全に唯一ではないとはいえ、少なくとも我々の時代における非常に特異な現象です。（Foucault 2004b: 85f）

端的に言えば、新自由主義は、国家によって市場を監視するのではなく、市場によって国家を監視する戦略なのであり、この点で旧来の自由主義と区別される。

国家によって規定され、いわば国家による監視のもとで維持された市場の自由を受け入れる代わりに……オルド自由主義者たちが主張するのは、この定式を完全に反転し、市場の自由を、国家をその存在の始まりからその介入の最後の形態に至るまで組織化し規則づけるための原理として手に入れなければならない、ということです。つまり、国家の監視下にある市場よりもむしろ、市場の監視下にある国家を、というわけです。（Foucault 2004b: 120）

こうして、市場のダイナミクスを活用するために自由を運営する統治、あるいは、自由の生産にともなう危険を回避するために市場を監視する統治は、むしろ市場の自由によって国家による介入を監視する統治へと変貌する。ここでは、国家による政策的ないし制度的介入は、自由がもたらす危険を回避するためにではなく、むしろ市場の自由を脅かす危険を回避するためになされる。そして、そのような介入を行う国家の正当性は、その介入がいかに市場の自由を増大させ、そのダイナミクスを活性化させたかによって担保されるのである(2)。

したがって、新自由主義的統治における政策的介入ないし制度的介入は、危険を回避するために市場メカニズムの作用を緩和させるような介入ではない。それはむしろ、市場メカニズムが駆動する諸条件に介入し、市場メカニズムのダイナミクスを積極的に増大させようとする。フーコーは、新自由主義的統治が介入の対象とする諸条件の例として、人口、技術、学習と教育、法体制、土地の使用権、気候などを挙げている。市場メカニズムのダイナミクスのために物質的、文化的、技術的、法的な基盤を変容させること、これこそが新自由主義の制度的介入の特質をなすのである。このような介入によって、社会領域全般に企業の形式、すなわち資本の形式が浸透していき、誰もがあたかも資本の人格的担い手であるかのように振る舞う実践的態度が定着していく。さらに、このような観点から社会政策もまた、たんに自由の危険を回避するものから、自由のダイナミクスを損なうことなく、むしろそれを促進するものへと変容させられる。たとえば、社会政策の保険化、民営化、そしてシカゴ学派によって主張された負の所得税などである。

このような新自由主義的統治は、市場の自由を運営するというより、それを取り巻く諸条件を市場のダイナミクスに従属させるような介入なのであるから、統治にとっての危険の増大を招くように見える。だが、他方、まさにそのような介入によって市場の力が増大し、資本の人格的担い手としての振る舞いが社会領域全体に浸透することにより、そのような介入自体が正当化されるのである。ここに、新自由主義的統治が成立する根拠がある。たとえば、フーコーは、ゲーリー・ベッカー（「アメリカ新自由主義者たちのなかでもいわば最もラディカルな人々」（Foucault 2004b: 273））の人的資本論を参照しつつ、次のように述べている。

ホモ・エコノミクス……それは自由放任の主体もしくは客体です。いずれにしてもそれは、自由放任をその規則とするような統治が相手とする者です。そしてここに、今や、私が述べたようなものとしてのベッカーの定義において、現実を受容する者としての、あるいは環境の可変項における変容に対して体系的に反応する者としてのホモ・エコノミクスが、まさしく扱いやすい者として、つまり、環境のなかに人為的に導入される体系的な変容にたいして体系的に反応する者として現れます。ホモ・エコノミクス、それは、すぐれて統治しやすい者です。自由放任にとっての触知不可能な相手としてのホモ・エコノミクスが、今や、環境にはたらきかけて環境の可変項を体系的に変容させる一つの統治性にとっての相関物として現れるのです。（Foucault 2004b: 274）

以上が、フーコーが『生政治の誕生』において述べた新自由主義論の概説である。この簡潔な概説からでも、「福祉国家（規律権力）から新自由主義（生権力）へ」という図式によってフーコーの新自由主義論を理解することの一面性がわかるはずである。フーコーの議論によれば、自由主義と新自由主義の差異は規律権力と生権力との差異に還元できるようなものではない。むしろその差異は、フーコーが規律権力や生権力などと呼んできたものがいかなる統治戦略において位置づけられ、作動しているかという点に求められなければならない。自由主義のようにたんに政策的ないし制度的介入によって市場の自由を保証するだけでなく、市場の自由を保証する国家の正当性を市場の自由によって基礎づけるということ、これこそが新自由主義の種差をなすのである。

このような統治性の観点からする新自由主義の分析においては、あきらかに市場と権力の作動との関係に重点が置かれている。すなわち、市場のダイミクスを活用するための権力の作動の戦略が問題となっている。新自由主義的統治においては自由主義よりも弱い（あるいは強い）介入がなされるとか、それとは異なる介入がなされるということだけが問題なのではない。むしろ、その介入の正当性が市場の力によって裏付けられるという点こそが決定的なのである。ところが、ポストモダン的枠組みに影響をうけた通俗的な図式において注目されるのは、むしろ政策や介入そのものである。ここでは、そうした政策や介入がどれだけ市場ないし資本にとって有益なのか、またそれと関連して、どのような権力のテクノロジーがそこで作動しているのか、といった問いに関心が集中してしまい、そもそものような新たな介入様式や権力の作動様式がいかなる統治戦略において可能になっているのか、という問いは等閑視されてしまう。

そもそもフーコーが統治性という概念を提出したのは、近代において成立している支配的秩序を、国家という制度やその機能に還元することなく、ミクロな権力の作動によって理解するためであった（Foucault 2004a: 120f）。いわば制度中心主義にたいする批判が含意されている概念なのである。通俗的類型化論のもとで安易に特定の権力のテクノロジーを特定の制度と結びつけるのなら、国家制度の外に出るために統治性の概念を考案したフーコーの方法に真っ向から反することになってしまう。フーコーの統治性論に賭けられているのは、「近代国家を一般的な権力テクノロジーのなかに置きなおし、その権力テクノロジーこそが近代国家の変異・発展・機能を確保したとすることはできるか」という問い、あるいは、「精神医学にとっての隔離技術、刑罰システムにとっての規律的技術、医学制度にとっての生政治のように、国家にとっての『統治性』といったものを語ることができるか」という問いなのであり（Foucault 2004a: 124）、このような観点から新自由主義的統治の種差性を市場のダイナミクスとの関連で明らかにしたこと、ここにフーコーの新自由主義論の核心的意義が存するのである。

2　制度主義的批判の陥穽と新自由主義の力の源泉

フーコーは『生政治の誕生』において、新自由主義は経済学的には自由放任の再来であり、社会学的にはマルクスが『資本論』で告発した商業社会そのものであり、政治的には「よりひそかに行われ新自由主義の諸側面の下に隠されることによっていっそう重くのしかかるような介入を覆い隠すもの」であるとする単純な見方を斥けている（Foucault 2004b: 135）。現在でも、デヴィッド・ハーヴィーをはじめとして（ハーヴェイ 2007）、「新自由主義はイデオロギー的には徹底した市場原理主義を主張するが、実際には強力で過酷な国家介入を伴うものなのだ」という議論が少なくないが、このようなタイプの議論をフーコーはすでに一九七九年の時点で批判していたのである(3)。

ハーヴィーのようなタイプの議論は、どれほど詳細に市場外的要素を考慮しようとも、どれほど高度な経済地理学上の概念を駆使しようとも、その問いの立て方に引き摺られ、制度主義的見地へとたえず引き寄せられてしまう。つまるところ、新自由主義の力の源泉はどこにあるのか、という問いに答えることができず、様々な制度や諸要素の複雑な絡み合いを提示するだけに終わってしまう。ただ情動的に新自由主義を糾弾したり、学者風に額に皺を寄せて深刻ぶったりするだけなら、このような分析でも構わないだろう。しかし、実践的に真剣に新自由主義的統治に立ち向かおうとするなら、このような制度主義的分析だけでは途方に暮れてしまうことになる。せいぜい新自由主義を恣意的に特定の制度や政策に還元し、それらの制度や政策を変革することを戦略目標とすることができるくらいであろう(4)。

この点で、フーコーの分析はわれわれにとって遙かに有益である。近代の統治は一般に市場の力を活用する統治であるが、新自由主義においては統治がたんに市場の力を活用するという観点から内在的に調整されるのではなく、むしろ、統治が市場の力によって基礎付けられるということ、市場の力を増大させるために市場外的要素を市場の論理に合致するように制度的に媒介し、こうして増大した市場の力にもとづいてあらゆる社会領域にホモ・エコノミクスの原理を浸透させ、人々を「すぐれて統治しやすい者」に変容させるということ、それによって、そのような統治そのものを正当なものとして通用させるということ、これらのことをフーコーは明らかにしている。端的に言えば、フーコーは新自由主義の力の源泉が、国家や諸々の制度にではなく、なによりも市場の力にあることを示しているのである。だとすれば、われわれが新自由主義的統治に立ち向かうためには、根源的には市場の力そのものに立ち向かわなければならず、この市場の力に対抗する戦略とは何か、ということが思考されなければならない。

だが、われわれはここで、はたと立ち止まる。では、フーコーのいう「市場の力」とは何なのか、さらには、市場の力それじたいの源泉は何なのか、と。フーコーは、この点についてほとんど触れていない。フーコーは経済学者たちが市場をどのように理解したのか、そのように理解された市場がどのような仕方で統治戦略に組み込まれているのか、その際どのような仕方で権力が作動しているのか、などといったことにたいしては詳細な分析を行っているが、市場そのものにたいする分析は行っていない。これは明らかに権力のテクノロジー、そしてそれが作動する際の戦略を問題にするというフーコーの方法論的な制約に起因している。というのも、対象を固定して分析するのではなく、むしろ諸対象を横断する権力のテクノロジーについて分析することによって、制度主義的問題構成を回避するという彼の系譜学的方法からして、市場や国家それじたいを主題的な考察対象とすることはできないからだ。

ここでわれわれは、新自由主義は『資本論』で告発されたたんなる商業社会とは異なるというフーコーの指摘にもかかわらず、『資本論』に立ち返らなければならない。なぜなら、マルクスはフーコーと同様に、近代において成立している支配的秩序を、制度や主体の意識に還元することなく、分析しようとしたからであり、そうであるにもかかわらず、全面化した市場システム、すなわち資本主義的生産様式を対象とした経済学批判を遂行し、市場の力の源泉を明らかにしたからである。では、マルクスは、権力や統治という概念を用いずして、あるいは系譜学的方法を用いずして、いかにして制度主義を回避するのであろうか。このとき鍵となるのが、経済的形態規定という概念にほかならない(5)。

マルクスは、『資本論』冒頭の商品章において、人々が私的労働によって社会的分業を成立させる社会においては無意識のうちに彼らの意志や欲望から独立した経済的形態規定を生み出し、この経済的形態規定に枠づけられながら行為し、思考せざる得ないことを明らかにした（Marx 1987）。このような形態規定こそが、価値であり、価値形態であった。共同体的な人格的紐帯が存在せず、私的労働をする社会では、抽象的人間的労働の社会的性格、すなわちその労働が社会的総労働の一部分を費やして行われた労働であるという社会的性格を直接に考慮することができないので、抽象的人間的労働の社会的性格は生産物の価値という形態において間接的に表示されざるをえず、私的労働の生産物は商品となる。さらに、このような商品の価値性格は純粋に社会的なものであり、不可視であるので、他の商品との関係によって表現されなければならない。このとき、自らの価値を表現する商品は他商品に直ちに自分と交換することができるものであるという形態規定、すなわち等価形態を与えることによって、それを価値として直接に通用することができる価値体とし、この価値体によって自らの価値を表現しなければならず、そのようなものとして相対的価値形態をとらなければならない。しかも、あらゆる商品が価値として互いに関連し合うためには、あらゆる商品が自分たち以外の一つの商品にたいして一般的等価形態を与えるという、一般的価値形態をとらなければならない。一般的等価形態が金に癒着すると貨幣になり、商品の価値は価格という形態を受け取る。

このような経済的形態規定は、人々じしんが生み出すものでありながら、彼らが私的労働をするかぎり無意識のうちに「本能的」に形成され、むしろ彼らの意識的活動や欲望のあり方を規定する。たとえば、人々の欲望は価値や一般的等価形態によって変容させられ、価値、あるいはその体化物である貨幣にたいする限度なき欲望が現れる。人々の人格的紐帯によって成立していた、占有の社会的承認としての所有は、互いを物象（ここでは商品ないし貨幣）の人格的担い手として承認しあうことによって成立するものになり、物象に依存する排他的な所有へと変容する。さらに、賃労働によって自己増殖する価値としての資本が成立すると、労働様式じたいが資本のもとへの労働の実質的包摂によって変容させられていく。こうして、私的労働と賃労働という特殊な労働形態が生み出す形態規定は、われわれの欲望のあり方、経済的承認関係、労働様式、ひいては人格性そのものを形態に適合するように変容させてしまう。(6) それとともに、物象の人格化としての自由、平等、所有こそが本来の自由、平等、所有であると錯覚するホモ・エコノミクス幻想も深々と社会に定着する。資本主義的生産様式において人々を従属させる力は、なによりもまず特定の労働形態が生み出す経済的形態規定の力なのであり、経済的形態規定を受け取った物象の力なのである。

このような経済的形態規定の力は、明らかに制度から説明できるようなものではない。もちろん、形態規定の力は制度によって補完され、媒介されなければならない。たとえば物象の力にもとづく所有権は、法律的な保証や、警察や監獄、司法などの諸々の制度の媒介がなければ十全に機能しえないだろう。貨幣にしても、国家による度量基準の統一や鋳貨の鋳造がなければ、その機能を果たすことはできない。しかし、だからといって、この事実だけに固執して、むしろ近代的所有や貨幣が制度じしんの産物であると考えるならば、それは制度物神とでも呼ぶべき一つの転倒であろう。なぜなら、ここでの制度は、形態規定の力が物象の人格化をつうじて素材的世界を包摂し変容していく際になお残る矛盾や軋轢を媒介し、調整することはできるが、形態そのものの力を産出することはできないからだ(7)。制度が可能なのはせいぜい形態を産出するための条件の形成を媒介することにすぎない。経済的形態規定そのものはあくまで特定の労働形態によって産出されるのである。

なるほど、フーコーが言うように、新自由主義は資本主義的生産様式とイコールではない。同じ資本主義的生産様式のもとでも異なった統治戦略が可能であり、どのような統治戦略が有効であるかは資本蓄積の進展の程度、物象の力の社会への浸透度、さらには経済的形態規定が包摂する素材的対象の変化など様々な要因に依存する(8)。フーコーは詳論していないが、新自由主義的な統治も、自由の運営による自由の破壊の危険の増大によって直ちに有効性をもったのではない。たしかに、それは自由の運営への危機感を経済学者や社会学者たちに呼び起こし、はやくも一九三〇年代に新自由主義の理論やそれにもとづく統治戦略を生み出し、部分的に適用されていったが、六〇年代までは依然として自由主義の統治戦略が主流であった。では、新自由主義の全面化を可能にしたのはなにか。一般に言われるように、現実資本の蓄積の停滞を背景とした経済危機が自由主義的統治をいっそう困難にしたという事情だけではない。他方で、高度成長期のフォーディズムによって商品経済が深く浸透し、物象の力が強固に確立されていたからにほかならない。このような物象の力があったからこそ、物象の力を増大させる介入をおこなう国家を物象の力そのものによって支え、正当化するという新自由主義的統治の全面化が可能になったのである(9)。

したがって、フーコーが明らかにした新自由主義的統治への対抗は、何よりもまず、市場の権力、物象の力にたいする対抗でなければならない。新自由主義的統治のもとで物象の力が全社会領域に浸透し、それを変容させるものであるかぎり、あらゆる社会領域が闘争の場となりうる。だが、この物象の力、経済的形態規定の力が特定の労働形態によって生み出されているかぎり、どれほど迂遠にみえようと、労働運動こそが決定的である。賃労働者の企業横断的なアソシエーション運動こそが、私的労働及び賃労働という労働形態に抗い、物象の力を抑制することができる。晩期マルクスが資本主義への対抗戦略を先進資本主義国の労働運動と前近代社会の共同体の生命力との結合にみたように(10)、新自由主義的統治への対抗戦略は物象の力を弱め廃絶する労働運動と、物象の力の浸透を可能な限り防ぎ、抑制する新しい社会運動との結合に見いだされなければならないだろう。

注

（1）Foucault（2004b）の日本語訳（2008）の訳者解説を参照。

（2）クライン（2011）は、経済外的強制がいかにして市場の論理によって正当化されるかを示している。たとえば、新自由主義的ショック療法を強行したエリツィンは非常事態宣言を発令したばかりか、最終的には議会を武力攻撃し、死者五〇〇人もの被害が出た。それにもかかわらず、西側諸国はエリツィンを自由と民主主義のために真に尽力する進歩主義者として歓迎したのである。

（3）筆者による詳細なハーヴィー批判は佐々木（2012）を参照。

（4）制度的介入への反発が統治への有効な対抗となるとはかぎらない。ハーヴェイ（2007）も指摘するように、福祉国家のもとでの規律的体制への反発は一面では新しい社会運動を生み出したが、他面では、新自由主義の統治戦略に取り込まれ、その統治を正当化する役割も果たした。問われなければならないのは、制度的介入と統治戦略との関連なのである。

（5）Hirsch（2005）は、『資本論』の解釈に依拠しつつ、社会的形態規定の性格を制度との関連で次のように特徴付けている。「社会的形態という概念は社会的な構造――社会編成化様式――と行為とを、ひいては制度と行為とを媒介する連関のことを示している」（Hirsch 2005: 41）。なお、ヒルシュのいう社会的形態規定には経済的形態規定のみならず、政治的形態規定も含まれる。国家導出論争において練り上げられた後者の概念は、経済的形態規定と同様に、制度主義を回避しながら国家について考察するための鍵概念である。この概念についてはHirsch（2005）及びHolloway and Picciotto（1978）を参照。

（6）平子（1979）の物化論は、このような形態規定と素材との癒着、絡み合いについて明らかにしたという点で、物象化論をめぐる議論を決定的に前進させるものであった。

（7）この点についての詳細は、佐々木（2013）を参照。なお、Hirsch（2005）はギデンズの構造化理論を参照しつつ、形態と制度の関係を次のように特徴付けている。「社会的形態は社会的行為との関連において、諸個人が従う一般的で構造的な知覚と振る舞いの方向性を規定するのであるが、そうした知覚や振る舞いの方向性は同時に諸個人の行為によって再生産される。……こうした一般的な知覚の形態や振る舞いのひな形は社会的制度において具体化される。……制度は社会的な振る舞いを方向付け、調整するのである」（Hirsch 2005: 40）。「制度化の過程は恣意的に進展するのではなく、むしろ『形態が生む強制』に服している」（Hirsch 2005: 43）。

（8）したがって、制度化の具体的様態は、物象と素材的世界との矛盾によって一義的に規定されるのではなく、諸々の軋轢や矛盾のなかで、「様々な行為主体の戦略の結果」として生み出される（Hirsch 2005: 42f）。

（9）逆に言えば、そのような商品経済化が不十分であった国における新自由主義の導入は暴力的な形態を取らざるを得なかったということでもある。クライン（2011）におけるチリ、ロシア、中国の例を参照。

（10）晩期マルクスの変革戦略についてはAnderson（2010）及び同書日本語訳の訳者解説（平子友長、隅田聡一郎執筆）を参照。

文献

Anderson, Kevin 2010 *Marx at the Margins: On Nationalism, Ethnicity and Non-Western Societies*, Chicago: The University of Chicago Press.（=2015 平子友長監訳『周縁のマルクス――ナショナリズム、エスニシティおよび非西洋社会について』社会評論社）

クライン、ナオミ 2011『ショック・ドクトリン――惨事便乗型資本主義の正体を暴く』幾島幸子・村上由見子訳 岩波書店

Foucault, Michel 1994 *Dits et écrits 1954–1988 IV*, Paris: Gallimard.（=2001 蓮實重彦・渡辺守章監修／小林康夫・石田英敬・松浦寿輝編『ミシェル・フーコー思考集成Ⅷ――1979–1981 政治／友愛』筑摩書房）

―――― 2004a *Securité, territoire et population: Cours au Collège de France*（*1977–78*）, Paris: Gallimard/Seuil.（=2007 高桑和巳

訳『安全・領土・人口――コレージュ・ド・フランス講義1977-78』筑摩書房）

――2004b *Naissance de la biopolitique: Cours au Collège de France*（*1978-79*）, Paris: Gallimard/Seuil.（=2008慎改康之訳『生政治の誕生――コレージュ・ド・フランス講義1978-79』筑摩書房）

ハーヴェイ、デヴィッド 2007『新自由主義――その歴史的展開と現在』渡辺治監訳 作品社

Hirsch, Joachim 2005 *Materialistische Staatstheorie: Transformationsprozesse des kapitalistischen Staatensystems*, Hamburg: VSA-Verlag.

Holloway, John and Sol Picciotto（eds.）1978 *State and Capital: A Marxist Debate*, London: Edward Arnold（Publishers）Ltd.

Marx, Karl, 1987 *Marx-Engels Gesamtausgabe II/6*, Berlin: Dietz Verlag.

――1998 *Marx-Engels Gesamtausgabe IV/3*, Berlin: Akademie Verlag.

佐々木隆治 2012「資本主義批判としての『ショック・ドクトリン』――ハーヴェイの資本主義論との比較をつうじて」『唯物論研究年誌』17号

――2013「資本主義的生産様式とは何か――新自由主義のラディカルな批判のための試論」『唯物論』87号

佐藤嘉幸 2009『新自由主義と権力――フーコーから現在性の哲学へ』人文書院

平子友長 1979「マルクスの経済学批判の方法と形態規定の弁証法」岩崎允胤編『科学の方法と社会認識』汐文社

第七章　この世界を批判する主体はいかにして成り立つか
――アーレントの観察の条件

阿部里加

1　観察をめぐる議論を読み解く

現代世界においてわれわれが直面している危機や脅威の多くは目に見えない。また見えていても、われわれは見えないふりをし、ただの傍観者でいられる。ハンナ・アーレントが観察者（spectator）を通じて示そうとしたのは、当事者意識の欠いた傍観者とは異なる能動的な批判的主体であるだろう。アーレントにおいて観察の意味は、政治と哲学、〈活動的生活（Vita activa）〉と〈観照的生活（Vita contemplativa）〉の双方に跨っているため、それらの理論的つながりを理解する必要があるが、このつながりは、観察を形成する概念の布置を確認することで考察可能になると思われる。

本稿では、まず、観察について先駆的研究を行っている小山花子の議論（小山 2012）のうち、「行為者と観察者の関係」と「意図の排除」について、アーレントがどのような議論をしているか読み解くことで批判的に検討する（2）。ポイントとなるのは、良心（3）および「思考の偽善性」（4）である。これにより小山とは別の角度から観察の意味を考察し（5）、観察者と傍観者の違いを呈示することを試みる。

2　小山による観察者精神の議論

小山は、アーレントの思想の根底に一貫して見られる主張は、不服従に発展する可能性を秘めた観察にたいする熱意とコミットメントであるとし、普通の市民あるいは聴衆の観察者精神（spectatorship）について論じる。筆者の整理では、この観察者精神は「政治のアンチノミーを理解する」ことと「行為者と観察者のせめぎあい」という二つの視点から論じられている。はじめに、それらの議論を概観したうえで問題を提起する。

2-1　政治のアンチノミーを理解する

小山によると、アーレントの政治思想は、行為をめぐって自由と新たな始まりの意味を説く一方で、過去の継承や伝統への服従といった保守的態度にも自由を認めているために矛盾を孕んでいるが、この矛盾は次のように理解できる。すなわち、アーレントは、始まりの場の典型として直接民主主義的な政治が行われていた古代ギリシアのポリスを手放しで賞讃しているのではなく、むしろ、ポリスの限界を指摘し（以下、傍点強調は筆者）、古代ローマ人の政治的才覚と近代の革命を再評価している。ヘラーは、アーレントがある問題や状況においては革命主義者であり、他の問題や状況においては保守主義者であるとしたうえで、「思想解釈者の役目は、矛盾を解決することではなく、矛盾を矛盾として明らかにし、背景にあるものを把握することである」と述べているが、そうした矛盾を把握しようとするアーレントの考察は、無矛盾を原則とする思考（think）や論理的整合性よりも、自由を特徴とする思想

(thought) や意見によって貫かれている (*ibid.*: 35–74)。アーレントの定義では、思考は「私と私自身」の内的対話であり、それら内的二者は行為とむすびつくさいには一者へと解消されるが、これにたいし、思想は内的複数性を保持したまま外在化するため、意見を表明するといった行為のさいに複数性は解消されない。それゆえ、思想こそが政治の矛盾を把握し、政治の良識を形成しうるのであり、観察者の存在意義も、思考ではなく思想の概念に即してはじめて明らかになると小山は主張する。

ところで小山は、アーレントが「ポリスの限界を指摘している」ことに言及しつつも、「ポリスの限界」と観察者の関わりについては明確に論じていない。これは、小山の観察の議論が政治の矛盾を「理解する」ことに力点があり、「理解する」ということを、政治を形成する複数の思想に即して捉えるために、政治と非政治の境界が曖昧になっているためと思われる。筆者の考えでは、観察者の特筆すべき役割は「ポリスを限界づける」ことであり、この論拠は、思想の複数性よりも思考の無矛盾という特性から導出しうる。

2–2　行為者と観察者のせめぎあい

小山の主張で注目すべきは次である。曰く、アーレント思想にみられる政治のアンチノミーをふまえると、彼女の政治観では自由な行為者が特権視され、不自由な奴隷（労働する動物）である非行為者が無視されているというのは一面的な理解である。なぜなら、アーレントのテキストが示唆するのは、行為者が非行為者の注意や関心を得ようとするような、行為者–非行為者の特殊な関係のあり方だからである。特殊な関係とは、行為者と非行為者がせめぎあう関係であり、せめぎあうとは、行為者がみずからの考えや行動を公開することで非行為者の注意を惹き付け、非行為者を政治的・道徳的判断へと誘うということである。すなわち、行為者は非行為者としての観察者を求め、観察者は関心を保持しながら判断を下すことでその求めに応じる。ここに現れる行為者と観察者とのせめぎあいこそが、市民的不服従および政治の劇場的構造を説明可能にする。このせめぎあいが示唆しているのは、公開の抗議活動において、中立的な観察者である非行為者が放送とメディアを通じ積極的に動員され、観察者という新たな階層が出現したということである。新しく出現した観察者とは、小山の説明では、行為者によって政治的道徳的判断へと誘われた非行為者（普通の市民、大衆、労働する動物）をさす。すなわち、マス・コミュニケーションの技術が発達した現代において、市民的不服従を実践する行為者は自身の行動がどう映って見えるかを意識するようになり、他者を先取りするコミュニケーションによって彼らが下す判断を予見しようとする。こうした行為者の、観察者の存在を前提とした観察者への公開性こそが市民的不服従の実践であると小山は述べる（*ibid.*: 97–117）。

　ところで、行為者－観察者のせめぎあいはなぜ起きるのであろうか。「せめぎ（鬩ぎ）あう」とは、互いに恨み争うことであり、互いに相容れないことを意味する。この意味からすると、観察者への公開性を意識した実践に特化する小山の議論は、市民的不服従という政治的行為の形成という点ではポジティブに捉えられるが、他方で、観察者を行為者に惹きつけすぎるがあまり、観察者の独立性や自立性が曖昧になっているように思われる。すなわち、「行為者の観察者への公開性が市民的不服従の形成に寄与する」というのはそのとおりであるが、反対に、観察者が市民的不服従の形成に与しないことの能動的側面もあるであろう。アーレントが現代の政治をめぐって考察しているのは、大衆があるイメージに扇動され惑わされずに判断を下すことはいかにして可能かという点であり、この点を説明するには、観察者への公開性を予見・意識した行為者の実践にはネガティブな側面もある、ということを指摘する必要がある。筆者の考えでは、行為者－観察者のせめぎあいが最も露わになるのは、行為者が観察者に惹かれ、観察者の求めに応じた行為をする場面よりも、行為者にたいして観察者が真っ向から対峙する場面である。この対峙は良心によってもたらされるため看過できない。

3　アイヒマンの「悪い良心」と偽善

ここではアイヒマンの良心が問われる。小山はスーザン・ナイマンを引用しながら、イスラエルの法廷が問うているのはアイヒマンの行ったことであり、彼の人格（Person, Who）や意図がどんなものであったかということには関心がなく、また仮に彼の人格が見られたとしても、それが重要なのではないと述べる。ナイマン曰く、アーレントがアイヒマンの意図や主観性ではなく、彼の行為そのものや罪の客観性に着目するのは、客観性への指向こそが、アーレントが語ろうとしている当のものだからである。この客観性はラディカルな客観性であり、ラディカルということの含意は、アーレントが罪と無実を、意図という主観性の領域に据えることを批判し、意図や主観性、人格を排除しているということである（*ibid.*: 119–137）。

筆者の見るところでは、ナイマンの指摘は的を外している。なるほどアイヒマンの意図や人格は、イスラエルの法廷から見れば排除されるかもしれないが、だからといって、彼において意図・主観性・人格を見いだすことにアーレントが批判的である、とまでは言えない。というのも、アイヒマンが自分の行為について反省するか否かという点に着目したさい、アーレントが細心の注意を払って見ているものこそ、彼の意図や人格、良心だからである。そのさい彼女は、イスラエルの法廷という裁きの場を茶番とすら見做している。また事実として、アーレントは意図と良心にかんし以下の考察を行っているからである。

3―1　規範的良心と個々人の内的良心

良心をめぐってはソクラテスとH・D・ソローが言及される。アーレントは、クリトンによる脱獄のすすめを拒否し、毒杯を仰ぐまでのソクラテスの内面の動きを「私と私自身」、「一者の中の二者（two-in-one）」による内的対話において捉え、これを思考のはたらきとしている。それら内的な二者の関係は敵対的であり矛盾も孕むが、二者は行為へと移行するさいには一者として現れる。『ゴルギアス』のソクラテスは述べる。「世の大多数の人たちが僕に同意しないで反対するとしても、そのほうがまだしも、僕は一人であるのに、僕が僕自身と不調和であったり、自分に矛盾したことを言うよりもましなのだ」（プラトン 1974: 116-7）。この自己矛盾の回避は、ソクラテスが国法に従い、法律への責務を負うためにとられる。「不正を行うかそれとも不正を受けるか、そのどちらかがやむをえないとすれば、不正を行うよりもむしろ、不正を受けるほうを選びたい」（プラトン 1974: 75）。

このように、国の法律に従ったソクラテスとは異なり、ソローは法律そのものの不正に抗議する。ソローは納税拒否や投獄の体験を通じて「市民としての抵抗（resistance）」（「市民的不服従（Civil Disobedience）」）を執筆するが、アーレントによれば、ソローの抵抗は、ソクラテスのように法律にたいする市民の道徳的関係を根拠とするのではなく、個人の良心と良心の道徳的義務を根拠としている（Arendt 1972: 64-65＝2000: 59-60）。この良心に基づく市民的不服従の思想は、ソローが社会から離れてウォールデンの森で過ごし、非政治的な生活を送ることによって形成されており、この確固とした内面を彼は信念としている。

私が確信するところでは、もし千人、と言わず百人が、あるいは、私が名前をあげることのできる十人――たった十人の誠実な人間――が、いやたった一人の誠実な人間が、このマサチューセッツ州で奴隷の所有をやめ、

> 政府との共犯関係からきっぱりと身を引き、そのために郡刑務所に監禁されるならば、そのことが取りも直さずアメリカにおける奴隷制度の廃止となるであろう。（ソロー 1997: 29）

ソクラテスとソローの違いは、良心を国法、つまり規範に従うものとして捉えるか、それとも、国法に抗議し規範を超え出るものとして捉えるかにあり、アーレントの市民的不服従と良心的兵役拒否の区別も、この違いを論拠としている。実際、国家の法や実定法の下での規範的良心を基盤とした市民的不服従は、国家権力にたいする不服従の根拠となりえても、国家を超えたテロルやイデオロギーにたいする不服従の根拠としては不十分であるため、個々人の内的良心が要請される[1]。

しかし、良心をめぐりアーレントが考察している直接の問題とは、個々人において良心がはたらかないとは、どのような内面状態であるのか、それはすなわち、思考がはたらかないことと同義であるのか、であると思われる。

3-2　ソクラテス的思考は偽善に気付かない

良心にかんし無視できないのは、『革命について』で述べられる、ソクラテス的内的対話である。なぜなら、そこでは内的対話の偽善性が指摘されているからである。長いが重要なので引用する。

> ソクラテスとマキャベリの双方が悩まされたのは、嘘ではなく、隠された罪の問題、つまり誰によっても目撃されず、行為者以外は誰にも知られないままになっている犯罪行為の可能性であった。……ソクラテスにとっては、行為者を除いて誰にも「現われ」ない何かが存在するかどうかは真面目な問題であった。ソクラテス流の解

決（solution）は、行為者と見物人（onlooker）がまったく同一の人格に含まれているという驚くべき発見にあった。近代的な個人の同一性とは対照的に、この人格の同一性は単一性ではなく、一者の中の二者の絶えざる往復運動によって形成される。この運動の最高の形態と最も純粋なアクチュアリティは思考の対話の中にあった。……ソクラテス的行為者は……目撃者を自分の内部に持っている。彼がどこへ行こうと、何をしようと、彼は彼の観客を持つ。観客は他の観客と同じく、それ自身が自動的に法廷となり、のちに良心と呼ばれるようになった裁きの場所となる。こうして隠された罪の問題にたいするソクラテス流の解決は、人間によって行われ、しかも「人々と神々よって知られない」ままいられるものは何一つないとすることであった。注意しなければならないのは、そうしたソクラテス的枠組みのなかでは、偽善（hypocrisy）の現象を気付かせる可能性がほとんど存在しないということである。（Arendt [1963b]1990: 102–3＝1995: 151–2）

ソクラテスにおいて、行為者はつねに見物人や観客から見られており、裁判の法廷に立たされているのと同じ状態にある。これは小山の「行為者は非行為者（観察者）を前提にしている」という指摘に重なる。だが、このことがアーレントにおいてはかならずしもポジティブな意味で捉えられていない、という点が重要にみえる。なぜなら、ここでは行為者はつねに観客の目を意識して振る舞うからである。偽善者とされるのはこのためである。偽善者は、ギリシア語では役者（play actor）を意味し、一貫して自分の役を演じる。偽善者の罪は、自身にたいして偽善の証言をするところにあり、演技を続けているかぎり、彼は、自分が欺いてやるつもりの相手と同じくらい、自分の嘘の犠牲者であるとアーレントはいう。これは、行為者が観客（観察者）に合わせて観客の目を欺き振る舞うことのネガティブな側面を指摘している。(2) イスラエルの法廷という場が茶番であるのは、あたかも良心があるかのように見せかける偽善がそこで演じられているからである。引用の「それ自身が自動的に法廷となり、のちに良心と呼ばれるようになった裁きの場所」は、したがって皮肉であり、法廷とそこでの良心に疑義が投げかけられているのである。彼女は引用直後で断罪する。「なるほど犯罪と犯罪者だけが、根本悪の難問にわれわれを立たせる。しかし、本当に芯から腐っているのは、偽善者だけである」。すなわち、根本悪の根幹にあるのは、犯罪や犯罪者ではなく、嘘や偽善である。ソクラテス流の解決や思考が嘘や偽善を見抜くことが出来ないのは、それ自体が嘘や偽善を孕んでいるからである。この偽善の典型はアイヒマンであり、アーレントは、彼の良心や意図、欺瞞を検証することで彼の偽善を追及している。

3-3　アイヒマンの嘘と「悪い良心」

アイヒマンは、最終的には上官の、つまりは国家の命令に従い、ユダヤ人虐殺を遂行するが、この行為について、彼は彼自身の良心に従っただけだと述べ、自分の政治的行為の正当性を訴える。アーレントはここに「政治に特有の嘘」を見いだす。彼女は嘘そのものを糾弾しているのではない。嘘による内的一貫性のために、彼自身の内的矛盾や内的良心があたかもなかったかのように掻き消されることの問題性を指摘しているのである。アーレントは、アイヒマンを悪に加担させた当のものが何であったのか考察したさい、良心について次のように述べている。

裁判のあいだ中、アイヒマンは「起訴状という意味では無罪である」という彼の主張……を明らかにしようと努力していたが、それは大抵失敗に終わった。起訴状は、たんに彼がわざとそのように行為した――それは彼も否定しない――だけでなく、卑劣な動機から、しかも自分の行いの犯罪的性格を十分承知の上で行為したことを暗示している。この卑劣な動機について、彼は、彼が下劣な豚野郎（innerer Schweinehund）と呼んでいるもの、つまり心底汚れた卑しいやつではないとあくまで確信していた。また彼の良心について、彼は、命令されたこと――数百万人の老若男女を、大いなる熱意と最も細心の注意により死へと送り出すこと――を行わなかった場合にのみ、悪い良心（bad conscience）をもつであろうということをはっきりと覚えていた。だが、これは明らかに一般には認め難い。（Arendt [1963a] 1990: 25 = 1969: 19–20）

「明らかに認め難い」というのは、アイヒマンのいう「悪い良心」が通常の良心とは異なり、その意味が歪曲されているからである。すなわち、われわれが通常、人を殺せという非人間的な命令に背くさいにはたらかせる、いわば「まっとうな」良心が、アイヒマンにとっては「悪い良心」であり、彼にとっては、命令に応える行為こそが、彼自身の「まっとうな」良心を発揮した証となっている。このことに、彼自身は何ら罪の意識を抱いていないという。だが、これはまったくの嘘、偽善であり、実際、この偽善に彼は気付いているとアーレントは断じる（阿部 2012: 6–7）。寺島は、「ある意味では、彼は良心も内的な道徳的羅針盤も持っていなかった、あるいはむしろ、彼の良心はその本性にもかかわらず国家の法に従うことを要求したのである」と述べる（Terajima 2015: 80）。この指摘は、アイヒマンが命令に従ったさいの良心が偽善であるということを示唆している。こうした彼の良心の偽善は、思考の偽善的性格からくる。

4 「思考の偽善性」と真理

アーレントが「悪の凡庸さ」と呼んでいるものは、われわれはいつでも誰でもアドルフ・アイヒマンになりうるという事実である。この凡庸さの正体を、彼女は著作の此処彼処で考察している。先述のソクラテス的思考の偽善が述べられる『革命について』と、アイヒマンの思考欠如を指摘した『イェルサレムのアイヒマン』は同じ一九六三年に出版されているが、このことは偶然ではない。「思考の偽善性」は両著作に通底するテーマとなっている。

4‐1 真理と嘘

思考の無矛盾による偽善の含意は、真理に即して論じられる。アーレントは「真理と政治」において、政治を形成する複数の意見と真理を峻別する。この真理とは「事実の真理（factual truth）」であり、他のすべての真理と同じく専制的性格をもち、討論や意見を排除するという。反対に、討論により構成される政治的生活では、他者の意見が考慮され、他者の立場に立って考える構想力により、個人の意見の妥当性が増し、公平な普遍性をもつ意見が形成される。意見が説得性をもつのは、そうした妥当性や普遍性があるからである。この、他者を現前化し、意見を闘わせ、意見を形成する討論においてはたらく力が、代表的（再現前的）思想（representative thought）、政治的思想（political thought）である（Arendt [1968] 1993: 241–4＝1994: 327–32）。

ところで、アーレントは討論や意見、代表的思想の意義を述べる一方で、それらを批判する。理由は、対話や討論は、意見と意見のぶつかりあいに終始して真理を把持しえず、意見がもつ説得性は、思考の無矛盾と同様、偽善や嘘を生じさせるからである。アーレントによれば、思考する存在者である哲学者ソクラテスの、「一者である人にとっては、自分自身と不調和であり自分自身に矛盾しているよりも、世の中全体と不調和のほうが良い」は、カントの定言命法の根底にある無矛盾の公理である。彼の倫理的命題は、なるほど数学の真理と同様に強制力を持っているが、市民にとってそれは真理ではない。真理というならば、それは範例（example）を示すためのものにすぎない。ソクラテスは、アテナイの法廷の前に姿を現したときではなく、死刑を逃れるのを拒否したとき、範例を示そうと決めたのであり、この範例による教えこそが哲学の真理が果たしうる「説得」の形式である。そのように範例という形で表すことができる場合にのみ、哲学の真理は「実践的」となり、行為を鼓舞できる。これこそが倫理的原理が妥当性を獲得し確証する場面である（*ibid.*: 247–8＝336–8）。

だが、実践をもたらす「範例にもとづく真理」は、なるほど倫理的妥当性をもつであろうが、他方で、実践・行為・説得・意見とむすびつくことで偽善や嘘を生じさせるとし、アーレントは「範例にもとづく真理」と「真実の真理（factual truth）」を峻別する。峻別する最大の理由は、「事実の真理」が「意図的な虚偽（deliberate falsehood）」と対立するからである。「嘘を語るさいにとられる多くの形式の一つは、『事実の真理』を意見から区別する境界線を曖昧にすることであり、こうした嘘の形式はすべて行為（action）の形式である。嘘を語る者が行為の人であるのにたいして、真理を語る者は……理性の真理であれ『事実の真理』であれ、断じて行為の人ではない」（*ibid.*: 249–51＝339–42）。すなわち、嘘を語ることは、意見と真理を混同する行為であり、「意図的な虚偽」に基づく自己欺瞞（selfdeception）である。先述のソクラテス的思考における偽善とは、この、「事実の真理」を意見と混同し、意図的に嘘を語る自己欺瞞をさす。凡庸な悪は、そうした自己欺瞞によってもたらされるとアーレントは考える。

4－2　自己欺瞞

アーレントによると、嘘つきには二種類あり、冷血な嘘つきと自己欺瞞の嘘つきがある。曰く、冷血な嘘つきのほうは、まだ真理と嘘の区別を知っており、彼が他人の目から隠している真理は、彼のうちに最後の隠れ家を見いだしている。昨今の道徳は、この冷血な嘘を語ることに手厳しいが、取り返しがつかないのは冷血な嘘つきではなく、自己欺瞞である（*ibid.*: 254–55＝346–7）。なぜなら、自己欺瞞をする者は、彼の話に耳を傾ける人々の利益や快楽や期待に添うように、自由に事実を作り変えるため、真理を語る者よりもはるかに説得力に富む。こうした自己欺瞞は、歴史の書き変えや政治家のイメージづくり、意見の大衆操作という現象に見られるが、自己欺瞞の嘘は本人が気付いているか否かに関わりなく、暴力の要素を潜ませているという。たとえば、選挙のキャンペーンでは候補者のイメージアップのための様々なメディア合戦がなされるが、政治家の発言には誇張も嘘も含まれる。また「ユダヤ人の大量虐殺はなかった」といった歴史的事実をねじ曲げる発言は意見であり「事実の真理」ではない。このように「事実の真理」を徹底的かつ全面的に嘘と置き換えることは、「絶対にそれが真理であることを信じまいとする態度」であり、この自己欺瞞の態度は治療の施しようがない病理であるとし、アーレントは真理それ自体がもつ力をあらためて強調する。人間が意のままに変えることのできないものとは、真理である。真理は圧倒的な力をもっているため、説得や行為、実践の余地はなく、政治と相容れない、と。(3)

4－3　「政治の外」という隠れた戦略

ほとんど指摘されていない点であるが、アーレントは、真理を語ることは政治的行為ではあるが、それは「政治の外」から遂行される、と記している。

真理のパースペクティヴから政治を眺めることは、政治の外に立つことを意味する。この立場は、真理を語る者の立場である。人間の事柄に直接的に介入しようとしたり、説得や暴力の言葉を語ろうとする場合には、真理を語る者は彼の立場を失い、語らねばならぬことの妥当性をも失う。いまやわれわれが目を向けなければならないのは、真理を語る者が立つこの立場と、この立場が政治の領域にたいしてもつ意義である。（*ibid.*: 259＝354）

政治や共同社会、仲間との交わりの外に立ち、真理を語る人々としてあげられているのは、観察者、哲学者、科学者、歴史家、裁判官、芸術家、目撃者、報告者である。アーレントが注目するのは、彼らに共通する「独りでいる」という存在様式である。彼らの公平は政治の領域の内ではなく、外で獲得されるのであり、この公平は他者の立場を再現前化（＝代表）する意見の公平とは異なるという。というのも、「独りでいる」という存在様式は、彼らがたとえ日常生活において誰かに依存しているとしても政治的なものの要求と衝突するからであり、それゆえ、真理を語る者は、政治の外にあって政治の領域ないし行為を制限するからである。真理を語る者としての目撃者や観察者は、「政治の外」に立って、政治を限界づける。これこそが観察者の役目であるとアーレントは述べる。「政治の領域全体はその偉大さにもかかわらず制限されていて、人間および世界の存在全体を包括するものではないということである。政治の領域は、人間が意のままに変えることのできない事柄によって制限されている」（*ibid.*: 263-4＝360）。くりかえすと、意のままに変えられない事柄とは真理である。

したがって、冒頭の問題提起で述べた「ポリスの限界」と観察者の関係とは、具体的には、観察者が「政治の外」に「独り」で立って政治と対峙し、政治を限界づけることであるといえる。ただし、小山が「非行為者」としての観察者を多様な視点・意見から形成される思想において、つまりは政治の文脈において捉えるのにたいし、筆者は観察者を「政治の外」において捉え、観察者を真理と「思考の偽善性」の文脈に見いだす。なぜなら、真理を語るために「真理を観る」良心こそ、観察者と傍観者を決定的に分かつ当のものだからである。

5　観察者の「真理を観る」良心

イスラエルの法廷を傍聴したさい、アーレントが注視しているのは、自分の行為について「真実の真理」を語る良心がアイヒマンにおいてはたらくのか否かである。結果、彼は彼の思考の無矛盾に従って行為し（偽善）、真理と嘘を曖昧にしたために（自己欺瞞）真理を語ることができず、アルゼンチンで捕まったのちにようやく真理を書き記す。したがって、真理を語るには、「真理を観る」ために、思想や思考、行為とは別の力が必要となる。

5－1　観照

筆者の理解では、アーレントが便宜上区別し、小山も言及している思想と思考は、真理の前ではいずれも嘘つきであり、真理は結局のところ、「理解する」ことをも排除する。なぜなら、あらゆる説得・意見・理解・言語・行為・実践を拒む深淵こそが真理の本性だからである。アーレントが『活動的生』（ドイツ語版『人間の条件』）の「観想と実践の転倒」において、思考と観照は異なるとしているのも、真理との関わりにおいてである。観察とはあるがままの受容であり、あるがままを受容する力とは、すなわち「観照」する力であるとアーレントは述べている。二つの引用に注目する。

近代の思考法から完全に姿を消してしまったのは観照であり、この観照とは、真理の直観（Anschauen）と観察（Betrachten）を意味した。（Arendt 1960: 370＝2015: 381）

〔望遠鏡により〕この新しく手がけた調査の最初の成果が先ず示されたことで、観察の注視よりも行動のほうが優先される説得的理由がもたらされた。……〔偽りの現象の背後にある真理を追求するという〕この状況下では、受動的な注視（Beobachten）と純粋な観察は、認識の方法としては始めから除外されている。（*ibid*.: 368＝2015: 379）

Betrachtenは観察し、客観的に視ること、Beobachtenは注意深く見守ることを意味する。『活動的生』で傍観はZuschauenである。受動的な注視と純粋な観察は、それゆえ、偽りの現象の背後にある「真理を観る」客観的態度である。この客観的態度は、イスラエルの法廷からではなく、アイヒマンの良心によってもたらされ、政治の領域を制限する。したがって、「真理を観る」ことそれ自体が良心であるといえる。先のナイマンが、アーレントの客観性のラディカルさにおいて指摘すべきであったのは、この点にみえる。

5-2　現世にたいする抵抗としての観察

こうした「政治の外」から政治を客観視する観察者のありようは、アーレントの世界批判にそのまま重なる。アーレントは既に初期の「アウグスティヌス論」において、この世界（現世）を批判するとは、すなわち、人間がこの世界の外に立ち「この世界を荒野にする」ことであり、そのさいには良心がはたらくと述べている。次の引用に注意したい。

> 良心は現世をふたたび荒野（eremus, Wüste）にし、人間にすべての住まいから現世から超え出ろと指示する。……良心による律法の声は、創造者の声として、人間に彼らの依存性を明らかにし、習慣により荒廃した現世の被造者に語りかけて良心を呼び覚まし、被造者が以前封じ込められていた習慣に対峙するよう促す。……現世からの離反（Entfremdung von der Welt）は、本質的には習慣からの離反である。（Arendt [1929] 2006: 60–1 = 2002: 115）

「現世からの離反」をアーレントは「現世への抵抗（Abwehr）」としている。曰く、「『神の国』は、現世の疎外により人間の共同性に新しい意味を与える。その意味とは現世への抵抗である。新しい共同体や神の共同体は、現世への抵抗によって基礎付けられる。現世疎外（Weltentfremdung）それ自体から、旧来の社会と並存しながらもそれに対する新しい共同性や共に生き相互に支え合う相互扶助が生まれてくる」（*ibid.*: 86 = 159）。したがって、良心は「現世への抵抗」ないし「現世疎外」を可能にする。こうした、良心に基づく「現世疎外」は、この世界（現世）にたいする能動的な批判的主体像を浮かび上がらせる。すなわち、危機や限界状況の下で、新たな社会生活や相互扶助を構築・脱構築するさいに必要であるのは、行為者のみならず、現世の中で生活しながら現世へ抵抗し、行為者の営みを制限する客観的態度であるとアーレントは考える（*ibid.*: 26–8 = 51–54）。この客観的態度こそが観察であり、観察は「真理を観る」という良心を条件としている。

5-3　観察者と傍観者の対峙

観察者は「真理を観る」良心によって政治と対峙し、「政治の外」から政治を批判する。アーレントの批判の文脈においてこの良心がこれまで指摘されなかった理由は、政治を外部から限界づける観察の能動性が、本稿のように「思考の偽善性」と真理に即して論究されず、「事実の真理」を語るというさいの「語る」という言葉を重視するあまり、行為の「外」ではなく行為そのものとして理解されてきたためと思われる。

観察者を通じてアーレントが問うているのは、イデオロギーあるいはテロスの統治下において、われわれは、自分の思考の内的一貫性を打開する回路をもちえないのか？　である。このことは、官僚制の内部の人間や戦時下の兵士、学校制度の下にある教師や子ども、保護者の内面に即して考察できる。アーレントの元夫であるギュンター・アンダースは、広島に原爆を落としたパイロットとの書簡を通じて、彼の想像力の限界と内的一貫性のブレを炙り出す。アンダースは、元パイロットのイーザリーにたいして諭す。「あなたの悩みが結局、解消されないとしても、それは、かつて一片のネジのように巨大なメカニズムの中に否応なしに組み込まれて、とことん利用されてしまったにもかかわらず、依然として良心の火を消さずに守り続けることができたということの立派な証拠だ」と（アンダース／イーザリー 1987: 41）。

以上の考察から、観察者と傍観者の違いについて何が導出しうるであろうか。原爆を投下したイーザリーとユダヤ人の虐殺を遂行したアイヒマンは、自己自身との無矛盾により命令に従い、みずからの行為の結末について罪の自覚がない（思考の偽善性）という点では、いずれの現場においても行為者であるが、同時に、みずからの行為を客観視しえず、見て見ぬふりをしたという点からすると傍観者であるともいえる。彼らがみずからの行為を客観視できるようになったのは戦後の書簡や手記の執筆においてであり、ここでようやく観察者となった彼らは、傍観者であったか

って の自分と対峙することで、行為を客観視し、限界づける。アーレントはヤスパースとともに、偽善と真理、政治と研究者を峻別し、原子爆弾の製造および投下に反対した科学者オッペンハイマーらを「非政治的」ないし「超政治的な」場に位置付ける。(4)政治の空間に現れるために勇気が必要であるように、観察者の条件である良心とは、翻って「政治の外」に立って「真理を観る」勇気であるといえよう。(5)

注

（1）この点の考察にさいしては、市民的不服従運動の力学を説明する寺島俊穂の「非暴力の力の形成図」（寺島 2004: 47–48）を参照した。

（2）演技の偽善は仮面（persona）に関わり、アーレントはローマ市民の法的人格（legal personality）をあげている。曰く、仮面、つまり法的人格を剥奪したあとには「自然的」人間が残るが、偽善者は仮面を剥ぎとっても背後に何も残らない。なぜなら、偽善者は仮の役を演じているかのように振る舞うからである。彼はそれを自然であるとすら主張しており、仮面を、真理にたいする共鳴板としてではなく、欺瞞（deception）の仕組みとして用いている（Arendt [1963b] 1990: 107–8＝1995: 159–160）。

（3）アーレントの真理と嘘をめぐる議論が、ハイデガーの真理論およびヤスパースの真理論を下敷きにしていることは疑いない。ハイデガーは、真理は現前するもの、隠れざるもの（アレーテイア）であるとしているが、これについてヤスパースはハイデガーとの往復書簡で不満を表明している。「あなた（ハイデガー）が考えていらっしゃる意味での非隠匿性（Unverborgenheit）としての真理が私にはまだ理解できない。なぜなら、非隠匿性が元来何であるかは言われずじまいになっているからだ。それに『真理にすべてがかかっている……ここに無力なわれわれにも唯一可能なものがある。最悪なのは隠蔽（Verschleierung）である』とあなたは記しているではないか」（Heidegger und Jaspers 1990: 276＝1994: 408）。こう述べてヤスパースは、「アレーテイアの欠如的本質の中にある積極的なものの意義を認めることが必要だ」という箇所の詳細な叙述をハイデガーに求めている。アーレントの真理と嘘をめぐる議論はヤスパースのこの不満を引き受けていると思われる。

（4）真理と政治はヤスパースにおいても相容れない。真理は「超政治的なもの」なものであり、政治は非真理、嘘、欺瞞（Täuschung）、伝達、思考の一貫性の領域であるとされる。

（5）ところで、「思考の偽善性」とアーレントの「思考の欠如」批判は相反する主張である。今後はそれらの連関を説明する必要があり、本稿の予備的考察をふまえ別稿で論じる。

文献（引用文の訳は適宜変更した。）

阿部里加 2012「アーレントの意志論における内的能力としての決意」『一橋社会科学』4: 1-13

アンダース・G／C・イーザリー 1987『ヒロシマわが罪と罰――原爆パイロットの苦悩の手紙』篠原正瑛訳 筑摩書房

Arendt, Hannah [1929] 2006 *Der Liebesbegriff bei Augustin: Versuch einer philosophischen Interpretation*, Berlin: J. Springer.（=2000 千葉眞訳『アウグスティヌスの愛の概念』みすず書房）

――― 1960 *Vita activa: Oder vom tätigen Leben*, München: Piper.（=2015 森一郎訳『活動的生』みすず書房）

――― [1963a] 2006 *Eichmann in Jerusalem: A Report on the Banality of Evil*, New York: Penguin Books.（=1969 大久保和郎訳『イェルサレムのアイヒマン――悪の陳腐さについての報告』みすず書房）

――― [1963b] 1990 *On Revolution*, London: Penguin Books.（=1995 志水速雄訳『革命について』筑摩書房）

――― [1968] 1993 *Between Past and Future: Eight Exercises in Political Thought*, New York: Penguin Books, 227-264.（=1994 引田隆也訳「真理と政治」『過去と未来の間』みすず書房: 307-360）

――― 1972 *Crises of the Republic*, San Diego: Harcourt, 49-102.（=2000 山田正行訳「政治における嘘」1-45,「市民的不服従」47-96,『暴力について』みすず書房）

Heidegger, Martin und Karl Japers 1990 *Briefwechsel 1920–1963*, Walter Biemel（Hg.）, München: Piper.（=1994 渡邊二郎訳、W・ビーメル／H・ザーナー編『ハイデッガー＝ヤスパース往復書簡 1920―1963』名古屋大学出版会）

Jaspers, Karl 1947 *Von der Wahrheit*, München: Piper, 451-600.（=1976 浜田恂子訳『真理について3』理想社）

——1958 *Die Atombombe und die Zukunft des Menschen; Politisches Bewusstsein in unserer Zeit*, München: Piper.（=1976 飯島宗亨・細尾登訳『現代の政治意識——原爆と人間の将来（上）（下）』理想社）
小山花子 2012『観察の政治思想——アーレントと判断力』東信堂
プラトン 1974『ゴルギアス　メノン』加来彰俊・藤沢令夫訳 岩波書店
Terajima, Toshio 2015 "The Relevance of Hannah Arendt's Reflections on Civil Disobedience," *Kansai University Review of Law and Politics*, 36, 69–83.
寺島俊穂 2004『市民的不服従——政治理論のパラダイム転換』風行社
ソロー・H・D 1997『市民としての抵抗　他五篇』飯田実訳 岩波書店（岩波文庫）

謝辞

本稿は小山花子氏の著作の合評会（唯研若手会員研究会、於仙台、二〇一四年）にてコメンテーターをしたさいの発表原稿に基づくものである。貴重なご意見をくださった参加者の方々に感謝申し上げる。

第四部　民主主義と日本社会への視座

第四部「民主主義と日本社会への視座」の概要（景井充）

東日本大震災と福島第一原発事故は、その急速な忘却と隠蔽のされ方も含めて、現代日本が抱える構造的矛盾を「危機」というかたちで一挙に露見させた。しかもその矛盾は一朝一夕に生じたものではない。現代日本の矛盾の根を探っていくならば、その探索はいやおうなしに明治維新以降の近代化のプロセス、戦後日本の民主主義のありかたから、さらにアリアドネの糸をたどるようにその淵源を尋ね、日本の文化的・歴史的経過と蓄積が持つ特性にまで及ばざるを得ない。第四部の諸論考は、戦後日本における近代化と民主化、そして「危機」の打開に向けて今後成すべきことは何かという課題を基本テーマに、今日の近代化と民主化が孕む「危機」がどのような力によって作り出され、どのような知的対決が展開し、そして今日どのような「危機」に我々が直面しているのかを検討する。そして各々の観点から、いかなる仕方でその「危機」に臨むのかに論及し、日本社会と民主主義の今後へと探求を進めていく。

第一章　戦前マルクス主義哲学の遺産とそのアクチュアリティ（平子友長）

いかなる社会理論もその歴史的役割と意義を持つ。本章では、日本近代においてマルクス主義が果たした歴史的役割が論究される。社会科学の近代モデルとして受容されたマルクス主義は「講座派」マルクス主義に至って日本の近代化を推進する役割を担うが、戦後高度経済成長の中で起きた日本の前近代の崩壊と大衆社会統合に対応することができず、その歴史的役割を終えたことが示される。

第二章　敗戦後日本・解放後朝鮮の社会意識形成（水野邦彦）

一九四五年の日本の敗戦と朝鮮の解放を境として、社会意識において日韓は互いに異なる変化を遂げた。敗戦を経ても人々の現状肯定的生活保守主義は変わらず、根底的に戦前・戦中と連続している日本と、反共親米・親日の独裁政権のもとで行われた大衆操作により、生存を賭けて「反共」で結束させられた韓国との違いが、対比的に論究される。

第三章　「危機」の根源へ——日本の社会・文化的脊梁としての「身分制」（景井充）

デュルケムが社会学的認識の本質的把握態として提起した「生来的構造」という観点に立って日本社会の文化と歴史の推移を見通してみるとき、日本社会の脊梁たる「身分制」に行き着く。本章では、戦後日本社会の身分制的編成を確認したうえで、新自由主義に基づく日本社会の再編成は近代的諸価値を実現する方向へは進んでおらず、むしろ「身分制」的社会統合の〝再編〟過程にあることこそ「危機」であることが論じられる。

第四章　ギリシア・ローマの弁論術を受け継ぐ市民教育の可能性（名和賢美）

本章では、ギリシャ・ローマに発する弁論術が批判的思考力や論理構成力の養成に関して現代もなお意義を有するものであることが論じられる。豊富な経験を踏まえ、大学生を対象として型作文指導を行うことにより、具体的な市民教育を行い、市民社会の底上げが実現できることが説かれる。現代的「危機」に対し、市民的能力の地道な養成の取り組みは重要である。

第五章　丸山眞男の民主主義論の再検討——日本の民主主義の危機的状況の理解と打開のために（赤石憲昭）

民主主義の「危機」に際会している現代日本の状況において、丸山の民主主義論の有効性を確認するのが本章である。議会制度の実質化を進めるためになすべきこと、日本は憲法九条の理念と終戦の日の持つ意義を決して忘れることなく平和の実現に向けて積極的に行動すべきこと、今日的ファシズムの進行に対抗すべきこと、こうしたことが原理的レベルで検討され、日本の民主化にとって丸山の民主主義論がなお有意義であることが再確認される。

第一章　戦前日本マルクス主義哲学の遺産とそのアクチュアリティ

平子友長

1　マルクス主義は社会科学の近代的モデルとして受容された

戦前日本におけるマルクス（主義）受容の特殊性について古典的説明を与えているものは、丸山眞男『日本の思想』である(1)。

> マルクス主義が社会科学を一手に代表したという事……にはそれなりの必然性があった。第一に日本の知識世界はこれによって初めて社会的な現実を……相互に関連づけて総合的に考察する方法を学び、また……多様な歴史的事象の背後にあってこれを動かして行く基本的動因を追求するという課題を学んだ。（丸山 1961: 55–6）
>
> 科学者は一定の価値の選択の上に立って知的操作を進めて行くものである事を〔マルクス主義は〕明かにした。……直接的な所与としての現実から、認識主体をひとたび隔離し、これと鋭い緊張関係に立つことによって世界を論理的に再構成すればこそ、理論が現実を動かすテコとなるという、これまた凡そデカルト、ベーコン以来近

代的知性に当然内在しているはずの論理は、わが国ではマルクス主義によって初めて大規模によび醒された。[2]（丸山 1961: 56）

キリスト教の伝統を持たなかったわが国では、思想というもの……には人間の人格的責任が賭けられているということをやはり社会的規模に於て教えたのはマルクス主義であった。……思想的転向がともかく良心の痛みとして、いろいろな形で（たとえマイナスの形ででも）残ったということは、少なくともこれまでの「思想」には見られなかったことである。（丸山 1961: 57）

マルクス主義は、日本において「近世合理主義の論理」と「キリスト教の良心」と「近代科学の実験操作の精神」を一手に引き受けて実現しようとしたが、丸山によれば、このことにマルクス主義の悲劇と不幸の原因もあった（丸山 1961: 57）。悲劇の第一は、「およそ理論的なもの、概念的なもの、抽象的なものが日本的な感性からうける抵抗と反発とをマルクス主義は一手に引き受ける結果となった」（丸山 1961: 57–8）点であった。第二は、「理論ないし思想の物神崇拝の傾向が、なまじマルクス主義が極めて体系的であるだけに、あたかもマルクス主義に特有な観を呈するに至った」ことであった。理論の物神崇拝においては理論や概念はフィクションとしての意味を失ってかえって一種の現実に転化してしまった。丸山は、マックス・ウェーバーによって提起された社会科学的方法の主観的構成にかんする視点が理論を物神化させたマルクス主義に欠如していたことを指摘している。マルクスをウェーバーの方法によって再構成することが丸山の一貫した方法態度であった。

もう一つ丸山が注目する点は、マルクス主義が日本の文学の中に「論理的な構造を持った思想[3]」を初めて持ち込んだことであった。丸山によれば、マルクス主義は日本の近代文学にとって最初の実証主義であり合理主義でもあり、科学的方法でもあり実践的倫理でもあった。

> 近代ヨーロッパにおいて、それぞれ由来と来歴をもち、さまざまな論理的組合せにおいて発展して来た思想的要素がただ一つの「科学的世界観」に凝縮されて芸術の世界に持ち込まれ、マルクス主義がその総合象徴として機能したところに、日本のプロレタリア文学史の、いな、プロレタリア文学を始点として展開した昭和文学史の光栄と悲惨があったのである。（丸山 1961: 82）

2　日本の近代化の推進者としての「講座派」マルクス主義

「講座派」とは、一九三二年五月から一九三三年八月にかけて岩波書店から刊行された『日本資本主義発達史講座』（全七巻）に寄稿した経済学者、歴史学者が主張した日本資本主義にかんする独特な把握を総称する呼称である。『講座』は、野呂榮太郎の指導のもとに山田盛太郎、平野義太郎、大塚金之助、羽仁五郎、服部之聡、小林良正、細川嘉六らが寄稿した。『講座』への寄稿論文を中心に単著として出版された山田盛太郎『日本資本主義分析』、平野義太郎『日本資本主義社会の機構』は、野呂榮太郎の『日本資本主義発達史』とともに、「講座派」理論を代表する文献として、戦前・戦中・戦後の日本の社会科学および歴史学にたいして決定的な影響力をおよぼした。

「講座派」理論によれば、戦前期日本資本主義は以下のような特徴を備えていた。

（一）きわめて高額の小作料に見られる「半封建的」土地所有関係を中心に、日本社会には「前近代的」諸関係が広範に残存しており、これらの残存する「半封建的」諸関係が、日本独占資本主義の体質をも制約し、都市労働者の低賃金と狭隘な国内市場とをもたらした。（二）天皇制は、独占資本主義と半封建的な土地所有関係に立脚し、それを総括する国家機構であるが、これは類型的には、半封建的な土地所有関係に規定されて、絶対主義的性格を持つ。（三）日本帝国主義は、国内に広範に残存する「半封建的」社会諸関係と狭隘な国内市場とに規定されて、特別に侵略的な性格を有する「軍事的半封建的」帝国主義である。（四）絶対主義的天皇制および「半封建的」土地所有関係に規定されて、日本の当面する革命の性格は半封建・反独占の「ブルジョア民主主義革命」であるが、この革命は日本資本主義が独占資本主義の段階に達しているがゆえに、連続的に社会主義革命に発展・転化する必然性を持っている。

『講座』刊行後、『講座』が提起した「軍事的半封建的」資本主義および絶対主義的天皇制の理論をめぐって激しい論争が展開された。「講座派」を批判した経済学者のグループは、かれらが依拠した雑誌『労農』（一九二七年創刊）のタイトルにちなんで「労農派」と呼ばれた。労農派に属する経済学者は、向坂逸郎、櫛田民蔵、土屋喬雄、猪俣津南雄らであった。

労農派は、明治維新をブルジョア革命として把握し、明治維新以降の日本の経済システムも類型的には資本主義であり、『資本論』によって解明された資本主義一般の経済法則によって解明することができると主張した。「労農派」は、このような認識枠組みから、「講座派」が強調した農村における高額小作料も「半封建的」土地所有関係に起因するものではなく、小作人の過剰な存在による需要供給の不均衡、小作人の競争過多によるものであると見なした。また天皇制の絶対主義的性格についてもこれを認めず、天皇制は類型的には近代資本主義的国家の一類型に過ぎず、その権威主義的形態も下部構造である資本主義的近代化が進展してゆけばおのずと解消されるはずであると主張した。

日本資本主義論争は、一九三三年から一九三七年にかけて行われた。論争を終結させたものは、戦前期日本マルクス主義のすべての論争がそうであったように、特別高等警察による弾圧であった。「講座派」の理論家は、一九三六年六～七月「コミュニスト・アカデミー事件」により検挙され、「講座派」は事実上消滅した。野呂榮太郎はその前に一九三四年二月品川警察署で死去していた。翌一九三七年には、労農派の経済学者たちも逮捕され、日本資本主義論争は終結させられた。

半封建的土地所有関係と絶対主義的性格を持つ天皇制を打倒する「ブルジョア民主主義革命」を日本の当面する革命として把握した「講座派」の理論は、戦後、GHQによって日本の占領政策の理論的基礎を与えるものとして受容され、農地改革、財閥解体、明治憲法の改正、治安維持法の撤廃と特別高等警察の廃止などの一連の民主化として実現された。

丸山眞男、大塚久雄、川島武宜など終戦時に三〇歳代であった研究者は「『講座派』理論の圧倒的影響をうけながら（それ以後）政治的窒息の時代にそれぞれの専門領域で独自な知的活動を開始した者」（内田 1967: 39–40）たちであった。内田義彦はこのタイプの知識人を「市民社会青年型アカデミズム」と規定している（内田 1967: 40）。

戦後日本の支配層は、一九六〇年代初期に到るまで戦前型の天皇主権体制への復帰をあきらめていなかった。支配層が国民主権と議会制民主主義の受容を余儀なくされたのは、一九六〇年の安保闘争の国民運動を経験して以降であり、戦前型の支配とは断絶した戦後型政治システムの維持に自信を深めたのは、高度経済成長の成功によってであった。

戦後マルクス主義は、「講座派」理論の枠組みに規定されて、日本社会の諸問題を「前近代の残存」＝「近代の不足」として把握するという視座を持ち続けた。「おおよそ高度経済成長期まで、日本の知識人総体にとって、マルクス主義思想は、……『近代』を日本社会に実現するための『教養』であった」（後藤 2005: 59–60）。同時に、戦後マルクス主義は、「講座派」以来の「社会主義革命に連続的に転化する民主主義革命」（戦前には反独占半封建の、戦後は反帝国主義反独占の民主主義革命）の戦略を保持し続けた。そこでは近代の諸課題を実現することが近代を克服することに連続するというオプティミズムが支配的であった。

3　近代主義

近代主義とは元来、ある特定の傾向を持つ社会科学者にたいしてそれを批判する側から投げかけられた否定的な呼称である。その意味で近代主義は、学問体系やドクトリンを共有する学派集団ではない。そのことを踏まえたうえで、いわゆる近代主義者たちに共通するものは、近代主義という概念にかんする通説的説明を与えた日高六郎によれば、日本の近代化にたいする強い関心であり、「制度的変革としての近代だけではなく、その変革をになう主体としての、いわゆる近代的人間確立の問題にたいする強い関心」（日高 1964: 8）であった。藤田省三によれば、「明治以来の日本の体制は、国際社会のインパクトに対応するために近代国家機構を早熟的に作り上げながら、それを内面的な深みから支えて行く近代精神を作らず、逆に前近代的意識形態を最高度に動員することによって、日本社会への国家への統合を行ってきた」（藤田 1957: 214）。近代日本においては市民革命が阻止され、人権観念の担い手としての自律的個人を社会の中に析出することができなかったために、他方では、当時の日本が置かれた国際的圧迫のために、「国家共同体が一元的に最高価値に成り上がった」（藤田 1957: 223）。近代主義者たちは、近代日本における自律的個人または近代精神の不在に天皇制に集約される日本の政治体制の問題点を見出していた。それではかれらの眼にマルクス主義はどのような思想として映っていたか。

> 天皇制と戦争に反対してきたものはコミュニストだけなんだから、思想的信条の面では、いくら尊敬しても尊敬しすぎることはない。……ただし思惟方法の面では、第一には理論信仰が、第二にはリアリズムを欠いた政治の優位の観念が一貫している。それらは経験的状況に浸透力を持たないから、従って第三に実践上は、つねに「経験主義」が再生産されねばならなくなる。だから完全な観念論であるわけです。……近代的観念論の機能を持っていながら、それを全く自覚しないで、逆に唯物論の名において、他のあらゆる思想群を「誤謬に満ちた観念論」として粉砕しようとしたのだから、自らの担っている積極的機能を果たすための援軍を自らの手で撃滅する結果に終わった。そこに一つの大きなミスがあった。同時に自分に欠けているリアリズムを提供してくれる思想群があったときに、それも粉砕してしまった。ここに今一つの大きなミスがあった。（藤田 1957: 223-4）

日高六郎が編集した『現代日本思想大系　第三四巻　近代主義』には、丸山眞男、大塚久雄、清水幾太郎、桑原武夫、川島武宜、都留重人が収録されている。近代主義に分類される社会科学者はこれよりも広い広がりを持っているが、ここに挙げられている社会科学者が各専門分野における近代主義を代表する知識人であったと言うことができよう。日高によれば、近代主義とマルクス主義との違いは、近代主義は近代を「停車駅」と見なしたのにたいして、マルクス主義は近代を「通過駅」と見なした点にあった。

近代主義者も正統派マルクス主義者も、前近代→近代（封建的→民主的）の軸では一致していた。そして多くのいわゆる近代主義者たちは超近代としての社会主義社会への展望を……積極的に支持していた。しかも近代をただ「通過駅」と考えるか、あるいは通過しなければならない多くの「歴史的」不愉快があると同時に、しかし通過してはならない象徴的価値をふくむひとつの「下車駅」と考えるのかのちがいが、そこにあった。（日高 1964: 28）

日高は、明治維新以降百年の近代日本において三つの近代化が存在し、それらが現代史においてせめぎ合っていることを指摘した。第一の近代化は、戦前日本の富国強兵としての「近代化」である。第二の近代化は、敗戦後、第一の「近代化」への批判として登場した、日本社会の民主化と日本人民の意識変革（「近代的自我の確立」）を展望する近代化であり、戦後民主主義と呼ばれる近代化である。この近代化は、近代主義者とマルクス主義者の両方によって推進された。第三の近代化は、一九六〇年代に、保守政権の継続と高度経済成長の進展の中で、第二の近代化を上から押さえ込む形で成立した「近代化」で、これは「産業としての『近代化』」と呼ばれる。「産業としての『近代化』は、第二の近代化の成果であった「平和国家」を「帝国主義」国家の方向に変質させて行く。「第一あるいは第三の時期の『近代化』に質的に対立するはずの、第二の時期の『近代化』が、十分に徹底化できないまま、いつのまにか第三の時期の『近代化』のなかに包含吸収されるかのようにさえみえるこの現象もまた、じつは日本が第一の『近代化』の時期にすでに経験したことではなかったろうか」（日高 1974: 276-7）と、日高は述べている。日高が、第三の「近代化」の問題を提起したことは、近代主義の立場に立つ者にとっても、もはや残存する「前近代」の批判・克服ではなく、近代化それ自身に内在する相矛盾する二契機に対する態度決定が抜き差しならぬ問題として提起されたことを意味した。資本主義発展がもたらす「産業化」が、下からの民主化を封殺し、大量生産＝大量消費とマス・メディアを通じて自立した個人を氷解させてゆき、民衆を開発主義的政治経済システムに包摂する大衆社会的統合をもたらしつつあることを、日高は、第二の近代化＝戦後民主主義の危機として敏感に把握していた。これ以降、近代主義者たちにとっても第三の近代化との対決が重要なテーマになって行く。

近代主義者たちによるマルクス主義批判にたいして、マルクス主義の側からは、十分に有効な批判を展開することができなかった。その第一の要因は、近代主義の側に立つ社会科学者たちがすでに一九三〇年代以来、マルクスおよびマルクス主義の文献に精通していたことであった。丸山眞男、大塚久雄らは、マルクスを熟知したうえで、近代化＝民主化＝市民社会化を有効に進めるうえでマルクスに欠如しているものを見出し、マルクス批判を展開した。第二の要因は、マルクス主義の基本性格に関わる。『資本論』をはじめとするマルクスの主著は、成熟した資本主義における物象化や階級支配にたいする批判を主題とするものであった。戦後社会が直面した広範な領域における民主化（前近代的関係の克服）に有効に対処するための知的ストックをマルクス主義の側では用意することができなかった。こうしてマルクス主義は一九六〇年頃までに知的優位性を喪失していった。他方で、マルクス主義の影響力低下を決定的にしたものは、一九五六年に起きた二つの事件、フルシチョフによるいわゆる「スターリン秘密報告」とハンガリー事件であった。この二つの事件は、社会主義の名のもとに行われた膨大な規模の人権侵害の事実を白日のもとに晒し、社会主義とマルクス主義にたいする信頼を失墜させた。

近代主義がマルクス主義から離脱するうえで、大きな役割を果たしたものは、マックス・ウェーバーであった。日本のマックス・ウェーバー受容の特殊性は、一九三〇年後半から戦中期にかけて、マルクス研究が弾圧されてゆく中で、「この政治的窒息のなかで、マルクスをどう具体化するかという模索が続けられ」（内田 1967: 52）、この問題意識を持ちながらウェーバー研究が遂行されていった点にあった。したがって近代主義派にとってウェーバー問題は、基本的に「マルクス・ウェーバー問題」として遂行された。他方、マルクス主義は「マルクス対ウェーバー」の構図にこだわり、この面からも近代主義に凌駕されていった。

4　大衆社会論争

日本における大衆社会論争の始まりは、松下圭一「大衆国家の成立とその問題性」（『思想』一九五六年十一月号）であった。「大衆社会論争は、高度成長が顕在化するとともに民主主義が自立化して、日本における、〈現代〉が成熟する六〇年代の論点を、その前夜において予示するものであった」（松下 1969: 317）。

松下は、「生産の社会化を基礎とする産業資本主義段階から独占資本主義段階への移行がもたらしたⅠ．人口量のプロレタリア化の圧倒的増大と、Ⅱ．テクノロジーの発達を、社会形態論的にはⅠ．原子化、Ⅱ．組織化としてとらえなおし、ここからもたらされる伝統的身分制のほぼ完全な崩壊による社会の平準化を、Ⅲ．政治的平等化をささえるものとして位置づけた」（松下 1969: 294）。大衆社会状況とは、「独占段階におけるⅠプロレタリア化の進行、Ⅱテクノロジーの発達（マス・プロ、マス・コミをふくむ）、Ⅲ形式民主主義の成立という社会形態条件が、『体制の論理』に適合させられてゆく状況」（松下 1969: 252）である。[4] 松下は、「産業資本・市民社会・市民国家、ついで独占資本・大衆社会・大衆国家という近代・現代二段階論を構成」（松下 1969: 282）した。

「福祉国家」的問題状況においては、普通平等選挙権は、労働者階級の主体化の条件としてよりも、むしろ受動化の条件として作用し、……議会による社会政策の推進という連関において、国家に対立していた労働者階級を国家のなかの労働者階級に転化せしめてゆく可能性をもたらしてきた。……ここに普通平等選挙を前提として「大衆デモクラシー」的状況が実現されてくる。（松下 1969: 22–3）

松下によれば、大衆社会とは独占資本主義段階における労働者の社会統合の独特な形式であり、「福祉国家」政策と普通選挙権を労働者階級の体制内への馴化を実現する主要な政策とする。その結果は、階級意識を希薄化させ、資本主義体制と国家にたいして受動的に振る舞う「大衆」の大量出現である。[5] 松下は、この立場から近代主義と「講座派」マルクス主義を両面批判した。

封建対近代という問題設定は、封建日本対近代欧米と対応していたのであって、それは日本の内在的エネルギーを見うしなった欧米アコガレ主義にほかならなかった。そうして日本の「近代」をアコガレていたそのとき、日本の内部にもすでに「現代」が成熟しつつあったのである。この意味で私の大衆社会論は日本の啓蒙主義、近代主義への批判でもあった。（松下 1969: 283）

大衆社会論は市民社会から大衆社会へ、市民リベラリズムから大衆デモクラシーへというかたちで近代／現代二段階論を提起しているが、マルクス主義と近代主義は「封建対近代という近代一段階論」の立場に立っている。日本でこれまで近代一元論が支配的であった客観的条件としては「（一）日本に於ける段階発展の不分明さ、（二）天皇制の重圧」が考えられる。「マルクス主義経済学は、資本主義の独占段階あるいは帝国主義段階を理論化しているが、これが社会形態・政治体制の次元でどういう意味をもってくるかは十分に把握しえていなかった」（松下 1969: 243）。

日本のマルクス主義にとって重要なことは、……日本共産党の分析対象が日本の「半封建的」性格にむけられていたことである。……このようなマルクス主義の一般的なたちおくれと日本の半封建性の強調によって、日本マルクス主義は、戦後日本における〈大衆〉化現象を、たんに従属化・植民地化としてしか把握できなかった。

（松下 1969: 243）

大衆社会統合は、自由民主主義のもと資本主義の秩序に国民の同意を調達する体制であり、ヨーロッパ諸国では福祉国家体制として実現されたが、日本においては開発主義国家体制と呼ばれる独自のシステムが形成された。この体制が国民の同意を得るシステムは企業主義的統合とよばれ、大企業が日本的雇用による企業内労働市場への労働者の包摂を土台に資本主義的秩序への同意を確保した。戦後のマルクス主義は、高度経済成長下の日本においてもなお「前近代」(6)が残存し、それが戦後社会における社会的諸矛盾の基本的原因であると思考する枠組みに呪縛されていたために、戦後の開発主義国家体制と企業主義的統合を西洋の福祉国家型の統合と並ぶ現代的な大衆社会統合の一類型として把握することができなかった。

大衆社会論にたいするマルクス主義の側からする批判は、二つの側面からなされた。第一は、大衆社会論争が開始された一九五六～五七年の段階では、日本社会は大衆社会論が想定するような新中間層の大きな比重を擁する社会であるとは言えないという統計的事実に基づく批判であった。全就業者中に占める農林業就業者の割合はなお約四一パーセント（一九五五年）であった。田沼肇によれば全就業者にしめる割合が、生産労働者三六パーセント、旧中間層（農林業就業者、小商人、小工業者など）四九パーセントにたいして、新中間層（管理者、専門職、技術者、販売員、事務従事者など）は一五パーセントにすぎなかった。同時代のアメリカにおいても生産労働者五五パーセント、旧中間層二〇パーセントにたいして新中間層二五パーセントであった。新中間層の割合はアメリカにおいてさえも量的に支配的であるとは言い難かった。上田耕一郎は「中間層の進出や消費の平準化などといったところで、一千万に及ぶ失業者、半失業者の存在、国民の三五％が月八〇〇〇円以下の収入、七二％が一万六〇〇〇円以下の収入というような厳たる事実の前には、その意味は失われ、あるいはデマゴギーとしての役割さえ果たしかねない」（上田 1963: 80）と批判した。こうした批判を受けて、松下自身が、現代日本社会をマス状況とムラ状況（農村部落、都市町内会および中小企業などにおける旧中間層による前近代的支配）の二重構造として把握する「講座派」的視点を受容したことによって、松下の「講座派」マルクス主義に対する距離は相当縮まった。(7) 大衆社会論が登場した一九五六年の時点では、日本の大衆社会化の進展はまだ弱く、そのためマルクス主義者は各種の統計的数値を挙げて大衆社会論を批判することができた。この関係が逆転してゆくのは、一九六〇年代であった。

マルクス主義の側からする第二の批判は、理論的な批判である。芝田進午（1957）は、大衆社会論者が主張する、社会の機構化、官僚制化、管理社会化など現代資本主義の諸変化を事実としては認めつつ、しかしこうした「大衆社会化現象」それ自体が「独占資本主義段階における資本と労働との矛盾、帝国主義と植民地・従属国の矛盾の激化の産物だということを『大衆社会』論者は見落としている」（芝田 1957: 175）と批判した。芝田によれば、大衆社会化のメルクマールである「新中間階級」の増大も、階級闘争の鎮静化の表現ではなく、「利潤の追求という資本の要求と労働者階級の抵抗の増大の結果」（芝田 1957: 177）に他ならなかった。独占資本主義国で「新中間階級」が増大し、いわゆる大衆社会が形成されるのは、「資本と労働、本国と植民地・従属国、精神労働と肉体労働の間の諸矛盾の激化、寄生化・腐朽化・非合理化の貫徹」（芝田 1957: 177）であった。こうして芝田によれば、「『大衆化現象』や『新中間階級』の増大そのものがマルクス主義の正しさを証明している」（芝田 1957: 179）。

上田耕一郎（1963）は、「現代政治理論の中核的位置に置かれるべき帝国主義に関する理論がまったく欠如している」（上田 1963: 119）点を大衆社会論の根本的欠点として指摘しつつ、大衆社会現象それ自体が、帝国主義の不均等発展の法則にもとづいて優位な立場を占めた帝国主義国が植民地的超過利潤によって労働者階級を買収し、そのブルジョア化に成功した歴史の一時期に於ける特殊現象にすぎず、これは戦後先進資本主義諸国に普遍的に妥当する現象ではない[8]と主張した。

現在アメリカ帝国主義一国をのぞいては、膨大な超過利潤によって、労働者階級のかなりの部分を買収する経済的可能性は失われつつあり、このことが現在のヨーロッパ社会民主主義政党の分化と左翼化を促進している最大の理由となっている。「福祉国家」の幻想はアメリカ、西ドイツなどの例外を除いては労働者階級のあいだから急速に姿を消しつつある。（上田 1963: 90）

戦後のヨーロッパ諸国は、東西冷戦体制のもとで、ソ連東欧の社会主義体制とのあいだで体制選択競争を余儀なくされた事情もあり、ほぼすべての国で福祉国家を実現させた。戦後のヨーロッパ諸国は、アメリカの経済援助によって経済的に復興し、ケインズ政策によって完全雇用と経済成長を実現し、それによって得られる潤沢な財政力によって福祉国家諸制度を実現していった。戦後福祉国家にかんする上田の見通しは、戦後の世界情勢を完全に見誤っていた。

大衆社会の成立は、経済過程における産業化の進展と同時に進行した日本社会全体の近代化の結果であった。この意味で、近代化を推進した戦後マルクス主義それ自身が大衆社会化をもたらした文化的イデオロギー的要因の一つであったと言うことができる。大衆社会の成立を以て、日本社会の近代化の課題は最重要の課題ではなくなった。これ以降は、高度に発達した資本主義における大衆社会統合を政治経済的に分析し、福祉国家システムを実現してゆく課題が重要な実践的課題となった。このような新しい課題が提起されたことをもって、「講座派」に由来する日本マルクス主義はその歴史的役割を終えたということができる。

5　まとめ

日本のマルクス主義は、西洋近代的社会科学一般を代表する方法・思想として一九二〇年代に日本のアカデミズムに受容された。ついで一九三〇年代に成立した「講座派」マルクス主義は、当時の日本の社会経済的構造を半封建的地主制とそれに規定されて軍事的侵略的性格を著しく帯びた独占資本主義という二つの土台の上に聳え立つ絶対主義的天皇制として把握した。一九三〇年代後半から一九四五年にかけて、思想弾圧が強化され自由な言論が封殺された時代状況においてアカデミズムのなかで研究活動を行っていた三〇歳台の若い研究者たち（丸山眞男、大塚久雄、大河内一男、川島武宜など）は、この「講座派」理論から決定的影響を受け、戦後の近代主義成立の一つの思想的源泉をなした。また「講座派」理論は、寄生地主をはじめとして日本社会に広範に存在する前近代的遺制の問題に注意を促し、日本社会の変革の当面の課題は、資本賃労働関係を克服する社会主義革命ではなく、農村における前近代的関係と財閥に代表される前近代的な独占資本主義およびそれらに規定された専制的天皇制を克服する民主主義革命であると規定した。これは、農地改革、財閥解体をはじめとするＧＨＱによる戦後改革にその理論的基礎付けを与えるものであった。以上の事情により、戦後直後の日本において日本マルクス主義は社会科学者の間で圧倒的影響力を行使した。

日本マルクス主義の特殊性は、上記の「講座派」理論に規定されて、社会主義のための理論としてではなく、直接的には、日本社会の近代化を推進する理論として形成され、機能したことである。この点で、日本マルクス主義は近代主義と「反前近代」という点で共同歩調を取った。しかしマルクス主義本来の優位性は、資本主義的近代の克服という点にあり、「前近代」の克服のために要請される「市民社会」「民主主義」「自由」などの概念についてはマルクス主義の知的ストックのなかに十分な備えがなかった。マルクスのなかに市民社会概念を発見しようとするいわゆる「市民社会」派マルクス主義（高島善哉、内田義彦、平田清明、望月清司など）の仕事の意義もここにあった。他方、前近代への批判＝近代化論という点では、非マルクス主義的社会諸科学のなかに膨大な蓄積が存在していた。戦後の知的世界のなかで、前近代の克服という課題をめぐって、マルクス主義は近代主義によって次第にヘゲモニーを奪われていった。

日本マルクス主義の影響力低下を決定的にしたものは、一九五〇年代後半から長期にわたって持続的に進行した高度経済成長であった。高度経済成長によってマルクス主義、近代主義双方が日本の近代化を阻む宿痾と見なしていた農村における前近代的関係は急速に崩壊し、農村から都市への大量の人口流出と大企業による企業主義的統合が進行していった。こうした趨勢の中で一九六〇年代以降、日本においても大衆社会状況が広がり、企業支配や国家統治のありかたも類型的には大衆社会的統合に転換しつつあった。一九五七年以降、大衆社会論争がマルクス主義者を巻き込んで激しく論争されたことは、客観的に進行している大衆社会化を理論面で反映するものであった。この論争においてマルクス主義者は、大衆社会化の現実を十分受けとめることができず、これをむしろ大衆社会論という主としてアメリカ由来のイデオロギーとして把握し、これを批判した。大衆社会の成立によって日本社会は、世界史的に近代資本主義ではなく、現代資本主義の特徴を支配的契機とする社会に入り込み、一九六〇年代以降、日本の財界や政府も大衆社会的統合システムを確立する方向に舵を切っていった。大衆社会が提起する問題は、もはや「講座派」理論の修正適用（反（アメリカ）帝国主義反（日本）独占資本主義の民主主義革命）では対処することができない問題であった。これをもって「講座派」に由来する日本マルクス主義は、その歴史的役割を終えた。日本マルクス主義のその後の歴史をたどることは、次の課題である。

注

（1）内田義彦も「戦前には『資本論』が日本の社会科学を代表していて、経済学以外の社会科学はほとんど無いという状態であった」（内田 1967: 80）と述べている。

（2）これは内容的にはウェーバーの方法論である。ウェーバーの方法論でさえもマルクスの方法論として了解され、受容された点に、戦前日本のマルクス受容の特殊性がある。

（3）プロレタリア文学が日本文学に初めて思想性と論理的思考を持ち込んだことを小林秀雄も指摘している。「今日まで何故に短篇小説が書く方も自然に読む方も自然に幅を利かせて来たかといふと、一口にいへばそれは思想性の欠如といふものだったのである。日本の文学が論理的な構造を持った思想といふものを真面目に取り扱ひ出したのは、マルクス主義文学の輸入から始まるので、……その慌ただしさや苦しさは、自ら書いて来たものを振り返ってみるだけで充分だ」（小林秀雄「『紋章』と『風雨強かるべし』を読む」一九三四年、小林 2001: 209）。

（4）藤田省三は、大衆社会状況の成立を「独占資本体制の完成を基礎条件とする、（一）社会の技術的機構化の貫徹、（二）マス・メディアの集中と全社会への拡大、（三）機構管理労働者乃至流通機構労働者を中核とする新中間層の圧倒的多数化などによって、意識形態及び行動様式における社会層の平準化」が進行することとして捉えた（藤田 1957: 218）。

（5）大衆社会の出現は、マルクス主義を風化させる効果を持っていた。大衆社会とマルクス主義をめぐる問題は、戦前の日本においても、文学論争のテーマとなった。この論争をリードしたのは、小林秀雄の「私小説論」であった。

マルクス主義の思想が作家各自の技法に解消し難い絶対性を帯びていた事は、プロレタリア文学に於いて無用な技巧の遊技を不可能にしたが、この遊技の禁止は作家の技法を貧しくした。……それらの［遊技を禁止する］技法論に共通した性格は、社会的であれ個人的であれ、秩序ある人間の心理や性格というものの仮定の上に立っていた事であり、この文学運動にたずさわった多くの知識階級人達は、周囲にいよいよ心理や性格を紛失してゆく人たちを眺めて制作を強いられてい乍ら、これらの技法論の弱点を意識出来なかった。またそれほどこれらの技法論の魅惑も強かった。だが、またこの技法の貧しさの内に私小説の伝統は決定的に死んだのである。彼等が実際に征服したのはわが国の所謂私小説であって、彼等の文学とともに這入って来た真の個人主義文学ではない。最近の転向問題によって、作家がどういうものをもたらすか、それはまだ言うべき事ではないだろう。ただ確実な事は、彼らが自分たちの資質が、文学的表現にあたって、かつて信奉した非情な思想にどういう具合に耐えるかを究明する時が来た事だ。彼らに新しい自我の問題が起こって来た事だ。（小林 2001: 407-8）

マルクス主義文学がもたらしたものは、日本の「私小説の伝統の死」であった。作家の側からする文学的「技法」を抑圧する（客観化の立場に徹する）ことによってプロレタリア・リアリズムは階級に分裂した社会的現実のリアルな実相に肉薄しようと努めた。しかし当時のプロレタリア作家たちの眼前に展開されていた社会的現実は、大衆社会の現実であった。それは心理的にも性格的にも一貫性を欠き不安定に浮動する人々の世界であった。「ブルジョア的個人」でも「プロレタリア的個人」でもなく、およそいかなる社会集団の一員であるとも定めがたい不定型な人々の出現（大衆社会の成立）を前にして、マルクス主義文学運動は、制作技法の貧しさゆえに破産した。かつてのマルクス主義文学運動の担い手たちの転向現象がそれに続いた。小林は、この転向問題をマルクス主義作家たちが「かつて信奉した非情な思想にどういう具合に耐えるかを究明する時が来た」こととして捉え、ここに「新しい自我の問題」が起こってきたと指摘した。小林の「私小説論」の先駆的意義は、一九三〇年代の日本においてすでに大衆社会状況（「心理的にも性格的にも一貫性を欠き不安定に浮動する人々の世界」）が成立していることに着目し、これがマルクス主義文学にたいして深刻な問題を投げかけることを指摘した点にある。

（6）「前近代」的要素として考えられていたものは「日本社会とくに農漁村における封建遺制および封建的意識形態の強力な残存、天皇制的官僚の延命、おくれた中小企業・手工業の膨大な機構、一般的低賃金とそのなかでの賃金格差の増大、膨大な失業・半失業群の存在、生産技術の立ちおくれ等々」（上田 1963: 80）であった。

（7）松下自身が、「講座派」を再評価した。「この二重構造は、明治維新も八・一五も上からの革命であったことから不可避であった。……今日のマス状況とムラ状況の二重構造は、日本近代史の歴史的特殊性の今日的帰結である。……したがって戦前、日本資本主義発達史をめぐって提起された『講座派』の問題視角は、戦後的ヴァリエイションをともないながらも、なお今日的意義をもっている」（松下 1969: 260）。

（8）上田は、しかし、イデオロギーとしての大衆社会論と個別科学としてのそれを区別し、「『大衆社会』理論が社会現象の一分野にかんする一つの方法論としての自己の職分を意識的に守るならば……一定の積極的意義をもつ個別科学の一分野として成長していく」（上田 1963: 92）可能性を認めている。

文献

藤田省三 1957「現代革命思想の問題点」『中央公論』（一九五七年二月）中央公論社：213–28
後藤道夫 2005「戦後マルクス主義思想と『近代』」唯物論研究協会『唯物論研究年誌 第10号「戦後日本」と切り結ぶ思想』青木書店
——— 2006『戦後思想ヘゲモニーの終焉と新福祉国家構想』旬報社
日高六郎 1960『現代イデオロギー』勁草書房
——— 1964「戦後の『近代主義』」日高六郎編『近代主義』現代日本思想大系 第34巻 筑摩書房：7–52
——— 1974『戦後思想と歴史の体験』勁草書房

加茂利男 1973「大衆社会論争――今日の時点での一考察」『現代と思想』第13（一九七三年九月）号：61–82
小林秀雄 2001『全集 三』新潮社
丸山眞男 1961『日本の思想』岩波書店
松下圭一 1962『現代日本の政治的構成』東京大学出版会
―――― 1965『現代民主主義の展望』日本評論社
―――― 1969『現代政治の条件　増補版』中央公論出版社
芝田進午 1957「『大衆社会』理論への疑問」『中央公論』一九五七年六月号：170–86
嶋崎譲 1957「マルクス主義政治学の再出発」『中央公論』一九五七年四月号：78–89
平子友長 2013「戦前日本マルクス主義哲学の遺産とそのアクチュアリティ」岩佐茂・島崎隆・渡辺憲正『戦後マルクス主義の思想』社会評論社：224–51
―――― 2015「戸坂潤における実践的唯物論構想」藤田正勝『思想間の対話　東アジアにおける哲学の受容と展開』法政大学出版局：240–58
田沼肇 1957「日本における『中間層』問題」『中央公論』一九五七年十二月号：195–207
内田義彦 1967『日本資本主義の思想像』岩波書店
上田耕一郎 1963『マルクス主義と現代イデオロギー（上）』大月書店

第二章　敗戦後日本・解放後朝鮮の社会意識形成

水野邦彦

一九四五年八月十五日は日本にとっては敗戦、朝鮮にとっては解放を意味したが、いずれも震天動地の出来事であった。(1)事態の大きさにともない、人々の社会意識や思想は一変したのだろうか。その後どのような社会意識が一般化したのだろうか。

解放後朝鮮については南半部＝韓国に焦点をしぼり、一九四五年八月以降の日本と朝鮮の社会意識、およびそこに入りこんだイデオロギーについて、粗描をこころみる。

1　日本

敗戦後の数ヶ月、多くの民衆は〈虚脱〉におちいった。〈虚脱〉とは、ひと月ひと月と最悪の事態にそなえ死を覚悟していた民衆の緊張の糸が切れ、生命が再度あたえられたものの、安堵のあとの疲労と絶望とによって精神的崩壊感を味わうという深い心理的体験であり、それはまた民衆全体の沈滞感や喪失感を意味するが、さらには「もともと達成不可能な戦争目的を追求」していたことによる「根深い疲労状態」や「戦時に蓄積した疲労」を、そして「戦争に負けたというのに、特権階層の連中は戦争中と同じように景気よくやっている」という民衆の思いをも、ふくんでいる（Dower 1999＝2004a: 92,113）。他方でマルクス主義者らは、資本主義社会が恐慌と戦争をまねき崩壊するという「歴史の必然性」をみることができ、敗戦を予測し敗戦の意味を〈認識〉していた。この〈虚脱〉と〈認識〉のうえに、治安維持法廃止や言論の自由を指示してくるGHQの〈力〉があった。「〈力〉と〈認識〉と〈虚脱〉と、この三者の力学的関係のなかで、敗戦直後の思想状況の骨格はつくりあげられる」という日高六郎の把握は的を射ているであろう（日高 1974: 56–8）。

この〈虚脱〉は、いくつかの要素をふくむであろうが、主としてそれまで民衆を押さえつけていた力が除かれたことに起因するものと思われる。「日本の天皇制と軍国主義によって長期にわたって教育され、徹底的に弾圧され、言論を封殺された多くの国民の目には、ポツダム宣言はまさに青天の霹靂」（増島 2007: 13–4）にひとしいものであった。この青天の霹靂は「日本人の思想生活にとって猛烈な一撃」であったろうが、その一撃は「思想的一撃というよりは、むしろ物理的一撃であったというほうが正しい」（日高 1960a: 260）。八月十五日までの生活空間が物理的にくずされたのである。

では思想的に日本人は八月十五日を境にいかに変貌したか。さしあたりの見通しを先取りしていえば、思想的な変貌はほとんどみられなかった。多くの日本人にとって「解放」とは政治的意味より心理的意味を帯びていた（Dower 1999＝2004a: 92）という場合にも、それは敗戦が心理的感覚における「解放」であったことを指すものであり、敗戦によって日本人が思想的に変貌したことを意味するものではない。天皇制思想のもとに従属していながらも天皇制思想にまさるとも劣らぬほど民衆の生活にくいこんでいたのは、庶民的発想法というべき「処世智」であり「世渡り術」であった（日高 1960a: 261–2）。「処世智」や「世渡り術」は多様な形態をとってあらわれるが、ともするとそれらは戦時下の被抑圧的生活の反動で増幅し、自己肯定＝現状肯定の生活保守主義ないし私生活主義へと進行する。

「民衆意識の次元からすれば、敗戦とは日本帝国の崩壊であるよりは、その生活における戦時の異常な悲惨の終焉と常態への復帰を意味」（安丸 2013: 182–3）したことは、当時の多くの日本人にあてはまるであろう。これは、戦争のさなかに「反戦にいたるまでの自発的契機はなかったが、前線においても銃後においても、厭戦気分は確実に拡大していく」状況のなかで迎えた終戦が「悲惨な〈異常〉事態から〈正常〉事態への還帰として思念された」という土方和雄の見方と重なる。土方によれば開戦と終戦とは「自らを超越した〈何者〉かによって、心ならずも非日常的次元にたたき込まれ、また〈何者〉かによってその状況が〈終〉わらせられた」ものであり、「その〈何者〉かは、軍閥、政界指導層、連合国等であっても、自己自身や天皇ではなかった」のである。そして「このような意識状態のなかで、旧価値体系との真摯な主体的対決や、加害者としての戦争責任感が登場してくるはずはなかった」し、じっさい敗戦を「日常性への自然的復帰と受けとった、〈断絶〉をへないこのような精神構造」が爾後の日本人の社会意識を方向づけたと考えられる（土方 1983: 70–1）。たしかに「戦争に批判的であった人、協力しなかった人はたくさんいた」であろうが「それは戦争が生活と自由を破壊したからである」（石母田 1989: 34）という指摘は実情にそくしているであろう。それほど戦時下の非日常性ないし〈異常〉事態にたいする国民の嫌悪感、すなわち「生活と自由を破壊した」戦争にたいする嫌悪感は強かったと思われる。

敗戦による〈断絶〉をへない日本人の精神構造について安丸良夫は「多くの民衆は、戦争と敗戦にいたる過程を『ダマサレタ』という論理でとらえて納得したが、そこには、戦争責任をみずからのものとする意識が欠落しているとともに、旧い価値とのふかい内面的な対決を経ないままに、いち早くあたらしい価値を受容してゆく姿態が表現されていた」（安丸 2013: 183）としるす。いうなれば「悲惨な〈異常〉事態から〈正常〉事態への還帰」の自覚、破壊された生活と自由にかんする回顧的自覚が深まってゆく勢いを駆って、民衆は自己の生活と自由の肯定へと向かい、それはともすると「大衆の戦後エゴイズム」（栗原 1995: 200）にいたる。敗戦後の日本について藤田省三は、物質的政治的荒野および精神的荒野のもとで下からの自生的社会形成がおこなわれないうちに、外から系列的機構整序がもちこまれ、共同性をもたない私的個人や小集団のエゴイスティックな雑居的状況が出現し、そこには形骸の整然さがあるだけで人々のみえざる有機的つながりはなかったことを論じている（日高 1960b: 4-5）。

朝鮮戦争特需や「もはや戦後ではない」という意識の広まりをへて、日本は高度経済成長をつづけ、日本の「『経済大国』意識、民族主義的な『国益』意識がつよめられた」（芝田 1986: 27）のが一九六〇年代なかば以降である。日高六郎はここに日本人の意識の質的変化が生じていることを論ずる。「高度経済成長がつくりだした現在の生活様式を維持拡大したいということが、ほとんどの日本人の願望となった。……ひとりびとりの意識のなかで、また日常のくらしかたそのもののなかで、経済優先の価値観が根をおろし」、経済主義に向かうこの「価値観の画一化こそが、意識の深部で進行している」というのである（日高 1980: 83-4）。

一定の生活水準に達した現状（Status Quo）を維持したいという現状肯定意識は、後述する上滑りの民主主義、上滑りの近代化と融合して、増幅していった。現状肯定的生活保守主義は、従前より日本に蔓延している集団同調主義と相互作用し、「共産主義より全体主義が新しければ、共産主義を捨てて全体主義へ赴く……民主主義がくれば民主主義に従う」という転向文化（竹内 1980: 162-3）を生みだす土壌となる。敗戦後に「戦意昂揚・戦争鼓吹のさまざまの言論に代って、民主主義・平和・文化などという言葉が氾濫しはじめ」たが、「こうした変り身の早さにはかえって、権威・権力への一貫した従順性、迎合性、便乗性、つまり変らなさを示している面が」あろう（鹿野 1999: 333）。日本人は「新しい価値への移行に安易なまでに容易でありえ」、このことは「エゴイズムの連続性」を示しているのである（吉崎 1986: 130）。

かつての天皇制思想の地位に交代してついたのが西欧的「民主主義」思想であるが、それは民主主義という天皇制イデオロギーが公認されたと揶揄されうるものでしかなかった。西欧的「民主主義」思想はやがて天皇制思想にさえ大きく譲歩せざるをえないほど弱体化し、また天皇制思想よりも拡大したかたちで「たてまえ」化したのである（日高 1960a: 264–5）。戦後民主主義は生まれたときから「天皇制民主主義」という性格を帯びていたとか、「敗戦直後の日本は、民主主義を権威として」受け取ったとか、民主主義も民主化もいわばGHQの指示によって「あたえられた民主化」であったとかみなされる（中村 2005: 67; Dower 1999＝2004a: 12; 福武 1981: 74）のも、ゆえなきことではない。

敗戦後の日本において「天皇制思想、西欧的民主主義思想、共産主義思想のそれぞれが、それぞれの欠陥なり弱点なりのために、国民を全体的にとらえることに失敗」（日高 1960a: 271）した。ひいては、大雑把ないいかたをすれば、近代主義もマルクス主義も「国民を全体的にとらえる」ことができなかったのである。

敗戦という未曾有の出来事と屈辱の経験を機に「古い日本」を支配していた「システム」を否定するという価値観の転換（青木 1990: 59）が上から導入され、ないし風潮として伝播し、あらたな価値観として民主主義が受け入れられたようにみえたが、それは上滑りの民主主義であり、「かたわらを素通りして行ったもの」（土方 1983: 70）でしかなかった。上滑りであったのは民主主義の制度だけでなく、民主主義の思想、さらには日本人の思想一般についてもいえるであろう。このことは「言葉のお守り的使用」、つまり戦前の「国体」、戦後の「民主」というような正統とみなされる言葉でみずからの立場を擁護するところにもあらわれている（鶴見 1992: 390–400; 鹿野 1999: 346）。敗戦後の民主主義は、かつて戸坂潤が批判した「自由主義」（戸坂 1966: 227–8）と類似の位置を占めていたともいいうる。

上滑りする言葉や思想、あるいは河上徹太郎の「配給された自由」という言葉になぞらえていえば「配給された思想」は、日本人の意識や思考に定着しえなかった。言葉や思想が上滑りし「かたわらを素通りして行った」ということは、それらが経験をともなわなかったことを意味する。「戦後の思考の前提は経験であった。どこまでも経験であった」（藤田 1997: 188）という藤田省三の指摘は、この点を突いたものでもある。したがって民主主義などの言葉や思想は「戦後の思考」として根づかなかった。

日本は敗戦を経験しなければ民主主義をえられなかったのであり、敗戦後日本の民主主義は「負け取った」民主主義であるといわれる（松本 1988: 22）が、敗者としての反省、敗者としての経験が十分に蓄積されたとはいえず、「負け取った」民主主義は上滑りなものにとどまった。

以上のように敗戦後の思想ないし社会意識をとらえると、日本の社会全体が、敗戦を経験してもじつは変わらなかったことがうかがえる。「日本の国民生活を支配している仕組みはどこを見ても元のまま、そつくりそのままという気がする」という一文で始まる中野重治「そつくりそのまま」は『改造』一九四六年三月号に掲載された（中野 1979: 43）。のちに日高六郎はこうしるす。

> 戦前から戦後へという日本の歴史は、八月一五日を区切りにして、急速度に変わったということではなく、ずっと連続している側面があるのです。それは、敗戦が外側からもたらされたということと切りはなせないのは言うまでもありません。……絶対天皇制は象徴天皇制となりましたが、天皇制は残りました。なによりも日本資本主義は残りました。……支配層の頭のなかはむかしのままでしたし、民衆の意識も古いものからなかなか脱却できませんでした。（日高 1980: 166–7）

これらは、暦を利用した過去との連続性の宣言、すなわち「昭和」が敗戦後も中断しなかったことに、象徴的に示されている（Dower 1999＝2004b: 5）。

2　朝鮮

　日本の敗戦は朝鮮の解放を意味した。だが一九四五年八月十五日も解放されたとは知らずに過ごした朝鮮人は多く、ソウルで解放が実感されたのは、翌十六日に五〇〇〇余名が集まった中学校の運動場で呂運亨の感動的な演説を聞いたときであったという。その意味で「解放は夢のようにやってきた」（徐 2005: 21）。「期せずして湧き上がった歓呼の声」「朝鮮人の心の中からほとばしり出たこの歓び」「朝鮮人のあの熱狂」が朝鮮の津々浦々にこだました（Cumings 1981＝1989: 115–6）と描写されるような歓喜の熱狂は、そのあとのことであろう。

　けれども〈八・一五解放〉は「民族解放運動勢力の力で勝ち取ったというより、帝国主義列強間の戦争の副産物という側面が大きかった」（姜 2000b: 200）。つまり「アメリカとソ連を二本の軸とする世界秩序の再編過程で『与えられた』ものであった」がゆえに、朝鮮民族の独立国家樹立にかんする「自主的決定は大きく制約されることになった」（韓国民衆史研究会 1998: 307–8）。これは一見すると、敗戦後日本の民主主義が勝ち取った民主主義でなく「負け取った」民主主義であり、敗戦後に取りこまれた思想は「配給された思想」にすぎないという構図と類似するように思われるが、日本の現象は思想的局面での現象であり、朝鮮の現象は政治的局面での現象であるという相違がある。〈八・一五解放〉が朝鮮人の民族解放戦争によって戦い取られたものでなく米ソの世界秩序再編過程で与えられたものであったというのは、朝鮮人民衆の意思をこえた国際関係の力学のなかで戦争が終えられ植民地支配から解放されたことを示す、政治的局面での現象というべきである。朝鮮の思想的局面についていえば、解放後朝鮮で南半部を牛耳っていた米軍政庁が一万人の朝鮮人にたいしておこなった「資本主義・社会主義・共産主義のうち、どの体制がよいか」という輿論調査で、資本主義と答えた人が一三パーセント、社会主義と答えた人が七〇パーセント、共産主義と答えた人が一〇パーセントであったという結果が示されており、〈左傾半分地形〉ともよばれる当時の思想状況がうかがえる（孫 2011: 216）。植民地解放のよすがとして朝鮮には社会主義や共産主義の思想が日本以上に浸透していたのであり、これは日本の思想的局面における上滑りの民主主義とは一線を劃すると考えるべきであろう。ところが〈左傾半分地形〉は米軍政下および朝鮮戦争期をつうじて〈右傾半分地形〉に変貌してゆく。

植民地朝鮮において社会主義や共産主義の思想が深く浸透していたぶん、解放後南半部の米軍政による締めつけはきびしいものであった。さきの日高六郎の枠組みでいえば、敗戦直後日本の思想状況の骨格をつくったのは〈力〉と〈認識〉と〈虚脱〉という三者の力学的関係であったが、解放直後朝鮮の思想状況の骨格をつくったのは〈力〉と〈認識〉と〈歓喜〉という三者の力学的関係であったと、ひとまずいえるであろう。ただし解放直後朝鮮における〈力〉とは、治安維持法廃止や言論の自由を指示してくるＧＨＱの民主的な力ではなく、反共の旗幟を鮮明にした米軍政の、つづいて米軍政によって仕立てあげられた李承晩政権の、強圧的な力であった。また解放直後朝鮮における〈歓喜〉とは、歴史の必然性や戦争の意味の〈認識〉から切りはなされた、思想性のない歓喜でもあった。そして解放直後朝鮮におけるこれら三者の力学的関係を制したのは、米軍政および李承晩政権の〈力〉である。〈力〉が強権的で圧倒的な強さをもって朝鮮人たちの〈認識〉と〈歓喜〉のうえにおおいかぶさり、朝鮮人たちの生を支配したのである。社会主義や共産主義の思想、朝鮮共産党や南朝鮮労働党のような共産主義勢力は〈力〉によって徹底的に押さえつけられた。

たとえば一九四六年の十月人民抗争は、共産主義勢力の中央指導部というより、米軍政や保守反動勢力に抵抗する地方の献身的な左翼・民衆によって展開された（丁 1988: 203-4）ものであるが、約一〇〇万人がこの抗争に参加し一〇〇〇人以上の死者が出た。一九四八年五月には、米国の意向を受けて南半部だけで政府を組織するための総選挙がおこなわれることになり、選挙に批判的な風潮の強い済州島では朝鮮本土からやってきた西北青年団や警察が島民を暴力で押さえつけて投票所に向かわせようとしたが、それに抵抗する島民が山にこもり、四月三日未明に武装蜂起して反撃に出た。これは四・三蜂起とよばれるが、警察らは蜂起した武装住民やその家族らにたいする過剰なまでの鎮圧を加え、さらには武装住民の出身集落を焦土化する暴挙をくりかえし、四・三蜂起は六年あまりつづく「四・三事件」になった。四・三蜂起鎮圧のために朝鮮本土から済州島に向かう軍隊に所属していた軍人の一団が港町・麗水と順天で叛乱を起こし、この麗水順天叛乱で約一万人の死者が出た。十月人民抗争、済州島四・三事件、麗水順天叛乱だけで数万人の人々が殺されたのであり、「これが米軍政三年間の業績だ。その屍の上に李承晩政権が作られた」（趙 2000a: 390）という把握、大韓民国とは「アメリカの強権によって人民の犠牲の血の上に作られた虚構の国」（金 1996a: 340）にほかならないという把握にも相応の根拠がある。さらに麗水順天の叛乱軍人たちの一部は智異山中にかくれて韓国政府に抵抗するパルチザンとなり、のちの朝鮮戦争において韓国軍（連合軍）と対峙した。

朝鮮戦争が始まると南半部＝韓国の国民はすべからく「反共国民」であるべしという強要が一層つよまり、「反共国民」と「左翼」との対立構図がつくられた。この対立は、植民地朝鮮において日本人に同化しようとつとめた「皇国臣民」と日本人に抵抗した「民族解放運動勢力」との対立が初期冷戦的政治環境のなかで姿を変えたものであると社会学者の金東椿は論ずる（金 2000＝2005: 183-8）。反共と左翼との対立構図はすなわち南の政府の正統性をみとめ自由陣営に同調するのか、北の政府の正統性をみとめ共産陣営に同調するのか、という対立を意味し、朝鮮戦争という尖鋭化した状況のなかで人々はこの二者択一を迫られ、冷戦の論理が大衆の意識のなかに一定の基盤をもつことになる（曺 1998: 90）。とうぜん二者択一が各人の自由にゆだねられていたわけではなく、凶暴な外的制約のもとで一方を選択するように誘導され、左翼とかかわりがあるとみなされた人々は「国民」であることに嫌疑をかけられないように徹底して沈黙したが、この人々はおおむね一九八〇年まで事実上「国民」としての資格を奪われ、賤民あつかいされ、さらには人間以下の処遇を受けたという（金 2000＝2005: 187-8）。このように「既成事実として受け入れられ、反共の名のもとに正当化される」（朴 2006: 472）南半部の社会的状況は、解放から朝鮮戦争にいたる期間につくられた。この期間をつうじて南半部に定着した特殊な極右共同体的状況を社会学者の曺喜昖は〈反共規律社会〉と命名する。反共は、一切の価値を超越し圧倒するものとして社会生活のなかで不断に確認され、社会生活をとおして絶え間なく再生産されて〈擬似国民的価値〉に拡大してゆく。反共が大衆を統制し規律化する条件、つまり大衆の内面において自己検閲（self-censoring）機制として作用する条件が用意された社会が〈反共規律社会〉なのである（曺 1998: 92-5）。

こうして共産主義は南半部＝韓国において、すくなくとも安定的に優位を占めることはなかった。それは敗戦後日本のマルクス主義とおなじく解放後朝鮮においても国民を全体的にとらえられなかったのである。日本人の心理的感覚において敗戦が解放であったとしても、そこで日本人が思想的に変貌したとはいいがたく、敗戦の前も後も民衆の生活のなかに根づいていたのは処世智や世渡り術という庶民的発想法であったのに似て、朝鮮人も、解放後朝鮮の〈力〉のもとで思想的変貌をとげるいとまもなく、朝鮮戦争休戦にいたる解放八年史のなかで自己の生命維持を優先せざるをえなかったのである。

南北あわせて四〇〇万人もの犠牲者を生んだ朝鮮戦争の極限状況において、人々の意識のなかでいったいなにが起こっただろうか。小さな村落に住む読み書きもままならない数多くの人々にとって、政治や主義主張がどこまで意味をなしただろうか。朝鮮戦争が始まると、米国に後押しされた韓国軍（連合軍）と、のちに中国に後押しされることになる人民軍（およびパルチザン）とが、朝鮮半島のあちこちの村落を競って支配下におさめていった。村が韓国軍の天下となり人民軍に協力した村人が処断されたかと思えば、あくる日には人民軍が韓国軍を駆逐し韓国軍にとらえられていた村人を解放して逆に韓国軍協力者や警察関係者を処断するという出来事がしばしば起こった。村にやってきた韓国軍を人民軍と勘違いして人民旗を掲げて殺されてしまった村人もあった。「昼は大韓民国、夜は朝鮮民主主義人民共和国」という当時の言葉は、朝鮮半島の村落におよんだふたつの支配勢力がめまぐるしく入れ替わった状況を象徴している。「昼は大韓民国、夜は朝鮮民主主義人民共和国」のありさまが悲惨なかたちで表現されたのが、韓国軍によって七一九人の住民が集団殺害された居昌良民虐殺であった。

村落の住民にとってみずからの政治的立場を沈思したりイデオロギーを云々したりする余力はなく、住民はただ「命を保つために、こちらに付いたり、あちらに付いたりして、ひっそりと命をながらえて生きのびるしかなかった」（金 1996b: 93）。いうなれば「どんなやり方でも順応することだけが命をまともに保存することの出来る道であったし、そういう、権力行使に対する沈黙と従順が確実な生き残りのための戦略の一つとして受容されざるをえない時代だった」（文 2005: 74）のである。大半の民衆は「自分の生命維持をはかるのに汲々としていた」のであり「まさしく生存の論理を内面化」していたという金東椿の簡潔な把握は的確である（金 2000＝2005: 122,124）。こうして形成された反共の精神風土は「思想的由来のない極右的政治地形」（姜 2000a: 231）ともよばれる。

朝鮮現代史をみずから身をもって経験ないし体験してきた世代にとって、その経験は「論理以前のもの」であり「譲歩できない、確信に近い信念」であろう（金 1997: 79–80）が、類似した論理以前の経験は、朝鮮戦争を描いた文学作品でつぎのように語られている。

〝恨〟とは何でしょう。それは……怒りと悔しさと怨恨が積もり積もった感情でしょう。それはほかでもない、抑圧され搾取されて生きてきた人々の体験と精神の凝縮なのです。言い換えれば、支配されてきた者同士にのみ通じる思想なのです。ただ、それが政治的なイデオロギーと違う点は、体験的な思想の凝縮であって、分析的な理論化や実践的な論理化ができなかったという点です。（趙 2000b: 307）(2)

ここでいわれる体験とは、言葉によって論理的抽象的に表現されえず、普遍的説得力をもちえない経験、当事者の実感によってのみ媒介される経験であろう。この種の経験によって形成された信念について政治学者の崔章集はつぎのように書き、そのイデオロギー形成作用を論じている。「朝鮮戦争が韓国社会に与えたもっとも大きな結果は、国民の心性に及ぼした衝撃である」が、その衝撃は戦争の残酷なさまを個々人に知らしめる「直接的な経験」であり、この直接的経験をつうじて人々の心の底に「共産主義を憎悪する意識」が植えつけられる。これはいわば国民全体に「順応的心性を植えつけるイデオロギー的教化作用」であり、それによって国家エリートは「ほぼ無制限の強権を行使できる正当性」を手中におさめ、「反共イデオロギーが正当性を獲得する」にいたる（崔 1999: 11）、と。

政治的物理的な極限状態という有無をいわさぬ経験のなかで「自分の生命維持をはかるのに汲々としていた」民衆は、論理以前の〈生存の論理〉を内面化し、「権力行使に対する沈黙と従順」によって生きかたを律せざるをえなかった。石井伸男によれば「日常を処する生活態度が律せられるのは、経験によってであり、このような経験的意識形態は、『常識』とよばれる」。経験的意識形態は自然発生的であり、それと対比される目的意識的な意識がイデオロギーであるが、この両者がそれぞれ社会意識（日常意識、生活意識）における自然発生的要素と目的意識的要素とを体現する。イデオロギーは系統的な世界認識や「特定の価値体系」を表明し、とりわけ支配階級のイデオロギーは

「経済的・政治的支配をささえる手段」となる（石井 1986: 86–102）。解放後朝鮮の〈生存の論理〉を内面化する意識には、跋扈する政治的な反共イデオロギーが物理的な力をもって作用していたといえる。

3　反省なき集団同調と論理なき集団同調

戦後の思考の前提は経験であった、どこまでも経験であった、という指摘は、敗戦後日本についても解放後朝鮮南半部＝韓国についても強調されてしかるべきであろう。

日本では戦前戦中とくらべて「そつくりそのまま」な敗戦後の社会のなかで自己肯定＝現状肯定の生活保守主義が蔓延し、上滑りの民主主義が配給された思想のごとく流布した。民主主義の土台には反民主主義の過去にたいする真摯な反省が不可欠であるが、この反省を遂行しなかった日本人は民主主義を築きえず、民主主義の経験を有さないため、民主主義は日本人の思考に定着しえなかった。真摯な反省が必要であったのは国家主義や海外侵掠のみならず、在日朝鮮人にたいする差別、すなわち土地調査事業など朝鮮の経済的収奪により食い詰めて日本に渡ることを余儀なくされ朝鮮解放後も祖国に帰れなかった朝鮮人にたいする差別についても同様である。そもそも日本人は差別に無反省である以前に、朝鮮人についてまともに知らず、知ろうともしなかった。つまり日本人は、朝鮮人について無知と無関心を決めこんだ。朝鮮について「無知で怠慢なことが差別を支えてきた」（姜 1983: 19）といわれるゆえんである。敗戦後の一九四八年に歴史家の石母田正は、朝鮮民族への圧迫という「日本の近代史のこの暗黒の側面にたいするわれわれの無知と無関心は重大なことである」と反省的にしるした（石母田 1989: 34–5）が、この暗黒の側面はその後も長く日本社会に残存し、いまなお解消されたとはいえない。敗戦後に自己肯定意識を増幅させた日本人は、日本社会の暗黒の側面をみようとせず、上滑りの民主主義に甘んじ、長いものに巻かれる集団同調主義に身をゆだねてきた。これはおそらく「国民の心的傾向なり行動なりを一定の溝に流し込むところの心理的な強制力」という丸山眞男の論点と重なるもので、この強制力はさしあたり「なまじ明白な理論的構成を持たず、思想的系譜も種々雑多であるだけにその全貌の把握はなかなか困難である」といわざるをえない（丸山 1964: 12）。ここでいう心理的な強制力とは、イデオロギーにかなり近いものでありうる。イデオロギーは観念形態と訳されることがあるが、正確には「観念を構造化する形態」というべきで、それはなんらかの観念を構造化し「他の人間と共通した特定の思考形式」、いわば枠もしくは型をつくりだすものである。そしてイデオロギーは多くのばあい支配的思想・支配的関係と結びつき、社会的統合に与する（渡辺 2001: 8–9, 89–91, 208）。観念を枠もしくは型へと構造化する形態は、すくなくとも日本においては、明白な理論的構成をもたず思想的系譜も種々雑多であるといえるのではないか。

他方、解放後朝鮮において欠落が際立っていたのは、思想の自由であり、共産主義思想ないし社会主義思想のしかるべき評価であろう。反共イデオロギーをふりかざした米軍政および韓国軍事政権によって共産主義は禁遏されていたため、人々はそれを知ること、それに触れることすらままならなかった。このことは、たんに共産主義が思想として選択肢から排除されたのみならず、人々の意識が硬直させられ、徹底した「沈黙と従順」の心性、論理抜きの順応的心性を浸透させせられたことを意味する。韓国人のあいだに根づいた心性は、集団同調的である点では日本人と共通するであろう。けれども日本人が歴史上の「暗黒の側面」を内にふくみつつ曖昧なまま、つまり明白な理論的構成の思考形式をもたぬまま集団同調的に現状肯定する心性を身につけているのに比して、韓国人の集団同調的心性は、はるかに強烈な力によって押さえつけられて滲みわたったもので、生命維持にかかわるほど大きな緊張をともなっている。韓国人の社会意識には反共イデオロギーが刻みこまれているか、あるいは反共イデオロギーとのあいだに強烈な緊張がつくられている。歴史的にいえば朝鮮半島では日本以上に儒教的色彩の濃い心性がはぐくまれ、儒教精神に沿った社会意識が形成されてきた。これを端的に示すのが家族主義であり、家族主義は今日でも韓国の社会意識の枠でありつづけている（水野 2002）。家族主義的社会意識と反共イデオロギーとは親和的であり、家族主義的風土のうえにこそ反共国民が育成されたといえる。

日本の社会意識と朝鮮の社会意識とは、根本的には類似していると思われるが、一九四五年以降はそれぞれ別様に再形成されていった。イデオロギー分析をふくめ、これらを的確にみきわめる努力が傾けられねばならない。

注

（1）日本の敗戦は八月十五日ではないという指摘があるが、社会的に敗戦が意識されたのは八月十五日であったといえるだろう。

（2）〈恨《はん》〉については、水野（2002）第Ⅶ章をみよ。

文献

青木保 1990『「日本文化論」の変容』中央公論社
丁海龜 1988『10月人民抗争研究』【韓国】よるむ社
曺喜昖 1998『韓国の国家・民主主義・政治変動』【韓国】圖書出版 當代
趙廷來 2000a『太白山脈』Ⅴ 尹學準監修 ホーム社
―――― 2000b『太白山脈』Ⅶ 尹學準監修 ホーム社
崔章集 1999『韓国現代政治の条件』中村福治訳 法政大学出版局

Cumings, Bruce 1981 *The origins of the Korean War*, New Jersey: Princeton University Press.（＝1989 鄭敬謨ほか訳『朝鮮戦争の起源』1 影書房）
Dower, John W. 1999 *Embracing Defeat:Japan in the Wake of World War II*, New York: W.W.Norton.（＝2004a 三浦陽一ほか訳『増補版 敗北を抱きしめて』上 岩波書店／2004b 三浦陽一ほか訳『増補版 敗北を抱きしめて』下 岩波書店）
藤田省三 1997「戦後の議論の前提」『藤田省三著作集 5 精神史的考察』みすず書房
福武直 1981『日本社会の構造』東京大学出版会
日高六郎 1960a「戦後におけるイデオロギーの動向」『現代イデオロギー』勁草書房
――――編 1960b『一九六〇年五月一九日』岩波書店
―――― 1974「戦後思想の出発」『戦後思想と歴史の体験』勁草書房
―――― 1980『戦後思想を考える』岩波書店
土方和雄 1983『「日本文化論」と天皇制イデオロギー』新日本出版社
石井伸男 1986『社会意識の構造』青木書店
石母田正 1989「堅氷をわるもの」『石母田正著作集 14　歴史と民族の発見』岩波書店
姜徳相 1983「日本の朝鮮支配と民衆意識」『歴史學研究別冊特集 東アジア世界の再編と民衆意識』青木書店：11-9
姜禎求 2000a『現代韓国社会の理解と展望』【韓国】圖書出版はぬる
姜萬吉編 2000b『韓国資本主義の歴史』【韓国】歴史批評社
韓国民衆史研究会 1998『韓国民衆史 近現代篇』高崎宗司訳 木犀社
鹿野政直 1999『近代日本思想案内』岩波書店
金東椿 1997『韓国社会科学のあらたな模索』【韓国】創作と批評社
―――― 2000『近代のかげ』【韓国】圖書出版 當代（＝2005 拙訳『近代のかげ』青木書店）
金石範 1996a『火山島』V 文藝春秋
金源一 1996b『冬の谷間』尹學準訳 栄光教育文化研究所
栗原彬 1995「大衆の戦後意識」中村政則ほか編『戦後日本 占領と戦後改革 3　戦後思想と社会意識』岩波書店：167-212

丸山眞男 1964「超国家主義の論理と心理」『増補版 現代政治の思想と行動』未來社
増島宏 2007「占領前期政治・社会運動の歴史的意義」五十嵐仁編『「戦後革新勢力」の源流』大月書店：11–43
松本重治 1988『国際日本の将来を考えて』朝日新聞社
水野邦彦 2002『韓国社会意識粗描』花伝社
文京洙 2005『済州島現代史』新幹社
中村政則 2005『戦後史』岩波書店
中野重治 1979「そつくりそのまま」『中野重治全集』12 筑摩書房
朴玄埰 2006「分断時代韓国民族主義の課題」『朴玄埰全集』4【韓国】圖書出版へみる
徐仲錫 2005『写真と図でみる韓国現代史』【韓国】熊津
芝田進午 1986「戦後四〇年の思想」東京唯物論研究会『戦後思想の再検討 政治と社会篇』白石書店：11–62
孫浩哲 2011『現代韓国政治 理論、歴史、現実、1945–2011』【韓国】イマジン
竹内好 1980「近代とは何か」『竹内好全集』4 筑摩書房
戸坂潤 1966「日本イデオロギー論」『戸坂潤全集』2 勁草書房
鶴見俊輔 1992「言葉のお守り的使用法について」『鶴見俊輔集』3 筑摩書房
渡辺憲正 2001『イデオロギー論の再構築』青木書店
安丸良夫 2013「戦後イデオロギー論」『安丸良夫集 6 方法としての思想史』岩波書店
吉崎祥司 1986「戦後民主主義の現在」東京唯物論研究会『戦後思想の再検討 政治と社会篇』白石書店：125–68

第三章 「危機」の根源へ

――日本の社会・文化的脊梁としての「身分制」

景井 充

1 E・デュルケムの社会・歴史像

なるほどフランスは、その起源以来非常に異なった文明 civilization の諸形態を経過してきた。まず農業に始まり、ついで手工業および小商業を経てマニュファクチャへ、ついに大工業へというわけである。しかし、同じ一つの集合的個体 individualité collective が三度も四度もその種を変え得るということは認めがたい。種というものは、より恒常的な諸属性によって規定されなければならない。経済的状態、技術的状態などはあまりにも変わりやすく、また複雑な現象を呈するから、分類の基礎を提供することはできない。同一の産業的・科学的・芸術的な文明が、その生来的構造 constitution congénitale を非常に異にする複数の社会に見いだされることも、大いにあり得る。たとえば日本は、我々の技術や我々の産業を、そして我々の政治組織をも摂り入れることができよう。しかし、だからといって、フランスやドイツとは異なる社会種に属さないわけではないであろう。（Durkheim [1937] 1977: 88/185–6）

これは、デュルケムが日本に言及しているおそらく唯一の個所であって、それ自体興味深い。だがそれ以上に、デュルケムの抱いていた社会・歴史像の特徴を示すものとして極めて重要である。ここで記されている「社会種」とは、社会学で一般に社会類型と呼ばれているものと考えてよいが、デュルケム独特の発想は、一読して分かるように、社会類型の構成規準を社会の「生来的構造」に求めている点にある。「農業社会」や「資本主義社会」といった産業の発展段階に即した社会類型構成を、デュルケムは採らない。〝進歩〟の表現形としての産業形態とは別次元のリアリティとして、「集合的個体」に見いだされる歴史貫通的な「生来的構造」をこそ、デュルケムは社会の本質と見る。

実際、『宗教生活の原初形態』を中心とする宗教社会学研究においてデュルケムが示そうとしたのは、それ自体も社会的制度である宗教的諸観念および儀礼体系と、それにより産み出される宗教的共同態――「聖なるもの」を共有する人々の共同態――こそ、この「生来的構造」の原型的形態であり、聖俗を分かたず「集合的個体」の存在基盤である、ということであった。遡って『社会分業論』は、その書名から受ける素朴な印象とは異なり、近代社会を形作る大規模な社会的分業――法や経済など社会的諸機能間の有機的相互連関――それ自体の客観的把握というよりは、それを成立させる普遍的基盤――近代社会版集合意識である「一般的集合意識」――の必要性をめぐる考察へと、後半部において展開していく。また、『自殺論』におけるアノミー現象の危機視は、近代社会の原動力をなす功利主義的欲望肯定が「集合的個体」の「生来的な構造」から遊離する、さらにはそれを破壊する危険性を持つことへの、深刻な懸念に発している。かくしてデュルケム社会学は全体として、「集合的個体」が持つ「生来的構造」の本性――デュルケム社会学版「事物の本性」――として道徳的規範の生成プロセスを捉え、その道徳的規範が発揮する拘束力を以って近代社会の安定的統合を実現することを、学問的および実践的目標としていたものである。デュルケムが

「習俗」に着目するのは、「共同態」の「生来的構造」がその歴史的経過の中で生み出し蓄積してきた道徳的規範は「習俗」にこそ宿っていると考えるからである。

ここで、デュルケムを復古的共同態主義者と考えるのは早計である。むしろ、歴史的伝統の中に蓄積されてきた「共同態」と「習俗」とを、それが持つ「生来的構造」＝「事物の本性」に即しつつ世俗化して再生させ、「文明」を制御して規範的社会的統合をもたらすこと、これがデュルケムの追究した社会学的かつ社会思想的課題であった。

ここには、ウェーバー社会学に漂う深いペシミズムとは対照的な、ロマン主義的オプティミズムの気配が強く漂う。その出所は、他でもないこの「共同態」が「習俗」という形で織りなしてきた「歴史」への信頼であり、「共同態」が持つ「事物の本性」という思想である。デュルケムには、伝統社会の軛を振り払って近代社会が誕生するといったイメージはない。上述のように、「文明」の変遷とは別次元における「共同態」の存続を信じるからである。周知の「機械的連帯から有機的連帯へ」という発展段階的移行のイメージは、実はデュルケム自身によって相対化されている。「有機的連帯」と「機械的連帯」は、いうまでもなく、後者を基盤としつつ合体してこそ一社会を構成し得るというのが、デュルケムの描出する社会像である。「機械的連帯」それ自体（それゆえ上述のような「集合意識」それ自体）の歴史的進化が描かれることとなる。つまり、「共同態」と「習俗」の歴史的進化およびそれへの人為的介入の可能性をデュルケムは信じていたのであり[(1)]、そうした社会・歴史像と信念を拠り所として、自らの社会学を築いていったのである。

2　「習俗」を社会学的批判の対象に

こうした、デュルケム独特の社会・歴史像および社会思想的課題意識のありかた――「共同態」と「集合意識」つまり「習俗」の歴史的持続視、それらへの愛着と神聖視、その強力な規範的影響力への期待、「前近代」と「近代」とのむしろ無区別視――は、いわゆる日本的近代のありかたを構造的・批判的に洞察しようとするに際して、大いに有意義であると思われる。ただしその際、根本的な価値的視点の転換が必要である。それは、「共同態」と「習俗」の絶対善性――デュルケムには「習俗」自体が社会的諸問題の起因になり得るという認識はない――というオプティミズムを相対化し、日本的近代の社会・文化的な諸課題や諸問題を生み出す構造的な磁場として日本的「共同態」と「習俗」を捉えるという、「習俗」に対する批判的視点への転換である。この転換により、デュルケムの社会・歴史像は日本の文化および社会の構造的特性を捉えることに役立て得るものとなる。

「近代社会の自己認識」を以って任じる日本の社会学研究は、「前近代」から「近代」への内発的かつ不可逆的移行という西欧型社会発展パラダイムを現在も時として無批判に前提し、日本社会は近代化されねばならないという価値関心も顕在的・潜在的に作用して、何らかの形で「前近代」と「近代」を切断する傾向が強い。しかしそうした認識構造では、たとえばいわゆる開発独裁といった政治・経済体制によって急激な近代化を図った東アジア諸国における〝歪んだ〟近代化のありようを、適切に捉えることはできない。本邦の近代化が「王政復古」による天皇親政の復活という復古的な形で起動されたものであった以上、しばしば「前近代から近代へ」という移行モデルを採用して語られる西欧型の近代化のありかたと日本的近代とは、むしろ根本的に異質なものとして把握しなければならない。たとえば「近代天皇制」の創出といった現象に照らせば、日本的近代は、ウェーバーが近代社会の特質と捉えた「魔術からの解放」ではなく、かえって〝新たな魔術〟を軸に作り上げられてきたとすら言うべきであって、あえて〝反近代的近代化〟といった矛盾した形容を以って日本的近代化を特徴づけるのが、むしろ相応しいと言うべきである。

世界史的には帝国主義段階にあった十九世紀後半にやむなく開国して以後、自らも帝国化するという路線――「富国強兵」なる国是――で近代化を成し遂げようとしてきた日本近代の特質を把握しようとする場合、こうしたパースペクティブこそ採用されなければならない。日本的近代は、基本的には内発的に近代化を進めてきた西欧諸国とは大きく異なる形で、すなわち、脱伝統および世俗化そして民主化という西欧近代化の重要なモメントを摂取せず、むしろ伝統的なるものの賦活と強化さらには創造（捏造）を起動力として、〝伝統主義的近代化〟という形容矛盾――「和魂洋才」は「和魂」と「洋才」の単なる分離・並置ではなく「和魂のための洋才」を志向する言葉である――を歴史上に現実化してきたのである。日本的近代化が持つ最大の特徴――〝再魔術化〟による反近代的近代化――は、まさにここにある。

こうした日本近代のありかたは、伝統との決別とその逆説的帰結として近代社会像を悲劇的に描いたウェーバーよりも、習俗と伝統の豊かな歴史的土壌の上にこそ近代社会は成立し得ると考えたデュルケムの理念的社会・歴史像に近い。しかし、日本の近代化がまさに、習俗が紡ぎだす伝統をむしろ意識的・無意識的両面において積極的に活用さらには〝創造〟し、それらが今日も日本的近代において不可分かつ主要な起動力であり続けているという点、そしてそれゆえに日本的近代社会の構造的諸矛盾の発生源であり続けているという点において、デュルケム的オプティミズムとは決定的に異なる価値的・認識的立場が求められるわけなのである。

3 日本社会・文化の「生来的構造」としての「身分制」

さて、詳論は稿を改めて行うが、私見では、日本的近代化を支え、今日もなお日本の文化・社会の「生来的構造」の最も重要な構成要素——日本近代における「共同態」の制度的基盤——を成し続けているものは、「身分制」である。日本の文化・社会における「共同態」と「習俗」とは、今日もなお日本的「身分制」を内的機軸としているのであり、いわば〝身分制的共同態〟〝身分制的習俗〟こそが、日本社会・文化の「生来的構造」であると言わねばならない。

もとより、現代日本社会に法的制度としての「身分制」は存在しない。したがって現代日本社会に存在しているのは、「身分制的社会システム」であり、それと相即的な「身分制的意識」と表現すべきものである。[2] 西暦七〇一年制定の大宝律令によって当時の大和王権の支配領域に一元的な中央集権的支配が成立して以降、あるいはさらに遡って大化の改新における冠位制度の樹立以降、およそ一三〇〇年の長きにわたって、本邦は身分制度を「生来的構造」の重要な基軸としてきた歴史を持つ。大陸との関係に着眼すれば、あるいはさらに邪馬台国や伊都国にまで遡ってよいかもしれない。はやくも平安時代初期には形骸化していたとはいえ、律令制度の廃止が正式に宣言されたのは明治維新に際してであったし、あらゆる身分制が法制度のレベルにおいて廃止されたのは、わずか七〇年前の日本国憲法の発布によってである。普通選挙権が法制度化されたのも、一九四五年であった。これだけの長い社会・文化的蓄積を持つ身分制が、一〇〇年に満たない時間で雲散霧消してしまおうはずはない。むしろ、旧来の伝統的社会構造や観念が本邦近代化への重要な原動力として〝活用〟され再生産されてきたのだとすれば、「身分制的社会システム」や

「身分制的意識」が強く残存し人々を拘束し続けていると考えても、おそらくは差し支えない(3)。

実際、苅谷の指摘を例にとれば、彼はヨハン・ガルトゥング、新堀通也、天野郁夫の指摘を重ね合わせて、日本において「学歴」を取得することが「社会的出生」つまり〝生まれ変わり〟のチャンスとなっていることを指摘して、次のように記している。

> 教育による生まれ変わり――それは、社会的には学歴によって新たな社会的地位《ステータス》-身分を獲得することであり、文化的には学校文化によって新たな「身分文化《ステータスカルチャー》」を身にまとうことであった。（苅谷 1995: 140）

「社会的地位-身分」「身分文化」という言葉は比喩以上のものである。いわゆる学歴社会は端的に身分制的社会なのであり、学歴獲得競争は「身分」争奪戦なのである。日本社会は、学歴の取得を「生まれ変わり」のチャンスと表現させるほどの強固な身分制的構造を残存させているのであって、そうした身分制的社会構造の中での上昇移動を可能とする唯一の正当な社会的資源として「学力」を位置付けるという能力主義を採用してきているのである。近代的能力主義の徹底により身分制的序列構造を解体するのではなく、身分制的序列構造の中で仕掛けた「帰属」競争によって人材の社会的選別と配分をおこなうという、教育機会の〝似而非民主化〟〝似而非自由化〟こそが、実態というべきなのである。日本の近代学校は「習俗」から子どもたちを根扱ぎにして「近代社会」の側に移行させる機能を果たしてきた。しかし同時に、その「近代社会」の側も前近代的な身分制的構造と性格を強く持っていたというわけである。さらに、同書の次のような指摘も重要である。

私立校であるか、公立校であるかにかかわりなく、東大入学のチャンスは、上層ノンマニュアルとしてくくられる階層出身者に大きく開かれてきたのであり、しかもそれは、最近出現した傾向ではなく、すでに二〇年以上前から続いている事態だったのである。（苅谷 1995: 66）

「生まれ変わり」のチャンスを形式的には広く開放する一方で、実質的にそのチャンスを現実化する基盤が社会的・経済的に限定される状況を放置し、〝能力主義的身分制〟を作り上げてきたのである。「格差社会」は実は、〝身分制的近代社会〟たる本邦の、むしろ常態と見るべきである。とりわけ「大学」は、こうした日本的近代の身分制的構造を生産し続けている社会的機関として、特筆すべき役割を果たしてきていると言ってよい。

こうした身分制的構造は、企業統合型社会あるいは企業福祉社会などと表現される戦後日本社会における、正規雇用労働者と非正規雇用労働者との間の理不尽な差別待遇や、性別による処遇格差の形で、現在も厳然として存続している。そもそも、官庁や多くの日本企業に見られる官僚制組織は、近代官僚制というよりも古代的身分官僚制の延長上に見るのが正しいのではないかとさえ思われる。世襲議員という存在はとりわけ自民党議員の中で大きな比率を現在も占め続けているが、日本政治独特の用語である「地盤」なるものも、日本社会において身分制的・封建的な家産世襲制が習俗レベルでなお強力に作用していることの証左であろう。「閨閥」や「学閥」なるものも同様である。身分制的構造を至るところに意図的・無意識的に残存させ、あるいは創り出し、混淆型近代的社会システムと言うべき「反近代的近代社会」としての日本社会は、実は全体として身分制的構造を依然として社会編成上の中軸的原理としていると見るべきである。九〇年代以降のいわゆる新自由主義的構造改革により現象している今日的貧困は、こうした身分制的習俗や構造を客観的基盤として再定義されつつある社会的包摂と排除の結果と、理解すべきものである。

一言にして言えば、本邦の社会編成すなわち「統治」なるものの原型は「身分制」にあり、現在もなおそれは基本的に変わっていないと、筆者は考える。

4　「身分制」的社会としての戦後日本社会

そうした観点を提起している二人の若手論客の興味深い指摘に着目してみたい。

高原は、現代日本が直面している状況を以下のように整理している。すなわち、一九七〇年代以降に整備されていった、「『豊かで安定した社会』という、戦後日本のもっとも規定的な自画像のもととなり、それを実現すべく整備されていった社会制度」である「日本型システム」（高原 2011: 127）――中央・地方間また大企業・中小企業間の格差や搾取関係を孕む共依存関係を作り出した「自民党型分配システム」、身分制的官僚制の性格を強く孕む「日本的経営」、「日本型福祉社会」なる家父長制的国民統合システム、これら三者からなる三位一体構造――が、冷戦終結後に起きたグローバル経済システムの構造変動の中で「国富」創造機能を喪失したことにより、終焉を迎えている状況と捉える。高原は、「『七三年の転機』以降の日本で本格的に開花する、右バージョンの反近代主義としての『超安定社会』の理念」（高原 2009: 121）が「成功」を収めた現実的成果として「日本型システム」の完成を押えたうえで、上述の三位一体構造が実現した〝豊かさ〟が、バブル経済破綻以降の経済的沈滞により正当化能力を喪失し、「日本型システム」が隠蔽し得ていた構造的諸問題――「身分制」的諸問題――が露呈しているのが現状だ、と見るのである。一九七三年のオイルショックがもたらした「七三年の転機」への対応として日本経済社会が創案した上記「日本型システム」は、現在急速な解体の途上にある。

他方、日本近代史の劇的な読み替えを提起している輿那覇は、高原が捉えた日本の今日的な経済・社会的状況を「西欧化」ではなく「中国化」と捉える大胆な視点を提起している。輿那覇の見立ては、戦後の経済・社会システムの基本的方向性を「再江戸時代化」と捉え、したがって冷戦終結後の世界システムへの遅ればせの対応――例によって偏頗な新自由主義構造〝改革〟――を〈「長い江戸時代」の終焉〉そして〈中国化する日本〉という形で描き出す。

この土地は家産だから、とりあげられない。この職は家職だから、新規参入者との競争から保護され、どうにか食べていける。村ぐるみでまとまって直訴すれば、最低限の要求は聞いてもらえる。戦争は武家集団の職分だから、百姓は動員されない。これらのしくみが、明治以降も中選挙区制や終身雇用企業や会社内組合や近代核家族といった形に再編されることで、なんとなく日本でも西洋近代的な議会政治や社会福祉ができているのかなあ、という状況を作り出してきたのです。

しかし、それは「西洋的な近代化」ではなく、あくまでも「再江戸時代化」にすぎない。だとすれば、その「長い江戸時代」が終わり、貴族の不在を代替してきた集団がガタガタに崩れ去ってしまえば、あとは中国と同じということになります。（輿那覇 2011: 270–1）(4)

高原の言う「右バージョンの反近代主義」が「安定」を目指して創出した「日本型システム」の成立過程とその状況を、輿那覇は実に「再江戸時代化」と捉え、目下進行中のその解体プロセスを「中国化」と見立てているわけである。そして本稿にとって最も重要な指摘は、次の箇所である。

この国の歴史を振り返るといつも、曲げても捻《ねじ》っても潰しても形状記憶合金が入っているかのように元に戻ってしまう「(長い）江戸時代」のおかげで、日本史上の「革命」や「改革」は中途半端に終わってきたことが分かります。（與那覇 2011: 263)

この「(長い）江戸時代」「再江戸時代化」の社会・文化的パターンこそが、本稿で問題化している本邦の「生来的構造」に他ならない。ただし、この著作において與那覇は「封建制」を日本の基本構造と考えているが、筆者はさらに掘り下げて、「封建制」をも貫いている「身分制」だと考えたい。すなわち、もとより「身分制」も複数のバージョンを持つが、日本の社会・文化構造の「生来的構造」は「身分制」にあり、それこそが本邦の脊梁をなす〝形状記憶合金〟であると、筆者は考えたいのである。

5　今日の「危機」の本態

以上のような観点からは、現代日本社会が直面している「危機」――「右バージョンの反近代主義」により生み出された「日本型システム」の解体（高原）、「再江戸時代化」の解体とその後の「中国化」状況（與那覇）――はどのように把握されるだろうか。まず、高原は日本社会が直面している今日的課題を以下のように捉えている。

「安定」の理念は、「平等」とはまったく異なり、メンバーシップの固定された「身分制」を前提としたものであり、メンバーの「安定」の維持のために、他の誰かを安価で「調達」しようとする思考と不可分であり続けてきた。（高原 2009: 21）

「安定」を強く志向する「日本型システム」の基盤にある身分社会性を指摘したものである。そのうえで、「日本型システム」の機能が低減し、それが実現した「安定」がやすやすと放棄される中で今日的課題となっている事態を次のように指摘する。

問題は、「日本型システム」が疑似的に実現させていた、既存の国民統合の論理が破綻する中で、「日本型システム」が「それなしに実現させることができる」としていた「政治」や「国家」の欠如の問題が前景化しているということだろう。（高原 2011: 153）

「日本型システム」の中軸をなす企業主義的統合構造を〝豊かさ〟を以って維持し続けることができなくなり、本来の意味での政治統合の欠如が露呈している、というわけである。そこで高原は、新たな社会システムの創造に向けてまずは「身分制」を手放すことから始めなければならないと提言する。

新しい社会構想はまず、こうした「身分制」の思想を放棄することから始めなければならないだろう。メンバーシップを区切ったうえで、そのメンバーの生活を保障するために誰かを低賃金で使えば良いという発想は、原理的には社会構想の名に値しない、単なる集合的な自己中心主義の制度化にすぎない。（高原 2009: 246）

戦後日本経済・社会が「日本型システム」によって獲得した「豊かさ」を究極的基盤として成立しえた、〝疑似近代国家〟としての近代日本社会は、実は「集合的な自己中心主義の制度化」としての現代的「身分制」に他ならず、本邦の未来を切り拓くためには、その身分制的な利己主義性を超え、新たな「政治」や「国家」なる公共空間を創出することが是非とも必須だ、という問題提起である。

他方、與那覇はより踏み込んで、日本社会は今後「中国化」するより他に選択肢を持たないと断言する。もはや「江戸時代化」は本邦の未来を創造する処方箋たり得ない。

まとめるとこういうことです。平安時代まで、荘園やイエといった「封建制」の特権に与《あずか》れたのは貴族だけで、鎌倉時代でそこに武士が加わる（逆に「封建性」自体を否定しようとした武将や貴族や天皇は、排除される）。さらに江戸時代になると、イネの普及によって百姓もイエを持つようになりますが、そこから排除された次三男の不満が、明治維新を起こす。ところが大正以降は重化学工業のおかげで、彼等にもイエを持たせてやれるようになり、昭和にかけて企業の長期雇用と低い離婚率とによって、みんなが「封建制」の恩恵を受けられることになる……といっても実のところ、フリーターやシングル女性は例外ですが、彼らについては「自己責任」ということにして、面倒はみない。——おおむねかような形で維持されてきた、「長い江戸時代」のしくみがとうとう行き詰まり、今度こそ日本社会も「中国化」する番が、ついに来てしまった。（與那覇 2011: 261）

ライフスタイルの変化に伴って、どこかの「イエ」に入れば何とか食っていけるという江戸時代以来の「封建制」のセーフティネットが破綻してしまったのが、90年代半ば以降の格差社会化の最大の要因なのです。（與那覇 2011: 260）

営々と一〇〇〇年もの時間をかけて築き上げられてきた「封建性」が崩壊しつつある中で現象したのが現在の「格差社会」であり、これを認め受け入れて「中国化」を開始するより他ないと見立てるわけである。

高原は、企業主義的社会統合の破綻を承けて政治的統合の課題化を求める。與那覇は「封建制」の解体の先に「中国化」は不可避だと見なす。高原が近代主義的であるのに対して、與那覇は本邦にとって未経験な中国版「近代」を志向するしかないという。

「身分制」を〝形状記憶合金〟つまり「生来的構造」と見る本稿の観点からは、我々が直面している今日的「危機」は、本邦の「生来的構造」としての「身分制」が、国内外の客観的状況の中で根本的に維持不可能となっていることにではなく、むしろその再編成過程が推し進められつつあることにこそある、と筆者は考える。派遣労働をめぐり目下進行中の法整備――〝生涯派遣〟を現実化し、労働者の身分制的階層化をほとんど不可逆的に深刻化させる――は、その象徴的事例である。一連の経済・労働政策により、社会的流動性はむしろ大きく減衰し、社会的格差の身分制的固定化がもたらされることは、全く明らかである。私見では、新自由主義的構造改革が社会・経済の広範な領域において続く中で現在起きている事態は、〝自由〟に基づく弱肉強食・適者生存状況の現出というよりは、むしろ格差構造の身分制的固定化という事態である。つまり、「身分制」を〝形状記憶合金〟として脊梁に持つ本邦においては、新自由主義改革は格差の増大と固定化で終わらず、さらに深刻な身分制的社会構造を帰結させてしまう危険性が極めて高い、というのが筆者の見立てである。本邦の「統治」を貫く「身分制」的社会統合という〝形状記憶合金〟を破壊しない限り、「『政治』や『国家』の欠如」という事態は問題化すらされないし、本邦が「中国化」を意図的に選択することもないと、筆者は考える。

我々が際会している今日的「危機」は、新自由主義化が社会の広範な領域において深化しつつある中で、経済社会的な格差の増大を是認する形で「身分制」的社会統合の再編成――包摂と排除の再編成――が進みつつあることにこそある。「日本型システム」は全世界的な新自由主義化の趨勢の中で機能不全に陥り、「国富」を生み出す装置として〝賞味期限切れ〟となった。かくして「豊かさ」を全国津々浦々に行きわたらせようとする「再江戸時代化」の構想は、その経済的基盤を喪失した。実際、『国土のグランドデザイン２０５０』（国交省2015.7.4）から、かつての「全総」の政策思想を象徴していた「国土の均衡ある発展」という文言が、ついに消えた。まことに象徴的である。本邦はより一層の、場合によっては自らの脊梁を入れ替えるほどの「近代化」をではなく、また他方でほとんど未知の「中国化」をでもなく、よくよく勝手を知る「身分制」の新バージョンを創案し、そして現実化するであろう。

分断と不平等を先鋭化させ固定化する身分制的システムは、たとえば文科省が強い圧力をかけて進めている大学改革――その中核は全体主義的トップダウンへのガバナンス〝改革〟――にも見て取れる。西欧型の「文明」を一世紀半にわたって学んできた我々は、その学習経験と成果を十二分に活かしながら、本邦の社会と文化の脊梁をなすこの「身分制」の致命的問題性を徹底的に批判し克服して、あらたな社会構想に取り組むべき歴史的局面に際会している。安保法制をめぐるこの間の政権与党の反近代的な振る舞い――立憲主義を破壊する反近代性と厚顔無恥なる議会軽視――は、本邦の「統治」の本質を臆面もなく曝け出すものである。自民党中枢にとっては、安全保障法制は二〇一二年四月に発表された自民党憲法草案を現実化する道程の〝一里塚〟でしかない。自民党憲法草案は、立憲主義を装う身分制的全体主義を「天下布武」よろしく本邦の津々浦々にまで貫徹することを目指すという、本邦の「生来的構造」が放った反近代主義的声明に他ならない。我々は、近代を騙るアナクロな反近代主義の暴力性と対決し、「縮小社会」化を国民のＱＯＬ向上のむしろチャンスとして活用しつつ、持続可能な社会システムの創案を、そしてその現実化を、それがいかに困難でも、目指さねばならない。我々が際会している「危機」は、帝国主義国家による全体主義的社会統合と、大企業を中心としてヒエラルキー型で構築された企業社会型社会統合のその先に、いかなる持続可能な社会を創案し現実化するかという問題として、立ち現れている。政教一致の「統治」を本質的性格とする本邦の「身分制」すなわち〝魔術〟との対決と克服こそ、依然として我々の課題である。

注

（1）デュルケムが捉えた社会学的社会介入のポイントは、道徳の世俗化・合理化であった。

（2）本稿では、紙幅の都合上、身分制の客観的側面への言及にとどめざるを得ない。身分制的精神構造については別稿を準備している。

（3）身分制の基本的性格を記しておこう。身分制にはさまざまなバージョンがあるが、それらに一貫している特徴は、（i）慣習や法制により固定されていること、（ii）身分制社会の構成単位は「個人」ではなく「家」であること、（iii）したがって世襲的に固定されていること、（iv）「家」は特定の「職能」と一体であること、（v）個人の意志や努力で変えることができないこと、である。また、「階級」との対比に触れておけば、「階級」が経済的規定による成層を指すのに対し、「身分」は「職能」と一体であることから、「職能」の階層的秩序としての「階級」とは不可分である。

（4）與那覇の言う「中国化」とは、中国宋代に完成した政治体制がもたらした社会的状況へ日本社会が近づくことを指す。その政治体制とは、貴族制を撤廃して国家の統治を担う官僚を競争試験で選抜する制度（科挙）によって国家権力を皇帝に一元化する独裁制を完成し、あわせて権力を正当化する統治イデオロギーを朱子学に一元化した、独裁型統治システムの成立を指す。これにより、社会・経済領域を徹底的に自由化する一方で政治的秩序は一元的権力によって維持するという構図が完成した。「上に政策あれば下に対策あり」というが、こうした状況の中で成熟したセーフティネットが「宗族」である（與那覇 2011: 31–6）。

文献

Durkheim Émile [1937] 1977 *Les Règles de la méthode sociologique*, 19e éd., *Paris*: Presses Universitaires de France.（=1978 宮島喬訳『社会学的方法の規準』岩波書店）

池田信夫・與那覇潤 2012『「日本史」の終わり――変わる世界、変われない日本人』ＰＨＰ研究所

苅谷剛彦 1995『大衆教育社会のゆくえ』中央公論社

中尾健次 2008「近世身分制に関する一考察――『百姓身分』と『エタ』身分」『歴史研究』13: 81–103

中谷巌 2012「『中国化』か『江戸化』か――選択を迫られる日本」『季刊 政策・経営研究』4: 1–12

日本人文科學会 [1951] 1986『封建遺制』（復刻版）有斐閣

高原基彰 2009『現代日本の転機 ――「自由」と「安定」のジレンマ』日本放送出版協会

―― 2011「東日本大震災にみる日本型システムの脆弱性――復興を転機とするために」遠藤薫編『大震災後の社会学』講談社: 124–55

安江孝司 1984「社会学の思想と視角――社会学史への思想史的序説」『社会学――現代社会の研究』文化書房博文社: 15–44

與那覇潤 2011『中国化する日本――日中「文明の衝突」一千年史』文藝春秋

―― 2012「『江戸時代』は終わったか?――閉塞する政治の構造と展望」『季刊 政策・経営研究』4: 33–48

――・東島誠 2013『日本の起源』太田出版

第四章　ギリシア・ローマの弁論術を受け継ぐ市民教育の可能性

名和賢美

1　昨今の市民教育論に対する問題提起

二〇一五年六月十七日、選挙権年齢を実に七〇年ぶりに変更する改正公職選挙法が成立し、その結果として一年後には現行の「二十歳以上」から「十八歳以上」へと引き下げることになった。この法改正以前から、おそらくは「国民投票法」(1)が二〇〇七年に成立する前後から、シティズンシップ教育や市民教育のプログラム構築に対して関心が高まり、(2)このテーマに関連する著書の公刊も以前より散見されるようになった。そうした著作の一つである田中・杉村編（2014）の編者、田中治彦は、「今後、どのような市民教育を構想したらよいかは、日本のみならず世界の教育の大きな課題である」といい、さらに選挙権年齢引き下げの動きも踏まえて、「特に、十八歳選挙権ないし十八歳成人が視野に入ってくる現在においては、中学校・高校段階での市民教育プログラムの構築は喫緊の課題である」と明言する（田中・杉村編 2014: 10）。

こうした議論において具体的に検討されている教育プログラムには、市民教育先進国であるドイツを参考とする場合が多いためであろうか、社会科教育での授業内容・方法や「総合的な学習の時間」での課題研究の工夫ばかりが目立つ。(3) もっとも、こうした傾向は日本に限ったことでない。スウェーデンの十代前半の子どもたち向けに、平等・自由・連帯を内容とする民主主義の大切さを示したサッサ・ブーレグレーン（Buregren 2003=2009）においても、その内容は公民教育に終始している。

だが、こうした社会科教育を中心とする市民教育に対して、筆者は、古代ギリシア時代の弁論家であると同時に弁論教育にも尽力したイソクラテスの見解を拠り所とし、否定的な立場にある。廣川（2005）が明らかにしたように、イソクラテスによれば、「立派に語ること（τὸ εὖ λέγειν）」と「立派に思慮すること（τὸ εὖ φρονεῖν）」、これら二つを兼ね備えた人物こそが真に教養あるすぐれた市民であり（廣川 2005: 116-7）、政治そのものを学ぶことは、文学・歴史・地誌・倫理道徳などの学問と同様に、立派に語る能力を高めるための「補助科目の学習」にすぎないという（廣川 2005: 90-2）。以上のような見解を踏襲し、「日本が将来的に成熟した民主主義社会となるためには、市民の政治教育の充実が絶対に不可欠である。ただし、その教育内容は政治知識の詰め込みであってはならない。むしろ、ものごとを批判的に見る力と、それを分かりやすく伝える力を育成することこそが肝要である」と主張してきた（名和 2013: 256）。そして、批判的思考力および論理的表現力の汎用力育成を柱とした市民教育プログラムの構築を目指して、作文指導に力を注いできた。

ところで、政治思想史の分野において政治と弁論術との密接な関係に着目した希有の論稿として、川出・山岡（2012）の第十一章「政治とレトリック」がある。(4) この論稿で山岡龍一は、プラトンの弁論術批判を皮切りに、イソクラテス、アリストテレス、そしてキケロの弁論術を考察したうえで、古代ギリシア・ローマ時代における弁論術の伝統が近代においては衰退の一途をたどり、「政治思想の中心的アジェンダからはずされていった」が、完全に消滅したわけではなく、二〇世紀後期においては再評価が進み、「この伝統がもつ豊かな可能性は政治思想の領域において今後も追求されていくであろう」と期待する。もっとも、コミュニケーション空間が古代と現代ではあまりにも異なっているため、「レトリックの復権は、かなりの変更（矮小化）を被らざるを得ない」という（川出・山岡 2012: 149）。

他方で本章では、こうした言語空間の変容による矮小化をそのまま肯定することなく、現代において民主主義の成熟を希求するならば、レトリックの復権を、むしろ拡張させ発展させることが求められるということを明らかにしたい。その手がかりとして、ギリシア・ローマにおいて弁論術の教育研究に取り組んできた、イソクラテス、キケロ、そしてクインティリアヌスの著作を考察する。とりわけイソクラテスのテクストを深く考察すると、論理的表現の汎用力育成に関して、それが政治家養成という限られた目的だけではなく、広く一般市民の教育としての意義を見出すことができるであろう。

こうした目的をもつ本章では、続く第二節で、作文指導に勤しむようになった経緯を交えつつ作文指導と市民教育との関係性を示したうえで、第三節において、作文練習と市民教育のつながりの強さを確認し、さらに第四節では、イソクラテスのテクスト解釈により作文指導の新たな可能性を見出す。そして最後に、市民教育における弁論術の伝統を継承する必要性について言及したい。

2　市民教育の原点としての型作文

古代ギリシアの政治思想を専門分野としてきた筆者は、一橋大学大学院社会学研究科博士後期課程において社会思想史ゼミに所属し平子友長教授の指導を受けた身であるが、現在では、いわば「作文屋」と化している。大学で担当する講義では毎週作文を添削し、高大連携事業では作文指導の出前授業を行ったり大学生が高校生を個別指導する作文講座を企画運営したり、さらには昨年度には、小学生に作文指導を試みたり、作文添削を一部とする初年次必修科目を大学で新設開講させたりと、日々作文に携わるような状況にある(5)。

そもそも作文指導に着目するきっかけとなったのは、「教養教育の再構築」第二回シンポジウム（二〇〇四年八月開催）での久保正彰氏の講演（久保 2005）にほかならない。彼が体験したハーバード・カレッジの初年次教育に大いに感化され、「作文屋」の道を歩むことになったのだが、当時は一橋大学社会科学古典資料センター助手という身分で教育機会がまったくなかったこともあり、市民教育という観点ではなく、大学における教養教育の柱として学生の論理的表現力向上を目指していた。

市民教育という見地に立てたのは、「教養教育の再構築」教養システム班研究会（二〇〇五年一月開催）での佐野泰雄報告「フランスの教養教育とアグレガシオン」のおかげである。この報告では、アグレガシオンまで続く論理的表現力の訓練について詳しい説明があったのだが、彼によれば、定式化された文章表現技能を中等教育および高等教育の訓練の場において身につけた者は、きわめて知的で説得力がある一方でひどく不愉快で腹立たしい人間になる可能性がある、だが、それでも構わないという(6)。この話を聞いたときに、はたと気づいた。こうした腹立たしいほどに説得力を備えた市民がどんどん増えてはじめて民主主義社会が健全化されるはずだ、作文教育と市民教育の関係は、民主主義の起源である古代ギリシアにおいて弁論術が発達したという歴史を思い起こす、確かにギリシア民主政ではこうした人間を積極的に育成してきたではないかと、作文指導と市民教育との強いつながりを再認識したのである。こうして、批判的な精神に長けた若者、砕けて言えば小生意気な口をきく若者が続出することに対して、佐野氏はそれでよいのだという態度であったが、むしろ積極的な意義を市民教育という観点から見出すことができたのである。

その後しばらくして、二〇〇七年度より高崎経済大学に着任し、担当する経済学部教養教育科目「社会学Ｉ」および「社会思想史Ｉ」において大学生への作文指導を開始したが[7]、添削作業に本格的に取り組んだ二〇〇八年度早々、大きな壁にぶつかった。毎回授業後半に作文を課し、それを添削・採点した上で翌週に返却したのだが、いくら添削を重ねても、学生一人一人の成長がほとんど見えなかったのである。

そうした折に思い出したのが、「教養教育の再構築」新年合宿研究会（二〇〇六年一月開催）における佐野泰雄報告の資料であった。「フランスの教育システムにおける文章構成力養成について」という題目の報告であったが、その一部として日本の中学校に相当するコレージュでの中学生レベルの作文基礎固めドリル（explication de texte）も紹介された。その報告の際には、生徒のノートや答案を資料として詳しい説明がなされたのだが、このドリルでは、世界的に有名な著作を読み解釈した上で一定の型通りに文章を書く、つまりは古典読解と型作文という教育方法がとられていた。しかも、コレージュの先生が文章作成法（méthode）を説明した授業における生徒のノートには、次のように記されていた。すなわち、文章全体は、序（introduction）、本論（développement）、結論（conclusion）に分ける。さらに本論部分では、一つの考えごとに一つの段落（paragraphe）を設け、つまりは内容別に段落分けをする。一つの考えは、自分の言葉だけでまとめずに、テクストの文言を引用して正当化させる。そして、各段落を接続詞で連結させるのである。こうした三部構成での文章指導が、フランスでは「優秀な学生の能力をあげるというよりも全体の底上げのために」行われており、さらに「型の修練を経てはじめて独創性が生まれるというイデオロギーがあるのだろう[8]」という。

ちなみに、三部構成については、古代ギリシアのソフィストたちまでさかのぼることができる。紀元前五世紀半ば頃に弁論術を成立させたコラクスとテイシアスが、弁論の構成における最も基本的な型として、序論（προοίμιον）、本論（ἀγών）、そして結論（ἐπίλογος）という三部構成を発見している。[9]

以上のようなギリシア起源の三部構成での文章指導を、二〇〇八年度のうちに試みたところ、充分使えるという手応えがあり、翌二〇〇九年度からは、この三部構成に独自の文章表現上の工夫を加え、その型通りに文章を書くという方式を実施した。そのアレンジを加えた三部構成の作文を、「言いたいことを分かりやすく伝える基本の型」[10]（以下、「基本の型」と略記）と称し、授業全一五回においては次のような計画で指導している。すなわち、まず、二回かけて「基本の型」の具体的な書き方について詳しく説明する。次に、「基本の型」通りの作文練習を七回繰り返す。最後に、型の応用練習を三回行う。また、反復練習時の作文課題は、試行錯誤の末、市民教育のもう一つの土台である批判的思考力が高まるよう、社会問題のデータまたは古典テクストを読み、浮かんだ疑問三点を伝えるというものに落ち着いた。紙面の都合上、これ以上の説明を割愛するが、「基本の型」の作文指導は、手応えを実感しながら継続できている。加えて、筆者が所属する経済学部では、二〇一四年度より開講した「日本語リテラシーⅠ」[11]（一年次前期必修科目）において、「基本の型」を新入生全員が学ぶようになった。

3　型作文と市民教育の強い結びつき

以上のように、型作文指導は、選挙権年齢の引き下げという時代の流れとは一線を画して、取り組まれてきたが、「基本の型」には、一般的な文章表現指導とは大いに異なる点があり、その相違点が型作文と市民教育とのつながりをいっそう深めることになる。

たいていの作文指導では、小論文やレポートにおける文章表現力を高め、終局目標（τέλος）を大学での卒業論文に定めているであろう。だが、「基本の型」の場合には、「言いたいことを分かりやすく伝える」という表現に含意されているのだが、これを身につければ人前で論理的に話をすることができるという点に主眼が置かれる。もちろん、三部構成の「基本の型」は汎用性が高いので、文章表現の面で大学での試験答案・レポート作成、そして卒論作成においても間違いなく活用できるが、それはテロスではない。卒論はあくまでも一つの汎用力を活用できる場にすぎない[12]。むしろテロスは、福沢諭吉が日本近代化の過程で力説した「演説」であり、それは「大勢の人を集めてわが意見を述べ、席上で自分の考えを発表することである」(福沢 1872–76＝2013: 151)。西洋における「演説」の習慣について、福沢は続けて、より具体的に、次のように説明する。

西洋諸国では演説がすこぶる盛んで、政府の議会、学者の集会、商人の会社、市民の会合をはじめ、成人式・結婚式・葬式・祭事から、開業開店等の末に至るまで、わずか十数名の人が集まれば、必ずその会合について、会合の目的を述べたり、人々の平生の持論を吐いたり、その場の感想を語ったりして、皆の前に披露する習わしである。(福沢 1872–76＝2013: 151)

こうした市民教育としての伝える力の必要性については、当時の福沢のみならず、現代の福沢研究者も強く指摘しているが(平井 2000: 280)、人前で話すことの練習法については、古代ローマ時代の哲学者であると同時にきわめて雄弁な政治家でもあったキケロが、『弁論家について』(M. Tullius Cicero, *de Oratore*. 前55年。以下、Cic. *de Orat.* と略記)における弁論術訓練法に関するくだりにおいて、実に的確に、次のように伝えている。

最も肝要なのは、そして、じつを言えば、われわれが最も行っていないのがこれなのだが、できるかぎり多く書くことなのである。作文練習（stilus）[13]こそ弁論の最も優れた、最も卓越した創造者であり教師なのである。

（Cic. *de Orat.* 1. 150）

話すことと書くこと、双方の行為の密接な関係について[14]、キケロは続けて、こう述べる。すなわち、「書くという行為を習慣づけた上で弁論の道に進む」ならば、「即席で語っても語り口が書いたものに似ているという印象を与える」能力を携えてくるという（Cic. *de Orat.* 1. 152）。急きょ話すことになったとき、これまで練習してきた作文のように話すことができるようになるということは、まさに「論理的表現力の汎用力」である。

この点に関しては、古代ローマ時代において弁論術の教育研究で活躍したクインティリアヌスもまた、『弁論家の教育』（M. Fabius Quintilianus, *Institutio Oratoria*. 95年頃。以下、Quint. *Inst.* と略記）において、キケロに賛同し、「最も骨の折れるものであるとともに、効用の高いものは作文練習（stilus）[15]である」として、「できる限り注意深く、まただけ多く書くべきなのである」と主張する。そして、「この自覚の中にこそ、緊急な場面に遭遇しても、事情が許す限りいつでもその豊かな内容がそこから語り出されて来る根が張り、基礎が据えられている」という（Quint. *Inst.* 10. 3. 1-3）。

ここまで確認したように、作文練習は、人前で自分の考えを伝えることを上達させるためにはとても有効なものである。しかも、福沢が説明したような演説の機会は、今日の社会においては、どれほど頻繁に生じていることであろう。こうした意味で、型作文指導と市民教育には、強い結びつきがあったのである。

4　型作文指導の新たな可能性

基本的な型を教えるという作文指導法は、第二節で述べたように、筆者にとってはフランス中等教育を参考に苦肉の策として講じたものであったが、古代ギリシアにおいて市民への弁論教育に尽力したイソクラテスは、体系的に教育していた。彼の弁論教育の具体的方法については、現存文献内での言及があまりにも少ないために、断片的にしか知ることができないが、それでも型作文に関連する内容が見られる。それは『ソフィスト反駁』（前三九〇年頃。以下、Isoc. *Cont. Soph.* と略記）および『アンティドシス（財産交換）』（前三五二年頃。以下、Isoc. *Antid.* と略記）にあり、前者の内容を後者もほぼ踏襲している。

イソクラテスは弁論術の教育を体育の指導法と同類の扱いとし、次のような手順を踏ませる。まず、言論の基本型（ἰδέαι）[16]すべてを教え、次に、それぞれの型を反復練習させたうえで、どの場合にはどの型を用いるか、また型同士をどのように組み合わせるか、ケース・バイ・ケースの実戦的な練習を積む。その際には教師がお手本を示したうえで、生徒は一人ずつそれを模倣し、教師からアドバイスを受ける[17]。

言論の型を教え、反復練習し、汎用力をつけるために型の応用練習をするという流れは、筆者が本務校の教養科目で実践してきた型作文指導と同じであるが、イソクラテスの教育に比べて、いかに不十分なものだったか反省できる。型は一つしか教えていないし、その一つの型を反復練習するにすぎない。型の選択や統合もない。授業中には、お手本の模倣を正すこともない。もっとも、現代の市民教育では、あらゆる型を教えるよりも型を一つだけに限定した方が教育効果ははるかに高いように思われる。とかく作文を苦手とする学生・生徒・児童が非常に多い現状では、できるだけシンプルな指導に限定する必要があろう。

彼の教育法を考察するにあたって、最も注目すべきは、次の二カ所である。

　それ［教育（ἡ παίδευσις）］は、素質を（τὴν φύσιν）欠いた人を、すぐれた（ἀγαθοὺς）弁論家や弁論作家にすることはできない。もっとも、そうした人に対しても、自らを向上させて多くの点においてより賢くすることはできるだろう。（Isoc. *Cont. Soph.* 15）

　このような方法［型作文とその応用］で観察し教育すると、双方の教師とも、生徒をより良くするところまで、一方で［弁論教育では］思考を、他方で［体育教育では］身体状態を、より高めるところまでは、向上させることができた。だが、どの生徒も、望む者を誰でも有能な（ἱκανοὺς）運動選手や弁論家にするのを可能とする知識を持つには至らなかった[18]。一部だけ助長させることはあっても、その能力は概して、素質と（τῇ φύσει）自己鍛錬とに（ταῖς ἐπιμελείαις）長けている者にだけ備わっていた。（Isoc. *Antid.* 185）

　このようにイソクラテスは、すぐれた弁論家となるための三要素として、素質・教育・自己鍛錬を挙げ、教育の限界を指摘した[19]。どの生徒も以前より向上できたし思慮も高まったが、いかに教育に力を入れたとしても、指導した生徒全員をアガトス・ヒカノスにすることはできないのである。キケロもまた、弁論術を学ぶことについて、「その学問が何の助けにもならないと言えば、嘘になるだろう」（Cic. *de Orat.* 1. 145）、「立派な弁論家となるために必要不可欠なものというのではないにしても、それを認識しておくのはけっして自由人にとって無価値な（inliberale）[20]ことではない」（Cic. *de Orat.* 1. 146）という。

たしかに、型作文の応用練習では、学生誰もがすぐれた文章を書ける訳ではなかった。反復練習によりかなりの成長を遂げた場合でも、例えば就職活動でのエントリーシート作成では、課題にあてはめて型を崩すことのできる学生はあまりに少ない。ゼミ生を中心としてエントリーシートをいくつも見てきたが、その草稿を見る限り、型を巧みに応用できている学生はめったにいない。そうした応用ができるのは、型作文の反復練習序盤から、センスがある、イソクラテス風に言えば「素質」がある、とみなせた学生だけであり、そうした学生は全体のなかでほんの一握りしかいないし、ましてや授業外で型作文の自己鍛錬をするような学生が現れることは限りなくゼロに等しい。

しかしながら、こうした弁論教育上の限界が明確になったとしても、市民教育という観点に立つと、この限界に打ちひしがれることはない。古代ギリシア世界では市民の数倍もの奴隷が存在したし、しかもイソクラテスの学校ではアテナイ市民のほんの一部だけが通ったかなりの少人数制教育だったようであり、今日の学校教育とは大いに異なる。現代における市民教育とは、当たり前のことを確認するまでだが、すべての市民を、すぐれた弁論家にしたうえで、すぐれた政治家・官僚・裁判官にすることではない。むしろ、こうした高度職業人になるという目的のない一般市民にとっては、型作文学習の意義に着目するだけで構わないのである。政治的リーダーの養成という視点に立つのではなく、市民全体の底上げという視点に立てば、市民一人一人の論理的表現力の素質は様々であろうし、能力向上に向けた自己鍛錬の度合いも大きく異なろう。

イソクラテスにとっては限界であったことが、逆に、現代の我々にとっては市民教育発展の可能性となりうる。彼によれば、教育を通じて「基本型」の理解を促進させ、反復練習により身につけさせ、それによって以前の自分よりも成長させることは、教育を受けた人誰にでも可能だという。我々としては、これ以上高い目標を定めるべきではない、これで充分なのである。型作文指導を施せば、論理的表現力は誰もが伸びるし、思考力も以前より高まる。このように、市民全体の底上げという面では、型作文の有効性は揺るぎないと言えよう。

5　伝統継承の必要性

本章では、現代において型作文指導を市民教育の一つの大きな柱とすることが、ギリシア・ローマの弁論術の伝統を再評価することに強くつながる、しかも、イソクラテスの弁論教育法を考察した結果、市民教育とエリート教育との差異が明確となり、市民一人一人の表現力も思考力も伸ばすことができる、ということが明らかになった。このように市民全体の底上げを図るならば、市民教育の始点かつ要諦として弁論術の伝統をより強く受け継ぐことが求められる。その際に留意しなければならないのは、型作文の高度な内容ではなく、より平易な内容を広く浸透させることであろう。この点において日本の学校教育は、初等教育から高等教育まで、まだまだ遅れていると言わざるをえない。従って、ギリシア・ローマの伝統を継承するような市民教育プログラムの構築こそ、喫緊の課題なのである。

注

（1）正式には、「日本国憲法の改正手続きに関する法律」。この法律の附則第三条では、「国は、この法律が施行されるまでの間に、年齢満十八年以上満二十年未満の者が国政選挙に参加することができること等となるよう、選挙権を有する者の年齢を定める公職選挙法、成年年齢を定める民法その他の法令の規定について検討を加え、必要な法制上の措置を講ずるものとする」として、選挙権年齢の引き下げを求めていた。なお、この附則条文は、二〇一四年での同法の一部改正に伴い、削除された。
（2）日本政治学会においても、二〇一六年度第I号の『年報政治学』（二〇一六年六月刊行予定）のテーマが、苅部直編集委員長の提案により「政治と教育」となった。筆者もこの編集委員として研究会に参加しており、寄稿の予定である。
（3）田中・杉村編（2014）186-238。谷川監修（2010）もまた、社会科の地理・歴史・公民に紙面の大半を割いている。
（4）この著作のもとは、放送大学教材『西洋政治思想史――視座と論点』（二〇〇一年）であり、この第一版から「政治とレトリック」は収録されていた。
（5）型作文指導が軌道に乗り出した二〇〇九年度以降、その指導対象を、大学生のみならず、高校生、さらには小学生まで下げ、型作文から始まる市民教育を具体的にどの学年から始めたらよいのか検討してきた。その詳細については、紙面の都合上、これ以上は触れないが、これまでの実験結果をもとにした中間的な判断では、小学校高学年もしくは中学一年生が妥当ではないかという見解にある。何らかの結論を下すために、今後もこれらの年齢層への型作文指導の実験を継続予定である。なお、高校生を対象とした型作文指導については、名和（2013）にて詳論した。
（6）この点については、二〇〇五年一月九日に、佐野氏から口頭で教示を得た。
（7）着任初年度の作文指導における苦悩ぶりについては、名和（2008）69-74を参照。
（8）この点については、二〇〇六年一月七日に、佐野氏から口頭で教示を得た。
（9）この点については、例えば大熊（1973）95を参照。
（10）その具体的な書き方については、名和（2013）273-9を参照。
（11）この科目の開設理由・授業計画・授業内容等については、名和（2015）を参照。
（12）小中学生の型作文教育プログラム構築を試みる市毛勝雄は、同時に論理的思考力を鍛えることも視野に入れているが、それは「論理学に精通してほしいからではない。小中学生が社会人になったときに、一人前の常識と論理的な判断力を持ってほしいから」であり、「現代社会に必要な論理的思考力・表現力」を身につけてほしいからだという（市毛 2007: 100）。筆者もまた、こうした一個人の長期的な視点での「演説」力の涵養を見据えているのである。
（13）原語stilusは、ろう板に文字を書くための先の尖ったペンのことであり、ペン先の反対側先端は平たい形で書いた字を削って消すことができる。Augustus S. Wilkinsによれば、このペンは恒久的（permanent）にするつもりがないときに使うものであったという（Wilkins 1895: 151）。この語について、大西（2005: 90）は「鉄筆」、小林（1981: 54）は「文体」と訳出しているが、こうした役割を踏まえて、ここでの語義は、Watson（1896: 180）やGlare（2012: s.v. stilus 3b）と同様に、このペンの使用、つまりは'the action or practice of writing'と解した。

（14）これら双方の関連に関して、大熊（1974）は、すでにイソクラテスが「話し方・作文の相関指導を実践したこと」に注目している。

（15）前注（13）を参照。

（16）当然、プラトンが哲学用語として用いる意味とは異なり、レトリック用語の'form'という語義である。また、後述される「言論の型（εἴδη）」（Isoc. *Cont. Soph.* 16）のエイデーに関しても、Livingstone (2007) 22-3, Papillon (2007) 60, Gaines (1990) 166と同様に、イデアイの単なる言い換えと解する。なお、このイデアイに関しては、以下も参照。Liddell（1996）s.v. ἰδέα, 廣川（2005）105注7、三浦（1989）69注23、Schlatter（1972）591, Johnson（1959）28, Marrou（1948＝1985）106.

（17）Isoc. *Cont. Soph.* 16-8, *Antid.* 183-5. 以下も参照。柿田（2012）19, 廣川（2005）87-90, 脇屋（1960）67, Morgan（2007）307, Marrou（1948＝1985）106, Jaeger（1934-47＝1944-7）63-4, 144.

（18）この語は、*Cont. Soph.* 14では'ἐμπειρία'に相当する。両語の邦訳語としては、次のようなものである。「熟練」・「修練」（小池 1998-2002: 144, 219）、「練習」・「習練」（廣川 2005: 79-82）、「練習」（三浦 1989: 68）、「経験」（脇屋 1969: 68）。だが、教師の働きかけにより能力向上が図られる「教育」と明確に区別するために、あえて「自己」という表現を加えて訳出した。より砕けて訳せば、「自主トレ」や「自主練」となろう。

（19）クインティリアヌスも、これら三つの要素に言及するが、「素質の助けなしには教則も技法書もなんら役に立たない」が、「わずかなりともそなわっていれば、体系的方法によって増大させることができます」という。もっとも彼は、素質よりも教育と自己鍛錬を重視し、「経験ある教師、ねばり強い努力、書くこと、読むこと、語ることについての多大かつ絶え間なき練習がなければ」、素質だけでは何ら役立たないと断言する（Quint. *Inst.* 1. pr. 26-7）。

（20）大西訳では、「自由人にとって」という修飾語句はないが（大西 2005: 88）、Leeman and Pinksterが指摘するように、「自由人として生まれ、自由人に適った教育」（Cic. *de Orat.* 1. 137）に呼応しているので（Leeman and Pinkster 1981: 244）、あえて加えた。

文献

Buregren, Sassa 2003 *Demokratihandboken*, Stockholm: Rabén & Sjögren.（=2009 二文字理明訳『10歳からの民主主義レッスン――スウェーデンの少女と学ぶ差別、貧困、戦争のない世界の原理』明石書店）

福沢諭吉 1872-76『学問のすすめ』（=2013 伊藤正雄訳『現代語訳 学問のすすめ』岩波書店）

Gaines, Robert N. 1990 "Isocrates, Ep. 6.8", *Hermes*, 118(2): 165-70.

Glare, P. G. W. ed. 2012 *Oxford Latin Dictionary*, 2nd ed., Oxford: Oxford University Press.

平井一弘 2000『福沢諭吉の議論「論」と議論』青磁書房

廣川洋一 2005『イソクラテスの修辞学校――西欧的教養の源泉』講談社

市毛勝男 2007「論理的思考力の鍛え方（1）演繹的思考法と帰納的思考法という二つの論理的思考法」『現代教育科学』607: 96-100

Jaeger, Werner Wilhelm 1934-47 *Paideia: die Formung des griechischen Menschen*, Berlin:W. de Gruyter.（= 1944-47 Gilbert Highet, trans., *Paideia: the Ideals of Greek Culture*, Oxford: Basil Blackwell.）

Johnson, R. 1959 "Isocrates' Methods of Teaching", *American Journal of Philology*, 80: 25-36.

柿田秀樹 2012『倫理のパフォーマンス――イソクラテスの哲学と民主主義批判』彩流社

川出良枝・山岡龍一 2012『西洋政治思想史――視座と論点』岩波書店

久保正彰 2005「『お手本』を求めて」『教養教育の再構築第二回シンポジウム報告集』82-100（葛西康徳・鈴木佳秀編 2008『これからの教養教育――「カタ」の効用』東信堂：188-220に「ハーバード・カレッジの教養教育」として再録）

Liddell, H. G., R. Scott, H. S. Jones and R. McKenzie eds. 1996 *A Greek-English Lexicon*, 9th ed., Oxford: Oxford University Press.

Livingstone, Niall 2007 "Writing Politics: Isocrates' Rhetoric of Philosophy", *Rhetorica*, 25(1): 15-34.

Marrou, Henri-Irénée 1948 *Histoire de l'Éducation dans l'Antiquité*, Paris: Éditions du Seuil.（=1985 横尾壮英・飯尾都人・岩村清太訳『古代教育文化史』岩波書店）

Morgan, Teresa 2007 "Rhetoric and Education", Ian Worthington ed., *A Companion to Greek Rhetoric*, Oxford: Blackwell Publishing,

303-19.

名和賢美 2008「初年次教育改革に向けた教養教育実践の試み」平成19年度高崎経済大学特別研究報告書『初年次教育としてのアカデミック・リテラシー教育に関する基礎的研究』高崎経済大学 : 67-84

——— 2013「大学生による論理的表現力の伝授 —— 型作文から始まる市民教育の模索」高崎経済大学産業研究所編『高大連携と能力形成』日本評論社 : 253-98

——— 2015「『日本語リテラシーⅠ』の授業設計 —— 学生が成長を実感できる初年次教育を求めて」名和賢美編『日本語リテラシーと初年次教育』高崎経済大学 : 15-34

大熊五郎 1973「西洋修辞学史ノート（1）—— 修辞学の誕生と東漸」『独協大学教養諸学研究』7: 112-55

——— 1974「古代ギリシァ・ローマの作文教育に学ぶもの —— イソクラテスの理論と実践を中心に」『国語科教育』21: 74

Papillon, Terry L. 2007 "Isocrates", Ian Worthington ed., *A Companion to Greek Rhetoric*, Oxford: Blackwell Publishing, 58-74.

Schlatter, Fredric W. 1972 "Isocrates, Against the Sophists, 16", *American Journal of Philology*, 93: 591-7.

田中治彦・杉村美紀編 2014『多文化共生社会におけるＥＳＤ・市民教育』上智大学出版

谷川彰英監修 2010『市民教育への改革』東京書籍

脇屋潤一 1960「イソクラテスの教育思想と古代ギリシア社会における彼の役割」『日本の教育史学』3: 49-75

イソクラテス、キケロ、そしてクインティリアヌスの校訂（ED）・注釈（COM）・翻訳（TR）

イソクラテスの原典は、Mandilaras（2003）に依拠した。『ソフィスト反駁』および『アンティドシス』の翻訳は、すべて筆者による。キケロの原典はWilkins（1902）に、クインティリアヌスの原典はWinterbottom（1970）に依拠した。また、断りのない限り、『弁論家について』は大西訳を、『弁論家の教育』は、第一巻から第八巻までは森谷ほか訳を、第九巻以降は小林訳を使用した。

Courbaud, Edmond（ED TR）1980 *Cicéron, De l'orateur,* 7e tirage, Paris: Less Belles Lettres（Collection des universités de France）.

Cousin, Jean（ED TR）2003 *Quintilien, Institution Oratoire*, 2e tirage, Paris: Less Belles Lettres（Collection des universités de

France）.
小林博英（TR）1981 クインティリアーヌス『弁論家の教育』全2巻 明治図書出版
小池澄夫（TR）1998-2002『イソクラテス弁論集』全2巻 京都大学学術出版会
Leeman, Anton D. and Pinkster Harm（COM）1981 *M. Tullius Cicero, De Oratore libri Ⅲ*, Heidelberg: C. Winter.
Mandilaras, Basilius G.（ED）2003 *Isocrates, Opera Omnia*, 3 vols. Müunchen und Leipzig: K. G. Saur（Bibliotheca scriptorvm Graecorvm et Romanorvm Tevbneriana）.
Mathieu, Georges et Brémond Émile（ED TR）1960-1963 *Isocrate, Discours*, 4 tomes. 3rd ed. Paris: Less Belles Lettres（Collection des universités de France）.
三浦尤三（COM TR）1989「イソクラテス『ソフィスト反駁』」『活水論文集』32: 61-70
森谷宇一・戸高和弘・渡辺浩司・伊達立晶（TR）2005-13クインティリアヌス『弁論家の教育』1～3 京都大学学術出版会
Norlin, George（TR）1966-68 *Isocrates*, 4 vols. London: William Heinemann（The Loeb Classical Library）.
大西英文（TR）2005 キケロー『弁論家について』全2巻 岩波書店
Russell, Donald A.（COM TR）2001 *Quintilian, The Orator's Education*, 5 vols. Cambridge: Harvard University Press（The Loeb Classical Library）.
Sutton, E. W.（TR）1942 *Cicero, De Oratore*, Cambridge: Harvard University Press（The Loeb Classical Library）.
Too, Yun Lee（COM TR）2008 *A Commentary on Isocrates' Antidosis*, Oxford: Oxford University Press.
Watson, J. S.（TR）1896 *Cicero, On Oratory and Orators*, London: G. Bell and Sons.
Wilkins, Augustus S.（ED）1902 *M. Tulli Ciceronis Rhetorica Tomus 1; Libros de oratore tres continens*, Oxford: Oxford University Press（Oxford Classical Texts）.
――――（COM）1895 *M. Tulli Ciceronis De Oratore Libri Tres*, 3rd edn. Oxford: Oxford University Press.
Winterbottom, Michael（ED）1970 *M. Fabi Quintiliani Institutionis Oratoriae Libri Duodecim*, Oxford: Oxford University Press（Oxford Classical Texts）.

第五章　丸山眞男の民主主義論の再検討
――日本の民主主義の危機的状況の理解と打開のために

赤石憲昭

1　日本の民主主義の現在

戦後、刊行になったばかりの雑誌『世界』に掲載され、丸山眞男の名を一躍有名にした論文「超国家主義の論理と心理」の末尾は、「日本軍国主義に終止符が打たれた八・一五の日はまた同時に、超国家主義の全体系の基盤たる国体がその絶対性を喪失し今や始めて自由なる主体となった日本国民にその運命を委ねた日でもあったのである」（丸山 [1946] 1996: 36）と結ばれていた。その後の日本はどのような道をたどったか。ポツダム宣言受諾によって軍国主義を廃し、民主主義化を運命づけられることになった日本であるが、[1] 一九五〇年には早くも警察予備隊が創設され、レッドパージも起こるなど、いわゆる逆コースが起こり、六〇年にはアメリカとの軍事同盟を強化する日米安保条約が強行採決される。この新安保成立時には、反対する三三万もの国民が国会を包囲したが、その決定が覆されることはなかった。そのさい、丸山は「敗戦直後のあの時点にさかのぼれ、八月十五日にさかのぼれ」（丸山 [1960d] 1996: 357-8）と訴えた。廃墟の中、新しい日本の建設を決意したあの気持ち、八月十五日に象徴される意味がすっかり忘れられてしまっていることに警鐘を鳴らしたのであった(2)。

それから五五年が経ち、戦後七〇年を迎えようとしている現在の状況はどうであろうか。「平成の治安維持法」とも呼ばれる特定秘密保護法が施行され、また、集団的自衛権の限定的行使容認を柱として、一部から「戦争法案」と批判される安全保障関連法案も強行採決によって成立するなど、軍国主義時代を想起させるような状況がまさに現在進行形でふたたび起こっている。このような民主主義の危機的状況をどのように捉え、打開していけばよいだろうか。本研究では、丸山眞男の議論からその手がかりを引き出してみたい。

丸山は、本職とする日本政治思想史研究のかたわら、日本の民主主義の現状に関する時局的な発言を数多く行っているが、これらの発言は、現在の逆コース的な状況との重なりはもちろんのこと、そこでの民主主義の立場による原理的な考察は、現在の状況をわれわれが根本的に捉え、考える上でいまなお有益である。本研究では、丸山のこのような議論の中から、現在の日本の民主主義の危機的状況を念頭に、議会制民主主義、憲法九条、現代のファシズムに関する考察を取り上げて検討するとともに、さらに丸山が強調した八月十五日にさかのぼることの持つ意味についても考えてみたい。

2　議会政治の原理的考察――強行採決に直面して

多くの国民がその内容に不安を感じ、現実にわれわれの自由や安全に重大な危険をもたらすかもしれない法案が、議論もきちんと尽くされず、国民の理解もえられないままに強行採決されてしまうような状況を目の当たりにすると、民主主義とはなにかということをあらためて考えさせられる。丸山自身も新安保条約の強行採決の場面に直面したわけであるが、丸山はこれを「日本の政治体制のレゾン・デートル（存在理由）そのものが問われている」（丸山[1960b] 1996: 284）きわめて深刻な問題と捉え、政治制度の本質的な機能がきちんと働くとはどのようなことかを原理的に考察している。民主主義における議会政治とは本来どうあるべきか、「この事態の政治学的問題点」という論考をもとに考えてみたい。

2－1　議会政治の機能

現代の民主主義において議会制が果たす機能は二つある。一つは、「統合調整機能」で、国民の間にあるさまざまな利害、意見の争いを統合・調整し、国民から国会へという上昇過程として現れ、もう一つは、「教育機能」で、国会の審議過程を通じて争点となっている政策について国民の関心を呼び起こしてそのさまざまな問題点を明らかにしていく、国会から国民への下降過程として現れる（丸山[1960b] 1996: 286）。政治学的な意味において議会政治が「現実に」存在しているとは、この二つの過程がリンクして無限なサイクルを円滑にえがいていることであり、「議会制民主主義であるかぎり、どこまでも民主主義の全体の政治過程の中で、国会の政治的機能を位置づけること」（丸山[1960b] 1996: 287）が重要となる。

2－2　議会政治を妨げる二つの要因

このような議会政治の本来あるべき機能を妨げる要因として、丸山は二点指摘している。一つめは、「国会の『院内主義』的理解」で、これは、国会の政治的機能を民主主義の全体の政治過程の中で位置づけるのではなく、院内だけで議会主義を捉えてしまう理解の仕方である（丸山[1960b] 1996: 287-8）。たとえば、与党が院内の多数意思をそのまま国民の多数意思であるとして法案を押し通してしまうような場合である。これでは、議会は国民から遊離し、国民の「統合調整機能」を果たさなくなってしまう。そうならないためには権力の座にある政府・与党は、法律や条約を無理に押し通すのではなく、国民のため、審議の過程で野党が提示する反対の主張や政策を自分たちの主張や政策の中に織り込む努力をすることが必要となる。もちろん、とくに重大な政策決定の場合には、けっして譲れない場面も出てくるが、「その場合にはなぜこれ以上譲れないか、どこに根本的な争点があるかということを、審議過程を通じて十分国民の目に明らかにした上で国会を解散し、改めて国民の意思を問う」（丸山［1960b］1996: 289）ほかない。小さなズレは審議過程の中で正していけばよいが、もしおおきな意見・政策のズレがある場合には、国会を解散し、あらためて国民の支持を取るのが原理原則というわけである。もちろん、そのようなズレに対して、意識の高い国民はなんらかの反応や抵抗（たとえば、デモ）を起こすこともあり、そうならないよう政府・与党は、国会の「統合調整機能」と「教育機能」を拡大していく必要がある。

国会の政治的機能を妨げる二つめの要因は、「多数決主義の考え方」である（丸山［1960b］1996: 290）。もちろん、議会政治は多数決による決定を基礎とするものであるが、その前提として、「ディスカッション（討議）の過程」が重要となる。「現実」の政治的機能を民主的政治過程の全体から考える必要性を説く丸山は、「討議の多層性」を強調する。

何よりもまず、討議のレベルというものが、社会的に多層でなければならないという問題があります。地域のレベルでの討議、あるいは自発的な集団のレベルでの討議、政党さらに内閣での討議というように、討議のレベルが多層であるほど、国民意思はより広く、より深く統合される。国会内における討議と採決は、そうした社会的に多層なレベルにおけるディスカッションの終着駅です。また他面、国会内の討議が下降して国民の種々のレベルでの討議をひきおこすという意味では始発駅であります。そのプロセス全体が民主的政治過程を形成しているわけです。（丸山 [1960b] 1996: 291）

このように、ディスカッションが国会内のみならず、それを受けて院外のさまざまな場面（地方議会はもちろんのこと、市民の学習会等々）で行われ、さらに、そのさまざまな場面のディスカッションの成果がまた国会で集約される。このような無数の討議を背景に持つことで、はじめて国会での議論が国民の「代表」となっているると言えるのである。(3)

丸山はさらに、院内に見られる「多数決主義の考え方」についても問題点を指摘する（丸山 [1960b] 1996: 292–3）。数にまさる政府・与党は、重要な政策を独裁的に決定することが可能であるが、たとえ数の力により法案が通ってしまうことがわかっていたとしても、野党がその問題点をきちんと指摘し、政府・与党がそれに対してきちんと説明するというやり取りがあれば、それは国民にとっての「教育機能」を果たすことになる。また、廃案にすることはできずとも、場合によっては法案の問題点が修正され、「統合調整機能」が果たされることにもなる。しかし、そうではなく、政府・与党側が、法案を通すことができるのを良いことに、審議を乗り切ることだけを考えて質問の答えになっていないようなかみあわない答弁を繰り返したり、野党側は野党側で、その敗北をわずかでも引きのばすため、あるいは、人気回復のために揚げ足取り的な質問に終始するならば、国民に問題の本質が伝わらず「教育機能」を果たせず、また、たんなる言い合いで終わって内容の本質的な議論に入れずに「統合調整機能」も果たせなくなり、議会政治は機能不全となってしまう。

2–3　強行採決の歴史的意味

一九六〇年五月十九日、安保特別委員会が突然開催され、開始二分で審議は打ち切られ、賛成多数で可決される。その後行われた本会議では、警官も院内に導入され、冒頭で五〇日の会期延長が決められたにもかかわらず、強行採決が行われた。丸山は、このような議会政治の毀損を目の当たりにし、われわれに議会制民主主義の原則の歴史的意味を考えることを要求する。「人民主権の上に立った議会政治は、私たち日本人が惨憺たる戦争の犠牲を払って、何百万の日本人の血を流してようやくかち得たものである。」（丸山 [1960b] 1996: 298）日本は、過去の反省の上に立ち、民主的統合を原理とする議会制民主主義を採用したにもかかわらず、新安保締結の一連の過程をみると、たしかに制度の形式は民主主義になったものの、その実質的機能の面では、まさに戦時中の翼賛議会のようになってしまっている。民主主義の制度が「ある」だけで安心してはならず、それがきちんと機能するように不断に努力を「する」のでなければならないというのは、丸山の民主主義論の中心的メッセージであるが（丸山 [1959] 1996: 24–5）、このことは、たんに国民の怠惰により、自分たちに不都合が生じるというだけにとどまらず、それは、戦争によって犠牲となった何百万、何千万のひとびとの血を無駄にしてしまうことをも意味する。このため、丸山は、このような状況下においてまだなお議会政治が「現実」に機能していることを示すならば、「国会を直ちに解散し、二十日の強行採決を白紙に還元する以外にない」（丸山 [1960b] 1996: 299–300）と強く訴えたのであった。院外でも国民的議論が活発に行われ、国会でも十分な審議がなされ、それがまた国民へと返ってくるように、議会政治が「現実に」機能するようにすることは、現在のわれわれにとっても喫緊の課題であるが、それが多くの犠牲者の上に獲得されたものであり、けっしてそれを後戻りさせることがあってはならないということも、われわれは肝に銘じておく必要があるのである。

3　憲法第九条をめぐる原理的考察――安全保障関連法案を見すえて

日本は、先の大戦で国内外に多くの犠牲者を出した反省から、憲法第九条第一項に「戦争放棄」を、そして第二項に「戦力の不保持」および「交戦権の否認」を掲げた。しかし、現実には、世界でも有数の軍事力を備える自衛隊を持つようになり、また、一九九一年の湾岸戦争において人的貢献をしなかったことが大きく批判されて以後、海外でのＰＫＯ活動をはじめ、後方支援や復興支援も行うようになった。そして現在、これまで認められてこなかった集団的自衛権を限定的に容認する法案が成立することとなった。このような状況を根本的に捉える視座をえるため、次に「憲法第九条をめぐる若干の考察」をもとに憲法九条の持つ意味をあらためて考えてみたい。

3－1　憲法第九条とアメリカの戦略

丸山は、一般的に、憲法は「不磨の大典」ではなく、不断に改正を検討し、不都合な部分を改めていくものではあるが、そのことと、憲法九条をめぐって現実に投げかけられてきた改憲問題のレベルを混同してはならないと強調する。というのも、九条問題の「政治的核心は、あくまでアメリカの戦略体系の一環としての日本再軍備にあったし、今でもあるということを、あらためて確認しておくことが必要」（丸山 [1965a] 1996: 256）だからである。日本は、敗戦によって武装解除され、九条第二項に書かれているとおり、文字通り、陸海空軍その他の戦力を保持しないこととなった。実際、朝鮮戦争前年の一九四九年十一月、第六回衆議院本会議で吉田首相は「無軍備こそ最善の安全保障である」という答弁をし、西村条約局長も「第九条は自衛戦争自身も放棄している」とした（丸山 [1965a] 1996: 253）。

しかし、翌五〇年の年頭声明でマッカーサーが日本に自衛権があるという示唆を与えると、それを受ける形で早くも一月二十八日の衆議院本会議で吉田首相が、日本に自衛権があるのは明らかだという主旨の答弁を行うようになる。その後、六月に朝鮮戦争が勃発し、参戦した駐留米軍の穴を埋めるべく警察予備隊創設のポツダム政令が出されるわけであるが、この一連の過程一つ取ってみても、いかに九条の解釈がアメリカの思惑によって変更させられてきたかがわかる。これまで認められてこなかった集団的自衛権が容認されるようになるのもこの構図が透けて見える。(4) だからこそ丸山は、憲法九条そのものの理念に目を向ける。

3-2　憲法第九条の理念

丸山は、憲法九条に対して、理想と現実を区別し、それが理想ではあるが現実はそうはいかないというように捉える第一の見方や、現実の立法や政策に対して一定の枠をはめるものであると捉える第二の見方を、ともにスタティックな理解であると否定し、「政策決定の方向性を現実に制約する規定である」（丸山 [1965a] 1996: 261）という第三の見方を提示する。現実の政策に枠をはめるというだけでは、その枠内で防衛力を増やそうが減らそうがどちらでもよいということになるが、この第三の見方ではそうはならない。

憲法遵守の義務をもつ政府としては、防衛力を漸増する方向ではなく、それを漸減する方向に今後も不断に義務づけられているわけです。根本としてはただ自衛隊の人員を減らすというようなことよりも、むしろ外交政策として国際緊張を激化させる方向へのコミットを一歩でも避け、逆にそれを緩和する方向に、個々の政策なり措置なりを積重ねてゆき、すすんで国際的な全面軍縮への積極的な努力を不断に行なうことを政府は義務づけられていることになる。したがって主権者たる国民としても、一つ一つの政府の措置が果たしてそういう方向性をもっているか、を吟味し監視するかしないか、それによって第九条はますます空文にもなれば、また生きたものにもなるのだと思います。（丸山［1965a］1996: 263）

憲法に従うならば、九条第二項に「陸海空軍その他の戦力は、これを保持しない」とある以上、防衛力は明らかに漸減させなければならず、また、第一項に「正義と秩序を基調とする国際平和を誠実に希求し、国権の発動たる戦争と、武力による威嚇又は武力の行使は、国際紛争を解決する手段としては、永久にこれを放棄する」とある以上、国際緊張を緩和させる方向に進むことが義務づけられており、同じく第一項に「日本国民は、正義と秩序を基調とする国際平和を誠実に希求し」とあるように、日本国民は、政府がそのように方向づけられているかをきちんと監視しなければならないのである。

このような方向づけは、憲法前文によってさらに決定づけられる。人民主権の原則でいえば、憲法前文では日本国民を主語として「政府の行為によって再び戦争の惨禍が起ることのないようにすることを決意し、ここに主権が国民に存することを宣言し、この憲法を確定する」と述べられており、ここには経験上、戦争が直接的には政府の行為によって引き起こされるものだという思想が表明されている。戦争になった場合、結局、被害を蒙るのは少数の為政者ではなく、大多数の国民である以上、「戦争防止のために政府の権力を人民がコントロールすること」（丸山［1965a］1996: 264）が必要となる。そのために、われわれは議会制民主主義を採用したのであり、前節で見たように、それをきちんと機能させることが重要なのである。

さらに丸山は、憲法前文には、積極的平和主義の主張が展開されていると指摘する。「われらは、平和を維持し、専制と隷従、圧迫と偏狭を地上から永遠に除去しようと努めてゐる国際社会において、名誉ある地位を占めたいと思ふ」という「われら」を主語にした言葉や、最後の「日本国民は、国家の名誉にかけ、全力をあげてこの崇高な理想と目的を達成することを誓ふ」という「日本国民」を主語とした誓いの言葉でわかるように、ここには、日本国民自身が、普遍的な理念に立って行動し、平和を実現していくのだという決意が示されている。平和の探求は、他国に依存して消極的に行われるものではなく、「日本がそういう国際社会を律する普遍的な理念を現実化するために、たとえば平和構想を提示したり、国際紛争の平和的解決のための具体的措置を講ずるといった積極的な行動であり、そういう行動に政府を義務づけている」（丸山［1965a］1996: 268）のである。日本自身が、国際社会の平和を積極的に実現させるプレイヤーなのであり、政府はそのように行動するように義務づけられている。ただし、その方向は、先に見たように、あくまでも国際緊張を緩和するものでなければならず、「すすんで国際的な全面軍縮への積極的な努力を不断に行なう」ものでなければならないのである。

3-3　憲法第九条と八月十五日の意味

このように憲法第九条の理念を確認した上で、翻って現在の状況を考えてみると、くしくも現在の安倍政権も同じく「積極的平和主義」を提唱している。しかし、それは、日本の軍事的役割を拡大させる方向で諸地域の安定を目指し、日本の抑止力を高める効果も集団的自衛権の限定的容認によってアメリカとの同盟関係をより強化することによる軍事力を背景にしたものであって、丸山のそれとは正反対のものである。(5) そもそも丸山は六〇年安保の締結を、その審議過程のみならず、その中身についても反対しており、いくらアメリカと安保条約を結んで基地提供を行っても国際的緊張は増すばかりであり、「アジアの一国である日本としては、特にとなりの中国との国際関係を打開して行くことなくしては、日本の安全感というものは得られません」と強調していた（丸山［1960c］1996: 60）。現在、中国問題が日本の安全保障上の懸案事項の一つとなっており、その驚異的な軍備拡張に対応しなければならないがために今回の安保関連法案が提出されたという現状を考えても、丸山の指摘は妥当だったと言えよう。軍備拡張政策を取れば、関係国のさらなる軍備拡張をもたらし安全感は逆に低下するものであり、また、核兵器時代においては、どれだけ軍備を増強したとしても、戦争の開始が即世界の破滅をもたらしうる。だからこそ、一見するときわめて観念的で理想主義的な「第九条の精神、すなわち軍備を全廃し、国家の一切の戦力を放棄することに究極の安全保障があるという考え方」（丸山［1965a］1996: 284）が、現実的な意味を持つと丸山は主張するのである。

私は八・一五というものの意味は、後世の歴史家をして、帝国主義の最後進国であった日本、つまりいちばんおくれて欧米の帝国主義に追随したという意味で、帝国主義の最後進国であった日本が、敗戦を契機として、平和主義の最先進国になった。これこそ二十世紀最大のパラドックスである——そういわせることにあると思います。そういわせるように私達は努力したいものであります。（丸山［1965b］1996: 293）

国家が戦争を放棄し、武力も保持しないということは、これまでの常識ではまったく考えられないことであった。それは、一方では戦勝国の思惑もあったであろうが、他方では、悲惨な戦争を経験し、もう二度と戦争を起こしたくない、犠牲者を出したくないという国民の思いがそこに込められていた。武力がなければ戦争は起こらない。ここから逆に、他国に対し、戦争を起こしたくないのならばなぜ武力を持つのかと訴えることもできるし、日本は唯一の被爆国であるからこそ、なぜ核兵器をなくさないのかと強く要求することもできる。現実には、憲法九条とは裏腹に軍備とその活動範囲をなし崩し的に拡大してきた自衛隊であるが、それでもなお戦闘行為により犠牲者をこれまで一人も出していないのは、まさに憲法九条とそこに込めた国民の思いがあったからであろう。それを今後も維持・発展させるかどうかは、現在のわれわれの決断にかかっているのである。

4　現代社会におけるファシズム――特定秘密保護法と資本主義の問題

日本の軍国主義化を下支えしたのは、反体制的な言論を徹底的に弾圧する治安維持法であった。このため、敗戦後、日本の民主主義化を妨げるものとして治安維持法は廃止され、その手足として活動した特高警察も解体された。しかし、「平成の治安維持法」とも呼ばれる特定秘密保護法が強行採決の上施行され、ふたたび、言論弾圧の脅威がささやかれている。安全保障関連法案の強行採決も含め、現政権の動向をファシズムと重ねるむきもあるが、ファシズムこそ民主主義社会の対極にあるものであり、かつて日本を戦争へと導いたものである以上、このような動向にわれわれは十分注意する必要がある。そこで本節では、まずは治安維持法と特定秘密保護法について簡単に確認することからはじめ、それとの関連で丸山による現代のファシズムについての分析を検討し、最後にファシズムと資本主義の関係についても考えてみたい。

4－1　治安維持法と特定秘密保護法

治安維持法は、一九二五年の普通選挙法にあわせて施行された、国体の変革や私有財産制度の否認を目的とした結社の組織者および加入者を罰する法律で、無政府主義者や共産主義者が主なターゲットであった。その後、禁止規定に「結社ノ目的遂行ノ為ニスル行為ヲ為シタル者」という事項が加わり、これにより本人の目的意識ではなく、治安当局がそう認定すれば有罪とされるようになり、この規定が濫用され、直接、国体の変革や私有財産の否定を主張していない文化活動なども強引に検挙されるようになった。じつはこのことと丸山も無縁ではない。丸山は一高時代、たまたまポスターで目にした唯物論研究会主催の長谷川如是閑の講演会に行き、共産党関係者と捉えられ、検挙されている。丸山自身はひどい拷問を受けることはなかったようであるが、(6)厳しい取調べであったとのちに述懐している（松沢他 2006: 70）。この事例からもこの法律がいかに濫用されていたかを見て取ることができるだろう。さらに「神宮もしくは皇室の尊厳を冒涜する」という禁止規定ものちに加えられ、宗教弾圧にも道が開かれた。このように、治安維持法は、反体制的な動きを徹底的に弾圧し、日本の軍国主義化・ファシズム化を支えたのであった。

では、この治安維持法と現在の特定秘密保護法はどう関わるのか。そもそも特定秘密保護法とは、「安全保障上の秘匿性の高い情報の漏えいを防止し、国と国民の安全を確保する」ことを目的とし、特定秘密に関わる①防衛、②外交、③特定有害活動（いわゆるスパイ行為等）の防止、④テロリズムの防止に関わる情報を漏えいしたり、取得したりする行為に最高で一〇年の懲役を科すものである。この法律の特徴として、秘密に指定される対象が広範なこともさることながら、秘密を取り扱う人間に適正調査を課し、秘密の漏えいや公表という「犯罪」のはるか手前で情報の担い手を網羅的に調査・監視する事前抑制的効果を持つこと、さらに、マスメディアや市民運動による情報の開示を取り締まりのターゲットとすることで言論統制・報道規制の機能を持つことが挙げられる。戦前は、治安維持法のみならず、出版法、新聞法による届け出が義務づけられ、当局に都合の悪いものは容赦なく発禁とすることができた。しかし、敗戦後、軍国主義を一掃して民主主義社会を実現させるべく、これらの法令はすべて廃止され、反対に、憲法に表現の自由を絶対的に保障する規定（二十一条）が入り、とくに出版物やマスコミの報道に対する規制の領域で、言論を直接規制する治安立法の制定は困難となった。このため、政府は、許認可権などさまざまなルートで影響力を行使し、マスメディアは「自主的」に言論や報道を規制するようになるのであるが、特定秘密保護法には、戦前・戦中の治安立法が担っていた機能の一部を代替させる狙いを見てとることができる（渡辺 2014: 30-8）。このことは、そもそも秘密保護法が、特高警察の機能を引き継ぐ公安警察の影響下にある内閣情報調査室の主導で作られたものであることからもうかがえる。特定秘密は、それが秘匿性が高いものであるがゆえに、ともすると治安維持法の「結社ノ目的遂行ノ為ニスル行為ヲ為シタル者」のように、本人が目的意識性のないままそれに違反し、逮捕されることもありうるし、また、その秘匿性が濫用されて不当な逮捕が起こらないという保証もない。これが「平成の治安維持法」とも呼ばれる理由であるが、この法律があること自体によって情報提供はもちろん、取材活動や最終的な公表も萎縮してしまうだろう。また、原発や自衛隊の危険性を示す情報など、われわれがそのものの是非を判断するのに重要な情報が、防衛やテロ対策の名目で秘匿されてしまえば、それを正しく判断することができず、逆に、政権の思うままとなり、民主主義が形骸化してしまうだろう。民主主義は、国民みずからが国の方向性を決めるものである。政府にとって都合のよい情報だけで判断しなければならないとすれば、戦時中となんら変わりがない。治安維持法が日本の軍国主義化、ファシズム化を下支えしたことを思い起こすならば、このような状況をわれわれは十分に警戒する必要がある。小林多喜二の小説で言えば「三月一五日を忘れるな！」（小林［1928］1967: 205）であるが、言論、宗教、思想の自由の実現は、われわれが八月十五日にこめた希望でもあった(7)。

4-2　現代のファシズム的状況

このような現在の日本の状況を考える上で、丸山が行った「ファシズムの現代的状況」の分析は、今も大きな示唆を与えてくれる。われわれは「ファシズム」と聞くと、ナチス・ドイツや日本の超国家主義などの極端な状況を思い浮かべ、自分たちとは縁遠い過去の話だと安易に考えがちである。しかし、丸山は、このようなあからさまな形ではなく、反対に、「自由とデモクラシーを守る」という名のもとに「民主的自由や基本的人権の制限や蹂躙」（丸山 [1953] 1996: 306）が大っぴらになされるというのがファシズムの現代的形態であると指摘する。このとき、丸山の念頭にあったのは、アメリカのマッカーシズムである。現存秩序の根幹に触れる事柄について見解を異にする権利を認めるのが自由民主主義のそもそもの原則であるはずである。しかし、日本が民主主義のお手本とするアメリカで、まさに「自由」を守るという名目のもとで共産主義者排斥が起こった。そこでは、「自由」の意味が変質し、異端・異質なものを排除し、それが同質者のあいだだけに認められるものへと姿が変わってしまったのである。

こういうように「正統」と「異端」という考え方が社会的に蔓延すれば、別に国家権力による直接的弾圧をしないでも、つまり、憲法の建て前の上では言論・集会・結社の自由がちゃんと認められていても、人々は「赤」や同調者とみられることの恐怖から自発的に触らぬ神にたたりなしという態度をとるようになり、実質的には権力による同質化と同じ結果が出てまいります。（丸山 [1953] 1996: 309–10）

アメリカのように自由主義の原則が根付いている国でさえ、「自由を守るために自由を制限する」という考え方によって、個人が内面的独立を維持することができず、国家に、しかも自発的に同調するようになってしまうことが起こったのである。まして「空気を読む」ことを重んじ、同調傾向が強い日本では、その危険は言わずもがなであろう。そこに「国と国民の安全を確保する」秘密保護法のような法律が加わればなおさらである。

そもそもファシズムは、「ある場合には公然たる暴力により、ある場合には議会立法の形をとり、またある場合には教育・宣伝等心理的手段によるなど一切の政治的手段を駆使して、その社会を反革命と戦争の目的のために全面的に組織化しようとする内在的傾向」（丸山［1953］1996: 302）をもつものと定義される。戦前・戦中の日本であれば、治安立法によって政府に反対する組織・個人を徹底的に弾圧し、「教育勅語」や「修身」の教育によって思想的・内面的にもそれが補強され、超国家主義の形態を生み出したのであった。

ファシズムの抑圧の特質として、第一に、国内国外の反対勢力の圧服自体が目的化し、それを行う組織が絶対化されること、第二に、その抑圧の仕方として、それが「単に反対勢力をつぶすだけでなく、およそ市民の自発的活動拠点やとりでとなるグループ結成を妨げ、こうして社会的紐帯からきり離されて類型化されたバラバラな個人を『マス』に再組織するという行き方を多かれ少なかれ取る点」（丸山［1953］1996: 303）が挙げられる。このように「『マス』の状態におかれた人間は最も受動的であり最も非理性的に外部からの刺激に反応」（丸山［1953］1996: 304）するため、ファシズム勢力に容易に回収されてしまう危険性をもつ。一方では、このような「強制的同質化」によって人間を等質的な「マス」へ解体するとともに、他方では、このような「マス」によって作られた社会組織を固定化する「強制的セメント化」が行われる。ファシズムは、「近代社会の階級構造を根本的には維持しながら、近代の中世に対する最も大きな特色である社会的流動性をなくして身分的に固定」（丸山［1953］1996: 305）させるところに核心をもち、したがって、現代社会の矛盾を根本的に解決するものではけっしてなく、日独伊のファシスト国家は戦争へと突き進んだのである。

このようにファシズムの特徴を確認した上で、翻って現在の状況をみてみると、特定秘密保護法の施行や安保関連法案の強行採決はもとより、武器輸出の解禁、軍学共同研究の推進などはまさに戦争を行う国づくりの徴候であり、また、ＮＨＫの会長人事問題、放送内容をめぐる自民党によるＮＨＫとテレビ朝日幹部への事情聴取、自民党議員の沖縄二紙への発言など、直接的ではないにせよ政府・与党が報道に圧力をかけるような動きがあり、さらに、道徳教育の教科化や文科大臣による国立大学の入学式や卒業式での国旗掲揚・国歌斉唱の要請などの思想統制の動き、学問の府である大学の自治を奪う学校教育法の改正や、国立大学の文系学部の廃止・削減案という自由な学問の場をなくそうとする動きなど、「強制的同質化」の状況が数多く見られる。また、不安定で低賃金な派遣労働者を増加させる危惧のある労働者派遣法改正のような「固定的セメント化」もあり、ファシズムの徴候は至る所に現れている。

4-3　ファシズムと資本主義

丸山は、ファシズム勢力の源泉となる「マス」化について、「現代の高度資本主義の諸条件の下で不可避的に進行している傾向なのであって、ファシズムはただその傾向を急激に、また極端にまで押しつめたものにすぎない」（丸山 [1953] 1996: 313）と指摘し、そもそも資本主義社会において必然的に生じるものだと主張する。「近代生活の専門的分化と機械化は人間をますます精神的に片輪にし、それだけ政治社会問題における無関心ないし無批判性が増大」（丸山 [1953] 1996: 315）する。そもそも民主主義において、政策を立案、実施するのは政治家や官僚であっても、その当否を決めるのはあくまでも国民である。その当否を決める国民が、無関心や他人任せの態度になることは、民主主義の精神に反するばかりでなく、支配階級に与することにもつながる。このような姿勢を現代の資本主義社会が必然的に生み出すのだとしたら、われわれのもとにもファシズム化の芽はつねに潜んでいることになる。

さらにこのことと関係づけて考えたいのが、赤木智弘「『丸山眞男』をひっぱたきたい――三一歳、フリーター。希望は、戦争。」の指摘である。当時、三一歳のフリーターであった赤木は、バブル崩壊のあおりを受けて正規就職をすることができず、月給一〇万円の低収入で親に寄生してなんとか暮らしているが、家庭をもつこともできず、親が死んだ後は生活の保証も失ってしまう。政府の経済政策にも期待できず、自分の未来をまったく描くことができないこのような状況にたいして赤木は、「持つ者と持たざる者がハッキリと分かれ、そこに流動性が存在しない格差社会においては、もはや戦争はタブーではない。それどころか、反戦平和というスローガンこそが、我々を一生貧困の中に押しとどめる『持つ者』の傲慢であると受け止められる」（赤木 2007: 205-6）と主張する。このような固定化（セメント化）した状況を打開し、自分が一人前の人間としての尊厳をえるために、さらには、丸山が実際に戦時に経験したように、中学にも進んでいないような一等兵が丸山のような東大出のエリートの横っ面を引っぱたくことができる立場になる可能性を持つことができる戦争は、まさに「希望」だというのである。もちろん、赤木は、本気で戦争になることを望んでいるというわけではない。むしろ「私を戦争に向かわせないでほしい」（赤木 2007: 206）とまで述べている。しかし、平和の名の下に自分を弱者に押しとどめ、それを嘲り笑い続けるのであれば、戦争という「『国民全員が苦しみつづける平等』を望み、それを選択することに躊躇しないだろう」（赤木 2007: 207）と断言するのである。ここには、高度資本主義の状況下で、ファシズムに回収されてしまうどころか、反戦平和の主張をも既得権益の保持として否定し、みずからファシズムを志向する姿が描かれている。このような極端な考えには至らずとも、赤木のように貧困を固定化され、将来を描けない者は、若者を中心に多く存在する。この意味で、ファシズム化の芽は、現在の社会の中にたしかに非常に多く存在していると言える。(8)

5　民主主義の実現に向けて

国民の民意に反するような政策が強行に推進され、挙げ句の果てには軍国主義に後戻りするかのような現実を目の前にすると、結局、政治は一部の政治家によって動かされているように思え、無力感を感じてしまう。だからこそ、政治不信や無関心、さらには戦争への希望まで生まれてくるのだろう。われわれはこのような状況をどのように克服し、民主主義を実現させていけばよいのだろうか。最後にいくつかのポイントを取りあげたい。

国民の政治にかんする自発性を不断に喚起するためには、「国民ができるだけ自主的なグループを作って公共の問題を討議する機会を少しでも多く持つことが大事」（丸山［1953］1996: 318）であると丸山は強調する。ファシズムがその画一化のために標的にしたのは労働組合をはじめとする自主的結社であるが、これは逆に言えば、反ファシズム勢力の、すなわち、民主主義の培養源だからである。丸山は、マスコミの発達も「国民大衆の政治的自発性の減退と思考の画一化をもたらす大きな動力」（丸山［1953］1996: 317）であるとして警鐘を鳴らしていたが、現在ではインターネット環境の発展により、その画一化のリスク以上に多様な情報を入手することができ、自主的グループの形成や討議を行うことも、非常に容易になった。(9) このような院外活動の力が大きくなっていけば、第二節で見たように国会にもその成果が集約されるようになり、議会政治が「現実」に機能し、国民の参与も高まるだろう。

さらに丸山は、国民それぞれが成熟した政治的思考を身につける必要性を強調する。(10) なかでもとくに重要と思われるのが、「単純な勝ち負け思想の克服」である。スポーツなどと違い、政治過程においては勝ち負けということを単純にとらえてはならない。「悪法も国民の監視の姿勢によって空文化出来る」のであり、条約や法律も、議会政治と同様に「現実に」作用するかどうかが問題となる（丸山［1960c］2008: 54）。たとえば、一九五二年に破壊活動防止法が制定されたさい、それは憲法の言論・集会・結社の自由に対する制限であり、多くのひとが特高警察再現の危険を感じ取ったため、猛烈な反対運動が起き、実際の適用はほとんどなされなかった。したがって、法律や条約が通ってしまったからといってそれで終わりなのではなく、「通ったらその悪法が少しでも悪く適用されないように、なお努力する、終局的には撤廃されるように努力する」（丸山［1958］1996: 344）ということが非常に重要となる。

これが政治的思考の一例であるが、民主主義が円滑に進むためには、このような政治的な訓練の高さも必要となる。それでは政治的に成熟していないひとはどうしたらよいのか。丸山は、そのようなひとにも「民主的参加のチャンスを与えて政治的成熟を伸ばしていく」（丸山［1958］1996: 341）という以外にはないと主張する。その場合、もちろん、その未成熟ゆえに、多くの失敗が起こりうるわけであるが、しかし、民主主義は、「まさにそういう錯誤を通じて大衆が学ぶプロセスを信じる」ものであり、「そういう過誤自身が大衆を政治的に教育していく意味を持つ」ものと考える（丸山［1958］1996: 341）。民主主義自身が「人民の自己訓練の学校」なのであり、ここに民主主義の大きな特色があるのである（丸山［1958］1996: 340–1）。

しかし、失敗の繰り返しですべて一からやり直さなければならないとしたら、運動は前進しないだろう。運動を正しい方向へ進め、状況や既成事実に流されないためにも、道しるべが必要となる。われわれにとってはそれが、八月十五日に象徴的に示された意味ということになるだろう。議会制民主主義、平和主義、そして言論や思想の自由、これらは戦争による多くの犠牲の上に獲得されたものである。ここから後戻りをすることはその犠牲を無にしてしまうだけでなく、ふたたび戦争へ至る危険性をもたらすものであり、まさに現在、これらの価値が脅かされようとしているのである。丸山が強調したように、われわれも八月十五日の意味を思い起こし、民主主義を前進・実現させていかなければならない。

ただし、一つ不十分に思われるのは、丸山の資本主義に対する扱いである。同じく民主主義の実現を強く訴え、八月十五日の持つべき意味を強調した真下信一は、「『八・一五』とそれ以後というものの本来の意味は、軍国主義とファシズムを一掃し、それを支えそれに支えられる金権権力をおさえつけ、戦争責任者を徹底追求し、反民主主義的な一切のものを除去すること、つまりポツダム宣言の忠実な実行にあった」（真下 [1976] 1980: 229）とし、軍国主義を支えた「金権権力」を加えていた。資本主義を克服しなければ人間の疎外は根本的には解決されず、また、それが現在の不安定雇用の固定化をますます進め、さらに武器輸出解禁や大学の実学重視の要求など様々な場面でもその影響力が行使されているのを見るとき、資本主義問題の克服は、現在の民主主義の実現にとっても大きな意味を持つと言えるだろう。リベラリストとして生涯にわたり共産主義とは距離を取り続けた丸山において、[11] この資本主義の克服の問題は、八月十五日の意味からは落とされてしまった。

とはいえ、丸山が日本社会の文脈において提示したさまざまな民主主義化のための提言は、われわれに依然として大きな手がかりを与えてくれることは間違いない。丸山は、民主主義は「永久革命」（丸山 [1989] 1996: 69）であると述べているが、そうであるからこそ、日本の民主主義の実現を考えるさい、丸山の議論はこれからも参照され続けていくだろう。

注

（1）ポツダム宣言では、軍国主義の排除（第六項）、武装解除（第九条）、戦争犯罪人の処罰、民主主義推進に対する一切の障害の排除、言論・宗教・思想の自由、基本的人権の尊重（以上、第十条）、日本国国民の自由意志による平和的で責任ある政府の樹立（第十二条）などが日本に対して要求された。
（2）この八月十五日という日付について、米谷（1997）や佐藤（2006）は、丸山自身は、一九四五年の八月十五日時点では決定的な転換を自覚しておらず、新憲法草案に触れた後でそれを自覚したのであって、八月十五日を戦後民主主義の原点としたことには偽造と隠蔽があると主張する。しかし、本研究では、事後的にせよ、丸山が意味づけようとし、また、多くの国民が現在も表象するように、戦争の反省と新たな決意の象徴的な日としてこの日を捉える。後掲の真下信一もこの意味で八月十五日を特別な意味を持つ日と捉えている（真下［1976］1980）。
（3）東大の憲法研究会で政府の憲法改正案の審議に加わっていた丸山は、草案を国民に下ろし、「市町村レヴェルも含めて、民間で憲法制定会議をあちこちで開き、そこで論議した結果を積み上げて議会に戻して審議していく」という手続きを経てはじめてそれが国民の憲法となると考え、提案していたという（丸山［1989］1996: 65）。もしこれが実際に行われていたら、日本国憲法に対する国民の意識も異なったであろうし、押しつけ論という批判も生まれてこなかったかもしれない。
（4）丸山は、「集団的自衛権」はその実、軍事同盟にほかならず、このことばを使って国連の是認を得たかのように言うのは欺瞞だと批判する。国連の行う安全保障は、一般的安全保障であり、世界の警察の役目をするもので、これを担うのは本来、主権国家ではあってはならず、このため、丸山は国連軍の創設を熱望した（丸山［1990］2014: 283-4）。
（5）安倍政権の提唱する積極的平和主義を、池田香代子は「攻撃は最大の防御なり」的な平和観であるとする（池田 2015: 18）。奥平康弘の主張するように、「平和」という場合、「戦争に対峙して断固として『戦わない』ということ、『戦争の準備をしない』ということ」（奥平 2015: 45）と捉えるのが日本国憲法や丸山に沿う理解であろう。
（6）小林多喜二の小説『一九二八・三・一五』（小林［1928］1967）では、この日に起きた共産主義者への大弾圧事件の過酷な拷問の様子がリアルに描写されている。共産主義者であった小林は、のちに同じような拷問によって虐殺された。
（7）厳密に言うと、治安維持法はポツダム宣言受諾にもかかわらず、根強い抵抗で温存され、ＧＨＱの人権指令により廃止されたのは十月十五日になってからであった。
（8）必ずしも経済的理由のみからではないが、人間の承認と関わって、戦争ではなくテロのような無差別殺人へと至る事件も起こっている。赤石（2008）を参照。
（9）この点で見逃せないのが、ＳＥＡＬＤｓ（自由と民主主義のための学生緊急行動）の活躍だろう。安保関連法案に反対する国会前のデモで話題になったＳＥＡＬＤｓであるが、ＳＮＳを介して活動が広まり、現在では、ＳＥＡＬＤｓ ＫＡＮＳＡＩ（関西）、ＴＯＫＡＩ（東海）、ＴＯＨＯＫＵ（東北）、ＲＹＵＫＹＵ（琉球）と、日本全国にその運動が広がっている。

（10）政治的思考の事例については丸山（[1958] 1996）を参照。また、現代社会では、生活のあらゆる領域に政治が浸透しており、この身近な問題についてきちんと考え、参加することが、世界の政治問題を考える基礎になるのであり、デモをしたり職業政治家になることだけが政治行動だと考えていては「何時までたっても政治が一般市民の生活の中に定着することがない」と丸山は指摘する（丸山 [1960a] 1996: 20–1）。

（11）丸山のリベラリストとしての特異なスタンスとその意義については杉田（2014）を参照。

文献

赤石憲昭 2008「『希望はテロ』の背後にあるもの——秋葉原事件の承認論的考察」『リプレーザ』7: 46–63

赤木智弘 2007「『丸山眞男』をひっぱたきたい——三一歳フリーター。希望は、戦争。」『若者を見殺しにする国——私を戦争に向かわせるものは何か』双風舎: 193–207

池田香代子 2015「グッドルーザーであることを誇りに」梅原猛他『憲法九条は私たちの安全保障です。』岩波書店: 14–22

奥平康弘 2015「誇りのもてる国となるために」梅原猛他『憲法九条は私たちの安全保障です。』岩波書店: 42–7

小林多喜二 [1928] 1967「一九二八・三・一五」『蟹工船 一九二八・三・一五』改版、岩波書店: 117–205

佐藤卓己 2006「丸山眞男『八・一五革命』説再考」『丸山眞男——没後10年、民主主義の〈神話〉を超えて』河出書房新社: 20–3

杉田敦 2014「丸山眞男のアクチュアリティ」『現代思想』（総特集：丸山眞男生誕一〇〇年）8月臨時増刊号: 21–31

真下信一 [1976] 1980「戦後政治と思想の転換——『8・15』の持つべかりし意味」『歴史と証言』（真下信一著作集5）青木書店: 228–34

松沢弘陽・植手通有 2006『丸山眞男回顧談 上』岩波書店

丸山眞男 [1946] 1996「超国家主義の論理と心理」『丸山眞男集 3』岩波書店：17–36

―――― [1953] 1996「ファシズムの現代的状況」『丸山眞男集 5』岩波書店：299–318

―――― [1958] 1996「政治的判断」『丸山眞男集 7』岩波書店：305–45

―――― [1959] 1996「『である』ことと『する』こと」『丸山眞男集 8』岩波書店：23–44

―――― [1960a] 1996「私達は無力であろうか――丸山眞男氏に聞く」『丸山眞男集 16』岩波書店：11–25

―――― [1960b] 1996「この事態の政治学的問題点」『丸山眞男集 8』岩波書店：283–300

―――― [1960c] 2008「六〇年安保への私見」丸山眞男手帖の会『丸山眞男話文集 1』みすず書房：47–83

―――― [1960d] 1996「復初の説」『丸山眞男集 8』岩波書店：351–8

―――― [1965a] 1996「憲法第九条をめぐる若干の考察」『丸山眞男集 9』岩波書店：251–86

―――― [1965b] 1996「二十世紀最大のパラドックス」『丸山眞男集 9』岩波書店：287–93

―――― [1989] 1996「戦後民主主義の『原点』」『丸山眞男集 15』岩波書店：57–70

―――― [1990] 2014「『脱亜論』、日本浪漫派、湾岸危機、『日韓併合』、『集団的自衛権の欺瞞性』――『楽しき会』の記録」丸山眞男手帖の会『丸山眞男話文集 続 3』みすず書房：240–307

米谷匡史 1997「丸山眞男と戦後日本――戦後民主主義の〈始まり〉をめぐって」情況出版編集部『丸山眞男を読む』情況出版：125–51

渡辺治 2014「秘密保護法制の歴史的展開と現代の秘密保護法」右崎正博他『秘密保護法から「戦争する国」へ』旬報社：21–44

付録　研究・教育をふり返って

研究の回顧と反省

平子友長

1　マルクス物象化論の論理構造の解明——物象化、物化、疎外

最初の論文は、創立（一九七二年）間もない全国若手哲学研究者ゼミナールの機関誌『哲学の探究』に発表した論文「マルクスにおける共産主義理念の形成とその科学的基礎付け」（D1976）であった。これは、その年の大会シンポジウムのテーマ「事実と価値」に対する報告として、ウェーバーによるザインとゾルレンの区別を念頭に置きつつ、初期マルクスの共産主義概念の形成過程においては、ザインがゾルレンに転化し、ゾルレンがザインに再転化するという具合に、両者が不可分の関係において理解されていることに着目した論文であった。その際、初期マルクスにおいては、否定の否定が、『資本論』（第一巻第二四章）とは異なり、第一の否定の否定（第二の否定）という三段階の論理構成を取るのではなく、否定的なもの（疎外された労働としての私的所有）に否定的に関わるエネルギッシュな運動（共産主義）という動的な一段階的構成をとることに注目した。当時、初期マルクスの疎外論は、疎外されざる人間的本質を恣意的に前提し、それの否定として労働者の疎外が恣意的に導出されているという批判が、アルチュセールと廣松渉氏によってなされていたが、このような批判も、否定の否定の三段階把握に呪縛されていた。当時私

は、否定の否定を否定的なものに否定的に関わる運動として把握することによって、マルクスの経済学批判の論理をヘーゲル『論理学』の論理（とりわけ「本質論」における反省論理）へと架橋する道を模索していた。

次の論文「マルクスの経済学批判の方法と形態規定の弁証法」（C1979）は、マルクスの経済学批判の方法における素材－形態関係に着目しつつ、マルクスの物象化論の論理構造を解明したものであった。この論文は、国際的・国内的評価の点でも、また私自身の研究の方向を定める点においても、最も重要な論文となった。

一九七〇年代には、疎外論から物象化論へという枠組みによってマルクスを読解する廣松渉氏の諸著作によってマルクスの物象化論への関心は高まりつつあったが、肝心の物象化概念それ自身は「人と人との関係が物と物との関係として現れること」と定義されるにとどまり、この概念がマルクスの経済学批判体系の中でどのような方法的概念として具体化されているのかについて、『資本論』に内在した研究が未だ存在していなかった。

マルクスの物象化論が、物象化Versachlichungと物化Verdinglichungという二契機からなることを初めて指摘したことが、本論文の意義であった。

経済的形態規定の神秘的性格は二重の転倒過程、二重のQuidproquo（置き換え）によって媒介されている……。すなわち、生産において人格と人格とがとりむすぶ社会的関連Beziehungが、人格の外部に自立化して、物象と物象との社会的関係Verhältnisとして現象するという第一の転倒（物象化）と、この物象と物象との社会的関係が、さらに物のうちに自己内反省をとげ、物象化された関係そのものからも相対的に自立化した物のdingliche Qualität（物的質）、あるいはdingliche Eigenschaft（物的属性）として現象するという第二の転倒（物化）によって、二重に媒介されているのである。経済的形態規定とは、社会的関係の規定であるが、それが上述の二重の転倒過程をへて、Dingのうちに自己内反省をとげた規定である。この意味で、形態規定とはひとつの反省規定である。マルクスの「物象化」論は、物象化から物化へとすすむ二層の論理構造をなしており、物象化と物化とは、近代市民社会の自然化＝神秘化の深まりを追跡する一続きの論理過程の相対的に区別されるべき二契機をなしている（C1979: 120）。

資本主義的商品社会の独自性は、全面的に依存しあってはいるが直接的には社会性を喪失している私的諸労働の独自な（非直接的な）社会的性格に由来している。ここでは私的労働者たちの社会的関係は、労働の次元における社会的関係としては現れず、物象Sacheと物象との社会的関係という転倒した現れ方をする。このように人格Personと人格との社会的関係が物象と物象との社会的関係へと転倒する（転倒した現象形態をとる）ことを物象化Versachlichungと呼ぶ。物象化とは、社会的関係の次元が人格Personから物象Sacheへとずらされることである。社会的関係の次元がずらされることによって、さらに、私的諸労働の社会的性格は物Dingとしての物象に内属する社会的自然属性として現象し、物象はこの社会的自然属性を生まれながらに（それゆえ物象相互の社会的関係の外部でさえも）持っている自然属性として現れる。物象の社会的関係規定が物の社会的自然属性へと転倒し、それによって社会的関係の隠蔽と神秘化がもう一段昂進することを狭義の物象化と区別して物化Verdinglichungと呼ぶ。広義の物象化は物象化と物化を両契機として含む全体的過程を指す。すでに物化された規定（社会的自然属性）を備えた物象と物象との関係が、物象化のより展開された規定となる。

拙論では、これに続いて、ヘーゲル『論理学』「本質論」における反省論理を、近代市民社会における物象化・物化を解明する論理として解釈することが試みられている。

反省運動とは、次のような否定的自己関係の運動である。それは、一方では、主体が自己に対して、他者（物、自然、客体）に対するように、否定的に関係してゆく運動であるとともに、他方では、自己にとって疎遠な他者に対して、自己に対するように、肯定的に（否定の否定として）関係してゆく運動である。反省運動の第一の契機は、統一を否定して区別・分裂をもたらす否定性であり、これは「第一の否定」と呼ばれる。第二の契機は、否定的なものから否定的契機を奪い取って、これを肯定的なものに反転させてゆく「否定の否定としての肯定」である。これが「第二の否定」であり、ヘーゲルが「絶対的否定性」と呼んだものである。反省規定とは、形態運動としての反省運動の諸契機がそれぞれ自分自身のうちに自己内反省して、仮象としての自立性を獲得し、自分がそれの契機であるところの関係・運動に相対的に無関心になったものである。このように関係の諸契機が内容化することによって、関係そのものは没関係的な二つの内容を外的に関係させる「外的形式」となる。しかし否定的自己関係としての反省運動は、この内容と形式との分裂を否定的に打開しより高次の統一を再建してゆくが、この過程は、「形式」を形式と内容との高次の統一としての「形態」へと転化させてゆく過程であるとともに、他方では、形態＝関係の面に無関心な「素材」を素材と形式との高次な統一としての「内容」へと転化させてゆく過程である。「形式」を物質化materialisierenすることによって「形式」は「形態」へと転化し、「素材」を形態化formierenすることによって「素材」は「内容」に転化する。

これまでの叙述から、マルクスの物象化論の基本課題、すなわち「社会的自然」（素材、内容、実体）として現象するものの形態的性格を暴露し、それを人格と人格との社会的関係（形態）の転倒された形態として把握する方法は、ヘーゲルの反省運動の論理によってその論理的形式を与えられたのだ、ということがわかるはずである。また、このことから逆に、ヘーゲル論理学の論理的内容そのものが近代市民社会の歴史的構造にいかに深くかかわっているか、ということがわかるであろう。（C1979: 155）

ヘーゲル『論理学』の反省論理を参照しつつ、マルクスの物象化・物化論の論理構造について一応の理解に達したのちに、私が集中的に取り組んだ課題が、疎外論と物象化論との関係の問題であった。この問題は、疎外論についてマルクスが集中的に取り組んだ文献が『経済学・哲学草稿』（一八四三〜四四年）であるという事情から、しばしば初期マルクスと中後期マルクスの関係として論じられてきた。疎外論を初期マルクス問題として把握するという問題設定からは、疎外論は未成熟なマルクスの過渡的な方法概念であるという発想を生みやすく、事実日本では、マルクスの思想的発展を非歴史的な人間本質論を前提する疎外論と決別して、近代市民社会に内在する物象化論に至る道として把握する廣松渉氏の解釈が一定の影響力を持っていた。私の問題意識は、マルクスの疎外論を初期マルクス問題から解放して、物象化・物化論とならぶマルクス経済学批判の不可欠の方法概念として再構成することであった。私が到達した結論は、次のようなものであった。

物象化論は、私的諸個人相互の社会的関係行為の中からいかにして……彼らを支配する非人格的＝ザッハリヒなシステムが形成されるのか、その過程の連鎖を追跡する方法である。……他方、疎外論は物象化されたシステムの運動過程を、システムを構成する私的諸個人の生活行為として把え直してゆく方法、つまり過程論（システムが主体）を行為論（諸個人が主体）として読みかえてゆく方法である——主体分析の方法としての疎外論。システムの過程的諸契機を諸個人の生活営為の行為的諸契機として再把握してゆくことによって、物象化されたシ

> ステムのなかでの主体の否定的陶冶の様態（生活と意識の分裂、疎外された社会的行為の中での主体の社会化能力の陶冶、等々）をつぶさに追構成してゆく方法、……これが疎外論の意味である。疎外論と物象化論とは、近代市民社会批判の学としてのマルクスの経済学批判の両軸的方法である。……両者はむしろ客体分析の方法（物象化論）と主体分析の方法（疎外論）として、方法としては激しく対抗し合いながら、両者を方法的対抗基軸とすることによって、マルクスの経済学批判が構想されたものとみるべきである。（D1984a: 183-4）

マルクスの疎外概念の研究にとって導きの糸となったものは、ヘーゲルの『精神現象学』であった。『経済学・哲学草稿』において試論的に展開された疎外論は、『精神現象学』における疎外＝陶冶論をふまえて初めて理解することができるということが、私の主張であった。このような問題意識から『精神現象学』理性章B「理性的自己意識の自分自身による現実化」を物化論として、理性章C「即自かつ対自的に実在的である個体性」を物象化論として位置づけ、精神章B「自分から疎外された精神すなわち陶冶」における疎外論を、諸個人の主観的個別的意識が疎外の経験の中で徹底的に打ち砕かれることによって、客観的普遍的意識が陶冶・形成される論理（自己喪失的経験を媒介とする主体の陶冶理論）として解明したものが、「ヘーゲル『精神現象学』における疎外論と物象化論（1）」（D1984b）であった。この論文は、この後『精神現象学』「精神」章以下の展開を射程に収め、『精神現象学』全体における物象化・物化・疎外論的問題構成の総体的把握を行うことを約束していたが、私自身の怠慢によりこの約束はいまだ果たされていない。ごく最近にもこの論文が、ある若いヘーゲル研究者によって興味を持って読まれたが、この研究者からもぜひ続編を書くように要請されている。

これらの研究を、私は三本のドイツ語論文に発表した（E1983, E1985, E1987）。当時、私は西ドイツ（ドイツ連邦共和国）への留学を希望しており、ドイツ語論文は私自身の研究を受け入れ先の研究者に紹介するために書かれた。

　私は一九八四年、フランクフルト大学のアルフレート・シュミット教授とザールブリュッケン大学のカール＝ハインツ・イルティング教授に手紙を書いて、留学受け入れをお願いした。シュミット教授は、一九六〇年に提出した学位論文『マルクスの自然概念*Der Begriff der Natur bei Karl Marx*』によって戦後西側社会における学術的マルクス研究の新段階を切り開き、一九七二年以降はフランクフルト大学哲学および社会学教授として、文字通りハバーマスと並ぶフランクフルト第二世代を代表する研究者であった。イルティング教授は、ヘーゲル『法の哲学』講義録（G. W. F. Hegel, *Die Philosophie des Rechts: die Mitschriften Wannenmann (Heidelberg 1817/18) und Homeyer (Berlin 1818/19)*, herausgeben, eingeleitet und erläutert von Karl- Heinz Ilting, Klett- Cotta, Stuttgart 1983）を編集し、そこに付された解説によって、プロイセン国家を正当化する保守的哲学者という長い歴史を持つヘーゲル像を変革しつつあった。まもなく両教授から、留学を受け入れる旨の返事をいただいたが、そこに添えられた手紙（当時はいまだ手書きの手紙が主流であった）は望外のものであった。シュミット教授は、Tairako（E1983）が当時まだドイツ語圏においては知られていない新しい論点を提起している（おそらく物象化と物化との区別に関わる論点であると思われる）ことを強調され、留学後積極的に意見交換をしたいと書かれていた。イルティング教授からは、遙かに長文の手紙をいただいた。イルティング教授は、現在、マルクスについて精力的に研究しており、「複数の研究者との共同研究も組織している。ぜひザールブリュッケンに来て、マルクスに関する共同研究のグループに加わってほしい」という希望が表明されていた。両教授からの手紙は大変貴重なものであったが、残念ながら、幾度かの引っ越しの中で所在不明となってしまった。当時の西ドイツにおいてはマルクス研究で奨学金を獲得することはほとんど不可能であったという事情により、また当時の勤務校（北海道大学）の奨学制度の抽選に外れたことなどの事情によって、西ドイツ留学は果たされなかったが、もしも留学が実現していたら私の人生はかなり違っていたかもしれない。

Tairako（E1987）は、大学の欧文紀要ではなく、ベルリンのDietz Verlagから出版された単行書*Marxistische Dialektik in Japan. Beiträge japanischer Philosophen zu aktuellen Problemen der dialektisch-materialistischen Methode*に掲載されたことによって、ドイツ語圏のマルクス研究者の間である程度注目され、議論されていた。このことを私は、若いマルクス研究者ヤン・ホフ氏（インスブルック大学講師）から聞くことができた。

2　ドイツ民主共和国（当時）の留学経験と『社会主義と現代世界』

私は、日本・ドイツ民主共和国友好協会の奨学金を受けて、一九八五年八月から一年間、ベルリン・フンボルト大学に留学した。友好協会による奨学制度は、当時、ドイツ民主共和国に留学するほとんど唯一の窓口であった。一九七〇年初頭から、モスクワと東ベルリンのマルクス＝レーニン主義研究所が編集したMarx- Engels Gesamtausgabe（以下MEGAと略記）が刊行され始めた。特に、『資本論』とその準備草稿を収めるMEGA第二部門（全十五巻）は、最も重要な巻と見なされ、最初の九冊は『資本論草稿集』（全九巻、大谷禎之介編集、大月書店、一九七八〜九四年）として翻訳されつつあった。私はこの『草稿集』の第一巻（『一八五七－五八年の経済学草稿』第一分冊）と第三巻（『一八五九年の経済学批判　第一分冊』）の翻訳統一者を務めていた。そのため東ドイツへの留学目的の一つは、東ベルリンのマルクス＝レーニン主義研究所を訪問し、MEGA編集の現場を見聞し、それを『資本論草稿集』の翻訳に役立てることであった。この時、マルクス＝レーニン主義研究所で私をサポートしてくれた研究者がロルフ・ヘッカー教授（当時は研究員）であった。一九八九年ベルリンの壁の崩壊後、ドイツ民主共和国の崩壊に伴ってマルクス＝レーニン主義研究所も閉鎖となり、ヘッカー教授も職を失ったが、その後も、MEGA編集事務局がベルリン・ブランデンブルク科学アカデミーに置かれるのに伴って同科学アカデミーの非常勤研究員としてBeiträge zur Marx- Engels-Forschungの編集をはじめ、MEGAの編集と研究において国際的に重要な役割を果たしている。

一九八五年当時のフンボルト大学は、同年三月に成立したゴルバチョフ政権が切り開くであろう未来に期待し、一部はそれを先取りするような体制批判的な動きに満ちていた。出版物はなおドイツ社会主義統一党（SED）の厳しい検閲下にあったが、大学の講義やゼミナール、私的な集まりにおいては、SEDの体制に批判的な言説が飛び交っていた。哲学部のモニカ・レスケ講師は、SED公認のマルクス＝レーニン主義哲学教科書を批判するゼミナールを主催していた。東ベルリン留学中、私が心の底から信頼し、最も深く意見交流をした人が、レスケ氏であった。レスケ氏は、壁の崩壊後、旧東ドイツ時代の大学教員全員を原則的に解雇して、西ドイツ出身の研究者によって占められた新フンボルト大学の中で唯一例外的に哲学部の教員として採用された。しかし彼女は、壁の崩壊する前年、ゴルバチョフに対する不信を強めたSED指導部が国内の知識人に対する統制を強めたとき、フンボルト大学哲学部における批判派のリーダーとして逮捕され、長時間にわたる尋問などの精神的肉体的迫害を受けた。この時受けたストレスによって彼女は癌を発症し、数年にわたる闘病の後、一九九六年帰らぬ人となった。享年四七歳であった。東ベルリンに留学した一年間は、私にとって、権力の諜報活動の網の目を巧みに逃れ、主として口頭のコミュニケーションと知人・友人のネットワークを通じて、批判的言説を伝達し普及するインフォーマルなコミュニケーションの強靱さを、身をもって体験した一年間であった。これらの動きが、一九八九年のベルリンの壁の崩壊を準備したことは、間違いない。一九八六年当時、ベルリンの壁の崩壊を予言する言説はまだなかったが、それでも東欧世界の人びとは東西の壁に穴が開くとすればそれはどこか、ということだけは知っていた。それは、オーストリア、ハンガリー国境であった。当時すでにハンガリーは、西側世界への旅立ちを希求する東側市民たちの保養地として異様な熱気に包まれていた。一九八九年五月ハンガリー政府がオーストリアとの国境を開放したとき、私は壁が崩壊することを知った。ベルリンの壁が実際に崩壊する半年前のことであった。

東欧社会主義体制が崩壊した後の数年間は、社会主義の崩壊の原因を巡る議論が日本の知識人の間で活発に議論された。マルクス主義に近い人びとの間では、一方では、東欧社会において市民社会と民主化が未成熟であることを、社会主義崩壊の原因と理解する言説が存在した。他方では、現存社会主義体制をマルクスが構想した本来の社会主義＝労働者のアソシアシオンとは無縁の国家資本主義と規定し、東欧社会主義社会がマルクス本来の社会主義構想から逸脱していたことを崩壊の原因であるとする議論も盛んであった。私は、両方の議論に賛成できなかった。第一の議論に対しては、東欧社会主義体制の崩壊は、まずもって資本主義世界システムとの経済競争に敗北し、経済的に破綻したことが直接の原因であり、それは市民社会や民主主義の問題である以前に、社会主義的といわれる経済システムの生産諸力や経済的合理性の問題であると私は考えた。第二の議論に対しては、既存社会主義体制が、マルクスが構想したアソシアシオンとは無縁のシステムであることは事実であるとしても、マルクスとマルクス主義の名の下に犯された無数の誤りや失敗をマルクスとは「無縁」と切り捨てることは、ある種の責任回避の議論につながりかねないと思われた。また統制価格の下で市場（商品市場、労働市場、資本市場）がほとんど機能しなかった経済システムを資本主義の一類型と規定することへの疑問もあった。

以上の論争状況の中で、私が模索した道は、東ドイツへの留学で獲得した経験を表象に浮かべつつ、東欧社会主義体制が経済システムとして破綻した理由を、マルクスの『資本論』の論理によって説明することであった。『資本論』

は、資本主義を批判する書であることは言うまでもないが、それと同時に資本主義的経済システムの強靭な生命力を理論的に解明した書であることを忘れてはならない。

マルクスは、『直接的生産過程の諸結果』(MEGA II/4.1)において資本の下への労働の「形態的包摂」と「実質的包摂」の区別と関連について詳細に検討し、この議論は『資本論』における「絶対的剰余価値の生産」および「相対的剰余価値の生産」の議論の中に生かされている。「形態的包摂」とは、資本が資本主義的生産様式以前に歴史的に存在している技術的生産様式を剰余価値の搾取のために形態的に利用する関係である。これは「絶対的剰余価値の生産」に対応している。これに対して「実質的包摂」とは、資本という生産関係それ自体が新しい生産力を創出するメカニズムを解明する論理であり、「相対的剰余価値の生産」に対応している。「実質的包摂」論の核心は、資本が多数の個別的労働者を一つの作業場に集め、彼らの労働を合理的・計画的に組織することによって、ここに「社会的労働の生産力」という全く新しい生産力を創出する点の解明にある。個々の労働者が集まっただけでは「社会的労働の生産力」を発揮することはできない。資本の指揮下で合理的・計画的協業を行う場合に初めてこれを発揮することができる。それゆえこの生産力は「資本の生産力」と呼ばれる。マルクスの「資本の生産力」論は、マックス・ヴェーバーの合理的官僚制の理論と接合することができ、二〇世紀に発展した経営学の理論に基本的アイディアを与えるものであった。一九九〇年代私は、ヴェーバーの官僚制論および経営学の古典的文献を繙読しつつ、マルクスの「資本の生産力」論を充実化していった。東欧社会主義諸国における社会主義経済論においては、生産力の問題は基本的に生産手段の問題に還元されており、最新鋭の生産手段を導入すれば最先端の生産力を獲得することができるという主張が主流であった。またこの立場から、資本主義から社会主義への移行において労働者階級は資本主義が開発した生産力を容易に(技術学的に)継承することができると想定されていた。マルクスの「資本の生産力」論は、資本の組織力と経営力に着目することによって、こうした議論に対して根本的批判を投げかけるものであった。こうした議論をまとめたものが、『社会主義と現代世界』（A1991）であった。

社会主義諸国のマルクス主義はこれまで、企業の合理的経営をはじめ生産関係が一つの生産力創出効果をもっていること、労働者と生産手段が存在していても、生産関係の機能的合理的編成がなければ近代的生産力を発展させることはできない……という問題を、ほとんど考えてこなかった。マルクス主義は、こうした生産関係の生産力論的分析をなおざりにしたまま、生産関係の所有論的分析にもっぱら関心を集中させてきた。社会主義諸国のマルクス主義は、生産力の発展に関しては、……科学技術の自動的発展――いわゆる「科学技術革命」の進展――とそれの労働手段体系への客観化にほとんど視野を限定してきた。……スターリン型の国家社会主義に反対する立場の社会主義経済論も、「真の社会主義的所有とは何か」という生産関係の所有論的分析に終始し、再建された労働者の「個体的所有」……はどの程度の生産力を組織することができるかという問題を、ほとんど考えてこなかった。（A1991: 49）

本書は、少なくない賛同者と、同時に多くの批判者を持った。本書で私が既存社会主義経済システムの崩壊要因として展開した論点は、多くのマルクス研究者の信念に抵触する面を持っていたからであった。本書の出版以降、私はマルクス研究者および唯物論研究者の世界である種の「異端」として遇されることになった。私が本書第三部において「ベルンシュタイン理論の再評価と社会民主主義の基本性格」を論じたことが、私を「異端」とみなす人びとの警戒心をさらに強めた。ベルンシュタインは、資本主義経済システムの生命力に初めて注目するとともに、資本主義体制内部における民主主義と改良の重要性を強調し、二〇世紀における福祉国家の基本的構想を提起したマルクス主義者であるにもかかわらず、いまだに異端視されたままである。

3　日本人の時間意識

一九九〇年代以降新たに集中的に取り組んだ研究として、時間論の研究があった。この研究を始めるきっかけとなったものは、ヘーゲル研究および異文化交流哲学intercultural philosophyで著名なハインツ・キンメルレ教授（エラスムス大学教授）から一九九五年十二月十四～十五日同大学で開催された国際シンポジウム「異文化交流の視点から見た時間と時間性」に招待されたことであった。私はこのシンポジウムで「日本的視点から見た時間と時間性Time and temporality from a Japanese perspective」というタイトルで報告し、これは翌年刊行された報告集*Time and temporality in intercultural perspective*に掲載された（E1996）。それ以来、日本人の時間意識は私の最も愛好する研究テーマとなり、ドイツ語圏の大学で何度か講演する機会をもった（E2003b）。

前近代における暦制は、不定時法と太陽太陰暦に基づいていた。太陽太陰暦においては新月を月の始まりとし月半ばに満月がくるように設定されていた。朔望月（新月から次の新月までの時間）は、平均二九日半であったから、ひと月は二九日（小の月）と三〇日（大の月）とに分かれた。さらに平均一九年に七回閏月が挿入される（歳中置閏法）ことによって、暦の月日は季節の推移とは対応しなかった。また一日の時刻設定においては不定時法が採用され、曙から夕暮れまでを昼とし、それを六等分して昼の一時《イットキ》を定め、夜の時間を六等分して夜の一時が定められていた。このため一日の時間表現は、季節によって異なるのみならず、周囲の地理的条件（平地か山間部か）によっても異なっていた。不定時法は、機械時計が普及する以前の西洋においても普遍的に見られる慣習であったが、西洋においては、太陽が半分地平線に顔を出す時刻が昼の始まり、半分地平線に沈む時刻が夜の始まりと規定されたので、昼夜の交替は可視的に明瞭であった。ところが日本においては、日の出前約三〇分の「曙」を昼の始点とし、日没後約三〇分の「黄昏」を夜の始点として設定したため、昼夜の交替の決定ははるかに難しかった。そのため日本の詩歌、文学または絵画において、曙と黄昏に異常なまでの愛着が寄せられてきた。またくすんだ色合いや中間色またはぼかしを愛好する日本人の美意識の背後にも、薄明再現のモティーフが潜んでいるように思われる。

こうした暦法の下で発展した日本人の時間意識においては、時間は空間を介してのみ表現され経験されることができる。西洋知識人の時間意識が、空間の抽象化と時間の内面化の方向に向かったのに対して、日本人は、周囲の風景の変化の中に時間を解読する感性（感受性）を磨き上げるとともに、それを様々な言語および芸術表現を媒介として客観化し公共化する努力を積み重ねてきた。『古今和歌集』の検討を通じて明らかになったことは、時間了解における視覚にたいする聴覚の優位の思想である。『古今和歌集』は、とりわけ、風の時間性に異常なまでの関心を寄せている。風の音は、「目にはさやかに見えない」時間の推移を告知するものである。支配的（可視的）な時間、到来しつつある時間、過ぎ去りつつある時間、それらの異なる時間様態が今という瞬間の中に重層的に共在しており、それらの異なる時間様態はそれぞれ固有の空間的存在形態を持ち、独自の感覚がそれに対応している。時間は不可視であるから、一切の空間的なものから切り離され、空間より優位に置かれなければならない、これが、西洋哲学がおし進めた方向であった。日本の伝統の中では、時間の不可視性が空間における最も不可視的なもの、つまり空気の動きと結びつき、音＝聴覚イメージとして感受される空気の振動には時間の先駆としての役割が託された。近代人は、風景や風景画をある瞬間で時間をストップさせた時の空間の姿ないしその模写であると了解している。しかし前近代の日本人は、一枚の風景画の中にさえ複数の時間性を了解した。日本絵画に多用される何も描かれない空間は、風や音（空気）を風景の本質的要素として登場させるための卓抜な工夫であったと思われる。

平子（I2007）において私は、『古今和歌集』、『枕草子』、徳富蘆花『自然と人生』、谷崎潤一郎『陰影礼賛』、宮本常一「私のふるさと」などをテキストにして、日本人の伝統的な時間・空間意識のあり方を具体的に再現することを試みたが、私の仮説を実証するためには、さらに多くの文学および芸術作品を渉猟し、比較検討する必要がある。今後の課題としたい。

4　市民社会概念の歴史

市民社会概念の歴史の研究は、「近代市民社会理論の問題構成」（C1984）以来、私がライフワークとして取り組んでいるもう一つのテーマである。ドイツ語の bürgerliche Gesellschaft を civil society, siciété civile と同じ意味で市民社会と訳すことはできないことを、私はグラムシから学んだ。グラムシは、『獄中ノート』において、政治社会の二契機を、強制と支配を主機能とする国家 state と説得と社会的統合を主機能とする市民社会 società civile と規定したが、同時にマルクスの bürgerliche Gesellschaft の訳語としては società civile ではなく、società borghese［ブルジョア社会］を当てた。グラムシには、市民社会概念の政治的社会としての意義に着目し、これをヘーゲル『法の哲学』において「欲求の体系」として規定されている bürgerliche Gesellschaft とは明確に区別しなければならないという鋭敏な感覚が働いていた。この時期、ブルンナー（Otto Brunner）、コンツェ（Werner Conze）、コゼレク（Reinhart Koselleck）が編集した『歴史概念辞典 Geschichtliche Grundbegriffe』（全八巻、一九七二〜九七年）が刊行中であり、著名なヘーゲル研究者であるリーデル（Manfred Riedel）が「市民社会」、「市民、公民、市民階層」などの項目を執筆しており（マンフレート・リーデル『市民社会の概念史』、河上倫逸、常俊宗三郎編訳、以文社　一九九〇年）、市民社会概念史研究の前提が整いつつあった。

　戦後日本の西洋史および社会思想史研究者の間で、（一）市民社会＝近代市民社会であり、（二）市民社会＝経済的関係を主軸とする社会（経済的社会）であるという二つの等式を受容する考え方が支配的であった。西洋の十七、十八世紀を「市民革命の時代」と規定する慣行も、同じ認識枠組みから生まれた。ここには「市民」と「ブルジョア」の混同という誤りがあるとともに、市民社会概念がアリストテレス『政治学』に由来する古典古代的概念であることが完全に無視されていた。このような一面的枠組みのもとに、マルクスの市民社会理論を「再構成」したのが、平田清明氏の理論であった。平田氏は、「現実の資本家社会」を「市民社会の資本家社会への不断の転成の過程」として把握したが、ここで「市民社会」とは「商品・貨幣所有者」の対等平等の同権的関係の展開される社会のことであった。「市民社会は何よりもまず、交通的社会commercial societyとしてある。それは『私的諸個人』が対等な所有権者として自由に交際（交通）しあう社会である。同市民関係そのものなのである」（平田清明『市民社会と社会主義』、岩波書店、一九六九年、五六ページ）。平田氏が「文明社会としての市民社会」（同書、六四ページ）と書かれているように、平田氏においては、アダム・スミスにおいては厳密に区別されている「市民社会civil society」と「文明化された社会civilized society」とが完全に混同されていた。平田氏の理論では、「市民」は「ブルジョア」と混同され、「ブルジョア社会」と区別される「市民社会」に固有の問題が完全に無視されることとなった。このような考察枠組みの問題は、平田氏に限ったことではなく、市民社会を近代市民社会と等置し、「市民」を「ブルジョア」と等置してきた日本近代の社会科学および歴史学が全体として抱えた問題であった。平田氏が「非西欧的地帯における社会主義の実現においては、西欧的な市民＝資本家社会の揚棄の過渡段階にあらわれる市民的権利が、独自の歴史的意義をになう」（同書、七二ページ）と主張されているように、市民社会＝文明社会という図式は、日本社会の近代化＝西欧近代社会化と見なすパラダイムの中で熟成されてきたからであった。

大塚久雄、川島武宜、平田清明氏らの市民社会理論を批判するために、私の市民社会概念史の構想は、市民社会の古典的概念をまずギリシア語のポリティケー・コイノーニアー、それの訳語であるラテン語のsocietas civilisに即して確定した上で、それ以降の時代の中でこの市民社会概念がいかなる歴史的変遷を遂げていったのかを歴史的に追跡することであった。その際、西洋の十六世紀以降の歴史を二段階の市民社会概念の意味変質過程として把握した。市民社会は、ステイトの登場によって根本的な変質を経験した。「ホッブズ以降、市民社会概念は、自然状態と対比させて、社会契約を通じて主権者が設定され、政治的統治が確立し、その結果、戦争状態が克服……された状態を表現する概念として使用され始める」（D2007a: 31）。市民社会は、さらに、ポリティカル・エコノミーとネイション・ステイトの登場とともに、さらなる変質を遂げる。古典的市民社会は、ポリス（政治）とオイコス（家経済）の二分法の上に、政治的共同体を構想するものであったが、ポリティカル・エコノミーの登場は、経済活動の重心を国民的市場に転換し、他方で、ネイション・ステイトが国民の富裕化を国家の存在理由として掲げることによって、伝統的なポリス・オイコスの二分法を無意味化していった。こうした趨勢の中で「文明化された社会civilized society」という言葉が、次第に「市民社会」に代わって重要性を増していった。「文明化された社会」は、この概念を生み出したアダム・スミスをはじめとするスコットランドの理論家にとっては、市民的統治civil governmentの問題である「市民社会」から明確に区別されていたが、この両概念を融合させて、市民社会＝文明化された社会という理解を生み出したものは、ドイツ語圏の哲学者たちであった。植村邦彦氏は、英語のcivilized societyを最初に「市民社会

bürgerliche Gesellschaft」と翻訳したのは、ガルヴェ（Christian Garve）であるという研究（植村邦彦『市民社会とは何か』、平凡社、二〇一〇年）を発表されているが、ガルヴェによって開かれた流れは、ヘーゲルの『法の哲学』とそれを継承したマルクスによって決定的となった。ドイツ語圏では古典的な市民社会societas civilisの伝統はここに消滅を遂げた。その結果、「ブルジョア」も「市民」もともにBürgerという一つの単語で表現され、両者を区別する視座は見失われた。このドイツ的伝統は日本の社会科学と歴史学にも持ち込まれた。

上記の市民社会概念史の構想を、私は最初、ドイツ語論文「市民社会と国家　近代の古典的政治理論の研究」（E1990a）において発表し、次いで、『社会主義と現代世界』の最終部分（A1991: 365-72）で要約的に示した。本書は、市民社会概念史を古典古代から近代まで回顧した後、平田清明氏への批判を込めて、「近代的経済秩序を商品生産＝交換社会レベルと特殊資本家的生産様式のレベルに二分し、前者をすぐれて『市民社会』の母胎と考えることによっては、市民社会概念を復権させることはできない」（A1991: 372）という文章で締めくくられている。学術的アイディアのオリジナリティを厳密に追求することは、文系の研究者の世界ではほとんど見られないが、一九九一年の時点では、上記のような枠組みを提起した研究は皆無であったと思う。もちろん、こうした概念史研究は、本来、独立した書物の形で世に問うべきであるにもかかわらず、私はこれまでのところ、「市民社会概念の歴史」（D1998b）、「西洋における市民社会の二つの起源」（D2007a）を発表しただけである。この課題は、定年退職後、果したしたい。

5　京都学派の研究者との交流　三木清と戸坂潤の研究

二〇〇二年、清眞人氏が、津田雅夫氏、亀山純生氏と私に、清氏が当時主宰していた雑誌『共同探求通信』誌上で三木清を共同研究することを呼びかけて下さったおかげで、それから現在に至る私の三木清研究が開始された。この共同研究は、『Reference――参照点　三木清　共同探求通信　第一九号』（二〇〇二年）において終結し、私はそこに「三木清『構想力の論理』の論理構造」という長文論文（D2002b）を発表した。その後、研究対象は、三木清から戸坂潤に広がり、現在では、「日本におけるマルクス主義受容の特殊性と主体性論争の意義」（D2015）へと発展している。

私の三木清研究は、当初は、三木清とマルクス主義の関係を問うという限定された視角からの研究に過ぎなかったが、研究の枠組みを格段に拡大する機会を提供してくれたものは、藤田正勝教授（京都大学）が研究代表者を務める科学研究費補助金基盤研究Ｂ――「両大戦間に日欧の相互交流が日本の哲学の形成・発展に与えた影響をめぐって」（二〇〇四〜六年度）、「西洋哲学との比較という視座から見た日本哲学の特徴およびその可能性について」（二〇〇七〜九年度）、「日本近代哲学の特質と意義、およびその発信の可能性をめぐって」（二〇一〇〜一二年度）――に研究分担者として参加させていただいたことである。この共同研究会は、二〇一四年度からは上原麻有子教授（京都大学）を研究代表者として「翻訳の視点から探る日本哲学――日本と東アジア・日本と西洋における言語と思想の相関性」というタイトルで継続されている。この間、十年以上にわたって、京都大学文学研究科で年二回開催される日本哲学史フォーラムとその翌日開催される科研費定例研究会に参加させていただいた。こうした経験を通じて、日本近代哲学史において西田幾多郎、田辺元をはじめとする京都学派の哲学が果たした大きな役割とこの哲学が今なお与え続けている国際的影響の大きさについて、少しずつ理解できるようになった。なお不十分ながらも京都学派の哲学について研究する機会を私に与えて下さった藤田正勝教授、上原麻有子教授にこの場をお借りして心からお礼を申し上げたい。また京都学派とは異なる視点で、哲学・文学・美術・建築学など広範な分野を横断して日本近代の特質を解明する努力を続けている伊藤徹教授（京都工芸繊維大学）を研究代表者とする科学研究費補助金基盤研究B「《主体性》概念を基軸とした日本近代化過程における《自己》造形に関する学際的研究」（二〇一二〜四年度）にも参加させていただいた。日本文学、美術史、建築史などの研究者の研究報告に接するたびに、私の知的視界が開けてゆく感動を覚えた。藤田教授は、毎年十二月に開催される土井道子記念京都哲学基金主催シンポジウムにおいて三回報告する機会を与えて下さった。ここでの発表は、翌年の日本哲学史フォーラム編『日本の哲学』に掲載された（D2010, D2013c, D2015）。このシンポジウムは、十人程度の研究者がホテルの会議室に缶詰となって、二日間徹底的に討論するという独特な研究会であった。討論時間もたっぷり取ってあるので、私のような浅学の者は四面楚歌の悲哀を味わうことになった。しかし二日間にわたる徹底的討論からは、京都学派の哲学者たちが築いてきた自由で厳しく真摯な討論文化を学ぶことができた。

日本のマルクス研究者や唯物論研究者の中には、いまだに西田哲学や京都学派の哲学に対する拒絶意識が強い。生理的な拒否反応を示す人もいれば、一応評価するが最後は批判で終わらなければならないと考える人もいる。真剣な対話の相手として真面目に取り上げないという態度は共通している。京都学派に対する拒否反応は、京都学派の哲学者たちが仏教的言説を多用することとも関係している。それは、あらゆる形態の宗教を拒否しなければ、唯物論とマルクス主義は維持できないと考える人が多くいるからである。私は、マルクス主義的唯物論は、良質な宗教思想とは両立可能であると考えている。またマルクス主義的唯物論は、京都学派の哲学者たちとの思想的切磋琢磨によって自己自身を豊かにすることができると確信している。両者の間には生産的相互批判が可能であり、その際、批判は批判の対象となる側にたつ研究者にとっても受容可能なほど内在的な批判でなければならないと思う。そのような内在的批判の具体例として、私は平子（D2015）において、主体性論争における梅本克己の田辺元批判を取り上げた。

6　Marx-Engels-Gesamtausgabe（MEGA）の編集への参加

ソ連邦と東欧社会主義の崩壊に伴って、一九七〇年以来ＭＥＧＡを編集・刊行してきたモスクワと東ベルリンのマルクス＝レーニン主義研究所が閉鎖され、ＭＥＧＡの継続が危機を迎えたとき、一九九〇年、西側諸国の基金により国際マルクス＝エンゲルス財団Internationale Marx-Engels Stiftung（ＩＭＥＳ）が設立され、今後のＭＥＧＡの編集・刊行は、ドイツ、ロシアのみならず世界各国のマルクス研究者の協力によって継続することが決定された。ＩＭＥＳ事務局は、ベルリン・ブランデンブルク科学アカデミー（ＢＢＡＷ）に置かれた。そのもとに日本ＭＥＧＡ編集委員会が組織され、大谷禎之介（法政大学名誉教授）が代表となった。日本ＭＥＧＡ編集委員会のもとには当初、北海道グループ、仙台（東北大学）グループ、東京グループ、西日本グループが組織されていたが、その後、仙台グループ以外のグループを統合して全国グループが組織された。現在、全国グループのメンバーは、大谷禎之介、平子友長、竹永進、森下宏美、浅川雅巳、高畑明尚、佐々木隆治、明石英人、隅田聡一郎、斎藤幸平であり、ティム・グラースマン（ベルリン）、リュドミーラ・ヴァーシナ（モスクワ）が海外協力者となっている。なお二〇一五年八月より大谷禎之介氏に代わって平子友長が日本ＭＥＧＡ編集委員会代表を務めることになった。

日本のマルクス研究者が担当した巻のうち、ＭＥＧＡ第二部門（『資本論』と準備労作）の第十一巻（『資本論』第二巻諸草稿、大谷禎之介、リュドミーラ・ヴァーシナ、カール・エーリヒ・フォルグラーフによって編集、二〇〇八年刊行）、第十二巻（『資本論』第二巻のエンゲルスによる編集用草稿、大村泉を中心とする東北大学グループによって編集、二〇〇五年刊行）、第十三巻（『資本論』第二巻、大村泉を中心とする東北大学グループによって編集、二〇〇八年刊行）がすでに刊行されている。

現在、全国グループが編集を進めているものは、MEGA第四部門（抜粋ノート、メモ、欄外書き込み）の第十七巻（一八六三年五〜六月に作成された八冊のサブノートBeiheft）、第十八巻（一八六四年二月頃〜一八七〇年六月頃作成された抜粋ノート）、第十九巻（一八六八年九月〜六九年九月に作成された、主として貨幣・金融問題に関する抜粋ノート）である。また第十四巻（一八五七年の恐慌に関するノート）は、現在、守健二教授を中心とする東北大学グループが編集中である。

このうち私が直接編集に関わっている巻は、第十八巻である。この巻には、『資本論』第一巻刊行（一八六七年）以降のマルクスの理論的発展を理解する上で非常に重要な抜粋ノートが収められている。ドイツの古代ゲルマン共同体の歴史を詳細に解明した歴史家マウラー（Georg Ludwig von Maurer）の諸著作は、マルクスが『経済学批判要綱』「資本主義的生産に先行する諸形態」で展開した共同体の三形態把握を反省する契機をなし、最晩年の『ザスーリチへの手紙　草稿』の共同体把握を準備するものであった。マルクスのマウラー抜粋の意義については、平子（D2013b, B2013）、Tairako（E2010b, E2010c）で考察した。また農芸科学者フラース（Carl Nikolaus Fraas）は、それまでリービヒ（Justus von Liebig）に依拠して自然と人間の物質代謝を構想してきたマルクスに反省を促し、化学肥料だけでなく自然の復元力をも重視するエコロジー理論の構想へと導いた。第十八巻の理論的意義は、大谷禎之介、平子友長（編）『マルクス抜粋ノートからマルクスを読む』（二〇一三年）で詳論されている。

私たちは、戦前モスクワのマルクス＝レーニン主義研究所の所員たちが苦労して作成した解読タイプを参考にしながら、難解で知られるマルクスの筆跡を解読し、それをテキスト化していった。マルクスが引用した元のテキストを入手するために、世界中の図書館を探索し、そのために膨大な時間と費用がかかった。作業を始めてからすでに一五年近い年月がかかったが、ようやくテキストとアパラート（学術的補助資料）が基本的に完成した。私は、現在、十八巻の序文Einführungの執筆に取りかかっている。

また同時に、MEGA第一部門第五巻として刊行予定の『ドイツ・イデオロギー』の「第一章　フォイエルバッハ」テキストの改稿過程が、紙媒体では再現が困難なほど複雑であることを考慮して、ベルリンのBBAW事務局の承認を受けて、大村泉、渋谷正、窪俊一、渡辺憲正、韓立新らとともに、オンライン版『ドイツ・イデオロギー』「第一章　フォイエルバッハ」を作成し、現在、オンラインでの公表の形式等の技術問題について国際マルクス・エンゲルス財団と交渉中である（二〇一六年公表予定）。これについては、大村泉、渋谷正、窪俊一（編著）『新MEGAと『ドイツ・イデオロギー』の現代的探求』（二〇一五年）参照。

外国の作家や研究者の全集の編集それ自体に日本人研究者が参加することは、MEGAの編集以外では考えにくいことではないかと思われる。これには、戦前以来の日本のマルクス研究の高度な研究実績に対する国際的評価が働いている。国際的に評価される研究水準を維持しつつ、二一世紀のマルクス研究を展望するために、若い世代のマルクス研究者の成長のために努力することが、私たちの世代の責任であると思う。

以上、約四〇年にわたる私自身の研究の歩みを回顧してみた。その中で反省すべき点は、数え切れないほど存在するが、最初にあげるべきは、単著が一冊しかないという点である。これは深く反省しつつ、定年退職後、自由時間を研究に振り向けて一つずつ果たしてゆくほかない。弁解になるかもしれないが、このような結果を導いた要因を挙げさせていただきたい。第一は、異質ともいえる多数の研究テーマに次々と取り組んだ結果として、個々のテーマの掘り下げとそれを単行書としてまとめ上げる作業が手薄になってしまったことである。第二は、複数の外国語の習得に膨大な時間がかかり、それが本来研究に充てるべき時間を奪ってしまったことである。マルクスの『資本論草稿集』の翻訳に参加（一九七八～八四年）して以来、『草稿集』を翻訳するために複数の西洋諸語（英語、フランス語、ドイツ語、イタリア語、ロシア語）を習得する必要に迫られ、また市民社会概念史研究に手を染めて以降は、何よりもギリシア語、ラテン語の習得が必須であった。私は、古川晴風先生、川島重成先生、土岐健治先生、安村典子先生、太田修司先生、井阪民子先生についてギリシア語、ラテン語の原書講読の訓練を積んできた。ホメロス、エウリピデス、ヘロドトスなどがテキストとして取り上げられたときには、それこそ夜を徹して下調べをしなければならなかった。外国語の勉強から得たものは少なくないが、これは同時に膨大な時間を要求する勉強であった。第三は、東ドイツへの最初の留学において活字にならないオーラルなコミュニケーションの重要性に気づいて以来、私は、英語、ドイツ語のコミュニケーション能力を向上させるために大きな努力を払ってきた。長年一橋大学でドイツ語を教えて下さったハーバーマイヤー（Rainer Habermeier）教授の主催する研究会には、一橋大学に赴任して以来、二〇年近く参加させていただいた。外国語作文の練習を兼ねて『一橋ジャーナル』にもできる限り寄稿することに努めた。ヨーロッパ（主としてドイツ語圏）および中国で開催される国際シンポジウムに招待された時は、原則として引き受けて報告をさせていただいた。これらの仕事をすべて断念して、著作の執筆に専念していたならば、もう少し著作の数が増えていたかもしれないが、そのことによって私が研究者としてよりよく成長していたかどうかは疑問である。外国語の習得や外国人研究者とのコミュニケーションを通じて、私は、研究者としても人間としても、言葉に言い表すことができないほどの恩恵をうけている。これを思えば、著作が少なかったことは重々反省するとしても、このような人生を歩ませていただいたことに今は心から感謝している。

最後に、私は、本論文集に寄稿してくださったすべての若い研究者の方々に心から感謝したい。彼らは、かつて私の大学院のゼミナールに参加し、研鑽をともにした方々である。一橋大学の伝統として、ゼミナールは通例、最後の時間帯（一六時二〇分～一七時五〇分）に開かれる。しかしゼミナールが時間割通り一七時五〇分に終わることはなかった。通例二〇時頃まで、時には二二時に及ぶこともあった。私のゼミナールでは、個人研究報告を中心にしていたので、私は毎回、未知の研究テーマに触れて、自分の勉強不足を思い知らされることになった。教師としての務めを少しでも果たしたいと考えて、私は院生たちの研究文献を必死で勉強した。彼らは、私がヴェーバー、デュルケーム、パーソンズ、ブルデュー、ルーマン、ギデンズ、バーガー、フーコー、アーレント、ベンヤミン、ヴィトゲンシュタイン、フッサール、ハイデガーなどの諸著作を熟読する機会を与えてくれた。これらの社会学者や哲学者の理論をすべて私が理解できたわけではなかった。ルーマンやヴィトゲンシュタインのようにいくら勉強しても身につかなかった学説も少なくなかった。ゼミナールにおける院生たちの水準の高い討論に耳を傾けながら、私は、教師と院生の関係が逆転していることにしばしば気がついた。そういう時、私はよく宮沢賢治の「セロ弾きのゴーシュ」を思い出した。チェロのうまく弾けないゴーシュのために動物たちが毎晩訪れてゴーシュのためにチェロのレッスンをしてくれるという話である。北海道大学経済学部に就職して大学教員のキャリアをスタートしてから三四年、一橋大学社会学部に移ってから二八年が経過したが、思えば私は、常に、有能で研究意欲旺盛な院生たちに囲まれていた。私が研究者としての人生を歩むことができたのは、これらの院生たちのおかげである。この場をおかりして、学部と大学院のゼミナールに参加してくださった皆様に心からお礼を申し上げたい。

＊　なお、参照を求める著書・論文については、巻末の研究業績一覧の整理にしたがって、著書、論文等を示す分類（A～K）および刊行年（同年に複数あるものについては、刊行年とアルファベット）で略記した。

「出口のない迷路」を生きる
――「独自の対象の独自の論理」を追い求めた「未完」の思想史

佐山圭司

平子先生の御研究は、年代順に以下の三つの段階に分けて考えることができます。
（一）西洋市民社会の論理の探求（一九九一年まで）
（二）西洋中心主義批判と西洋的科学を相対化する論理の探求（二〇〇一年まで）
（三）コロニアリズムあるいはグローバリゼーションに対抗する論理の探求（現在まで）
一九九一年に刊行された主著『社会主義と現代社会』は、これらの三つの要素――（一）の総括と（二）および（三）の萌芽――を含んでいますので、以下、主著を中心に解説させていただきます。なお、参照を求める著書・論文については、巻末にある先生の研究業績一覧にしたがって、著書、論文等を示す分類（A～K）および刊行年（同年に複数あるものについては、刊行年とアルファベット）で略記いたします。

（一）第一期は、二〇～三〇代の業績で、ヘーゲル・マルクスの物象化論・疎外論の再構成と近代市民社会成立史の解明という、相互に関連した二つの柱からなります。物象化論研究の成果は、論文（C1979, C1989b）にまとめられています。ここでは、近代市民社会において、本質が必然的に転倒した現象形態（仮象）をとり、仮象が本質を構造的に隠蔽してしまうことが示され、そうした転倒を解きほぐす論理こそ、『資本論』の弁証法に他ならないという主張が展開されています。そして、近代市民社会の転倒化構造を解明するためにマルクスが導入した物象化論が吟味され、物Dingと物象Sacheの区別を踏まえて、物化Verdinglichungと物象化Versachlichungとの関係が概念的に再構成されています。それまでのマルクス研究では曖昧なままであった物化と物象化を概念的に区別し、市民社会における先の転倒が、物象化（人格の物象への転倒）と物化（物象の物への転倒）という二重の転倒に起因していることを明らかにしたのは、非常に画期的であったと思われます。

その後、先生の問題関心は、『資本論』の弁証法の源泉であるヘーゲル弁証法の起源へと向けられ、『論理学』ではなく、『精神現象学』がマルクス解釈の準拠枠となります。その結果、「陶冶Bildung」としての「疎外Entfremdung」というヘーゲル的立場から、資本主義の非人間性を告発する概念として理解されてきた「疎外」が、主体形成の重要な契機として読み直されることになります（D1984b, D1985）。これとほぼ同時に、西欧市民社会の存立根拠を、古代ギリシャ以降のヨーロッパ思想史に遡って解明するという壮大な課題に着手されます。その最初の成果は、論文（C1984）に示されています。ここでは、アリストテレス以降の伝統的政治学との比較において、マキアヴェッリ、ホッブズ、ルソー、スミスを手がかりに、近代市民社会の問題構成が解明されています。ここから、先生のライフワークである市民社会概念史研究がはじまるわけですが、この研究には、アリストテレスのコイノニア・ポリティケーに由来する市民社会を、スミスやマルクスにならって近代に誕生した経済社会（ブルジョワ社会）と理解（誤解）してきたマルクス研究者たち（とりわけ「市民社会派」）に対する批判が込められています（A1991: 365–72）。

（二）一九九一年に刊行された主著『社会主義と現代社会』（A1991）は、この第一期の総括であると同時に、第二期以降の出発点をなしています。本書は、東欧社会主義国の崩壊という世界史的出来事を前にして、ご自身を含めてマルクス主義のあり方を真摯に検証したものであり、「社会思想史の研究書」の枠を大きくはみ出した著作と言えます。

第一部「社会主義の危機の内実——一九八九年東欧革命の渦中における考察」は、ご自身の東独滞在体験をふまえながら、進展しつつある東欧革命を分析・評価した四本の時事論文から構成されています。第二部「社会主義の危機と唯物史観の再検討」では、マルクスのいう「資本の生産力」の本来の意味が検証されます。「資本の生産力」とは、資本が生産過程を実質的に包摂し、労働組織や労働過程を合理化することによって新たに創出される「労働の社会的生産力」のことで、労働者の自主管理といった理念にこだわる社会主義は、専門の経営管理者による合理的な組織化や生産管理の意義を見損なってきたという指摘がなされています。

第三部「ベルンシュタイン理論の再評価と社会民主主義の再評価」で、「修正主義者」ベルンシュタインとともに先生が強調するのは、資本主義はマルクス主義者が考える以上の生命力と適応力をもっており、資本主義体制の維持・発展のために、その矛盾を体制内で解決ないし軽減する力——先生はこれを「資本主義の余裕能力」と名づけます——を発揮しうるということです。ベルンシュタインは、労働者階級の政治的・経済的地位向上のためにこの力を積極的に活用しようと考え、労働者階級の「市民」としての同権化、いわば民主主義の徹底を通じての「市民社会の普遍化」を目指しました。

先生の整理に従うと、マルクス主義のなかには、こうした「市民社会の普遍化」を目指す社会主義と、「市民社会のトータルな否定」を目指す共産主義が混在しています。近代資本主義によって生活基盤を破壊され流民化したプロレタリアートや、植民地で収奪される人々の解放を目指す運動が、共産主義と結びついたのに対して、資本主義の余裕能力に期待するベルンシュタインは、ドイツの帝国主義・植民地政策を支持します。彼の考える「市民社会の普遍化」とは、プロレタリアートや非西洋地域の人々の排除や犠牲のもとに実現しうるわけです。排除による普遍化――こうした発想自体に、ベルンシュタインにとどまらず、市民社会という理念、ひいては西洋出自の学問が本質的に孕む矛盾が示されているのではないでしょうか。

市民社会の内在的論理から、市民社会の「外部」へ、先生の視線のこうした変化の背景には、ベルリンの壁の崩壊をまたいだドイツ研究滞在があります。壁の崩壊後、先生が滞在された旧東独をはじめ東側社会主義国は、新たに資本主義化されるべき「遅れた地域」とみなされます。旧社会主義国で急激な市場経済化に苦闘する人々の歩みを、自分たちの「高み」から「遅れを取り戻している」と理解する「西側」知識人、そしてその学問とは、いったい何なのでしょうか。かくして、グローバリゼーションという名のもとに進む世界の資本主義化、南北格差の深刻化と先進資本主義国の余裕能力の枯渇、さらにはマルクス主義をふくめて西洋出自の科学・思想が暗黙の前提にしている西洋中心主義との対決が、主著公刊後の課題となります。

西洋的な知のあり方を再検証する第一歩として、第一次世界大戦の後の危機の時代に、西洋哲学を根本から問い直そうとしたハイデガー、そして彼の影響下で西洋哲学との対決から自己の思想を鍛えていった一九二〇～三〇年代の日本人知識人が取り上げられます。とりわけ和辻哲郎の風土論の検証をつうじて、西洋中心主義に切り込む一方で（D1997, D1998a）、ディルタイやハイデガーの解釈学を批判的に検討しています（D2000）。市民社会の「外部」あるいは非西洋世界に生きる人々の声をいかにして理論的に代弁しうるのか――そうした新しい理論的な枠組みを模索する苦しみについては、清眞人氏に宛てた公開書簡（K1997）のなかで、御自身の研究を振り返りながら生々しく語っておられます。

（三）第三期は、二〇〇一年以降の業績で、おもに三つの領域で研究が進展します。まず、市民社会概念史研究（D1998b, D2007a）にもとづき、ステイト、ネイション、ナショナリズム等の概念を再検討し（D2003）、近代の政治哲学の読み直しを行っています。とりわけ、所有の源泉を労働に求め、開墾と農業労働による土地の征服を認めるロックの議論が、先進諸国による非ヨーロッパ地域の「囲い込み」を正当化しているのに対して、先住民の占有権を認めたカントの自然法論の意義をあらためて強調したことが注目されます（D2005f, C2007）。

次は、日本哲学研究ですが、関心の対象が和辻哲郎から三木清に移ります（D2002a, b, c）。ハイデガーのもとで学んだ三木は、帰国後、リャザノフによってようやく陽の目をみた『ドイツ・イデオロギー』のフォイエルバッハ章をもとに、マルクスの哲学を「歴史的存在論」として理解する新しい立場を確立します。論文（C2006）は、マルクスの唯物論をハイデガーの存在論と結びつけた三木清や、三木の構想を引き継ぎつつ、独自の唯物論を展開した戸坂潤の哲学を検証しながら、戦前日本のマルクス主義哲学の創造的発展の可能性が、他ならぬマルクス主義によって摘み取られてしまったことを指摘しています。三木研究においては、その哲学にとどまらず、フィリピン徴用経験など、戦争や植民地支配の問題との関連で彼の思考と行動を追っている点が注目に値します（C2008）。

最後に、国際的に行われているMEGAの編集作業への参加をきっかけに、マルクス研究が復活します。最初に『ドイツ・イデオロギー』の編集方法をめぐって、日本で文献学的にもっともすぐれているとみなされてきた廣松版への批判など（D2006a, b; D2007b, c）、非常に文献学的な研究が始まります。しかし関心の中心は、むしろ有名な「ザスーリチへの手紙」に見られるような、自らの西洋中心的な体系の妥当性を検証する晩年のマルクスで、彼が生前理論化しえなかった思考の痕跡を、彼自身の研究ノートの読解を通じて明らかにしています（I2010b, B2013）。マルクスの非西洋社会にかんするさまざまな見解をもとに新たなマルクス像を描こうとしたアンダーソンの『周縁のマルクス』（H2015）を監訳し日本に紹介されたことも、こうした問題意識の一環と言えるでしょう。

こうして先生の御研究をたどってみますと、一貫して見られるのは、かつて青年マルクスが標榜していた「独自の対象の独自の論理」の飽くなき探求と言えるかもしれません。過去の思想家をその歴史的・社会的コンテキストにおいて解釈・評価するのが社会思想史のオーソドックスな研究方法だとすると、先生の方法態度は、それとは大きく異なっています。誤解を恐れずに言えば、先生の御研究のなかで研究対象としての思想家は、解決すべき問題を共に考えるための「同伴者」として登場します。つまり、厳密な意味での研究対象は、あれこれの思想家ではなく、あくまで現在の私たちが生きる世界であり、解決すべき問題の変化とともに、「同伴者」とする思想家も問題へのアプローチも変わりうるものであります。第一期から第二期、そして第二期から第三期への転換が、東欧社会主義の崩壊、九・一一という世界史的な出来事と連動していることは、けっして偶然ではなく、先生の思想史研究の本質――本書のタイトルになった「危機に対峙する思考」――を端的に表しているように思えます。

絶え間なく変化する世界を概念的に把握する論理を見出すこと――この終わりのない探究を、先生は「出口のない迷路」（A1991: 388）と名づけました。主著のなかで先生は、マルクスを念頭に置きながら、次のように語っています。

社会思想史を研究する者にとって、あらゆる問いにたいして首尾一貫したカテキズムを用意し、それで歴史的現実を割り切ってしまう「思想家」ほど味気ない研究対象はない。それに比して、内部に矛盾しあう世界観をかかえこみ、両者の統合をめざしつつ、新たな問題が提起されるごとに何度でも従来の解釈枠組を自己修正して、

「未完の思想家」に立ち帰る勇気とエネルギーを失わなかった思想家、このような思想家の未完性にわれわれはより多くの魅力と学問的関心を抱く。それは、われわれ自身が、同一の問題にたいする回答を未だに探しあぐねている「未完の存在」であることと無関係ではあるまい。（A1991: 330）

私たちが先生から学んだ最も重要なことは、特定の思想家や特定の問題にかんする見方ではなく、試行錯誤をしながら回答のない問題に挑戦し続ける姿、つまり「未完」で終わることへの勇気ではなかったかと思います。しかも、先生は自らの思考の成果を――たとえそれが試作的・仮説的なものであっても――批判を恐れずに積極的に公表してきました。こうした学問的発信が、狭い専門分野や言語の境界を越えていたことは、多彩な研究活動と（研究業績E～Gに挙げられた）数々の外国語論文が雄弁に物語っています。その意味で、御自身の思考を、立場や文化の異なる他者の厳しい吟味に委ね、問題解決の道を他者とともに模索することが、先生にとって研究活動の本来の意味であったようにも思われます。先生が一人の研究者として、また人生の教師として、これからも私たちを「危機に対峙する思考」へと鼓舞する存在であり続けていただきたいと願いつつ、この拙い解説を締めくくらせていただきます。

あとがき

鈴木宗徳

この小文を執筆する一週間前、安全保障関連法案が参議院で可決・成立した。日本が直接攻撃を受けていなくとも、国の存立を脅かす「存立危機事態」と認められれば、集団的自衛権の名のもとに自衛隊の海外での武力行使が可能となる。戦後安全保障政策の大転換である。この法案は、早くから多くの憲法学者が違憲であると認め、成立直後の世論調査でも、八割近くが審議は不十分であったと回答している。連日、国会前をはじめ全国で抗議行動がおこなわれ、民意の大勢が反対であることは明らかだったにもかかわらず、強行採決によって法案は可決された。

多くの市民が抗議に立ち上がったのは、解釈改憲という暴挙や大義なき戦争に加担する危険性といった論点のほか、政権与党の傲慢ともいえる態度が露わになったことも関係していると思われる。なかでも高村正彦自民党副総裁は、「たいていの憲法学者より私の方が考えてきたという自信はある」という発言をしている。市民たちはこの言葉のうちに、立憲主義の危機とともに、営々と積み上げられてきた「知」を蔑ろにする権力者の傲慢さを看取したのではあるまいか。

この論文集の出発点となったのは、福島第一原発事故が引き起こした危機的状況である。専門家による知の独占、原発立地地域にたいする暴力的な排除・収奪といった隠された問題が、この事故とともに一挙に噴出した。事故から五年がたち、脱原発を訴える市民が毎週金曜日に集まる官邸前抗議をきっかけとして、日本は〝デモがおこなわれる国〟へと変貌した。この国の民主主義は、あらたな段階を迎えている。しかし、それはただ「危機」が継続し、むしろ深刻化していることの表れにすぎないのかもしれない。

本書に収められた論考の多くは、「知」がいかに危機と向きあい、その社会的責任を果たそうとしてきたかを反省的にふり返るものである。一人ひとりの研究者がなしうることは僅かかもしれない。しかし、真摯な研究の積み重ねこそが「知」への信頼をとり戻し、それが民主的な社会を形づくる基礎となりうることを、われわれは信じている。認識と方法、理性と啓蒙、批判的思考、民主主義という本書が掲げた四つの課題は、相互に関連しながら、危機に対峙する「知」のあり方を考える手がかりを与えてくれるはずである。

本書は、一橋大学の平子友長教授の退官を記念して編まれた論文集であり、巻末に平子教授自身と佐山圭司による回顧、そして平子教授の履歴および研究業績目録を収録している。論文集に寄稿した執筆者は、いずれも一橋大学社会学部ないし大学院社会学研究科の平子ゼミナールで学んだ経験をもつ二五名の研究者と、そして平子教授自身である。

平子先生が一橋大学で初めてゼミを開講したのは一九八七年であるが、それから二九年間のあいだにこれだけの数の研究者を輩出したという事実ひとつとっても、研究者・教育者としての平子先生が、学生・院生にとっていかに魅力的であったかをあらわすものである。社会思想を学ぶゼミであるが、本書に収められた各章が示すように、哲学や社会学をはじめ、多様な志向性をもつ研究者がそこから巣立っていった。

筆者は一橋大学社会学部からそのまま大学院社会学研究科へ進学したが、学部で聴講した平子先生の社会思想の講義は、いまだに自分が授業をするときの模範としているものである。先生の授業は、学生が興味をもちそうな身近な話題をとりあげるといった、受講者におもねるようなやり方はしない。また、学生が難解な思想をすべて理解できるはずはないといった見下した態度を見せるような、自己満足型の授業でもない。つねに直球勝負で説明をする先生の授業の内容を、当時の私はおそらく半分も理解できていなかったと思う。それでも、先生の博識さと学問への情熱に心を動かされ、その後を追いたいと思わせてくれるような授業だったのである。

学部と大学院のゼミは、参加者同士の自由な討論の場であるとともに、テキストの背後に隠された思想史的文脈についての平子先生の深い学識に耳を傾ける場でもあった。テキストを深く正確に読解するというわれわれの仕事が、数千年にわたり継受されてきた学問の一端を担うものであることを峻厳なる怖れとともに自覚できたのは、平子ゼミならではの経験だったと思う。さらに、平子先生ととことんまで議論を重ねるなかで、社会問題にたいする先生の憂慮の念や正義感をかいま見ることができたことも、筆者をふくむ後進の研究者に大きな影響を与えているはずである。

この論文集を編むにあたっては、四年前の二〇一二年三月から半年ごとに共同研究会を開催し、準備を進めてきた。研究会の参加者はみな、かつてのゼミにおける闊達な討論のなかで互いに切磋琢磨する経験をしており、こうした場を与えてくれた先生に感謝するものである。われわれは、そうした切磋琢磨の場を共同研究会において再現し、本書が通例の「退職記念論文集」を超える水準のものとなることを追求してきた。三年前からは、科学研究費補助金・基盤研究（B）「ポスト３・11的危機からみる〈理性〉〈欲求〉〈市民社会〉の再審」（研究代表者　鈴木宗徳）を取得し、この枠内で海外における学術調査や講演会の開催もおこなっている。五名の編者が分担して論文集の編集にあたり、研究会の運営は村田憲郎が、科研費の運用は鈴木と大河内泰樹が担当した。研究分担者だけで一八名という大所帯のプロジェクトを滞りなく運営することができたのは、本書に寄稿しなかった者も含め、参加者全員の協力があったからである。この論文集に収められた研究成果が、いささかでも平子友長先生の学恩に報いるものであることを願っている。

梓出版社の本谷貴志氏には、出版事情の厳しい折、このような大部の著作を刊行する機会を与えていただくとともに、煩瑣きわまる編集実務を丁寧におこなっていただいた。記して深く感謝したい。

※本研究はＪＳＰＳ科研費２５２８４０２１の助成を受けたものです。

危機に対峙する思考

2016年1月30日　第1刷発行　《検印省略》

編著者©　平子友長
橋本直人
佐山圭司
鈴木宗徳
景井充

発行者　本谷高哲
制作　シナノ
東京都豊島区池袋4-32-8

発行所　梓出版社
千葉県松戸市新松戸7-65
電話・FAX047（344）8118

乱丁・落丁本はお取り替えいたします。

ISBN 978-4-87262-237-9　C3036

執筆者紹介（* は編者）

＊平子 友長（たいらこ ともなが） 4部1章、編者

1951年生まれ

1979年　一橋大学大学院社会学研究科博士後期課程単位修得退学

現職　一橋大学大学院社会学研究科特任教授

主著　『社会主義と現代世界』（単著, 1991年, 青木書店）、『マルクス抜粋ノートからマルクスを読む』（共編著, 2013年, 桜井書店）

＊橋本 直人（はしもと なおと） 1部7章、編者（1部担当）

1967年生まれ

1999年　一橋大学大学院社会学研究科博士後期課程単位取得退学

現職　神戸大学大学院人間発達環境学研究科准教授

主著　『マックス・ヴェーバーの新世紀――変容する日本社会と認識の転回』（共編著, 2000年, 未來社）、「学問をめぐる「格差の政治」――羽入氏『犯罪』を読む一つの試み」（橋本努・矢野善郎編『日本マックス・ウェーバー論争――「プロ倫」読解の現在』ナカニシヤ出版, 2008年）

＊佐山 圭司（さやま けいじ） 2部4章、編者（2部担当）

1967年生まれ

2003年　一橋大学大学院社会学研究科博士後期課程単位取得退学

2004年　哲学博士（マルティン・ルター大学）

現職　北海道教育大学教育学部准教授

主著　*Keiji Sayama, Die Geburt der bürgerlichen Gesellschaft — Zur Entstehung von Hegels Sozialphilosophie*, Philo-Verlag, Berlin 2004,「ヤコービとヘーゲル――フランクフルト期ヘーゲルの隠れた思想的源泉」（日本哲学会編『哲学』第62号, 2011年）

＊鈴木 宗徳（すずき むねのり） 3部5章、編者（3部担当）

1968年生まれ

1999年　一橋大学大学院社会学研究科博士後期課程単位取得退学

現職　法政大学社会学部教授

主著　『個人化するリスクと社会――ベック理論と現代日本』（編著, 2015年, 勁草書房）、『21世紀への透視図――今日的変容の根源から』（共編著, 2009年, 青木書店）

＊景井 充（かげい みつる） 4部3章、編者（4部担当）

1964年生まれ

1998年　一橋大学大学院社会学研究科博士後期課程単位取得退学

現職　立命館大学産業社会学部教授

主著　「デュルケム社会学を社会思想として捉えなおす――デュルケム道徳社会学は何を目指したか」（『立命館産業社会論集』第50巻第2号, 2014年）、「デュルケム社会学はいかなる社会像を描出しようとしたのか――『社会学的方法の規準』を読み直す（上・下）」（『立命館産業社会論集』第50巻第3号・第4号, 2014・2015年）

筒井 淳也（つつい じゅんや） 1部1章

1970年生まれ

1999年　一橋大学大学院社会学研究科博士後期課程単位取得退学

2008年　博士（社会学）

現職　立命館大学産業社会学部教授

主著　『親密性の社会学』（単著, 2008年, 世界思想社）、『仕事と家族』（単著, 2015年, 中公新書）

磯 直樹（いそ なおき） 1部2章
1979年生まれ
2013年　一橋大学大学院社会学研究科博士後期課程修了／博士（社会学）
現職　大阪大学大型教育研究プロジェクト支援室特任助教
主著　Naoki Iso, “The Principle of Differentiation in Japanese Society and International Knowledge Transfer between Japan and Bourdieu,” in Derek Robbins, ed., *The Anthem Companion to Pierre Bourdieu*, London: Anthem Press 2016,「パリ郊外における柔道実践——暴力と境界の問題をめぐって」（『スポーツ社会学研究』第21号2巻, 2013年）

前田 泰樹（まえだ ひろき） 1部3章
1971年生まれ
2001年　一橋大学大学院社会学研究科博士後期課程単位取得退学
2006年　博士（社会学）
現職　東海大学総合教育センター准教授
主著『心の文法——医療実践の社会学』（単著, 2008年, 新曜社）、『エスノメソドロジー——人びとの実践から学ぶ』（共編著, 2007年, 新曜社）

大河内 泰樹（おおこうち たいじゅ） 1部4章
1973年生まれ
2003年　一橋大学大学院社会学研究科博士後期課程単位取得退学
2007年　哲学博士（ボーフム・ルール大学）
現職　一橋大学大学院社会学研究科教授
主著　Taiju Okochi, *Ontologie und Reflexionsbestimmungen. Zur Genealogie der Wesenslogik Hegels*, Würzburg: Königshausen & Neumann, 2008,「特権としての教養——大学の統治と自律をめぐる争い」（西山雄二編『人文学と制度』未來社, 2013年）

村田 憲郎（むらた のりお） 1部5章
1971年生まれ
2006年　一橋大学大学院社会学研究科修了／博士（社会学）
現職　東海大学文学部文明学科准教授
主著『フッサールの時間意識の現象学』（博士論文）、エトムント・フッサール『間主観性の現象学——その方法』（共訳, 2012年, ちくま学芸文庫）

南 孝典（みなみ たかのり） 1部6章
1975年生まれ
2012年　一橋大学大学院博士後期課程単位取得退学
現職　東海大学文学部非常勤講師
主著「フッサール——アルケーの探求者」（三崎和志・水野邦彦編著『西洋哲学の軌跡——デカルトからネグリまで』晃洋書房, 2012年）、「フッサールにとってカントを語ることの意義とは何か——『危機』と関連草稿における「カント批判」を中心に」（フッサール研究会『フッサール研究』第6号, 2008年）

菊谷 和宏（きくたに かずひろ） 1部8章
1969年生まれ
1998年　一橋大学大学院社会学研究科博士後期課程単位取得退学
2004年　博士（社会学）
現職　和歌山大学経済学部教授
主著『「社会《コンヴィヴィアリテ》」のない国、日本——ドレフュス事件・大逆事件と荷風の悲嘆』（単著, 2015年, 講談社）、『「社会」の誕生——トクヴィル、デュルケーム、ベルクソンの社会思想史』（単著, 2011年, 講談社）

杉本 隆司（すぎもと たかし） 1部9章
1972年生まれ
2008年　一橋大学大学院社会学研究科博士後期課程修了／博士（社会学）
現職　一橋大学社会学研究科特別研究員
主著　「《普遍史》とオリエント——ジュール・ミシュレ」（宇野重規・伊達聖伸・髙山裕二編著『共和国か宗教か、それとも——十九世紀フランスの光と闇』白水社，2015年）、ポール・ベニシュー『預言者の時代—ロマン主義時代の教説』（共訳，近刊，水声社）

田中 秀生（たなか ひでお） 2部1章
1967年生まれ
2000年　東京大学大学院総合文化研究科博士後期課程単位取得退学
現職　太成学院大学人間学部専任講師
主著　「ルソー『社会契約論』における「自分自身の主人」と「譲渡」」（東京大学大学院総合文化研究科地域文化研究専攻『年報 地域文化研究』第2号，1998年）、「ルソーにおける「最初の約束」の成立様式について」（日本社会学理論学会『現代社会学理論研究』1，2007年）

上杉 敬子（うえすぎ けいこ） 2部2章
1978年生まれ
2010年　一橋大学大学院社会学研究科博士後期課程修了／博士（社会学）
現職　愛知工科大学非常勤講師
主著　「『後見人』批判としての『理性の公共的使用』——クラインとカント」（日本カント協会『日本カント研究』9，2008年）、「フィヒテの言論の自由について」（日本フィヒテ協会『フィヒテ研究』第17号，2009年）

小谷 英生（こたに ひでお） 2部3章
1981年生まれ
2013年　一橋大学大学院博士後期課程単位取得退学
現職　群馬大学教育学部准教授
主著　「哲学的プロジェクトとしてのドイツ通俗哲学——エルネスティ「通俗的な哲学についての序説」」（『一橋大学古典資料センター年報』No. 35，2015年）、「カント『世界市民的見地における普遍史のための構想』の思想史的分析——〈人間の使命〉論争、メンデルスゾーン、ガルヴェ」（社会思想史学会『社会思想史研究』No. 39，2015年）

中村 美智太郎（なかむら みちたろう） 2部5章
1976年生まれ
2012年　一橋大学大学院言語社会研究科博士後期課程修了／博士（学術）
現職　静岡大学教育学部専任講師
主著　『ことばと文化の饗宴——西洋古典の源流と芸術・思想・社会の視座』（共編著，2014年，風間書房）、「シェリング——悪と芸術」（三崎和志・水野邦彦編著『西洋哲学の軌跡——デカルトからネグリまで』晃洋書房，2012年）

高安 啓介（たかやす けいすけ） 3部1章
1971年生まれ
2002年　大阪大学大学院文学研究科博士後期課程修了／博士（文学）
現職　愛媛大学法文学部准教授
主著　『近代デザインの美学』（単著，2015年，みすず書房）、アドルノ『社会学講義』（共訳，2001年，作品社）

白井 亜希子（しらい あきこ） 3部3章
1979年生まれ
2012年　一橋大学大学院社会学研究科博士後期課程修了／博士（社会学）
主著 「希望の内実――W. ベンヤミンの「ゲーテの『親和力』」について」（仲正昌樹編『批評理論と社会理論（2）クリティケー』御茶の水書房, 2012年）、「ベンヤミン――歴史と廃墟の弁証法」（仲正昌樹編『現代社会思想の海図――レーニンからバトラーまで』法律文化社, 2014年）

福島 知己（ふくしま ともみ） 3部2章
1971年生まれ
2003年　一橋大学大学院社会学研究科博士後期課程修了／博士（社会学）
2009年　パリ第7大学博士課程修了／博士（社会学）
現職　一橋大学社会科学古典資料センター専門助手
主著　シャルル・フーリエ『増補新版　愛の新世界』（単独訳, 2013年, 作品社）、ジョナサン・ビーチャー『シャルル・フーリエ――幻視者とその世界』（単独訳, 2001年, 作品社）

荒川 敏彦（あらかわ としひこ） 3部4章
1972年生まれ
2001年　一橋大学大学院社会学研究科博士後期課程単位取得退学
現職　千葉商科大学商経学部准教授
主著 「第5章　墓参りと現世利益――墓参行為の二重性」ほか（竹内郁郎・宇都宮京子編著『呪術意識と現代社会――東京都23区民調査の社会学的分析』青弓社, 2010年）、「殻の中に住むものは誰か――『鉄の檻』的ヴェーバー像からの解放」（『現代思想　11月臨時増刊号　総特集　マックス・ウェーバー』第35巻第15号, 青土社, 2007年）

佐々木 隆治（ささき りゅうじ） 3部6章
1974年生まれ
2011年　一橋大学大学院社会学研究科博士後期課程修了／博士（社会学）
現職　立教大学経済学部准教授
主著 『マルクスの物象化論――資本主義批判としての素材の思想』（単著, 2011年, 社会評論社）、『私たちはなぜ働くのか――マルクスと考える資本と労働の経済学』（単著, 2012年, 旬報社）

阿部 里加（あべ りか） 3部7章
1973年生まれ
2011年　一橋大学大学院社会学研究科博士後期課程修了／博士（社会学）
現職　一橋大学大学院社会学研究科特別研究員
主著 「アーレントの意志論における内的能力としての決意」（『一橋社会科学』第4巻, 2012年）、「アーレントの家庭教育観――『世界への愛』の基盤を問う」（『理想』No. 690 特集：アーレントと現代世界の危機, 2013年）

水野 邦彦（みずの くにひこ） 4部2章
1960年生まれ
1993年　一橋大学大学院社会学研究科博士後期課程単位取得退学
現職　北海学園大学経済学部教授
主著 『韓国社会意識粗描』（単著, 2002年, 花伝社）、『抵抗の韓国社会思想』（単著, 2010年, 青木書店）

名和 賢美（なわ けんみ） 4部4章
1970年生まれ
2003年　一橋大学大学院社会学研究科博士後期課程修了／博士（社会学）
現職　高崎経済大学経済学部准教授
主著 「大学生による論理的表現力の伝授——型作文から始まる市民教育の模索」（高崎経済大学産業研究所編『高大連携と能力形成』日本評論社, 2013年)、『日本語リテラシーと初年次教育』（編著, 2015年, 高崎経済大学)

赤石 憲昭（あかいし のりあき） 4部5章
1974年生まれ
2012年　一橋大学大学院社会学研究科博士後期課程修了／博士（社会学）
現職　日本福祉大学子ども発達学部准教授
主著 「ヘーゲル判断論の論理——ヘーゲル判断論の人間論的解釈の試み」（久保陽一編『ヘーゲル体系の見直し』理想社, 2010年)、「ヘーゲルのジェンダー論をどう読むか？——ヘーゲルの男女観に関する一考察」（木本喜美子・貴堂嘉之編『ジェンダーと社会——男性史・軍隊・セクシュアリティー』旬報社, 2010年)

人名索引

ア行

アーレント, ハンナ（Arendt, Hannah, 1906-1975） 298, 408-427
アイヒマン, アドルフ（Eichmann, Karl Adolf, 1906-1962） 412, 416-418, 422, 423, 425
アウグスティヌス（Augustinus, Aurelius, 354-430） 423
アウト, ヤコブス・ヨハネス・ピーテル（Oud, Jacobus Johannes Pieter, 1890-1963） 304
アドルノ, テオドール（Adorno, Theodor W., 1903-1969） 43, 45, 51, 52, 78
アリストテレス（Aristotélēs（Ἀριστοτέλης）, B.C.384-B.C.322） 177, 269, 546, 557
アルチュセール, ルイ・ピエール（Althusser, Louis Pierre, 1918-1990） 531
アンダース, ギュンター（Anders, Günther, 1902-1992） 425
イザヤ（第二イザヤ）(Isaiah, B.C.6世紀） 354
石井伸男（Ishii, Nobuo, 1942-2010） 464
石母田正（Ishimoda, Shō, 1912-1986） 465
イソクラテス（Isocrates（Ἰσοκράτης）, B.C.436-B.C.338） 488, 495-497, 500
猪俣津南雄（Inomata, Tsunao, 1889-1942） 436
イルティング, カール＝ハインツ（Ilting, Karl-Heinz, 1925-1984） 537
ヴァレリー, ポール（Valéry, Paul, 1871-1945） 118
ウィンチ, ピーター（Winch, Peter, 1926-1997） 57, 73
ウェーバー（ヴェーバー）, マックス（Weber, Max, 1864-1920） 13, 14, 18, 57, 73-75, 77, 136-138, 140-150, 297, 352-368, 371-375, 472, 474, 531, 541, 555
上田耕一郎（Ueda, Kōichirō, 1927-2008） 445, 446, 451
ヴォルテール（Voltaire, 1694-1778） 222, 343, 352
ウッツォン, イェアン（Utzon, Jørn, 1918-2008） 308
内田義彦（Uchida, Yoshihiko, 1913-1989） 448, 449
梅本克己（Umemoto, Katsumi, 1912-1974） 550
大河内一男（Okochi, Kazuo, 1905-1984） 447
大谷禎之介（Otani, Teinosuke, 1934-） 538, 551, 552
大塚金之助（Otsuka, Kinnosuke, 1892-1977） 435
大塚久雄（Otsuka, Hisao, 1907-1996） 437, 439, 441, 447, 547
オストヴァルト、ヴィルヘルム（Ostwald, Friedrich Wilhelm, 1853-1932） 142-145, 149
オルブリヒ, ヨゼフ・マリア（Olbrich, Joseph Maria, 1867-1908） 300

カ行

ガーフィンケル, ハロルド（Garfinkel, Harold, 1917-2011） 58, 59, 68, 71
カッシーラー, エルンスト（Cassirer, Ernst, 1874-1945） 209
金谷治（Kanaya, Osamu, 1920-2006） 366
苅谷剛彦（Kariya, Takehiko, 1955-） 476
ガルヴェ, クリスティアン（Garve, Christian, 1742-1798） 195, 196, 234-253, 548
川島武宜（Kawashima, Takeyoshi, 1909-1992） 437, 439, 447, 547
カント, イマヌエル（Kant, Immanuel, 1724-1804） 195, 228-231, 234, 235, 251, 252, 255, 256, 261, 264, 266-268, 279-285, 290, 298, 352, 560
キケロ（Cicero, Marcus Tullius, B.C.106-B.C.43） 493, 494, 496
ギデンズ, アンソニー（Giddens, Anthony, 1938-） 16, 36
金東椿（キムドンチュン）(Kim, Dongchun, 1959-） 461, 463
キンメルレ, ハインツ（Kimmerle, Heinz,

1930-) 543
クインティリアヌス（Quintilianus, Marcus Fabius, 35頃-96頃） 494, 500
櫛田民蔵（Kushida, Tamizo, 1885-1934） 436
グラムシ, アントニオ（Gramsci, Antonio, 1891-1937） 545
グレーザー, バーニー（Glaser, Barney, 1930- ） 38-40
グロピウス, ヴァルター（Gropius, Walter, 1883-1969） 300, 304
クワイン, ウィラード・ヴァン・オーマン（Quine, Willard van Orman, 1908-2000） 76, 79, 80
桑原武夫（Kuwabara, Takeo, 1904-1988） 439
ゲーテ, ヨハン・ヴォルフガング・フォン（Goethe, Johann Wolfgang von, 1749-1832） 257, 263, 278, 279
ケトレ、アドルフ（Quetelet, Lambert Adolphe Jacques , 1796-1874） 145, 149
向坂逸郎（Sakisaka, Itsuro, 1897-1985） 436
孔子（Confucius, B.C.552（551）-B.C.479） 354, 360
小林多喜二（Kobayashi, Takiji, 1903-1933） 517, 525
小林秀雄（Kobayashi, Hideo, 1902-1983） 449, 450
小林良正（Kobayashi, Yoshimasa, 1898-1975） 435
コント, オーギュスト（Comte, Auguste, 1798-1857） 14, 174-191

サ行

サックス, ハーヴィー（Sacks, Harvey, 1935-1975） 57, 62, 63, 72
サド, ドナシアン・アルフォンス・フランソワ・ド（Sade, Donatien Alphonse François de, 1740-1814） 341-343
サン=シモン, アンリ（Saint-Simon, Henri, 1760-1825） 175, 176
シーニア, ナッソウ（Senior, Nassau W., 1790-1864） 379
シェーラー, マックス（Scheler, Max, 1874-1928） 123, 130
芝田進午（Shibata, Shingo, 1930-2001） 445
清水幾太郎（Shimizu, Ikutaro, 1907-1988） 191, 439
シュッツ, アルフレッド（Schutz, Alfred, 1899-1959） 57, 72
シュミット, アルフレート（Schmidt, Alfred, 1931-2012） 537
シュライエルマッハー, フリードリッヒ（Schleiermacher, Friedrich, 1768-1834） 196, 235-240, 243, 244, 247, 251
荀子（Xunzi, B.C.339以後-B.C.235頃） 356
ジョンソン, フィリップ（Johnson, Philip, 1906-2005） 304
シラー, フリードリヒ（Schiller, Friedrich, 1759-1805） 195, 196, 279-287, 289-291
ジンメル, ゲオルク（Simmel, Georg, 1858-1918） 137, 142, 149, 188, 189
ストラウス, アンセルム（Strauss, Anselm L., 1916-1996） 38, 39
スピノザ, バールーフ・デ（Spinoza, Baruch de, 1632-1677） 220, 255-257, 259-261, 265-267, 269
スミス, アダム（Smith, Adam, 1723-1790） 234, 235, 252, 546, 547, 557
ソクラテス（Sokrates (Σωκράτης), B.C. 469頃-B.C.399） 264, 265, 268, 271, 413-416, 418, 419
ゾラ, エミール（Zola, Émile, 1840-1892） 14, 154-157, 159-161, 163-165, 167-169
ソルヴェ、エルネスト（Solvay, Ernest, 1838-1922） 145, 146
ソロー, ヘンリー・ディヴィッド（Thoreau, Henry David, 1817-1862） 413, 414

タ行

高島善哉（Takashima, Zen'ya, 1904-1990） 448
高原基彰（Takahara, Motoaki, 1976-） 478-481, 483
田辺元（Tanabe, Hajime, 1885-1962） 549, 550
ダンカン, オーティス（Duncan, Otis Dudley, 1921-2004） 24-26

丹下健三（Tange, Kenzo, 1913-2005） 307
崔章集（チェ ジャンジプ）(Choe, Jangjip, 1943-) 464
チャドウィック, エドウィン（Chadwick, Sir Edwin, 1800-1890） 379, 382
曺喜昖（チョヒヨン）(Cho, Huiyeon, 1956-) 462
ツヴィングリ, フルドリッヒ（Zwingli, Huldrych, 1484-1531） 375
ツォニス, アレグザンダー（Tzonis, Alexander, 1937-） 308
土屋喬雄（Tsuchiya, Takao, 1896-1988） 436
都留重人（Tsuru, Shigeto, 1912-2006） 439
デムニエ, ジャン＝ニコラ（Démeunier, Jean-Nicolas, 1751-1814） 342-344, 349
デュルケム（デュルケーム）, エミール（Durkheim, Émile, 1858-1917） 14, 18, 57, 154, 161, 163-170, 184, 191, 209, 432, 470-474
テンニース、フェルディナンド（Tönnies, Ferdinand, 1855-1936） 137
トゥールミン, スティーブン（Toulmin, Stephen, 1922-2009） 81, 82, 91
トクヴィル, アレクシ・ド（Tocqueville, Alexis de, 1805-1859） 176
戸坂潤（Tosaka, Jun, 1900-1945） 548, 549, 560
トレルチ、エルンスト（Troeltsch, Ernst, 1865-1923） 139

ナ行

中野重治（Nakano, Shigeharu, 1902-1979） 458
ナンシー, ジャン＝リュック（Nancy, Jean-Luc, 1940-） 348
西田幾多郎（Nishida, Kitaro, 1870-1945） 549, 550
ネイマン, イェジ（Neyman, Jerzy, 1894-1981） 32
野呂榮太郎（Noro, Eitaro, 1900-1934） 435, 437

ハ行

ハーヴィー, デヴィッド（Harvey, David, 1935-） 400, 405
パーソンズ, タルコット（Parsons, Talcott, 1902-1979） 37-39
服部之聡（Hattori, Shiso, 1901-1956） 435
羽仁五郎（Hani, Goro, 1901-1983） 435
ハーバーマイヤー, ライナー(Habermeier, Rainer, 1946-） 554
ハーバーマス（ハーバマス, ハバーマス）, ユルゲン（Habermas, Jürgen, 1929-） 13, 77-84, 88-91, 148, 273-279, 282, 287, 288
ハーマン, ヨハン・ゲオルク（Hamann, Johann Georg, 1730-1788） 256, 262, 264, 265, 268, 269, 271
ハイデガー, マルティン（Heidegger, Martin, 1889-1976） 13, 118, 119, 123, 125, 130-133, 426, 559, 560
ハッキング, イアン（Hacking, Ian, 1936-） 58, 71
浜口隆一（Hamaguchi, Ryuichi, 1916-1995） 305, 306
ピアジェ, ジャン（Piaget, Jean , 1896-1980） 83
ピガフェッタ, フィリッポ（Pigafetta, Filipo, 1533-1604） 343
土方和雄（Hijikata, Kazuo, 1928-2003） 455
日高六郎（Hidaka, Rokuro, 1917-） 438-441, 454, 456, 458
ヒッチコック, ヘンリー・ラッセル（Hitchcock, Henry Russell, 1903-1987） 304
平田清明（Hirata, Kiyoaki, 1922-1995） 448, 546-548
平野義太郎（Hirano, Yoshitaro, 1897-1980） 435
廣松渉（Hiromatsu, Wataru, 1938-1994） 531, 532, 535, 560
フィッシャー, ロナルド（Fisher, Ronald Aylmer, 1890-1962） 22
フィヒテ, ヨハン・ゴットリープ（Fichte, Johann Gottlieb, 1762-1814） 145, 266-268, 287

フィンク,オイゲン（Fink, Eugen, 1906-1975） 116, 133
フェリー,ジュール（Ferry, Jules , 1832-1893） 166, 191
フーコー,ミシェル（Foucault, Michel, 1926-1984） 298, 382, 391-402, 404
フーリエ,シャルル（Fourier, Charles, 1772-1837） 297, 334-338, 340-348
フォントネル,ベルナール・ド（Fontenelle, Bernard, 1657-1757） 188
福沢諭吉（Fukuzawa, Yukichi, 1834-1901） 493
藤田省三（Fujita, Shozo, 1927-2003） 438, 449, 456, 458
藤田正勝（Fujita, Masakatsu, 1949-） 549, 550
フッサール,エトムント（Husserl, Edmund, 1859-1938） 13, 95-97, 103-106, 108, 110, 112, 113, 116-134, 119, 120, 122, 124, 129, 130, 132
フラース,カール・ニコラウス（Fraas, Carl Nikolaus, 1810-1875） 552
ブランキ,ルイ・オーギュスト（Blanqui, Lois Auguste, 1805-1881） 322-324
ブランダム,ロバート・B（Brandom, Robert B., 1950-） 13, 77, 84-92
フランプトン,ケネス（Frampton, Kenneth, 1930-） 308, 309
プルードン,ピエール・ジョセフ（Proudhon, Pierre Joseph, 1809-1865） 176
ブルデュー,ピエール（Bourdieu, Pierre, 1930-2002） 12, 36, 40, 45, 47-52
フレイザー,ナンシー（Fraser, Nancy, 1947-） 392
ブレイラック,ヒューバート（Blalock, Jr., Hubert M. , 1926-1991） 24
プレッツ、アルフレート（Ploetz, Alfred, 1860-1940） 137, 147, 150
ヘーゲル,ゲオルク・ヴィルヘルム・フリードリッヒ（Hegel, Georg Wilhelm Friedrich, 1770-1831） 76, 77, 90, 92, 145, 251, 268, 270, 271, 279, 532-537, 543, 545, 548, 556, 557
ベーレンス,ペーター（Behrens, Peter, 1868-1940） 300
ベッカー,ゲーリー（Becker, Gary, 1930-2014） 398
ヘッカー,ロルフ（Hecker, Rolf, 1952-） 538, 539
ベック,ウルリッヒ（Beck, Ulrich, 1944-2015） 4, 56, 174
ヘッケル、エルンスト（Haeckel, Ernst, 1834-1919） 143
ヘッドストロム,ピーター（Hedström, Peter , 1955-） 41
ベルンシュタイン,エドゥアルト（Bernstein, Eduard, 1850-1932） 542, 558, 559
ベンサム,ジェレミー（Bentham, Jeremy, 1748-1832） 297, 373, 378, 379, 381-384, 386
ベンヤミン,ヴァルター（Benjamin, Walter, 1892-1940） 296, 315-325, 327-333, 335
ボードレール,シャルル＝ピエール（Baudelaire, Charles-Pierre, 1821-1867） 296, 297, 315, 316, 318-321, 324, 327-329, 331
ボーラー,カール・ハインツ（Bohrer, Karl Heinz, 1932-） 196, 287-289
細川嘉六（Hosokawa, Karoku, 1888-1962） 435
ホネット,アクセル（Honneth, Axel, 1949-） 77-79
ポパー,カール（Popper, Karl Raimund, 1902-1994） 43
ホブハウス,レオナルド（Hobhouse, Leonard Trelawny, 1864-1929） 383, 384
ポラニー,カール（Polanyi, Karl, 1886-1964） 374-376, 387
ホルクハイマー,マックス（Horkheimer, Max, 1895-1973） 50, 74-78, 80, 91

マ行

マーシャル,トマス・ハンフリー（Marshal, Thomas Humphrey, 1893-1981） 68, 71
マートン,ロバート・K（Merton, Robert K. , 1910-2003） 12, 37, 38, 41, 44, 52
マイヤー,エドゥアルト（Meyer, Eduard, 1855-1930） 74, 75
マウラー,ゲオルク・ルードヴィッヒ・フォン（Maurer, Georg Ludwig von,

1790-1872)　552
マクダウェル, ジョン（McDowell, John, 1942-)　88, 92
真下信一（Mashita, Shin'ichi, 1906-1985) 524, 525
松下圭一（Matsushita, Keiichi, 1929-) 442-445, 451
マッハ、エルンスト（Mach, Ernst, 1838-1916)　143, 144
松村正恒（Matsumura, Masatsune, 1913-1993)　310-312
マルクス, カール（Marx, Karl, 1818-1883) 323, 326, 374, 375, 390, 402, 531-543, 545, 546, 548-553, 556-561
マルサス, トーマス・ロバート（Malthus, Thomas R., 1766-1834)　297, 373, 377-381, 383, 384, 386, 387
丸山眞男（Maruyama, Masao, 1914-1996) 432-435, 437, 439, 441, 447, 466, 504-526
ミース・ファン・デル・ローエ, ルートヴィヒ（Mies van der Rohe, Ludwig, 1886-1969)　304
三木清（Miki, Kiyoshi, 1897-1945)　548, 549, 560
ミッシュ, ゲオルク（Misch, Georg, 1878-1965)　123
ミル, ジョン・スチュアート（Mill, John Stuart, 1806-1873)　175
メンデルスゾーン, モーゼス（Mendelssohn, Moses, 1729-1786) 195, 220, 222-231, 255, 256, 259-261, 265, 269, 272
孟子（Mencius, B.C.370頃-B.C.290頃) 356
望月清司（Mochizuki, Kiyoshi, 1929-) 448
森三樹三郎（Mori, Mikisaburō, 1909-1986)　367
モンテスキュー, シャルル・ド（Montesquieu, Charles-Louis de, 1689-1755)　182, 343
モンテーニュ, ミシェル・ド（Montaigne, Michel Eyquem de, 1533-1592) 361

ヤ行

ヤコービ, フリードリヒ（Jacobi, Friedrich Heinrich, 1743-1819)　195, 196, 255-271
ヤスパース, カール（Jaspers, Karl, 1883-1969)　426, 427
安丸良夫（Yasumaru, Yoshio, 1934-) 368, 455
山田盛太郎（Yamada, Moritaro, 1897-1980)　435
與那覇潤（Yonaha, Jun, 1979-)　479, 482, 483, 485

ラ行

ライト, フランク・ロイド（Wright, Frank Lloyd, 1867-1959)　304
ラザースフェルド, ポール（Lazarsfeld, Paul, 1901-1976)　21, 38, 52
ランシエール, ジャック（Rancière, Jacques, 1940-)　349
リーデル, マンフレート（Riedel, Manfred, 1936-2009)　546
リービヒ, ユストゥス・フォン（Liebig, Justus von, 1803-1873)　552
リトレ, エミール（Littré, Émile, 1801-1881)　175
ル・コルビュジエ（Le Corbusier, 1887-1965)　304
ルービン, ドナルド（Rubin, Donald, 1943-) 32
ルーマン, ニクラス（Luhmann, Niklas, 1927-1998)　186
ルソー, ジャン=ジャック（Rousseau, Jean-Jacques, 1712-1778)　182, 195, 197-202, 204, 205, 207-209, 211-217, 278, 343, 352, 557
レスケ, モニカ（Leske, Monika, 1949-1996)　539
レッシング, ゴットホルト・エフライム（Lessing, Gotthold Ephraim, 1729-1781)　195, 220, 221, 225, 227, 255-258, 268, 269, 271, 272
ローティー, リチャード（Rorty, Richard, 1931-2007)　87, 90, 92

ワ行

平子友長先生　履歴および研究業績

1. 履歴

学歴

1974年 3 月　一橋大学社会学部卒業

1976年 3 月　一橋大学大学院社会学研究科修士課程修了、社会学修士

1979年 3 月　一橋大学大学院社会学研究科博士課程単位修得退学

職歴

1979年 4 月 - 1981年 3 月　一橋大学社会学部助手

1981年 4 月 - 1987年 3 月　北海道大学経済学部助教授

1987年 4 月 - 1994年 3 月　一橋大学社会学部助教授

1994年 4 月 - 2000年 3 月　一橋大学社会学部教授

2000年 4 月 - 2014年 3 月　一橋大学大学院社会学研究科教授

2014年 4 月 - 2016年 3 月　一橋大学大学院社会学研究科特任教授

客員研究員

1985年 8 月 - 1986年 7 月　フンボルト大学経済学部（ドイツ民主共和国　当時）

1987年 9 月 - 1988年 8 月　ウィーン大学哲学部（オーストリア連邦共和国）

1992年 9 月 - 1993年 8 月　ハイデルベルク大学哲学部（ドイツ連邦共和国）

2000年11月 - 2001年 8 月　オスナブリュック大学社会科学部（ドイツ連邦共和国）

客員講義

2001年 9 月 - 2002年 3 月　フンボルト大学日本センター（ドイツ連邦共和国）

2010年10月 - 2010年12月　フンボルト大学日本センター（ドイツ連邦共和国）

集中講義

2013年 9 月 2 日 - 9 月 6 日　京都大学文学部にて「日本哲学史」を講義

2. 研究業績

A. 著書（単著）

(1991)『社会主義と現代世界』青木書店

B. 著書（共編著）

(2013)「マルクスのマウラー研究の射程―― MEGA第IV部門第18巻におけるマルクスのマウラー抜粋の考察」および「あとがき」、大谷禎之介・平子友長（編）『マルクス抜粋ノートからマルクスを読む』桜井書店、pp. 217-257, pp. 339-345.

C. 共著

(1979)「マルクスの経済学批判の方法と形態規定の弁証法」、岩崎允胤（編）『科学の方法と社会認識』汐文社、pp. 109-172.

(1983)「実践の哲学――グラムシ」、唯物論研究協会（編）『哲学を学ぶ人のために』白石書店、pp. 286-289.

(1984)「近代市民社会理論の問題構成」、佐藤和夫（編）『市民社会の哲学と現代』青木書店、pp. 200-238.

(1989a)「現代社会における人間の＜豊かさ＞――史的唯物論の豊富化のために」、東京唯物論研究会（編）『豊かさを哲学する』梓出版社、pp. 186-234.

(1989b)「『資本論』の弁証法の基本性格――転倒の論理」、岩崎允胤ほか（編）『弁証法と現代』法律文化社、pp. 108-142.

(1997)「解説　マルクスとヴェーバー」、『高島善哉著作集　第7巻　マルクスとヴェーバー』こぶし書房、pp. 451-489.

(2000a)「社会科学の方法意識　『マルクスとヴェーバー』の意義について」、渡辺雅男（編）『高島善哉　その学問的世界』こぶし書房、pp. 122-154.

(2000b)「『資本論』の弁証法」、服部文男・佐藤金三郎（編）『資本論体系　第1巻　資本論体系の成立』有斐閣、pp. 354-371.

(2006)「戦前日本マルクス主義の到達点――三木清と戸坂潤」、山室信一（編）『岩波講座　「帝国」日本の学知　第8巻　空間形成と世界認識』岩波書店、pp. 111-155.

(2007)「西洋近代思想史の批判的再検討――カント最晩年の政治思想におけるロック批判の脈絡」、川越修他編『思想史と社会史の弁証法』御茶の水書房、pp. 5-30.

(2008)「三木清と日本のフィリピン占領」、清眞人・津田雅夫・亀山純生・室井美千博・平子友長著『遺産としての三木清』同時代社、pp. 303-363.

(2009)「ハバーマス『カント永遠平和の理念』批判」、藤谷秀・尾関周二・大屋定晴（編）『共生と共同、連帯の未来』青木書店、pp. 64-84.

(2013)「戦前日本マルクス主義哲学の遺産とそのアクテュアリティ――三木清と戸坂潤」、岩佐茂・島崎隆・渡辺憲正（編）『戦後マルクス主義の思想　論争史と現代的意義』社会評論社、pp. 224-251.

(2015a)「戸坂潤における実践的唯物論構想」、藤田正勝（編）『思想間の対話　東アジアにおける哲学の受容と展開』法政大学出版局、pp. 240-258.

(2015b)「第1章　廣松版の根本問題」、「第4章　デジタル版編集の合意事項」（いずれも大村泉、渋谷正との共同執筆）、大村泉・渋谷正・窪俊一（編著）『新MEGAと『ドイツ・イデオロギー』の現代的探求』八朔社、pp. 19-51, pp. 76-79.

D. 論文（和文）

(1976)「マルクスにおける共産主義理念の形成とその科学的基礎付け」、全国若手哲学研究者ゼミナール『哲学の探求』第4号、pp. 32-49.

(1977)「マルクスの経済学批判の方法と弁証法」、唯物論研究協会『唯物論』第8号、1977年11月、pp. 43-70.

(1980)「マルクスの経済学批判の展開方法」、『経済理論学会年報』第17集、pp. 93-106.

(1984a)「疎外論と物象化論」、『経済理論学会年報』第21集、pp. 174-187.

(1984b)「ヘーゲル『精神現象学』における疎外論と物象化論（1）」、北海道大学『経済学研究』第34巻2号、pp. 37-49.

(1985)「直接的生産過程における疎外論の発展」、札幌唯物論研究会『札幌唯物論』第30号、pp. 3-18.

(1991)「社会主義の危機と唯物史観の再検討」、一橋大学研究年報『社会学研究』第29号、pp. 151-269.

(1995)「バーガー『社会学への招待』の批判」、『現代社会理論研究』第5号、人間の科学社、pp. 57-73.

(1996)「日本人の時間了解――ひとつの比較文化論の試み」、『一橋大学社会学部特定研究　地域社会の国際化』、pp. 5-21.

(1996)「アナール派の歴史学と歴史哲学の可能性」、『唯物論研究年誌』創刊号、pp. 40-69.

(1997)「歴史における時間性と空間性――和辻哲郎、ハイデガーおよびブローデル」、北海道大学『経済学研究』第47巻2号、pp. 188-202.

(1998a)「和辻哲郎の風土論における日本認識とオリエンタリズム」、『共同探求通信』第13号、pp. 88-99.

(1998b)「市民社会概念の歴史」、民主主義科学者協会法律部会『法の科学』第27号、pp. 191-196.

(2000)「解釈学の批判的継承に向けて」、一橋大学研究年報『社会学研究』第38号、pp. 131-210.

(2002a)「三木清の思想のアクチュアリティ」、『共同探求通信』第19号、pp. 2-16.

(2002b)「三木清『構想力の論理』の論理構造」『共同探求通信』第19号、pp. 136-176.
(2002c)「三木清研究の方法、主題、意義をめぐって、」東京唯物論研究会『唯物論』第76号、pp. 98-104.
(2003)「ステイト・ネイション・ナショナリズムの関係――一つの理論的整理」、唯物論研究協会『唯物論研究年誌』第8号、pp. 41-71.
(2004)「グローバリゼーションという現実　哲学に突きつけられた課題」、日本哲学会『哲学』第55号、pp. 4-19.
(2005a)「三木清と読書」、一橋大学研究年報『社会学研究』第43号、pp. 95-142.
(2005b)「今日の環境問題の本質と環境哲学の課題」、『一橋論叢』第133巻4号、pp. 119-13.
(2005c)「ベンヤミン『歴史の概念について』最初の六テーゼの翻訳について」、立命館大学国際関係学会『立命館国際研究』第18巻1号、pp. 1-22.
(2005d)「マルクスの資本主義認識の変遷」、中国弁証唯物主義研究会『中国"馬克主義哲学当代形態"学術検討会論文集』(タイトル中国語)、pp. 15-29(中国語), pp. 30-48(日本語).
(2005e)「マルクスにおける唯物論と弁証法」、中国弁証唯物主義研究会『中国"馬克主義哲学当代形態"学術検討会論文集』(タイトル中国語)、pp. 313-333.
(2005f)「カント『永遠平和のために』のアクチュアリティ」、東京唯物論研究会『唯物論』第79号、pp. 27-42.
(2006a)(大村泉、渋谷正との共著)「新メガ版『ドイツ・イデオロギー』の編集と廣松渉版の根本問題(上)」、『経済』2006年10月号、新日本出版社、pp. 155-172.
(2006b)(大村泉、渋谷正との共著)「新メガ版『ドイツ・イデオロギー』の編集と廣松渉版の根本問題(下)」、マルクス・エンゲルス研究者の会『マルクス・エンゲルス・マルクス主義研究』第47号、八朔社、pp. 3-27.
(2007a)「西洋における市民社会の二つの起源」、一橋大学大学院社会学研究科『一橋社会科学』創刊号、pp. 23-66.
(2007b)「廣松渉版『ドイツ・イデオロギー』の根本問題」、マルクス・エンゲルス研究者の会『マルクス・エンゲルス・マルクス主義研究』第48号、八朔社、pp. 97-121.
(2007c)(大村泉、渋谷正との共著)「再び廣松渉の『ドイツ・イデオロギー』を論ず」、マルクス・エンゲルス研究者の会『マルクス・エンゲルス・マルクス主義研究』第48号、八朔社、pp. 31-85.
(2009a)「近代自然法思想の再評価――自然法と先住民問題」、名古屋哲学研究会『哲学と現代』第24号、pp. 37-50.

（2009b）「MEGA第1部門第5巻付録『ドイツ・イデオロギー』CD-ROM版の編集」、マルクス・エンゲルス研究者の会『マルクス・エンゲルス・マルクス主義研究』第51号、八朔社、pp. 79-98.

（2010）「昭和思想史におけるマルクス問題――『ドイツ・イデオロギー』と三木清」、日本哲学史フォーラム『日本の哲学』第11号、昭和堂、pp. 92-105.

（2013a）「マルクス物象化論の基礎カテゴリーとその理論構成」、環境思想・教育研究会『環境思想・教育研究』第6号、pp. 107-113.

（2013b）「ザスーリッチへの手紙」、『季報　唯物論研究』第124号、pp. 120-134.

（2013c）「三木清『構想力の論理』における構想力の概念とその活用」、日本哲学史フォーラム『日本の哲学』第14号、昭和堂、pp. 62-76.

（2014a）「三木清の思想の基本構造と問題点」、『季論21』第24号、pp. 169-179.

（2014b）「ミヒャエル・ハインリッヒによる「『資本論』の新しい読み方」――『価値の科学』の論理構造」、唯物論研究協会『唯物論研究年誌』第19号、pp. 163-177.

（2015）「日本におけるマルクス主義受容の特殊性と主体性論争の意義」、日本哲学史フォーラム『日本の哲学』第16号、昭和堂、pp. 81-96.

E. 論文（欧文）

（1983）„Versachlichung und Verdinglichung in ihrer Beziehung zur Hegelschen Dialektik. Zur Erschliessung der Logik der Verkehrung“, *Hokudai Economic Papers*, Vol. 12, pp. 65-85.

（1985）„Versachlichung und Verdinglichung in der *Phänomenologie des Geistes* Hegels“, *Hokudai Economic Papers*, Vol.14, pp. 93-110.

（1987）„Der fundamentale Charakter der Dialektik im *Kapital*. Zur ‚Logik der Verkehrung‘ “, S. Boenisch, F. Fiedler, Ch. Iwasaki (Hrsg.), *Marxistische Dialektik in Japan. Beiträge japanischer Philosophen zu aktuellen Problemen der dialektisch-materialistischen Methode*, Dietz Verlag Berlin, S. 105-123, 237-242.

（1990a）„Bürgerliche Gesellschaft und Staat. Untersuchungen zur klassischen Politischen Theorie der Moderne“, *Economic Journal of Hokkaido University*, Vol. 19, pp. 53-85.

（1990b）„Die Grundzüge des japanischen Faschismus und die Kriegsverantwortlichkeit japanischer Philosophen während der Kriegszeit“, *Hitotsubashi Journal of Social Studies*, Vol. 22-1, pp. 19-25.

（1992）„Die Modernisierung Japans und die Modifikation der Tradition. Kritik an Tominagas ‚Modernisierungstheorie‘ “, *Mesotes. Zeitschrift für philosophischen Ost-West-Dialog*, Wien, S. 294-311.

(1993) „Die rationale Betriebsführung und die Produktivkraft des Kapitals“, *Hitotsubashi Journal of Social Studies*, Vol.25, No. 1, pp. 7-23.

(1996) “Time and Temporality from a Japanese perspective”, D. Tiemersma and H.A.F. Oosterling (eds.), *Time and temporality in intercultural perspective*, Editions Rodopi B.V., Amsterdam, pp. 93-104.

(1997) „Materialismus und Dialektik bei Marx“, Friedrun Quaas u. Georg Quaas (Hrsg.), *Elemente zur Kritik der Werttheorie*, Peter Lang, Berlin. S. 35-51.

(2000) „Zeitlichkeit und Räumlichkeit in der Geschichte: Watsuji, Heidegger und Braudel“, *Hitotsubashi Journal of Social Studies*, Vol. 41-1, pp. 17-26.

(2002) “Philosophy and Practice in Marx”, *Hitotsubashi Journal of Social Studies*, Vol. 34-2, pp. 47-57.

(2003a) “Marx on Capitalist Globalization”, *Hitotsubashi Journal of Social Studies*, Vol.35-1, pp. 11-16.

(2003b) „Zeitlichkeit und Räumlichkeit im Hinblick auf die traditionelle japanische Zeitmessung“, *Hitotsubashi Journal of Social Studies*, Vol. 35-2, pp. 47-62.

(2004) “Contradictions of Contemporary Globalization: How Socialist Philosophy Should Cope with it? ”, 北京大学鄧小平理論研究中心編（趙存生、王東 主編）『鄧小平与当代中国和世界』北京大学出版社、pp. 707-724.

(2005) “Contradictions of Contemporary Globalization: How is Socialist Philosophy to cope with it? ”, *Hitotsubashi Journal of Social Studies*, Vol. 37-2, pp. 53-62.

(2008) „Die Grundfehler der Hiromatsu-Edition der *Deutschen Ideologie*“, *Hitotsubashi Journal of Social Studies*, Vol. 40-1, pp. 59-72.

(2009) „Die neuesten Tendenzen der ‚*Deutschen Ideologie*‘ Forschung in Asien: Das Internationale Symposium in Nanjing und die chinesische Übersetzung der japanischen Hiromatsu-Ausgabe der ‚*Deutschen Ideologie*‘“, *Hitotsubashi Journal of Social Studies*, Vol. 41-2, pp. 49-57.

(2010a) „Neue Wende der Geschichtsauffassung von Marx nach 1868: Seine Auseinandersetzung mit Maurer“ (the first version), Hamid Reza Yousefi, Hermann- Josef Scheidgen, Henk Oostering (Hrsg.), *Von der Hermeneutik zur interkulturellen Philosophie. Festschrift für Heinz Kimmerle zum 80. Geburtstag.* Verlag Traugott Bautz, Nordhausen. S. 195-210.

(2010b) „Die Wende in Marx’ Geschichtsauffassung nach 1868: Seine Auseinandersetzung mit Maurer“ (the second improved version), *Hitotsubashi Journal of Social Studies*, Vol. 42-2, pp. 25-35.

(2010c) „Neue Akzente von Marx’ Forschungen nach 1868: Exzerpte aus den Werken von Georg Ludwig von Maurer“, Carl-Erich Vollgraf, Richard Sperl und Rolf

Hecker (Hrsg.), *Beiträge zur Marx– Engels– Forschung Neue Folge 2010. Das Kapital und Vorarbeiten Entwürfe und Exzerpte*, Argument Verlag, Hamburg. S. 157–171.

F. 論文（中国語）

(2005)「当今環境問題的本質及環境哲学的課題」、Yuanzheng Pang（編）『全球下背景的環境與発展』当代世界出版社、pp. 3–35.

(2006)「馬克思関於資本主義全地球化的論述」、全国中文核心期刊他（編）『馬克思主義与現実』2006年第5期、pp. 46–49.

(2007)「馬克思対資本主義認識的嬗変」、楊春貴主（編）『中日学者論馬克思主義哲学的当代形態』中共中央党学校出版社、pp. 89–105.

(2007)「MEGA2第I部門第5巻付録『徳意志意識形態』CD–ROM版的編集問題」、全国中文核心期刊他（編）『馬克思主義与現実』2007年第6期、pp. 59–72.

(2010)「梁贊偌夫版《徳意志意識形態》和三木清」、清華大学『《徳意志意識形態》文献学及其思想研究会議論文集』、pp. 78–85.

(2012a)(李乾坤訳)「黒格尓《精神現象学》中的“Versachlichung”和“Verdinglichung”」、張一兵（主編）『社会批判理論紀事』第5輯、江芳人民出版社、pp. 230–245.

(2012b)(李乾坤訳)「物象化（Versachlichung）与物化（Verdinglichung）同黒格尓弁証法的聯系」、張一兵（主編）『社会批判理論紀事』第5輯、江芳人民出版社、pp. 211–229.

(2013)「馬克思的毛勒研究――対MEGA IV/18巻馬克思的“毛勒摘録”的考察」『哲学動態』2013年第12期、pp. 29–37.

(2014a)（大村泉、渋谷正との共著、彭曦訳）「新MEGA『徳意志意識形態』之編集与広松版的根本問題」、叢本・韓立新他（編）『当代学者視野中的馬克思主義哲学　日本学者巻』北京師範大学出版社、pp. 452–479.

(2014b)(李乾坤訳)「“物象化”与“物化”同黒格尓弁証法的聯系」、叢本・韓立新他（編）『当代学者視野中的馬克思主義哲学　日本学者巻』北京師範大学出版社、pp. 507–520.

G. 論文（韓国語）

(2012) 타이라코 토모나가（平子友長）「제10장 소화（昭和）사상의 마르크스 문제―― 『독일 이데올로기』와 미키 키요시（三木清）」、이광래・후지타 마사카쓰 편『서양철학의 수용과 변용 -동아사아의 서양철학 수용의 묵제-』경인문화사、pp. 207–226 (韓国語), pp. 396–413 (日本語).(李光來・藤田正勝編『西洋哲学の受容と変容――東アジアにおける西洋哲学受容の問題』景仁文化社)

H. 翻訳

(1978) 共訳（資本論草稿集翻訳委員会訳）マルクス『資本論草稿集』第4巻「経済学批判（1861-1863年草稿）第1分冊」大月書店

(1981) 共訳（資本論草稿集翻訳委員会訳）マルクス『資本論草稿集』第1巻「1857-1858年の経済学草稿　第1分冊」大月書店

(1984) 共訳（資本論草稿集翻訳委員会訳）マルクス『資本論草稿集』第3巻「経済学草稿・著作　1858-1861年」大月書店

(2001) 共訳（中村好孝との共訳）エレン・メイクシス・ウッド『資本主義の起源』こぶし書房

(2015) 共訳（平子友長監訳、明石英人、佐々木隆治、斎藤幸平、隅田聡一郎訳）ケヴィン・B・アンダーソン『周縁のマルクス』社会評論社

I. 科研費報告書

(2005)「グローバリゼーションの時代におけるネイションとナショナリズムの問題」、『現代におけるグローバル・エシックス形成のための理論的研究』（2003～2008年度科学研究費補助金　基盤研究（B）　研究代表者　寺田俊郎）中間報告書、プリントコープKOPAS、pp. 88-94.

(2007)「日本人の時間意識と近代日本の哲学者」、『両大戦間に日欧の相互交流が日本の哲学の形成・発展に与えた影響をめぐって』（2004～2006年度科学研究費補助金　基盤研究（B）　研究代表者　藤田正勝）、pp. 66-93.

(2009)「新MEGA第Ⅳ部門が切り開くマルクス研究の新局面」、『デジタル化によるマルクス経済学の総合索引システムの構築』（2006～2008年度科学研究費補助金　基盤研究（B）　研究代表者　守健二）、pp. 107-136.

(2010a)『カント晩年の政治哲学の意義と世紀転換期ドイツの政治思想』（2007～2009年度科学研究費補助金　萌芽研究　研究代表者　平子友長）一橋大学生活協同組合、pp. 1-85.

(2010b)「研究の概要」「マルクスのマウラー研究の射程——後期マルクスの始まり」、『マルクス抜萃ノートの編集とその活用による『資本論』形成史研究の新段階の開拓』（2007～2009年度科学研究費補助金　基盤研究（B）　研究代表者　平子友長）、一橋大学生活協同組合、pp. vii-xx, pp. 279-320.

(2010c)「哲学の外に出る哲学の可能性の探究——三木清を切り口として」、『西洋哲学との比較という視座から見た日本哲学の特徴およびその可能性について』（2007年度～2009年度科学研究費補助金　基盤研究（B）研究代表者　藤田正勝）、pp. 155-178.

J. 辞書・事典等の項目

(1998a)「時間（と歴史の流れ)」、樺山紘一責任編集『歴史学事典』第6巻「歴史学の方法」、弘文堂

(1998b)「オーストリア・マルクス主義」「修正主義論争」「西欧マルクス主義」「マックス・アドラー　Max Adler」、廣松渉他（編）『岩波哲学・思想事典』岩波書店

K. 大学教育報告書、書評、エッセイ、インタビュー、座談会等

(1997)「越境インタビュー 和辻哲郎『風土』をめぐって平子友長氏と語りあう(1)：プロローグ とりかわされた二通の手紙」、『共同探求通信』第9号、pp. 34-44.

(1998a)「平子友長さんへのインタビュー　テーマ『解釈学と近代日本のアイデンティティ要求』へむけて」(インタビュアー　清眞人)、『共同探求通信』第12号、pp. 80-105.

(1998b) 書評「ユルゲン・クチンスキー著『回想録　1945-1989　正統派の異端者』照井日出喜訳　大月書店」、『図書新聞』(1998年10月24日)

(2002)「的場昭弘『未完のマルクス』を読む　(1) 〜 (3)」、『図書新聞』(2002年2月5日、12日、19日)

(2004)「いわき山中の平子氏」、一橋文藝編集委員会『一橋文藝』第4号、pp. 52-85.

(2005a)「巻頭言　東アジアの唯物論研究者の研究交流の第一歩」、東京唯物論研究会『唯物論』第79号、pp. 4-7.

(2005b)「巻頭言付録：日中共同研究会開会式挨拶」(中国弁証唯物主義研究会と東京唯物論研究会との共同研究会「中日マルクス主義哲学当代形態学術検討会」)、東京唯物論研究会『唯物論』第79号、pp. 8-10.

(2006)「巻頭言　言論ハラスメントの克服を訴える」、東京唯物論研究会『唯物論』第80号、pp. 4-6.

(2007a)「『良知力コレクション』によせて」川越修他編『思想史と社会史の弁証法』御茶の水書房、巻末pp. 1-5.

(2007b)「座談会　唯物論研究と東京唯物論研究会の歴史（前編)」(中村行秀、北村実、平子友長、島崎隆)、東京唯物論研究会『唯物論』第81号、pp. 6-26.

(2008a)「日本人の伝統的な時間意識と風景画」、一橋大学HQ編集部『Hitotsubashi Quarterly』第18号、p. 46.

(2008b)「服部文男先生の思い出」、黒滝正昭、窪俊一（編集)『思想の巨人を偲ぶ――服部文男先生追悼集』服部文男先生の思い出を語る会（発行)

(2008c)「座談会　唯物論研究と東京唯物論研究会の歴史（後編)」(中村行秀、北

村実、平子友長、島崎隆)、東京唯物論研究会『唯物論』第82号、pp. 136-164.
(2009a)(古澤ゆう子、井坂民子との共著)「scito, scite, sci te ipsum――汝(ら)自身を知り・てあれ」、一橋大学大学院言語社会研究科編『世界を記述せよそして自身を知れ』、pp. 15-16.
(2009b)「講義・演習連結型授業報告(2008年度冬学期　社会思想)」、一橋大学言語社会研究科『2008年度一橋大学教育プロジェクト　講義=演習連結型授業の創出――「単位の実質化」――報告書』、pp. 7-13, pp. 64-83.
(2009c)(佐野泰雄との共著)「講義=演習連結型授業の創出――「単位の実質化」の実質化」、一橋大学教育研究開発センター『全学FDシンポジウム報告書』第11号、pp. 17-25.
(2010a)「哲学の外に出る哲学の可能性の探求――三木清を切り口として」、たつの市教育委員会『霞城館だより』No.49、pp. 1-2.
(2010b)「授業報告I　2009年度冬学期「社会思想史」担当教員による報告」、一橋大学『講義=演習連結型授業の創出、実践、普及――単位実質化の試み』(2009年度一橋大学戦略推進経費プロジェクト成果報告書)、pp. 36-47.
(2010c)「岩崎先生の学恩」、岩崎允胤先生を偲ぶ会実行委員会(編)『岩崎允胤先生を偲ぶ』、pp. 48-49.